"十三五"职业教育国家规划教材

电子商务案例分析
（第七版）

新世纪高职高专教材编审委员会 组编

主　编　雷　玲　王忠元

副主编　从　静

大连理工大学出版社

图书在版编目(CIP)数据

电子商务案例分析 / 雷玲，王忠元主编. -- 7 版. -- 大连：大连理工大学出版社，2022.1
 ISBN 978-7-5685-3600-4

Ⅰ.①电… Ⅱ.①雷… ②王… Ⅲ.①电子商务－案例 Ⅳ.①F713.36

中国版本图书馆 CIP 数据核字(2022)第 017308 号

大连理工大学出版社出版
地址：大连市软件园路 80 号　邮政编码：116023
发行：0411-84708842　邮购：0411-84708943　传真：0411-84701466
E-mail:dutp@dutp.cn　URL:http://dutp.dlut.edu.cn
大连图腾彩色印刷有限公司印刷　　大连理工大学出版社发行

幅面尺寸:185mm×260mm	印张:15.75	字数:400 千字
2003 年 9 月第 1 版		2022 年 1 月第 7 版
	2022 年 1 月第 1 次印刷	
责任编辑:刘丹丹		责任校对:夏圆圆
	封面设计:对岸书影	

ISBN 978-7-5685-3600-4　　　　　　　　　　定　价:49.80 元

本书如有印装质量问题，请与我社发行部联系更换。

前言 Preface

《电子商务案例分析》(第七版)是"十三五"职业教育国家规划教材、"十二五"职业教育国家规划教材、普通高等教育"十一五"国家级规划教材,也是新世纪高职高专教材编审委员会组编的电子商务类课程规划教材之一。

高职教育作为一种为我国社会主义现代化建设培养高技能型人才的教育,是我国高等教育体系的重要组成部分,也是我国职业教育体系的重要组成部分。高职高专教材是体现高等职业教育特色的知识载体,但现存的大部分教材,其内容往往与职业标准对接不紧密,高职教育特色不鲜明,不能很好地适应经济社会发展对技能型人才培养的要求。因此,按照《国家职业教育改革实施方案》中倡导的行业指导、企业参与、"双元"合作教材开发机制,根据高职高专教育的特点,我们在编写本教材的过程中更加注重理论与实践的有机结合,吸纳行业发展的新知识、新技术,紧随电子商务实践,并具有一定的前瞻性,力图将最新的电子商务案例呈现在学生面前,提高学生分析案例的能力。

本教材涵盖了电子商务在实际工作中涉及的各个项目,并为每个项目设置相应的典型案例,能够使学生对电子商务实务产生浓厚的兴趣。本教材重点突出电子商务领域的新知识、新技术、新案例及其分析技巧,具有以下特色:

1.教材内容紧跟前沿

教材内容与企业岗位实际需求相衔接,同时关注电子商务发展动态,把电子商务的新技术和新涌现出来的典型案例呈献给读者,特别添加电子商务新业态和新模式、移动电子商务、跨境电子商务、电子商务前沿案例以及创业案例,并对相关案例进行分析,内容丰富且实用,有利于培养学生从事电子商务活动的实际能力。

2.教材职业特色鲜明

教材始终贯彻以就业为导向、以学习者为中心的编写理念,编者充分了解电子商务人才市场行情、学生培养规格和专业能力培养需求,在教材中对学生提出知识、能力、价值观三方面要求。教材内容及教学模式与企业岗位需求、就业准入标准的要

求相衔接，注重自主学习、合作学习和个性化教学相结合，通过实操案例培养学生"知识迁移"能力。

3. 教材开发模式创新

教材体系架构能承载高职教学目标，呈现形式新颖独特，规划目标明确。教材以模块、任务、案例等为载体组织教学单元，采用项目式、模块式、情境式、案例式教学模式，呈现形式为：任务目标—案例导引—提出问题—嵌入知识—分析问题（案例）—解决问题—拓展知识—技能训练（实操案例、知识迁移）—提出任务—考核评价。

4. 教材配套资源丰富生动

除纸质教材外，本教材还配备了课程标准、课件、试卷及参考答案，以二维码的形式嵌入微课，辅以图、文、声、像等多媒体，生动有趣。

本教材由高职高专院校电子商务专业带头人、工作在教学一线的骨干教师与企业人员共同完成。他们经验丰富，开发过电子商务专业标准及国家规划教材，可以"优育"出教材成果。其中，武汉职业技术学院雷玲、王忠元任主编，武汉职业技术学院从静任副主编，武汉商学院王丹、甘肃工业职业技术学院任继永、北京京北职业技术学院杨海峰和孙明月、福州利胜制衣有限公司丁浩如、福建骏胜家居用品有限公司林东任参编。具体分工如下：模块1、2由雷玲编写；模块3、6、10由王忠元编写；模块4由雷玲和任继永共同编写；模块5由雷玲和杨海峰共同编写；模块7由王忠元和孙明月共同编写；模块8由从静和王丹共同编写；模块9由从静编写。丁浩如、林东参与教材体系内容的讨论。

本教材可作为高职高专院校以及成人高校电子商务、国际贸易、市场营销、现代物流管理等相关专业的教学用书，也可作为电子商务从业人员的辅导教材。

在编写本教材的过程中，我们参考、引用和改编了国内外出版物中的相关资料以及网络资源，在此对这些资料的作者表示深深的谢意。请相关著作权人看到本教材后与出版社联系，出版社将按照相关法律的规定支付稿酬。同时，在编写本教材的过程中，我们还得到了网络营销专家冯英健博士、武汉职业技术学院的领导以及刘绍君老师的支持和帮助，在此一并致以由衷的感谢！

尽管我们致力于探索高职高专院校工学结合的人才培养模式，有机融入课程思政元素，并以此来设计教材内容，但是限于时间和能力，本教材仍可能存在一些不成熟的地方，恳请同行及读者批评、指正。

编　者
2022年1月

所有意见和建议请发往：dutpgz@163.com
欢迎访问职教数字化服务平台：http://sve.dutpbook.com
联系电话：0411-84706104　84707492

目录 Contents

模块 1　电子商务案例分析技巧 ··· 1
　项目 1　电子商务发展案例 ··· 1
　项目 2　电子商务案例分析的主要内容和方法 ······························ 10

模块 2　电子商务模式案例 ··· 20
　项目 1　B2B 电子商务模式案例 ·· 20
　项目 2　B2C 电子商务模式案例 ·· 28
　项目 3　C2C 电子商务模式案例 ·· 39
　项目 4　O2O 电子商务模式案例 ·· 44
　项目 5　新零售案例 ··· 49

模块 3　电子商务应用技术与安全技术案例 ···································· 59
　项目 1　移动商务技术案例 ··· 59
　项目 2　网络广告制作与实现案例 ·· 67
　项目 3　网络安全案例 ··· 79
　项目 4　信息安全案例 ··· 84
　项目 5　认证技术案例 ··· 89

模块 4　网络营销与推广案例 ·· 99
　项目 1　网络商务信息搜集与分析案例 ······································ 99
　项目 2　网络营销目标定位案例 ·· 103
　项目 3　网络营销推广工具与传播方法案例 ································· 106

模块 5　电子商务物流案例 ·· 117
　项目 1　电子商务云物流案例 ·· 117
　项目 2　供应链管理案例 ·· 129
　项目 3　第三方物流案例 ·· 136

模块 6　移动电子商务案例 ·· 147
　项目 1　移动社交电子商务平台案例 ·· 147
　项目 2　直播电商案例 ·· 151

模块 7　跨境电子商务案例 ·· 159
　项目 1　国内跨境电子商务案例 ·· 159
　项目 2　跨境电子商务自品牌案例 ·· 166
　项目 3　国外跨境电子商务平台案例 ·· 172

模块 8　电子商务法律案例 ·········· 180
项目 1　网络知识产权保护案例 ·········· 180
项目 2　网络消费者权益保护案例 ·········· 187
项目 3　电子商务广告促销案例 ·········· 191
项目 4　电子商务合同案例 ·········· 197

模块 9　电子商务创业案例 ·········· 206
项目 1　电子商务单品创业案例 ·········· 206
项目 2　电子商务直播领域创业案例 ·········· 212

模块 10　电子商务前沿案例 ·········· 223
项目 1　分享经济案例 ·········· 223
项目 2　智能商务案例 ·········· 229
项目 3　区块链＋新零售案例 ·········· 233
项目 4　C2M 案例 ·········· 239

模块 1

电子商务案例分析技巧

学习目标

了解电子商务的发展,明确电子商务案例分析对电子商务发展的重要意义,掌握电子商务案例分析的主要内容和方法。通过电子商务案例分析,树立学习者正确的电子商务观与社会主义核心价值观,培养电子商务思维、分析问题和解决问题的能力以及团队协作精神。

项目 1 电子商务发展案例

项目任务 了解电子商务发展与电子商务案例的关系,描述电子商务案例对电子商务研究的作用和意义。

项目案例 利用电子商务卖水果

一、利用网络卖水果

小黄 2007 年从武汉某大学毕业后,接手了家里的水果店生意。但是当地果品批发主要以代销为主,利润只有销售额的 2‰~3‰。此外,人工成本越来越高,加上顾客对果品新鲜度的要求提高，致使保鲜成本上升，于是他开始尝试利用网络卖水果。他在网上开了一家水果店，将他家的水果的图片和其他信息发布到互联网上。由于他大学期间所学专业涉及电子商务，因此生意越来越好。他在网上获悉，山东某地的冬枣甜度高、营养丰富，于是他与当地种植户达成销售协议。第一批货（1 500件，每件约20公斤）运到后，仅3小时就全部卖光了。一个月下来，共卖掉了50万公斤冬枣。"靠着到手的第一笔收入，我不仅把淡季亏掉的房租、人工和其他费用全部赚了回来，而且学会了一种水果保鲜技术。"小黄表示，之后，他便开始走进田间地头，直接和种植户签订以销定产协议，这样做，不仅不愁货源，而且省下了中间商费用和包装成本。三年间，他网店里的水果销量已过千万公斤。

二、利用微信卖水果

大三学生黄××是一名微信爱好者，在大学生活中，他总能听见同学们抱怨学校水果摊的水果太贵，于是萌发了通过微信平台卖水果的想法。利用O2O(Online to Offline)销售模式，可以让同学们买到既便宜又新鲜的水果。

由于微信在大学生中覆盖面广，因此可以利用公共账号一对一地向用户推送新的到货、优惠等信息，做到"点对点销售"，与实体店相比，微信下单方便，可以送货上门。

2013年4月初，黄××在校内做了一次"市场调查"，了解到同学们对水果的偏好和需求，绝大部分被调查的学生也愿意尝试通过微信"线上购买"。于是，黄××立即向其高中同学吴×讲明了想法，两人一拍即合，并从双方家人那里拿到了创业启动资金。除了家人的资助，身边的同学们也帮忙进货、租仓库、宣传推广等。

他们每天在微信公共账号（we信水果帮）上向关注了自己的用户推送水果的种类、价格等信息，有意向的同学可以直接通过微信订购，只要注明收货所在楼号即可。看到订购信息并确认后，他们会快速送货上门，验货后付款。

他们在学校西小门附近租了一间房子当仓库，水果从批发市场进回来后，放入仓库作为"中转站"。收到水果的学生如果对水果的质量、新鲜度不满意，也可以通过微信联系退换事宜。

"与传统的水果摊相比，在'we信水果帮'买水果不仅可以足不出户，而且还可以更便宜。"他们的经营理念就是"薄利多销"。通过对比学校水果摊的价格后，他们的水果定价较一般水果摊的水果每公斤至少要低1元，这些降价空间来自在门面上省下来的支出。黄××未来的目标是做到较上游，进货渠道逐步从水果批发市场发展到果农，同时将在线销售范围由校内扩展到校外。

三、利用微博卖水果

"果哥"2012年开了一家水果店，不过这家店没有店铺，也没有店员，只是在杭州勾庄借用了一个小小的仓库，由他自己负责备货、送货，合伙人是在校的大四学生小周。

小周负责美工和文案，在微博上发布信息。"果哥"负责通过微博收集订单，并且负责采购和送货。从2012年8月只有4 000元的月销售额，到后来突破每月8万元，他们自己也觉得很惊人。

"我不懂什么叫O2O模式，但我们从微博开店到现在半年，销售额已经翻了十几番了。""果哥"认为，这样一种零成本的水果销售模式，一方面降低了中间环节的成本，另一方面也缩短了客户和新鲜水果之间的直线距离。"水果更新鲜，并且顾客也得到更多实惠。"

每天晚上，"果哥"都会收集好一天的订单，并且在第二天上午9点前备完一天的货，接下来就是配送,"刚开始都是我一个人送,现在客户多起来了,我们增加了一个专门送货员,以及几个临时送货员。"

"果哥"透露,虽然每天接到的订单也就十几单,但客户都以家庭为单位,每单都在 100 元以上。"以这种方式订水果的基本都是年轻人组成的小家庭。""果哥"认为,将社交平台和销售融合,会和客户联系更加紧密,对售后问题的处理也更加容易和及时。

四、利用直播卖水果

济宁鱼台老砦镇的小王,以往都是通过微信群、朋友圈销售水果,自从 2018 年 5 月开始接触了快手直播,就通过直播售卖起自家水果。"大家看,这是金枕。""这是托曼尼,也是非常好吃的榴莲。"小王直播,只需要在小店中间用支架撑起手机就行了。直播中,小王拿着一个榴莲不停地变换角度,让粉丝们看得更清楚。小王说,像千禧樱桃小番茄、油桃、菠萝蜜等水果,在直播中销售得都很好,卖得最好的是榴莲,但他每天只限量销售 13 个左右。小王起初的客户是镇上周边的人,后来在江苏、河北,甚至全国各地都有他的客户。小王每天晚上在店里或家里,都会做两个小时左右的直播。与直播之前相比,开通直播后,他每天的营业额平均上涨了约 3 000 元。为了直播,他在微信上建了 6 个群,用来推广自己的直播。每次直播,他都能吸引四五百人观看。直播给小王的生活带来了翻天覆地的变化,老百姓的日子过得越来越红火。

> 思考:从卖水果的方式转变看电子商务相比传统商务的优势在哪里?从单纯利用网络卖水果到利用微信、微博、直播卖水果,电子商务是如何发展的?它给我们的生活带来了什么变化?

嵌入知识

一、电子商务的发展涌现出大量案例

在过去几千年的社会实践中,人们总是及时利用新出现的工具和技术来改进交流方法和生产、生活方式,并不断发起新的革命。例如,古代帆船的出现为买卖双方的交易开辟了新的空间;印刷术、蒸汽机、电话和电报等一系列发明也都显著地改变了人们的交易方式。如果说汽车、飞机及电器定义了 20 世纪,那么以电子商务为代表的网络化、电子化的业务处理则正主宰着 21 世纪。网络正在以较此前其他任何工具更大范围、更广空间、更快速度地改变着人们的采购、生产、销售等各种业务活动。电子商务让消费者足不出户就可以在全球范围内购买自己心仪的产品和服务,大大改善了社会的流通环境和消费者的消费体验,一定程度上为解决我国人民日益增长的美好生活需要和不平衡、不充分的发展之间的矛盾做出了贡献。

电子商务的发展经历了以下几个阶段:

(一)萌芽阶段(1991—1999 年)

1991 年我国正式引入 EDI(Electronic Data Interchange,电子数据交换),这时出现我国最早的电子商务,称为 EDI 电子商务。由于 EDI 的门槛较高,一直未普及。随着互联网商业化应用的不断拓展、深化,EDI 已经逐渐淡出人们的视野,但是它在中国电子商务发展的过程中,却是非常重要的根基,起到重要的启蒙作用。

1994 年我国正式接入国际互联网之后,Internet 电子商务逐渐取代了 EDI 电子商务,成为我国电子商务的主要形式。1997 年,我国发展最早的两家电子商务有限公司——中国商品

电子商务案例分析

交易中心和中国化工网分别上线,两家公司都从事 B2B(Business to Business,企业对企业电子商务)业务。此后两年第二批 B2B 网站陆续上线,其中包括中国制造网和阿里巴巴。1999 年阿里巴巴在杭州成立,1999 年 10 月,阿里巴巴获得了高盛、富达投资等投资机构的 500 万美元天使基金。

早期的电子商务零售网站分别为 8848、携程网、易趣网、当当网。1999 年,8848 等一批 B2C 网站正式开通,网上购物从概念进入实际应用阶段。8848 主要在线销售软件、计算机、图书、硬件、消费类电子产品,是我国早期非常有影响力的 B2C 网站。

(二)培育阶段(2000—2009 年)

2000 年国际互联网泡沫破灭。不到一年时间,美国纳斯达克综合指数从 2000 年 2 月最高的 5 000 多点跌到 1 000 多点,亚马逊公司股价跌去 2/3。在此背景下,我国电子商务也进入寒冬期。2000 年,我国做电子商务的网站有上千家,大部分没有营利能力,多半属于炒作概念或处于观望状态。少数网站虽然吸引到了充足的风险投资,但是这些网站没有可行的商业模式,完全依赖外来风险投资度日。只有极少数网站开展了实质性的电子商务业务,比如 8848、中国商品交易中心等。但即使是这些网站,也仍然没有真正实现营利。因此,人们对互联网失去了耐心和信心,伴随着纳斯达克指数泡沫的破灭,更多的投资者撤资或者保持观望状态。由于风险投资大大减少对互联网的投资,导致不少企业严重缺乏资金,相继倒闭。

2003 年,因"非典"形成流行态势,严重影响了社会生活和经济发展。意想不到的是,"非典"这一偶然事件,却使得互联网泡沫导致的电子商务寒冬逐渐回暖,我国电子商务得到恢复,并迎来新的发展。由于 SARS 病毒的近距离接触感染,迫使人们在"非典"期间尽可能远离商场、超市、办公大楼等公共场所。电子商务不需要人员的直接接触就可以方便地完成交易,在"非典"期间电子商务的优势得到充分展现,这也让电子商务的概念自发地进入人们的日常生活。"非典"期间,中国电子商务发展史上诞生了淘宝和京东两家重要的网络零售公司。

2002 年全球最大的网络零售商 eBay 进军中国后,其本土化战略一直不顺,但 eBay 对我国高速增长的网络购物市场充满信心。2002 年 3 月至 2003 年 6 月,eBay 以 1.8 亿美元收购易趣全部股份。合并后的 eBay 易趣在我国 C2C(Consumer to Consumer,个人对个人电子商务)市场的份额达到 80%。淘宝网 2003 年上线,在风险投资的支持下,淘宝网采取免费策略,免除商家的开店费、交易费,而在 eBay 易趣上开店需要缴纳 2%的交易服务费和登录费。淘宝网借助免费迅速获得了大量商家和网络消费者。随后淘宝网保持快速发展态势,直到占领全国 80%的市场份额。淘宝网免费战略是一项重大创新,后来免费被列为互联网思维之一,并从免费进一步发展到补贴。

自 2004 年至 2007 年,我国出台了《中华人民共和国电子签名法》《电子认证服务密码管理办法》《中华人民共和国商务部关于网上交易的指导意见》《商务部关于促进电子商务规范发展的意见》等有关电子商务的政策法规,物流、支付、信用等电子商务支撑环境获得实质性改善,电子商务再次繁荣,取得了一系列的突破性进展:电子商务交易额持续增长,网络购物人数飞速上升,一些 B2B 企业开始营利,B2C 企业蓄势待发,C2C 企业竞争格局基本形成,传统企业对电子商务的认识逐步深入,中小企业信息化和农村信息化开始起步。这期间,阿里巴巴、中国化工网和携程网分别上市,淘宝网、eBay 易趣、拍拍网三足鼎立。2008 年金融危机对我国经济影响很大,但我国电子商务多角度突围,发展势头比以往更加强劲。总的来说,中国的电子商务成功地抵御了金融危机的不利影响,通过创新营销模式、增加投入、细化服务,取得了巨大成果:电子商务年度交易额连续突破新高,中国网购市场取得突破性进展;基础设施、电子支付等电子商务环境逐步改善;中小企业信息化稳步推进;农村信息化进程加快;电子商务服务市场在创新中发展;移动电子商务布局初见成效;新技术不断推动电子商务模式和应用创新。

(三)竞争阶段(2010—2014年)

2010年2月16日,凡客诚品从13个主流业态的数千家候选企业中脱颖而出,荣膺"2010年度北京十大商业品牌",也是唯一获选的零售电子商务品牌。2011年,当时的阿里研究中心调查总结出了"沙集模式"。"沙集模式"为全国发展农村电子商务树立了典范,它的核心要素是"农户+网络+公司",它不仅给当地农民带来了实在的收益,也为我国解决三农问题提供了新思路。2011—2014年,在政策利好、技术进步、市场需求和社会投资等多重因素推动下,电子商务交易额持续高速增长,其中网购市场依然火爆,占社会商品零售总额比重大幅提升。一批国家级电子商务示范基地启动,传统行业不断尝试电子商务应用,农村电子商务起步,跨境电子商务崛起,移动电子商务崭露头角。这期间,每年的11月11日成为网络购物节,苏宁易购、京东等电商巨头纷纷举办各种促销活动。

国内团购模式的开创者和引领者——团宝网于2010年3月上线,其向会员每天限时提供一款超低折扣的团购服务项目,会员根据喜好可以以较低的价格在线团购到这些服务。此后,拉手、美团、窝窝团、满座团、高朋网等当时国内比较知名的团购网站开始了一轮又一轮的融资。在不足5年的时间里,团购市场中美团、大众点评、百度糯米等占据了较大的市场份额。

在这一阶段,中国电子商务经历了迄今为止最激烈的竞争。竞争范围之广,参与企业之多,资金投入之巨大,影响之深远,在中国商业史上实属罕见,很多案例堪称商业经典。从某种意义上说,激烈的市场竞争成就了我国电子商务的发展。

(四)发展阶段(2015年至今)

2015年被称为电子商务合并年:4月,分类信息行业排名第一和第二的赶集网与58同城合并;5月,旅游行业的携程收购艺龙股份;8月,阿里与苏宁互相参股;10月,美团和大众点评合并;12月,女性服装电商美丽说和蘑菇街合并。电商企业合并可以避免相互之间的恶性竞争,降低运营成本,提高经营效率,增强企业核心竞争力,提升企业整体价值。这一系列事件标志着我国电子商务发展进入了一个新的阶段,即相对稳定的发展阶段。

2015年,以国务院《关于大力发展电子商务加快培育经济新动力的意见》(国发〔2015〕24号)、国务院办公厅《关于推进线上线下互动加快商贸流通创新发展转型升级的意见》(国办发〔2015〕72号)为代表的一系列支持电子商务发展的政策文件密集出台。各级政府部门按照"积极推动、逐步规范、加强引导"的原则继续加大对电子商务的支持力度,完善电子支付、物流快递等新商业基础设施,积极促进和引导电子商务服务业的发展。我国电子商务不仅创造了新的消费需求,引发了新的投资热潮,开辟了就业增收新渠道,为大众创业、万众创新提供了新空间,而且电子商务正加速与制造业融合,推动服务业转型升级,催生新兴业态,成为提供公共产品、公共服务的新力量,成为经济发展新的原动力。

国家统计局对电子商务交易平台开展的调查结果显示,2015年我国电子商务交易额突破20万亿元,达到21.79万亿元;2016年为22.97万亿元;2017年达29.16万亿元;2018年则为31.6万亿元。在2020年9月9日于福建省厦门市举行的2020全球电子商务大会上,《中国电子商务发展报告2019—2020》对外发布。该报告指出,2019年中国电子商务交易总额为34.81万亿元,同比增长6.7%。电子商务交易技术国家工程实验室、中央财经大学中国互联网经济研究院发布数据显示,2018年,我国电子商务从业人员达4 700万人,同比增长10.6%;2019

年我国电子商务行业从业人员突破5 000万人。随着电商的规模化发展以及不断向农村市场下沉,更多的传统企业加入到电商的行列,带动了电商从业人员的不断攀升。同时,随着电子商务产业的迅猛发展,通过其衍生出来的新职业也如雨后春笋般涌现。

二、电子商务的研究需要案例

中华人民共和国国家互联网信息办公室发布的《电子商务发展2025年愿景调查》显示,自从2007年国家发展改革委、国务院信息办发布《电子商务发展"十一五"规划》以来,经过多年快速发展,我国电子商务已从高速增长进入高质量发展的全新阶段。从国内方面看:2019年我国网络零售额达到10.6万亿元,提前一年完成《电子商务"十三五"发展规划》(由商务部、中央网信办、国家发展改革委三部门联合发布)设定的10万亿元目标;其中实物商品网上零售额对同期社会消费品零售总额的增长贡献率达45.7%,电子商务已成为我国居民消费的主要渠道。随着线上线下融合发展不断深化,跨界融合新模式、新业态不断涌现,电子商务已成为我国经济增长的新引擎。从国际方面看:截至2019年,中国已连续七年成为全球最大的网络零售市场,成为举世公认的电子商务大国。我国电子商务通过跨境电商主渠道走出国门,有力带动了"一带一路"沿线国家、地区和世界其他国家、地区经济和就业增长。中国跨境电子商务继续保持高质量发展的增长态势,海关总署统计数据显示,2019年中国跨境电商进出口商品总额达到1 862.1亿元,同比增长38.3%。在电子商务国际规则领域,我国也已成为规则制定的积极贡献者和重要参与者。

电子商务作为现代服务业中的重要产业,有"朝阳产业、绿色产业"之称,具有"三高""三新"的特点。"三高"是指高人力资本含量、高技术含量和高附加价值;"三新"是指新技术、新业态、新方式。人力流、物流、资金流、信息流"四流合一"是对电子商务核心价值链的概括。截至2020年,我国电子商务经济发展呈现出一些突出特点:相关服务业发展迅猛,已经初步形成功能完善的业态体系;零售电子商务平台化趋势日益明显,平台之间竞争激烈,市场日益集中,电商平台的地位和作用日益凸显,电商平台、政府监管部门与进行网上销售的企业之间正形成一种新的市场治理结构;跨境电子交易发展迅速,但是尚未形成有效的发展模式;区域发展不平衡情况显著,电子商务服务企业主要集中在长江三角洲、珠江三角洲和北京等经济发达地区,而且出现企业日益集中的趋势。农村电商成为热点,这是互联网电子商务深化的必然结果,也是中国互联网产业做大、做强的必由之路。在中国,如果谁占据了广大的农村市场,谁就拥有了较强的市场基础和广阔的发展空间。

2019年,中国电商产业新模式、新业态不断涌现,人工智能、大数据、小程序等技术广泛应用,直播电商、社交电商、跨境电商等模式深化创新,顺应了时下多元化、个性化、重视体验感的消费需求。与此同时,电子商务带动线上线下融合发展的趋势更加明显,餐饮企业、零售门店主动拓展线上市场,传统实体经济在数字化转型方面也做出新的探索和尝试。据商务大数据监测,2020年第一季度全国电商直播超过400万场,100多位县长、市长走进直播间为当地产品"代言",家居用品、厨具、健身器材等产品受到消费者青睐,销量同比增长超过40%。在新冠肺炎疫情防控和生活必需品保供工作中,电子商务充分发挥其技术、网络和平台优势,成为抗疫保供中的重要力量。

2021年是"十四五"规划开局之年,也是开启全面建设社会主义现代化国家新征程的第一年。互联网的广泛应用,推动数字产业化、产业数字化高度融合,电子商务已经成为推动经济社会发展,改变人们生产生活的重要驱动力量。

在2021中国电子商务大会上,商务部任副部长指出,中国政府一直高度重视电子商务的发展。2021年以来,电子商务逆势而上、不负众望,继续取得骄人成绩!2021年1—7月,全国网上零售额同比增长21.9%,实物商品网上零售额占社会消费品零售总额的23.6%,占比稳步提升,电子商务成为拉动消费的"助推器"和"加速器"。2021年7月,国务院办公厅出台《关于加快发展外贸新业态新模式的意见》(国办发〔2021〕24号),再次释放跨境电商领域重大政策利好。2020年跨境电商进出口规模达1.69万亿元,增长31.1%,海外仓数量1 800个,面积1 200万平方米,分别增长80%和50%。2021年以来,海外仓数量规模不断扩大,海外仓数量达到1 900个,面积达到1 350万平方米。2021年上半年,不论是商务部会同相关单位举办的"2021全国网上年货节""第三届双品网购节",还是各地方开展的各种网上购物促销活动,均取得了令人可喜的成绩。与此同时,针对行业发展中出现的一些问题,相关单位先后出台了《网络直播营销管理办法(试行)》和《国务院反垄断委员会关于平台经济领域的反垄断指南》(国反垄发〔2021〕1号),市场秩序得到有效规范。

目前,面对复杂的发展环境,特别是新冠肺炎疫情等重大风险挑战,在党中央、国务院坚强领导下,商务部会同相关部门持续加强政策协同,共同推动电子商务实现跨越式发展:

(1)促消费方面,网络购物已经成为居民消费的重要渠道,2016—2020年,全国电子商务交易额从26.10万亿元增长到37.21万亿元,年均增长率达9.3%,全国网上零售额从5.16万亿元增长到11.76万亿元,年均增长率达到22.9%,实现了规模、质量双丰收。

(2)促融合方面,国家电子商务示范基地、示范企业持续发力,有力促进电子商务融合创新发展,农业、制造业、传统零售业数字化升级不断加速,社交电商、直播电商等新模式快速应用。

(3)促振兴方面,电子商务进农村综合示范工作实现了对全国832个原国家级贫困县的全覆盖。同时,通过创新公益化与市场化相结合的实践模式,引导电商企业广泛开展扶农助农活动,积极促进农产品上行、培育网络品牌。2020年全国农产品网络零售额达4 158.9亿元,带动300多万贫困农民增收。

(4)促开放方面,积极构建高水平电子商务国际规则体系,积极参与WTO电商规则谈判,推动11个自贸协定设立电子商务章节,"丝路电商"伙伴国增加至22个;全国跨境电商综试区扩容至105个,跨境电商5年增长近10倍,推动了贸易高质量发展,培育了参与国际经济合作和竞争新优势,已成为外贸发展新动能、转型升级新渠道和高质量发展新抓手。

综上所述,鉴于电子商务对国家发展的重要意义,也鉴于电子商务发展中所涌现出来的成功经验和失败教训,更鉴于已经形成或者正在形成的不同类型的电子商务应用商业模型、营利模式和业务流程,我们需要对电子商务案例进行分析。同时,通过对电子商务案例的研究,能够揭示电子商务活动的规律,培养学生利用理论知识分析、解决实际问题的能力。

案例分析

利用电子商务卖水果案例分析

一、电子商务相比传统商务的优势

通过卖水果的案例,我们不难发现电子商务相比传统商务具备以下优势:

(1)电子商务将传统的商务流程电子化、数字化,一方面以电子流代替了实物流,可以大量减少人力、物力,降低成本;另一方面突破了时间和空间的限制,使得交易活动可以在任何时间、任何地点进行,从而大大提高了效率。

(2)电子商务重新定义了传统的流通模式,减少了中间环节,使得生产者和消费者的直接交易成为可能,从而在一定程度上改变了整个社会经济运行的方式。

(3)电子商务所具有的开放性和全球性的特点,为企业创造了更多的贸易机会。互联网跨越国界、穿越时空,无论你身何地,无论白天与黑夜,只要轻点鼠标,就可以随心所欲地登录任何国家、地域的网站,与你想交流的人直接沟通。

(4)电子商务使企业可以以相近的成本进入全球电子化市场,中小企业有可能和大企业拥有一样的信息资源,提高了中小企业的竞争能力。

(5)电子商务一方面打破了时空的壁垒,另一方面又提供了丰富的信息资源,为各种社会经济要素的重新组合提供了更多的可能,这将影响到社会的经济布局和结构。21世纪是信息时代,信息就是财富,而信息传递速度的快慢对于商家而言至关重要。互联网以传递信息速度快而倍受商家青睐。

(6)通过互联网,商家之间可以直接交流、谈判、签合同,消费者也可以把自己的建议直接反馈到企业或商家的网站,而企业或者商家则可以根据消费者的反馈及时调整产品种类及提高服务品质,做到良性互动。

二、微博的营销功能

微博成为营销平台,商家或个人可以通过微博平台发布相应的信息并且满足各类用户的需求。微博营销以微博为基础构建营销平台,每一位粉丝都是商家或个人的潜在营销对象,企业更新自己的微博,向粉丝传播企业的信息以及提供的产品及服务信息,能够帮助企业树立良好的品牌形象,也能够帮助企业宣传相应的产品。利用微博营销,企业每天通过更新产品内容,就可以实现与粉丝之间的交流和互动,以此达到营销的目的。微博营销与其他营销方式相比,更注重内容的传递,注重与粉丝之间的互动以及定位的准确性。微博营销的发展得益于微博平台的发展,微博营销具有发布门槛较低、成本相对较小的特点。微博的内容字数少,信息更加碎片化,用户能够更加容易地获取信息内容,因此信息传递速度更快。同时,微博还具有覆盖面广的特点,通过移动智能终端设备即可实现内容的传递,通过"大V"的影响力,使信息传递更快、更广。除此之外,微博还具备针对性强的特点,精准定位客户群体,实现内容的推送,可以取得良好的效果。

三、微信的好处及它给我们的生活带来的变化

就像黄××所说,之所以选择微信的一个原因是,微信在学生中覆盖面广,比较主流。此外,更重要的原因是,微信能很好地做到"点对点销售"。与传统网购相比,微信可以利用公共账号一对一地向每个用户推送新信息,如新到水果、打折优惠等,信息到位率是100%;而与实体店相比,它又具有下单方便,随时随地,可以送货上门的优点;与QQ和微博等相比,微信公众号与用户之间有"专门通道",并且微信平台管理系统规定,普通平台一天只能推送一条公信,从而避免了被刷屏、信息泛滥等问题,不至于让用户反感。

微信是移动互联网发展的必然产物,有了微信,我们的沟通方式不受时间、空间的约束,且能传递文字、图片、语音、视频等各种信息,沟通更加便捷,成本更低。微信也是一种基于熟人关系的社交工具,但它的私密性非常好,自己的好友只有自己能看到。我们能长期与通信录中的所有人都维持一种强关系,这种强关系给了微信很大的空间。微信公众平台的开通,改变了我们获取信息的方式,我们可以根据自己的需求和兴趣来订阅信息。同时,微信也给企业的营

销环境带来变化。微信专为企业提供了公众平台和技术开发平台,企业可以在微信上完成从市场调研到客户管理、客户服务、销售支持、老客户维护、新客户挖掘等所有工作。

四、直播成为农村电商扶贫新模式

当前我国网络普及率很高,手机成为农民的"新农具",而在直播平台上进行网络直播成了"新农活",农村生活已不再是过去"日出而作、日入而息"的景象,取而代之的是,农民主播成功营销农产品。直播成为农村贫困农民与消费者沟通的一种新途径,是一种扶贫新模式。

农民主播不仅通过直播平台直播卖水果,还直播干农活,介绍自家的腊肉、鸡蛋或者如何做饭。这一新模式还引起了外媒的关注。就连阿里巴巴也推出计划培训农民主播,并宣布将为农村淘宝卖家开辟专门的扶贫板块,培育1 000名农民主播。

过去果农们卖水果,主要有三种方式:第一种是直接销售,比如说西瓜,几亩地的西瓜熟了,开着车拉到集市上卖,价格参照的是市场行情,且要向消费者介绍西瓜,还得切开几个去证明,碰上大丰收年可能面临着无人问津的风险。这种方式的好处就是价格自己定,只要卖出去了钱就赚到手了。第二种是通过中间商,中间商购买能力强,西瓜可被中间商收走,缺点是价格自己说了不算,中间商为了获得利润,往往会压低收购价格,从而降低了农民的经济利润。第三种是以"加工+销售"为主的农产品销售模式,如自己种西瓜,附近有个榨汁厂,则将西瓜卖给工厂获得较为稳定的销售收入,这种模式的前提是附近要有加工企业,自己要有获得这些企业订单的能力。

其实,这三种模式都摆脱不了传统营销模式的约束。近些年,一些现代的营销模式逐渐被提出,如网络营销,但由于受传统观念、农村基础网络设施不健全、小散经营等因素的影响,现代农产品销售方式在实际操作中实施得较少。因此农民发展线上销售的市场大有可为。现在的消费者,在购买产品时通常想知道产品来自哪里,直播能快速"匹配"农民和消费者的需求。直播卖家能保证自己农产品的来源,这一点越来越受到消费者的重视,有些人就想看看他们购买的产品究竟产自何处。

知识拓展 电子商务"十四五"发展规划

2021年2月24日,国务院新闻办公室就加快商务高质量发展,服务构建新发展格局有关情况举行发布会。发布会上,商务部钱副部长指出,目前,商务部正在抓紧编制电子商务"十四五"发展规划,提出"十四五"时期电子商务高质量发展的一系列目标、主要任务和保障措施等。

伴随着新一轮科技革命和产业变革的发展,我国电子商务发展在世界上排在前列,电子商务的发展深刻改变了人们的生产和生活方式,特别是新冠肺炎疫情发生以来,网络购物已经成为我们居民消费的重要渠道,2020年实物商品网上零售额占社会消费零售总额的比重接近1/4。新冠肺炎疫情发生以来,电子商务在抗疫保供、复工复产和消费回补等方面作用凸显,成为社会经济发展的稳定器。商务部会同有关部门指导开展的"2021网上年货节",带动全国网络零售额超过9 000亿元,较好保障了春节期间的市场供应,服务就地过年。

2021年商务部将重点开展以下几方面的工作:

一是做好顶层设计。目前,商务部正在抓紧编制电子商务"十四五"发展规划,立足新发展阶段,贯彻新发展理念,服务构建新发展格局,提出"十四五"时期电子商务高质量发展的一系列目标、主要任务和保障措施,为全面建设社会主义现代化国家提供新的动能。

二是推动创新发展。商务部将积极发展新型消费,加快培育直播电商、生鲜电商等新业态和新模式,积极打造"双品网购节"等消费升级平台,丰富网上消费内容与场景。推动线上和线下融合发展,支持实体商业数字化转型升级,指导电商平台为中小企业赋能;深入发展农村电商,有效衔接脱贫攻坚与乡村振兴,统筹政府与社会资源,推动实施"数商兴农",发展农村电商的新基建,扩大电商进农村的覆盖面,助力农民增收;大力发展跨境电商,扩大跨境电商零售进口试点,拓展"丝路电商"的朋友圈,深化与"一带一路"伙伴国、地区电子商务的交流与合作,共享数字时代发展的新机遇。

同时也要看到,伴随着我国电子商务的快速发展,不正当竞争、涉嫌垄断等问题也引起了人民群众的广泛关注。商务部将加强电商的行业管理,一方面做好正面引导,加强电商的诚信体系建设,推动电商企业开展诚信承诺,建立诚信档案,推动行业自律。另一方面要加强刚性的约束,推动完善电子商务的法律规制,督导平台企业合规经营,防止资本的无序扩张,会同相关部门共同维护公平竞争的市场环境。

2021年9月3日,商务部任副部长在中国电子商务大会上致辞,他表示"十四五"已然正式起航,电子商务也面临着新的发展机遇。由商务部牵头,会同中央网信办、发展改革委共同编制的《"十四五"电子商务发展规划》将于近期正式出台。面对空前的世界大变革、技术大发展、产业大调整,商务部将继续深入贯彻习近平新时代中国特色社会主义思想,持续发挥电子商务在建设现代化经济体系中的重要作用,围绕扩大内需这个战略基点和扩大开放这一重要任务,努力成为服务构建以国内大循环为主体、国内国际双循环相互促进的新发展格局的重要力量。接下来将重点做好以下八方面工作:一是深化创新驱动,塑造高质量电子商务产业;二是引领消费升级,培育高品质消费生活;三是推进商产融合,带动产业数字化转型;四是服务乡村振兴,带动下沉市场提质扩容;五是倡导开放共赢,支持跨境电商和海外仓发展;六是加强国际合作,引导规则和标准建设;七是推动效率变革,优化要素资源配置;八是统筹发展安全,深化电子商务治理。

项目 2　电子商务案例分析的主要内容和方法

项目任务　了解电子商务案例的定义及其在教学中的重要性,了解电子商务案例的主要内容和分类,会运用电子商务案例分析的主要方法和技巧进行具体的案例分析。

项目案例　**今夜酒店特价的陨落**

今夜酒店特价的陨落

今夜酒店特价是2011年创办的一家网上酒店房间预订平台,其吸引顾客的地方在于用户通过在线每晚6点后预订当天酒店剩房,只需要付白天网络预订价格的五折,四星级酒店仅需300元。在公司创办刚三个月的月末,也就是2011年10月底,今夜酒店特价已成功获得首轮融资,超过400万美元。一般而言,公司首轮融资,投资人占股接近20%,据今夜酒店特价融资400万美元估算,其市值已经达到2 000万美元,折合人民币达亿元。

模块 1　电子商务案例分析技巧

2011年,尽管中国互联网领域已经形成了巨头耸立的情形,但在政府和政策的助推下,还是出现了互联网创业大潮。今夜酒店特价正赶上这波创业大潮,学习模仿的是美国红极一时的Hotel Tonight(HT)。今夜酒店特价在上线APP Store的当天便拿下了旅行类排行榜的第一名,第二天登上了总应用排行榜单第二名,第三天迎来了10万注册用户。俗话说,好的开头是成功的一半,事实也似乎印证了这一点。今夜酒店特价一诞生就受到了格外的关注与支持,其中原因就在于三位创始人事先对市场有了很好的了解,从而定位准确,决策正确,直至取得收获。

今夜酒店特价的创始人们通过调查发现,那些在线上预订的酒店通常只保留到晚上6点,过了6点没入住,就将该预订视为失效。这时,就会有客房空余出来。由此,企业高层决定搭建一个酒店尾房销售平台,让酒店将6点以后空余出来的客房放到今夜酒店特价的平台上,以只有平时2~7折的价格揽客入住。因为找准了市场的空白,今夜酒店特价很快就取得了成效。然而,接下来,他们在决策上出现了连连的失误,让良好开局的势头随后止步于市场的变化。

2014年初,今夜酒店特价网站因运营维艰,不得不黯然离场。无论从哪个方面来看,今夜酒店特价的运作都可圈可点,其敏锐的市场眼光和脚踏实地的经营策略,更是让人钦佩有加。遗憾的是,它最终还是没能逃脱被挤出局的命运。究其原因只有一个,那就是企业高层出现的决策失误。其实,在互联网领域,像今夜酒店特价这样因决策失误而被淘汰的企业可谓比比皆是。在这些企业当中,既有业内的巨头,又有后起之秀。其创办人都非常有眼光、有头脑、有激情,且处于风华正茂的年龄。按理来说,这些优秀的人所看准的事,一定会有大好的前途,而且一些在互联网领域功成名就人士的经历也说明了这一点。同传统行业一样,互联网企业在遇到挫折时,可以做到及时调整,从而化险为夷。但是,在做出错误的决策且意识不到错误时,互联网企业可就没那么幸运了。最后往往是,在该领域一个决策出现失误就能致自己于死地。

> 思考:今夜酒店特价失败的关键原因是什么?

嵌入知识

一、电子商务案例的定义及其在教学中的重要性

电子商务案例是指对某一特定电子商务活动的内容、情景与过程,进行客观描述的教学资料。具体来讲,根据一定的分析目的,采用一种或几种分析方法,按照一定的程序,对通过调查并经过整理的资料进行分组、汇总、检验和分析等,得到所研究事物或现象的本质及其规律,进而指导实践的过程就是案例分析。

电子商务案例分析的重要性主要体现在如下方面:

(1)它是尽快了解电子商务运作全过程的重要途径。

(2)它能够深化所学的理论知识,加深对理论知识的理解。

(3)它能够使所学的知识转变成技能,将理论学习与实践应用有机结合,同时它是及时总结电子商务经验和教训的迫切需要。

(4)它能在逼真模拟训练中做到教学相长。

(5)它是加强课程建设、提高素质教育的重要手段。

二、电子商务案例分析的主要内容

一个完整的电子商务案例能将事件的背景、过程、方法、措施、效果有机地结合

电子商务案例分析的主要方法和技巧

电子商务案例分析

起来,让读者从分析中获得大量的信息。

(1)电子商务网站背景资料分析:经营团队、经营策略、投资方、合作伙伴、有无上市计划分析等。

(2)电子商务网站建设技术与维护方法分析:网站建设技术分析、网站维护方法分析。

(3)电子商务网站经营特色分析:内容设计分析、营销方法分析、支付方式分析、物流配送方式分析。

(4)电子商务网站效益分析:盈亏状况分析、经营风险分析、竞争优势与劣势分析、电子商务网站发展前景分析等。

案例分析根据侧重点不同,可以就某一方面进行重点分析,其余方面进行简略介绍。

三、电子商务案例的分类

1.按案例的作用分类

(1)描述型案例

描述型案例一般对企业电子商务问题发生的背景,以及企业电子商务的处理过程和结果进行客观真实的描述。这类案例通常全面介绍某一电子商务事件的全过程,包括企业面临的电子商务问题,企业如何分析,采用什么样的措施,处理之后的结果等。需要说明的是,这种处理结果可以是成功的,也可以是失败的,还可以是成败参半的。不管是怎样的情形,这类案例只是较完整地介绍一个企业的电子商务事件,不同于经验总结或新闻报道,不带任何评价,而评价恰恰是需要学生自己完成。这种评价包括企业处理决策的长处和高招以及存在的疏漏与不足两方面,二者都要求说明依据和理由。这些依据和理由最好能以所学的电子商务理论和工具为基础,当然不排除课外学习的知识和方法,这正是案例教学法所倡导的。除评价之外,对这类案例还要求提出除案例介绍的对策以外的其他可行方案和措施,并对它们做出比较分析。这类案例比较适合案例教学法的初学者,使学生能从易到难逐步熟悉并掌握案例教学法的特点,建立新的思维方式。

(2)分析型案例

分析型案例的特点是让学生独立找问题、做决策。分析型案例在描述企业电子商务问题上有两种基本方式:一是明确指出企业在电子商务运作上存在哪些问题,但不交代管理者解决这些问题的过程和方案,把这一工作留给学生;二是将电子商务问题分散,把问题隐藏在案例情景描述中,学生必须细心观察分析,正确诊断,才能挖掘问题,并分清主次,理出头绪。特别要强调的是,这类案例不存在一个"标准答案"或"最佳决策",主要是训练学生分析问题、解决问题的能力。它适合于高年级和学习综合性课程的学生。

2.按案例的内容分类

(1)专题型案例

这类案例短小精悍、问题突出,只涉及企业电子商务活动的某一方面的问题,如电子商务技术、电子商务安全、电子支付等。它针对企业某一电子商务问题进行客观的描述,一般在交代问题的背景后提供必要的数据、信息条件,学生则应用相应课程讲授的理论、方法、模型和公式等,对存在的问题进行分析,找出症结所在,提出相应问题的解决办法;或者问题本身就是一个未知数、未知解,学生的任务就是求解。通过对专题型案例的研究分析,可以加深学生对相关教学内容的认识和理解。

(2)综合型案例

相对于专题型案例,综合型案例的涉及面要宽得多。它以企业整体为对象,对有关企业电子商务运营和管理活动成败的多方面因素进行描述。此类案例篇幅较长,素材广泛,信息或者明显,或者隐蔽,通常罗列一大堆涉及许多方面的问题,有时交代管理者不同的解决思路和途径,有时不提出任何解决办法,要求学生综合运用各部分内容的理论及方法进行分析、整理、判断、求解、决策,借以训练学生综合分析和解决问题的能力。

3. 按案例决策点的位置分类

决策是由确定问题、分清主次、诊断原因、拟订备选方案、决策选优及实施执行等环节构成的连续过程,一个案例的描述可以终止在决策过程中的任一环节上,这个环节就是决策点。

(1)已决策型案例

已决策型案例的决策点在决策过程的最终决策选优上,案例描述决策全过程,包括确定企业电子商务问题、对问题及原因进行分析、企业针对问题提出若干解决方案以及最后采取的措施。这类案例的教学目的有两个:一是向学生传授企业实际的分析决策经验;二是要求学生对案例所提供的决策予以评价。

(2)半决策型案例

半决策型案例在前半段描述企业出现的电子商务问题,企业对此已采取的一些解决办法,但这却引起了新的待决策问题的出现。这样前半段便像一个引言或背景,后半段才是案例正文,借此让学生熟悉因一个决策的不当或不全面而引起新问题的情况,对于这种情况学生首先需判断前半段决策的正误,然后再针对后半段出现的新问题寻找解决方案。

(3)未决策型案例

未决策型案例通篇介绍企业电子商务的背景、生产经营过程及其结果,是否有电子商务相关问题,全凭学生自己识别;或者开门见山地罗列企业面临的待决策问题,至于怎样决策,就留给学生自主分析、判断、思索;要求学生针对这种仿真性高的电子商务情景去分析已有信息和未知信息,独立综合地思考、决策。这种案例没有一个标准的答案,学生可灵活运用所学的电子商务理论和方法,积极思考,主动探索,提出合理的解决办法和方案,并说明依据,以培养学生分析与判断问题的能力。

另外,还可以从专业角度将电子商务案例分为电子商务现状及发展案例、电子商务模式案例、电子商务技术案例、网站建设与维护案例、网络营销与推广案例、电子商务物流案例、电子商务支付案例、电子商务安全案例、电子商务法律案例、电子商务企业创业案例等。

四、电子商务案例分析的方法

案例分析技能与个人经验、思维习惯有关,并无一定之规。这里讨论的方法仅供学生参考。

1. 系统法

系统法是将案例中的组织看成一个整体,用系统的观点去分析这个组织及某个工作系统的各个组成部分和它们之间的相互联系,这有助于学生深刻理解有关行动和更清楚地看出问题。系统法的工作模式多采用图示工具,因为用图能帮助人们理清系统的有关过程、各有关因素在系统中的地位和作用,如决策树形图、因果关系图等。

2. 行为法

行为法着眼于分析组织中各种人员的行为和人际关系,因为组织是由人组成的,有关的组织因素和技术因素也是由人的行为来体现的。人们的认识、信念、态度、个性等心理因素,人在群体中的表现,人与人之间的交往、沟通、冲突和协调,组织中人与外界环境的关系,他们的价值观、行为规范和社会结构等都是行为法所关注的。

3.决策法

对于用系统法分析得出的结论,如对已构成的决策树提出的多种备选方案,采用一些规范化、程式化的模型或工具去进行定量分析或定性分析,进行对比和评价,能为企业电子商务决策提供有力的论据。

五、电子商务案例分析的技巧和应注意的问题

第一是对综合型案例而言,分析案例首先要选好角度,案例分析应注意从当事者的角度出发,必须站在案例中主要角色的立场上去观察和思考,设身处地地去体验,从全面综合的角度去分析。第二是对相关案例而言,要选用恰当的理论知识作为分析案例的理论基础。

案例分析包括两个互相关联的方面:一方面是要对所指定的将供集体讨论的案例做出深刻而有意义的分析,包括找出案例所描述的情景中存在的问题和机会,分析问题产生的原因及问题间的主次、轻重关系,拟订各种针对性的备选行动方案,找出它们各自的支持性论据,进行权衡对比后,从中做出抉择,制定最后决策,作为建议供集体讨论;另一方面是以严密的逻辑、清晰而有条理的口述方式,把自己的分析表达出来。

案例教学实践中的典型步骤如下:

(1)学生个人阅读和分析准备

这一步骤在课外完成。先由教师指定某一案例,并推荐相关的参考文献,围绕特定的案例布置几个启发思考题,引导学生去"读"案例。学生根据指定的案例和相关的参考文献认真阅读分析,并撰写阅读分析提纲,明确案例的主题,识别和确定待解决的问题,了解与决策有关的背景,收集已有的信息和思考案例缺漏的信息以及相关的课程内容,初步理清解决思路及其支持依据。

(2)分组预备讨论

在学生个人阅读分析的基础上,确定根据教师划分的或由学生自由组合的小组为全班课堂讨论做准备工作。教师一般不参加这一步骤。小组预备讨论将完成两项工作:一是在案例研究方面达成共识,如问题、原因、决策等;二是任务分工。分工的任务有两项:一是进一步研究分析,如查阅资料和绘制图表;二是准备发言提纲并代表小组在课堂讨论会上发言(1~2人)。

(3)课堂讨论

课堂讨论是案例教学的重要部分,是师生教和学所做努力的集中体现,也是锻炼学生主动参与、积极思考、相互合作的关键。

课堂讨论的步骤如下:首先是"摆事实",由学生简要回忆案例中的主要情节;其次是"找问题",问题可能不止一个,这就要在各组讨论发言时罗列清楚并分清主次;再次是"查原因",查出问题产生的根源,便可对症下药,提出针对性的对策和解决措施。每一小组所列对策必须是两个或两个以上,权衡比较后就可"做决策"了。

(4)撰写个人书面分析报告

大多数案例分析要求学生在前面所述三个步骤的基础上,综合自己和他人的分析,撰写有个人特色的分析报告。所谓个人特色,就是突出本人分析的观点,补充或修正小组乃至全班讨论的结果等。另外,通过书面总结,可以培养学生综合、逻辑分析及书面表达的能力。

在案例分析过程中,应注意以下几个问题:

(1)在案例分析中要做好学习记录,养成记录学习心得的习惯,这对于案例学习研究乃至以后的实际工作都至关重要,如此聚沙成塔、持之以恒,便会收到由量变到质变的效果。心得既可以是个人阅读中的体会,也可以是课堂讨论中别人发言的新颖观点和独到之处。

(2)案例的分析报告要简明扼要,开门见山。

(3)要用一句话把案例分析的主要成果概括出来,并作为报告的主题。

不同的专家、学者也对电子商务案例分析的教学提出了各自的建议,主要观点如下:

(1)案例学习可以组建研究小组,每组4~6人。以小组为单位,每小组至少对其中的6个或6个以上的案例进行归纳分析。结合社会实践,总结出案例的特色、优点和缺点,提出小组的综合意见和改进建议。

(2)在教学组织上,建议采用课堂讲解和讨论相结合的方式。在有条件的情况下,可以搭建与教学相配套的网站帮助学生更好地学习这门课程,特别要强调的是,要创造条件,使学生之间能够方便地进行相互讨论。

(3)对电子商务教学案例内容的分析,应该针对案例的不同类型,围绕三个要素进行。其一是真实性,即案例所描述的事件必须确有其事;其二是目的性,即特定的案例要针对相应的研究方向或者符合特定的教学目的(如某一方面的理论或技能);其三是问题性,即案例必须包括一个或若干个问题。问题可以是有解的,也可以是无解的。案例分析的一个重要内容就是对问题的重要性及其形成过程进行深入的分析。

案例分析

今夜酒店特价的陨落案例分析

今夜酒店特价决策失误主要体现在以下几个方面:

一、照搬美国模式

今夜酒店特价学习的是美国 Hotel Tonight 的做法——Hotel Tonight 在美国每个城市只有3家精品酒店,走的是精品路线,确保了每个酒店都能获得大量订单,因而红极一时。今夜酒店特价把 Hotel Tonight 的这一做法照搬过来,只是在酒店数量上有差异,在每个城市做10家精选酒店,然而实际效果非常差。究其原因,在于他们忽视了中美文化之间的差异。在美国,80%的酒店都是拥有自己品牌的连锁酒店,酒店的品牌深入人心,让用户能感知到优惠。而在中国,连锁酒店的市场占有率不到20%,而且绝大多数都是单体酒店。因而,即使打折力度再大,也让人感觉不到自己享受到的优惠程度。

另外,在美国有力度的打折措施,会让一些人愿意驱车去很远的地方入住,然而在中国,即使是有车的人,一想到大城市的拥堵,宁愿在就近的地方安顿下来,也不会选择驱车去入住低价酒店。

二、商业模式设计上存在缺陷

今夜酒店特价推销的房源,只能通过智能手机APP预订,只能是晚上6点以后预订,而且大部分酒店只能预订一晚。然而,在实际运行中,手机支付的成功率极低,每20个用手机支付的用户,有19个都不能成功。刚开始,他们以为是手机支付平台出了问题,到最后才发现原因在于用户不习惯使用手机直接支付,由此也就导致了在最初的几个月内,每天十几万的访问量,支付成功的订单却不到10个。这种状况严重增加了今夜酒店特价的运营成本和压力。另外,由于大多数商业人士的出差时间往往并不是一天,他们通常的选择就是住在一处,而不是隔天再重新预订新的房间或住处。由此,今夜酒店特价尾房销售的适用对象大大缩水,通常只适合旅游用户和对价格敏感的用户。

三、后台运营外包导致预订效率低下

考虑到自身的商业模式还存在着缺陷,2011年末,企业高层做出放弃精品酒店路线和手机支付策略的决定,将今夜酒店特价从移动互联网的轻模式转向传统行业的重模式。他们了解到,很多用户担心晚上6点以后订不到房间,于是选择了先订一个房间,然后到晚上再换到更便宜的房间去的做法,为此,今夜酒店特价选择了和艺龙合作,以增加更多的合作酒店。经过这番调整,今夜酒店特价原来晚上6点后推出的特价房仍然保持,并锁定为一、二线城市,大约有3 000家酒店签约,平均每笔订单交易可营利25元。从2012年4月起,订单的增长率保持在每周8.6%。然而,令他们没想到的是,2012年"十一"黄金周期间,许多用户通过今夜酒店特价平台下单后要等待半个小时才能收到短信确认回复,用户对此很不满,结果导致整个订单系统瘫痪。之所以会出现这种情况,是因为他们把后台运营工作外包给了别人。这样一来,因用户体验太差而出现了客户流失的情况。国庆危机后,今夜酒店特价开始了自建后台方面的投入,员工人数由一开始的30人激增到100多人,其中大部分人员都从事后台营运工作,运营成本也一路攀升。

四、活在巨头阴影下,没有制定有效应对之策

今夜酒店特价的尾房销售模式对业内人士来说,是个低门槛的操作方式。对此,今夜酒店特价也非常清楚。在2011年10月上线之初,企业高层就试图通过渠道差异来避开与较大OTA(在线旅行社)厂商的竞争。也就是说,他们自认为,自己所做的与别人井水不犯河水。当时各大酒店的房客来源中,通过某OTA预订的房客占到50%~70%的份额;而通过今夜酒店特价预订的房客数量偏少,收入也就不可能与其相提并论。对比该OTA的营销策略,在种种权衡中,各大酒店纷纷做出停止与今夜酒店特价合作的决定。从2011年9月到10月末,与今夜酒店特价签约的数十家酒店全都采取了终止合作的行动。就这样,2011年10月后,每个城市只剩下了三四家酒店可供今夜酒店特价用户选择。

面对巨头的压力,今夜酒店特价没有采取实质性的应对之策,只是选择了打游击战,先将一些酒店下架,过一段时间后再上架。

五、决策失误结出恶果

对于互联网业来说,2011年是一个资本大年。任何创业公司,只要项目具有可行性,几乎都会受到投资人的青睐。今夜酒店特价充分享受到了这种待遇。上线不久,就有包括红杉资本在内的17个一线风险投资人看好他们。然而,在谈判过程中,今夜酒店特价的态度很强硬,要求投资人一周内必须做出投资意向书。在这种苛刻的条件下,今夜酒店特价还是很顺利地获得了君信资本2 000万元的天使投资。

然而,进入2013年后,今夜酒店特价因创业初期大量的投入而陷入资金紧张困境。这时,他们无法再获得投资,最后只得将公司从上海市中心的整套现代化办公区迁到了临近虹桥机场的淞虹路的一个破旧的办公园区内。今夜酒店特价的决策失误远不止这些。事后,企业COO承认:公司产品上线以来,他本人的一半决策都是错误的,其中,有一个决策失误一下子损失了1 000万元。为此,他总结出了两条经验:第一条是作为初创公司还是要以用户和产品为先;第二条是想法执行和产品研发前,要先做市场测试。只是,不管事后反省多么深刻,对今夜酒店特价来说,都是亡羊补牢,为时已晚。

知识拓展　电子商务案例分析模型

在进行电子商务案例分析时,一般应该遵循一定的程序,按照一定的模型进行系统分析,科学把握案例的精髓。

1. 电子商务模式判定

分析一个电子商务案例首先要判定电子商务模式,把握这种电子商务模式的特征和分类,进而理解电子商务各利益主体的优势,为进行案例分析奠定基础。

2. 案例基本情况汇总

对案例基本情况的汇总是进行电子商务案例分析的基础工作,需要通过现有文献、网络调查、实地考察、网站浏览、在线讨论列表、公司宣传材料等途径尽可能详细地收集拟分析案例的基本情况,并进行汇总整理。

3. 案例功能结构定位

电子商务案例分析要对案例进行由表及里的系统分析,这就需要对电子商务案例的功能结构进行科学定位,如果可能,可以绘制电子商务功能结构图,以界定电子商务模式中所包含的各个主体(包括相关的电子商务公司、客户、供应商和合作伙伴),把握主要的信息流、资金流和物流特点,明确该电子商务模式对各主体的功能以及每个参与方所能获得的利益。

4. 电子商务模式分析

在对电子商务案例进行功能结构定位的基础上,要就案例的商业模式、技术模式、经营模式、管理模式、资本模式分别进行系统的分析,以掌握电子商务模式的内涵,为进行电子商务项目策划积累经验。

5. 结论与建议总结

对案例的电子商务模式进行总结,并提出改进商务模式效果的建议,为进行电子商务项目设计积累经验。

实操案例

海尔电子商务

海尔集团创立于1984年,是全球领先的美好生活解决方案服务商。海尔始终以用户体验为中心,截至2021年2月,海尔连续3年作为全球唯一物联网生态品牌蝉联BrandZ全球百强,连续12年稳居欧睿国际世界家电第一品牌,旗下子公司海尔智家位列《财富》世界500强。海尔集团拥有3家上市公司,拥有海尔Haier、卡萨帝Casarte、Leader、GE Appliances、Fisher & Paykel、AQUA、Candy等七大全球化高端品牌和全球首个场景品牌"三翼鸟 THREE-WINGED BIRD",构建了全球引领的工业互联网平台卡奥斯COSMOPlat,成功孵化5家独角兽企业和37家瞪羚企业,在全球布局了10+N创新生态体系、28个工业园、122个制造中心和24万个销售网络,深入全球160个国家和地区,服务全球10亿多个用户家庭。

电子商务是海尔的必经之路。随着网络经济时代的到来,企业如何发展是一个崭新而迫切的问题。海尔从1999年4月就开始了"三个方向的转移":第一是管理方向的转移(从直线

电子商务案例分析

职能型组织结构向业务流程再造的市场链转移);第二是市场方向的转移(从国内市场向国外市场转移);第三是产业方向的转移(从制造业向服务业转移)。这些都为海尔开展电子商务奠定了必要的基础。

海尔向电子商务领域进军,是以虚实结合的策略为指导的,主要从以下3个方面推进虚拟市场的开拓:

(1)以定制服务为主的网上商城。海尔网上商城是2002年正式开通的。通过网上商城,海尔为消费者提供"个性化定制"服务,为商家推出"商家定做"服务,有效地缩短了海尔与用户之间的距离,提高了顾客对海尔的满意度和忠诚度,提高了海尔的竞争力。海尔集团电子商务的较大特色就在于个性化定制、产品智能导购、新产品在线预订和用户设计建议等面对用户的四大模块,可为用户提供独到的信息服务,使网站真正成为海尔集团与用户保持零距离的平台。海尔集团与商家进行的B2B电子商务合作,构建了新经济形势下的新型供应链,把海尔与分销商更紧密地结合起来。海尔集团推出的"商家设计、海尔制造"的全新营销模式,使家电经销商变成了家电产品的设计者,从而可以更好地满足用户以及商家的个性化需求。

(2)以优化供应链为目标的在线采购招标。海尔采用了在线采购招标的供应方式和物流方式,要求希望为海尔供货的供应商在网上注册,当海尔需要采购时,就把采购产品的信息在网上公布或通知供应商,再由供应商报价竞标,海尔从中选择合适的供应商。通过电子商务采购平台,海尔与供应商形成了良好、紧密、新型的互联网关系,建立起动态企业联盟,达到了双赢的目标,提高了双方的市场竞争力。在网络经济时代,缔结与供应商之间的良好关系比对固定资产的拥有更为重要。

(3)以顾客满意为目标的客户关系管理。海尔电子商务非常重视客户关系管理,在网上商城设置了客户服务中心、购物常见问题、购物指南等模块,为客户提供了方便。

工作任务:分析海尔电子商务战略的成功之处。海尔电子商务网站定位如何?试从商业模式、技术模式、经营模式、管理模式、资本模式角度对海尔电子商务进行系统分析。

项目考核评价

知识(0.3)			技能(0.4)			态度(0.3)		
个人评价 (0.3)	小组评价 (0.3)	教师评价 (0.4)	个人评价 (0.3)	小组评价 (0.3)	教师评价 (0.4)	个人评价 (0.3)	小组评价 (0.3)	教师评价 (0.4)

总分=知识+技能+态度=_____

本模块参考资料来源:

1.国家统计局官网

2.中国网信网

3.中国新闻网

4.中国互联网络信息中心官网

5.青年创业网

6.李子晨.聚焦服贸会|2021中国电子商务大会:电子商务跨越式发展成绩骄人.国际商报,2021.9.3

7.长江网

8.中华人民共和国中央人民政府网站

9.中国人大网

10.产业调研网

11.海尔集团官网

模块 2

电子商务模式案例

学习目标

了解电子商务模式的分类方法,明确电子商务的不同模式在电子商务发展中的地位,掌握 B2B、B2C、C2C、O2O、新零售等电子商务模式案例分析的方法。通过电子商务模式案例分析,提高学习者对电子商务学习的兴趣,培养学习者对不同电子商务模式的理解能力、分析比较能力以及主动学习、积极探索的精神。

项目 1 B2B 电子商务模式案例

项目任务 了解 B2B 电子商务模式的类型,了解 B2B 电子商务模式的营利来源。学会分析案例中 B2B 电子商务模式成功的关键点以及 B2B 电子商务模式的营利点。

项目案例 阿里巴巴 B2B 电子商务模式

一、阿里巴巴简介

阿里巴巴是全球 B2B 电子商务的著名品牌,是目前全球较大的商务交流社区和网上交易市场之一。阿里巴巴中国站首页如图 2-1 所示。

模块 2　电子商务模式案例

图 2-1　阿里巴巴中国站首页

2003 年"非典"爆发，网络商务价值凸显，网站各项指标持续高速发展，其中，代表商务网站活跃程度和网站质量的重要指标——每日新增供求信息量比 2002 年同期增长 3～5 倍。通过对阿里巴巴 140 万中国会员的抽样调查发现，在"非典"时期三个月内达成交易的企业占总数的 42%，业绩逆势上升的企业达 52%，更进一步巩固了阿里巴巴全球领先商务平台的地位。

由于良好的定位、稳固的结构、优秀的服务，阿里巴巴如今已成为全球商人进行网络推广的网站之一。早在 2016 年，中国 B2B 电子商务平台营收规模就达到 260 亿元，在平台市场份额中，阿里巴巴排名首位，市场份额为 43%。

在产品与服务方面，阿里巴巴为国内的工厂及批发商卖家在服装鞋包、百货、饰品、家装建材和包装材料等方面提供与批发商买家之间的撮合及线上交易服务，为数千万网商提供海量商机信息和便捷安全的在线交易市场，也是商人们以商会友、真实互动的社区平台。同时，阿里巴巴为中国优秀的出口型生产企业提供在全球市场的"中国供应商"专业推广服务。

二、阿里巴巴的营运模式

阿里巴巴的营运模式遵循循序渐进的过程。首先打好基础，然后在实施过程中不断捕捉新出现的机会。从最基础的替企业架设站点，到随之而来的网站推广、对在线贸易资信的辅助服务、交易本身的订单管理等，阿里巴巴的营运模式不断延伸，其出色的营利模式强有力、可持续、可拓展。

1. 诚信通

网络可能是虚拟的，但贸易本身必须是真实的。信用分析是企业的日常工作。一方面，在线贸易体现了采购行为更充分的竞争性；另一方面，企业对网络信息本身充满了质疑。诚信通

电子商务案例分析

作为一项服务不难理解,企业可以在诚信通上出示第三方对它的评估,在阿里巴巴上的交易记录也有据可循。每个诚信通的价格都很便宜,对网站而言几乎不存在成本。这就是说,诚信通如果运营得好,阿里巴巴的业绩将会非常理想。

2. 产业带

产业带聚集了生产设备、原材料、辅料、设计、货运等各类以生产为中心的上下游企业,建立了经济技术协作圈。这里汇聚了好商、好货,旨在帮助买家直达原产地优质货源,帮助卖家提升竞争力,降低竞争成本。同时,联合产业带、当地政府和第三方服务商合作运营,可以实现优势共享。

3. 商友圈

商友圈是聚集不同行业、不同地域、不同专业市场的卖家和买家专业群体的电子商务社区,汇聚全国各地各行业超过一万个商盟,五十万个生产厂家、企业主、经销商,横跨数千个行业,每天超过五十万人在线。商友们可以在这里发现专业的交友、互动圈子,与各行各业专家、企业主交流商业经验、分享商业知识,参与各种类型的商圈的线上/线下活动,聚集商业人脉。

4. 伙拼与淘工厂

伙拼是阿里巴巴推出的批发型团购频道。目前,伙拼产品的行业覆盖了服装、母婴、食品、美容、百货、家纺、家装、工业品等几乎全部的产品种类,让所有批发商低成本、高效率地进行网络批发。

淘工厂是连接电商卖家与工厂的加工定制服务。它一方面解决电商卖家找工厂难、试单难、翻单难、新款开发难的问题;另一方面将线下工厂产能商品化,通过淘工厂平台推向广大的电商卖家从而帮助工厂获取订单,实现工厂电商化转型,打造贯通整个线上服装供应链的生态体系。

5. 采购商城

采购商城是阿里巴巴旗下自营的工业品采购超市。它面向国内生产制造企业,提供涵盖五金工具、劳保防护、电工电气、机械部件、行政办公、物流包装、LED 照明、精细化学和公用设施等产品种类。采购商城保障所有商品正品真货,并提供七天无理由退换货服务。采购商城承诺按约发货,并由商城统一提供发票。

> 思考:阿里巴巴属于哪一种 B2B 电子商务模式?阿里巴巴 B2B 电子商务模式成功的关键何在?阿里巴巴靠什么营利?

嵌入知识

一、B2B 电子商务模式及类型

B2B(Business to Business)电子商务是指企业与企业之间通过互联网进行产品、服务及信息的交换。传统的企业间交易往往要耗费大量资源和时间,无论是销售、分销还是采购都要占用产品成本。通过 B2B 交易方式,买卖双方能够在网上完成整个业务流程,包括建立最初印象到货比三家,再到讨价还价、签单和交货,最后到客户服务。B2B 使企业之间的交易减少了许多事务性的工作流程和管理费用,降低了企业经营成本。网络的便利性及延伸性使企业扩大了活动范围,企业跨地区、跨国界发展更方便,成本更低廉。

B2B 不仅是建立一个网上的买卖者群体,而且为企业之间的战略合作提供了基础。任何一家企业,不论它具有多么强的技术实力或多好的经营战略,要想单独实现 B2B 是不可能的。单打独斗的时代已经过去,企业间建立合作联盟逐渐成为发展趋势。网络使得信息畅通无阻,企业之间可以通过网络在市场、产品或经营等方面建立互补互惠的合作,形成水平或垂直形式的业务整合,以更大的规模、更强的实力、更经济的运作真正形成全球运筹管理的模式。

目前企业采用的 B2B 模式可以分为以下两种:

(1)面向制造业或商业的垂直 B2B。垂直 B2B 可以分为两个方向,即上游和下游。生产商或商业零售商可以与上游的供应商之间形成供货关系,如 Dell 与上游的芯片和主板制造商就是通过这种方式进行合作的。生产商与下游的分销商可以形成销货关系,比如 Cisco 与其分销商之间进行的交易即为该种类型。

(2)面向中间交易市场的水平 B2B。水平 B2B 将各个行业中相近的交易过程集中到一个场所,为企业的采购方和供应方提供一个交易的机会,如阿里巴巴、环球资源网等。B2B 只是企业实现电子商务的一个开始,它的应用将会不断地发展和完善,并适应所有行业企业的需要。

企业要实现完善的 B2B 需要许多系统共同的支持,例如,制造企业需要财务系统、企业资源规划系统、供应链管理系统、客户关系管理系统等,这些系统能有机地整合在一起,实现信息共享、业务流程的完全自动化。

二、B2B 电子商务模式的利润来源

1.水平网站的利润来源

水平网站可以产生很多利润流。通常情况下,水平网站都将目光放在广告上,这是一个很好的营利方式。另外,还可以举办网上拍卖会(网站可以向成交的卖方收取一定比例的交易费);出售网上店面;自己开展电子商务,从商务活动中直接营利。水平网站的利润来源见表 2-1。

表 2-1　　　　　　　　　　　水平网站的利润来源

利润来源	概　述
交易费用	很多拥有 B2B 电子交易市场的公司都对在其网站上达成的交易收取一定额度的交易费用,通常是交易额的一定百分比。无论是取自买方还是卖方,都是网站的一个主要收入来源
拍卖佣金	拍卖有买方主导和卖方主导两种形式,网站向卖方抽取佣金。该模式对买方的好处在于,如果交易不成,则无须付费
软件许可费	这是大部分 B2B 平台软件商的主要利润来源
广告费	广告费目前是许多电子商务公司的一个主要收费项目。电子商务公司可以对网上显示出来的一切有关商品、商家的信息进行收费,一些网上拍卖公司会对参加拍卖的商品信息展示进行收费。即使一些电子商务公司并不把信息展示费看得很重,但其也可以利用对商品征收展示费来保证所列商品的质量。这是因为一般厂家不会花钱将别人不会买的劣等品展示出来,这样可以防止网上商品泛滥,将优质品淹没
出售"内容"	收集、整理厂商目录、客户信息、业界动态等
节省成本的回报	电子市场为买卖双方带来可观的成本缩减,在此模式当中,网站从商品差价中抽取提成。其好处在于将采用新交易模式的投资报酬纳入营利渠道,如果成本不减反增,则无须付费
其他服务费用	专门提供 B2B 电子商务所需的资金流、物流或应用软件等方面的服务,分享利润,如信用卡公司提供的信用认证

2.垂直网站的利润来源

垂直网站的专业性强,因此其面对的客户大多都是本行业内的,潜在购买力比较强,其广

告的效用也会比较大。也正因如此,垂直网站的广告费比水平网站要高。除了旗帜广告外,垂直网站还可以通过产品列表以及网上商店门面收费。

同水平网站一样,垂直网站也可以举办一些拍卖会,并向交易成功的卖方收取一定比例的交易费。此外,还可以收取客户的信息费,即数据库使用费。

三、B2B 电子商务模式成功的关键因素

1. 水平网站成功的关键因素

(1)业务处理流程的标准化程度。

(2)业务及作业流程自动化处理的专业知识。

(3)内容深层次自动化处理的水平。

(4)根据行业差异定制业务处理流程的能力。

2. 垂直网站成功的关键因素

垂直网站成功的较重要因素是专业技能。一个垂直网站面对的是一个特定的行业、特定的专业领域,因此,典型垂直网站的创始人往往对专业技能非常熟悉,他们通常是采购经理、技术部门负责人或者顾问。他们能够洞察全行业的内外需求,能一针见血地指出各"进场入市"企业的需要,并向它们提供各种灵活有效的解决方案。

垂直网站成功的另一个因素是传统行业的低效率。传统行业的中间环节越多,环节连接效率就越低,该行业的垂直网站就越有机会整合其中间环节,因此也就越容易成功。例如,世界工厂是一个电子行业的垂直网站,整合了代表着 2 000 多个生产厂商的 60 多个授权经销部,提供 33 000 多种产品信息。除了用丰富的产品吸引客户再次光临外,世界工厂还提供了一个社区环境,如讨论区和聊天室等,这也吸引了许多回头客。

垂直网站吸引着更合格、更狭窄且经过预选的参与者,这种市场一旦形成,就具有极大的竞争优势。所以,垂直网站更有聚集性、定向性,较喜欢团体会员,易于建立起忠实的用户群体,吸引着固定的回头客。垂直网站形成了一个集约化市场,且客户也多是有效客户。因此,这类电子市场是有价值的市场,它们拥有真正有效的购买者。

四、两种 B2B 电子商务模式网站的困境

1. 水平网站的困境

水平网站由于可以为许多行业的厂家提供服务,因此,要不停地更新多种信息,提供许多互不相关的服务。水平网站追求"全",即行业全、服务全,这样才有竞争力,但恰恰是这个"全",使得水平网站要冒每一个行业都抵挡不住的风险。

既"全"又"好"当然是最佳的结果,但这不是轻而易举就能做到的。目前很多网站没有能力做到这一点。以现有的能力基础,如何在"全"和"好"之间找到一个平衡点,是水平网站目前面临的一个难题。

2. 垂直网站的困境

运作垂直网站需要较高的专业技能。专业化程度越高的网站,越需要投入较高的人力资本来处理狭窄的、专门性的业务,只有这样才能发挥该虚拟市场的商业潜能。

垂直网站面临的挑战是很难转向多元化经营或向其他领域渗透,这是由其具备鲜明行业特征的专门知识和客户关系所决定的。

垂直门户或者行业门户 B2B 网站其实可以理解为是综合型 B2B 网站的一个特例,也就是定位于某个行业内企业间电子商务的网站。与综合型 B2B 网站相比,其特点是专业性强,

并通常拥有该行业资源的背景，更容易集中资源，吸引行业生态系统内多数成员的参与，同时也容易引起国际采购商和大宗买主的关注。因此，近一段时间以来，垂直B2B网站成了企业间电子商务中备受推崇的发展模式。但因其涉及面窄，客户数量的扩展受到一定限制。

案例分析

阿里巴巴 B2B 电子商务模式案例分析

一、阿里巴巴的 B2B 电子商务模式类型

阿里巴巴 B2B 电子商务模式属于面向中间交易市场的水平 B2B，也可以称为第三方 B2B。它是专为各企业提供一个信息交换的平台，并为交易的完成提供一些增值服务的电子商务模式，它的营利来源主要是提供信息平台服务和增值服务。B2B 中介型网站的本质是创建一个电子交易市场，制定进入市场的所有企业都应遵守的规则，以保证能够吸引更多的企业参与。它本身并不介入具体交易，这种中立的身份有利于为买卖双方提供公正、中立的信用服务。

二、阿里巴巴营运模式成功的原因分析

阿里巴巴的营运模式取得成功主要有以下几个原因：

(1) 专做信息流，汇聚大量的市场供求信息。阿里巴巴在充分调研企业需求的基础上，将企业的信息整合分类，形成网站独具特色的栏目，使企业用户获得有效的信息和服务。阿里巴巴主要信息服务栏目包括：商业机会、产品展示、公司全库、行业资讯、价格行情、以商会友、商业服务。这些栏目为用户提供了充满现代商业气息、丰富实用的信息，构成了网上交易市场的主体。

(2) 阿里巴巴采用本土化的网站建设方式，针对不同国家采用不同的语言，简易可读，这种便利性与亲和力将各国市场有机地融为一体。阿里巴巴已经建立并运作了四个相互关联的网站：英文的国际网站面向全球商人提供专业服务；简体中文的中国网站主要为中国内地市场服务；全球性的繁体中文网站则为中国台湾地区、中国香港地区、东南亚及遍及全球的华商服务；韩文网站和日文网站为韩文和日文用户服务。这些网站相互链接，内容相互交融，汇集全球 178 个国家和地区的商业信息和个性化的商人社区，为会员提供整合一体的国际贸易平台。

(3) 在起步阶段，网站放低会员准入门槛，以免费会员制吸引企业登录平台注册用户。阿里巴巴会员多数为中小企业，免费会员制是吸引中小企业的主要因素。大大小小的企业活跃于网上市场，反过来为阿里巴巴带来了各类供需，壮大了网上交易平台。

(4) 阿里巴巴为会员提供了优越的市场服务。尽管目前阿里巴巴不向会员收费，但阿里巴巴网站是营利的。阿里巴巴的营利栏目主要是：中国供应商、委托设计公司网站、网上推广项目和诚信通。中国供应商通过阿里巴巴的交易信息平台，给中国的商家提供来自各国买家的特别询盘。委托设计公司网站是客户可以委托阿里巴巴做一次性的投资以建设公司网站，这个项目主要是阿里巴巴帮助企业建立独立域名网站，并且与阿里巴巴链接。网上推广项目由邮件广告、旗帜广告、文字链接和模块广告组成。诚信通则能帮助用户了解潜在客户的资信状况，找到真正的网上贸易伙伴；进行权威资信机构的认证，确认会员公司的合法性和联络人的业务身份；展现公司的证书和荣誉。

三、阿里巴巴的主要营利点

1. 诚信通会员服务

诚信通是阿里巴巴于 2002 年 3 月推出的一项重要的收费会员服务。诚信通针对的是国内贸易，通过向注册会员出示第三方的评估，以及在阿里巴巴的交易诚信记录，帮助诚信通会员获得采购方的信任。

2. 中国供应商会员服务

中国供应商会员服务主要针对出口型的企业，依托网上贸易社区，向国际上通过电子商务进行采购的客商推荐中国的出口供应商，从而帮助出口供应商获得国际订单。其服务包括：提供独立的中国供应商账号和密码，建立英文网站，让全球买家在线浏览企业。

3. 网销宝竞价排名服务

2009 年 3 月，阿里巴巴国际站推出了按效果付费关键词竞价系统网销宝，也就是俗称的外贸版"直通车"。网销宝是诚信通会员专享的搜索排名服务，买家在阿里巴巴搜索供应信息时，竞价企业的信息将排在搜索结果的前五位，买家第一时间就能找到。网销宝不按点击收费，而是在竞价时就能知道费用。关键词起拍价为 500 元，具体的费用金额由会员通过竞价产生。网销宝从一推出，就被阿里巴巴定位为重点项目，未来更将成为其营收的主力。

4. 库存拍卖服务

库存拍卖服务是阿里巴巴为诚信通会员提供的一项网上交易增值服务。卖家发布库存产品信息，对拍卖产品及交易规则进行详细描述，并设定拍卖条件（拍卖的方式、底价、加价幅度等），买家通过在线平台参与拍卖，通过竞价，出价最高者与卖家成交，双方通过阿里巴巴提供的支付宝结算。

知识拓展　B2B 电子商务的现状、发展趋势及模式选择

一、B2B 电子商务的现状

1. 模式单一

纵观当前国内 B2B 领域，主要存在两种模式：一种是行业垂直类 B2B 网站，即针对一个行业做深、做透，比如中国化工网、全球五金网等。此类网站无疑在专业上更权威、精确。另一种则是水平型的综合类 B2B 网站，即覆盖整个行业，在广度上下功夫，比如阿里巴巴、环球资源网等。这两类网站面临的困境前文已述及。

2. 盲目化

电子商务时代的到来，使得许多企业纷纷急于套用电子化模式，但目标战略不清，问题分析不透，因此付出了沉重的代价。B2B 不仅仅是建立一个网上的买卖者群体，而是借此形成合作联盟，包括企业内上下级、企业与客户、企业与上下游企业间达到企业内外供应链优化的目的，实现共赢，所以阻碍 B2B 发展的并不是技术问题，而是企业内外供应链上的人和企业对于公司 B2B 的支持与无缝连接。因此，仅仅套用固有模式并不能实现 B2B 电子商务效率化的初衷，也不能支持企业的持续运营。

二、中国 B2B 电子商务的发展趋势

对中国 B2B 电子商务的发展现状进行分析后,艾瑞咨询[①]总结出中国 B2B 电子商务的几个发展趋势:

1.政府政策推动,企业主动转型

随着中国经济全面进入"新常态"[②],由人口红利等带来的出口优势渐趋弱化,内需成为拉动经济发展的核心引擎。一方面,国家扩大内需的重要举措给中小企业带来了更多发展机会,对上游供给与流通市场激活作用明显。另一方面,随着需求侧消费升级的展开,对上游供给侧的倒逼日益显现。国家频提"供给侧改革",对通过供给端的创新与改革实现整体经济结构优化的路径给予肯定。

在此背景下,中国企业(尤其是中小企业)转型动力巨大,而企业也逐步认识到 B2B 电子商务在帮助自身提升流通效率、降低流通成本、拓展市场渠道方面的作用,开始纷纷主动转型触网,B2B 电子商务成为众多中小企业落实"互联网+"跨出的重要步骤。

2.垂直专业 B2B 平台迎来发展机遇

垂直专业 B2B 平台将成为未来中国 B2B 市场的后发力量,有巨大发展空间。此类平台有两个特点:

(1)专:集中全部力量打造专业性信息平台,包括以行业为特色和以国际服务为特色两个方面。

(2)深:此类平台具备独特的专业性质,在不断探索中将会产生许多深入且独具特色的服务内容与营利模式。

3.B2B 平台功能开发走向深入,更加重视企业用户的实际应用

随着 B2B 平台的不断成熟,其企业应用也越来越普及。大量中小企业的 B2B 电子商务意识不断增长,促使 B2B 平台功能开发向纵深发展,需要更加专业、更加细化的功能模块。B2B 平台功能开发将围绕企业用户实际应用需求展开,直接的应用包括:SaaS[③]、网络时代客户关系管理、即时聊天系统等。

4.进一步整合行业资源

交易型模式将有创新,部分具有鲜明特色的行业 B2B 平台(如物流、垂直搜索)将成为整合行业资源的有效工具,此类 B2B 平台将会整合线上和线下资源,形成真正的行业性资源平台。

5.行业 B2B 平台将会被重新定义或优化

未来,越来越多的中国企业会运用 B2B 平台或经营 B2B 平台。由于企业类型和行业类型的不同,现有的行业 B2B 平台在服务内容等方面必须做出革新才能适应这种趋势。B2B 平台模式将会被重新定义或优化。

---

① 艾瑞咨询(iResearch)是一家专注于网络媒体、电子商务、网络游戏、无线增值等新经济领域,深入研究和了解消费者行为,并为网络行业及传统行业客户提供市场调查研究和战略咨询服务的专业市场调研机构。

② 中国经济"新常态",是指随着当前我国经济发展环境、发展阶段发生变化,我国经济由粗放型经济增长转向集约型经济发展的状态。

③ SaaS 是 Software-as-a-Service(软件即服务)的简称,是随着互联网技术的发展和应用软件的成熟,而在 21 世纪开始兴起的一种完全创新的软件应用模式。厂商将应用软件统一部署在自己的服务器上,客户可以根据自己的实际需求,通过互联网向厂商订购所需的应用软件服务,客户按订购的服务多少和时间长短向厂商支付费用,并通过互联网获得厂商提供的服务。

三、B2B 电子商务模式的选择

毋庸置疑，B2B 电子商务将成为未来商业根本的环节和主要及普遍的交易方式，但为何又有诸多 B2B 企业亏损、倒闭呢？究其原因是战略分析错误、道路选择不当。那么，中国的企业又怎样才能抓住这个机遇？该走什么样的 B2B 道路呢？

在互联网经济时代要想立足长远，有两条道路可行：品牌、创新。一个好的品牌对于企业来讲，就是吸引和维系顾客、供应商的黏性剂，可以为企业创造效益。品牌战略在互联网时代尤为突出，它也是企业网络营销中的一剂猛药。因为网络品牌赖以生存的虚拟经济环境是一种新的注意力经济。注意力不仅具有排他性，而且对象只能是唯一的。因此，网络品牌在互联网时代对于企业来说尤为重要。创新是信息时代较难立即模仿的。它包含技术与思想战略，也是超越竞争对手的法宝。如 B2B 垂直搜索的代表中钢网提出 TQS（Total Quality Sourcing，全面质量采购）理念，解决了贸易过程中买家关心的"企业质量与能力"问题。B2B 电子商务蓬勃发展到今天，后来者若想进入，必须进行商业模式的创新。

在 B2B 蓬勃发展的今天，人们开始对这个行业产生新的憧憬。可以清楚地看到，只有创新，才能使网络真正体现其经济价值，只有真正的创新者，才能在网络经济时代泰然自若。2016—2020 年中国 B2B 电子商务市场交易规模如图 2-2 所示。

图 2-2 2016—2020 年中国 B2B 电子商务市场交易规模

项目 2　B2C 电子商务模式案例

项目任务　了解 B2C 电子商务模式的类型和 B2C 电子商务的经营模式、发展策略及趋势。学会分析案例中 B2C 电子商务交易模式成功的关键点以及营利点。

项目案例　京东商城 B2C 电子商务模式

一、京东商城概况

1998 年 6 月 18 日，京东公司在中关村成立。自 2004 年初正式涉足电子商务领域以来，京东商城一直保持高速成长，连续五年增长率均超过 200%。京东商城始终坚持以纯电子商务模式运营，缩减中间环节，为消费者在第一时间提供优质的产品及满意的服务。目前,京东集团旗下设有京东商城、京东金融、拍拍、京东智能、O2O 及海外事业部。《2016 年 BrandZ 全球最具价值品牌百强榜》公布,京东首次进入百强榜,排名第 99 位。《财富》2020 年世界 500 强排名中,京东集团排名跃升至 102 位,位居中国零售及互联网行业第一、全球互联网行业第三。

京东商城在线销售包括计算机、手机及其他数码产品、家电、汽车配件、服装与鞋类、家居与家庭用品、化妆品与其他个人护理用品、食品与营养品、书籍与其他媒体产品等。现在,京东商城已经成为中国消费者选购 3C 产品的重要途径。京东商城主页如图 2-3 所示。

图 2-3 京东商城主页

二、消费环境

京东商城是中国最大的电脑、数码、通信、家用电器产品网上购物商城,其面临的消费环境如下:

(1)IT 产品零售总量增长,特别是数码产品销售量在一线城市获得迅猛增长后,二线城市的增长前景也被看好。

(2)网上购物人数增长。中国互联网络信息中心(CNNIC)发布的第 48 次《中国互联网络发展状况统计报告》显示,截至 2021 年 6 月,我国网络购物用户规模达 8.12 亿。

(3)B2C 商业模式受到市场追捧。厂商积极开发更直接的销售通路,与 B2C 不谋而合,低廉的价格受到消费者的青睐。

从消费环境上看,京东商城有机会获得较大幅度的增长,而且从消费心理上分析,京东商城相当了解本土消费者,频繁的网友见面会为京东获得了一定的忠实顾客群。

京东商城是 B2C 形式的电子商务平台,其主要的竞争对手是企业在其他电子商务平台开设的商城,如唯品会、苏宁易购、当当、国美电器、美的、联想,还有目前新兴的一些网上超市等。

三、企业运作模式

1. 商业模式

(1)采购环节。京东商城的供应商全部是生产商和厂商指定的代理商和经销商,所售出的产品都是通过正规进货渠道购进的正牌商品。京东商城的采购业务主要集中在北京和广州两地。

(2)销售环节。目前京东商城零售业务的销售环节主要依靠其B2C网站进行,消费者登录网站下单订购。京东商城在北京总部以及2个分公司分别建立了呼叫中心,为客户提供实时的帮助和导购服务。京东商城为所有商品提供详细发票,以保证售后服务的顺利进行。

(3)支付环节。京东商城目前提供京东支付、货到现金支付、货到银行卡支付、在线支付、公司转账以及京东白条等多种支付方式。其中在线支付服务由京东支付、微信支付和网银在线等第三方支付服务商提供支持。

(4)配送环节。京东商城主要采用京东自建物流配送,同时也采取多方合作第三方配送模式。一、二线城市配送由京东商城自己组建的配送体系来完成,其余地区由外包物流公司提供服务,另外还在一、二线城市设立多处自提点,向本地用户提供自提服务。

2. 资本模式

2009年1月12日,京东商城获得来自今日资本、雄牛资本以及亚洲著名投资银行家梁伯韬的私人公司共计2 100万美元的联合注资。

2010年,京东商城获1.5亿美元的融资。

2011年4月,京东商城获得俄罗斯投资者数字天空技术(DST)、老虎环球基金等共6家基金和社会知名人士融资共计15亿美元。

2014年5月22日上午9时,京东集团在美国纳斯达克挂牌上市(股票代码:JD)。美国也迎来了中国较大的赴美IPO。京东开盘价为21.75美元,较发行价上涨14.5%,并且开盘之后一路上涨。

截至2020年6月,京东集团市值超过880亿美元,在中概股中排名第二。

3. 技术模式

京东有自己的开发队伍,几乎所有程序都是自行开发。

(1)京东运营中枢——ERP(企业资源计划)系统。通过ERP系统,京东可以掌握每一款产品的详细信息:什么时间入库,采购员是谁,供应商是谁,进价多少,保质期多长时间,在哪个货架,什么时候收到订单,由谁扫描、谁打包、由谁发货、发到哪个仓库、由哪个快递员发出,客户的详细信息等。

(2)查询系统。客户在购物时可以随时查询到所订购商品的具体状态,这为京东客服部门省去了很大一部分工作。

(3)完备的信息系统。该系统可以预测未来15天之内每天的销量。

(4)人才招聘系统——强有力的技术支持系统。

4. 管理模式

(1)组织结构管理。电子商务的管理模式是从组织上提供为保证系统正常运行和发生意外时能保护系统、恢复系统的法律、标准、规章、制度、机构、人员和信息系统等结构体系,它能对系统的运行进行跟踪监测、反馈控制、预测和决策。

(2)供应链管理。在京东,厂商不需要缴纳进场费、装修费、促销费、过节费。免去各种费用之后,京东销售利润率比通过传统渠道销售要高很多。此外,京东的返款周期只需要20天。

(3)库存管理。连锁业巨头沃尔玛在全球拥有自己的卫星系统,把库存周转期控制在30天左右,国美、苏宁可以做到47～60天,亚马逊是7～10天。京东的库存周转期为12天,与供货商现货现结。

(4)配送管理。京东在华北、华东、华南、西南建立了四大物流中心,覆盖了全国各大城市,在天津、苏州、杭州、南京、深圳、宁波、无锡、济南、武汉、厦门等40余座重点城市建立了城市配送站。

京东的"211限时达"服务承诺:当日上午11:00前提交现货订单(以订单进入出库状态时间点开始计算),当日送达;夜里11:00前提交现货订单(以订单进入出库状态时间点开始计算),第二天送达(14:00前)。开通地区有:北京、上海、广州、成都、苏州、昆山、无锡、嘉兴、绍兴、杭州、天津、深圳(上午10:00前下单)、佛山等城市,并且这些城市为京东自营配送的区域。

(5)客户关系管理。

①京东承诺在运输"保价费"上永久免费,在配送环节承担保险费用,运输过程中的风险一律由京东承担,客户收到货物如果有损坏、遗失等情形,只要当场提出声明,京东立即发送全新商品先行予以更换。这体现了京东以人为本的服务理念,使顾客购买商品时更加放心。

②"211限时达"服务使顾客可以在较短的时间内收到货物。

③"售后100分"技术服务。自京东售后服务部收到返修品并确认属于质量故障后开始计时,会在100分钟内处理完顾客的一切售后问题,解除了顾客的后顾之忧。

5.信用模式

(1)发展理念:先人后企。京东在发展上秉承先人后企、以人为本的理念。

(2)经营理念:合作、诚信、交友。京东在诚信的基础上建立了与用户、供应商、投资方等多方合作者之间极为融洽的合作关系。"诚"代表了京东在合作关系中所坚持的诚意态度,而"信"则代表了京东以"信用"为根本的发展信条。可以说,"诚信"既是京东的行为准则,同时又是京东的道德规范。

(3)客户关系维护。客户关系维护体现了京东以人为本的服务理念,顾客购买商品时更加放心。

(4)技术支持。在支付业务上,京东与第三方支付平台进行合作,同时由强大的技术团队进行信息维护,为用户提供服务。

> 思考:京东商城属于哪一种B2C电子商务模式?京东商城B2C模式成功的关键何在?京东商城靠什么营利?

嵌入知识

一、B2C电子商务模式的类型

B2C(Business to Consumer)电子商务是以Internet为主要手段,由商家或企业通过网站向消费者提供商品和服务的一种商务模式。目前,在Internet上遍布了各种类型的B2C网站,提供了从鲜花、书籍到计算机、汽车等各种商品和服务。从长远来看,B2C电子商务将取得快速发展,并最终在电子商务领域占据重要位置。

我们可以从不同角度对B2C电子商务模式进行分类。

电子商务案例分析

1. 从企业和消费者买卖关系角度划分

(1) 卖方企业—买方个人模式。这是商家出售商品和服务给消费者个人的电子商务模式。在这种模式中,商家首先在网站上开设网上商店,公布商品的品种、规格、价格、性能等或者提供服务的种类、价格和方式,由消费者个人选购,下订单,在线或离线付款,商家负责送货上门。这种网上购物方式可以使消费者获得更多的商品信息,即使足不出户也可"货比千家",买到价格较低的商品,节省购物的时间。当然这种电子商务模式的发展需要高效率和低成本的物流体系配合。这种方式中比较典型的代表就是亚马逊和当当。

(2) 买方企业—卖方个人模式。这是企业在网上向个人求购商品和服务的一种电子商务模式。这种模式应用较多的是企业在网上招聘人才,如许多企业在人才市场网招聘各类人才。在这种模式中,企业首先在网上发布需求信息,然后由个人上网与企业洽谈。这种方式在当今人才流动量较大的社会中较为流行,因为它建立起了企业与个人之间的联系平台,使得人力资源得以充分利用。

2. 从交易的客体角度划分

(1) 无形产品和劳务的电子商务模式。网络本身既有信息传递的功能,又有信息处理的功能。因此,无形产品和劳务,如信息、计算机软件、视听娱乐产品等,往往就可以通过网络直接提供给消费者。无形产品和劳务的电子商务模式主要有四种:网上订阅模式、付费浏览模式、广告支持模式和网上赠予模式。

(2) 实物商品的电子商务模式。实物商品指的是传统的有形商品,这种商品的交付不是通过信息载体,而是通过传统的方式来实现的。网上实物商品销售是网上在线销售市场扩大的产物。与传统的店铺市场销售相比,网上销售可以将业务延伸到世界各个角落。除此之外,虚拟商店需要较少的雇员,而且可以实现在仓库销售。有些情况下虚拟商店可以直接从经销商处订货,省去了商品储存的环节。这种电子商务模式也叫在线销售。目前企业实现在线销售有两种形式:一种是在网上设立独立的虚拟店铺;另一种是参与并成为网上在线购物中心的一部分。通常,互联网服务商可以帮助企业设计网页,创立独立的虚拟商店,为用户提供接入服务。

(3) 综合模式。实际上,多数企业网上销售并不仅仅采用一种电子商务模式,而是采用综合模式,即将各种模式结合起来实施电子商务。例如,某网站是一家拥有 3 500 页关于高尔夫球信息的网站,这家网站采用的就是综合模式。其中 40% 的收入来自订阅费和服务费,35% 的收入来自广告,还有 25% 的收入是该网站专业零售点的销售收入。

二、B2C 电子商务主要经营模式

随着 B2C 电子商务活动的发展和演化,产生了一些相对稳定的 B2C 电子商务经营模式,包括网上综合商城、网上百货商店、网上垂直商店、复合品牌店、轻型品牌店、服务型网店等。

1. 网上综合商城

网上综合商城类似于传统的商城,是网上平台代替传统的购物场所。网上综合商城有庞大的购物群体、稳定的网站平台、完备的支付体系及诚信安全体系,促进了买卖双方自由、安全地交易。例如,天猫就如同传统商城一样,提供的是网上购物的环境,它自己是不卖东西的,靠为商家提供配套服务的费用来维系自身的运作和发展。相对于传统商城,网上综合商城在人气足够、产品丰富、物流便捷的情况下,具有较大的成本优势,并且是 24 小时运营,还具备没有区域限制、产品丰富等优势。

网上综合商城的代表有天猫、365 商城等。

2.网上百货商店

网上百货商店也与传统百货商店相对应。百货商店具备自有仓库,可存放商品,能实现快速的物流配送和客户服务。这种类型的商店在网上经营就变成了网上百货商店,甚至会有自己的品牌。

网上百货商店的代表有京东商城、苏宁易购、当当、亚马逊中国、唯品会等。

3.网上垂直商店

相对于传统的专业商场,网上垂直商店(如国美电器、步步云鞋店等)的产品存在着更多的相似性,要么是满足某一人群的,要么是满足某种需要或某种平台的(如文具、电器等)。

网上垂直商店的数量取决于市场的细分程度。设定细分的种类是 X,那么网上垂直商店的数量就是 X 的 3~5 倍,因为每一个领域中总有 3~5 家企业在相互竞争。而这样也确实给网上垂直商店领域营造了良好的竞争格局,促进了服务的完善。

网上垂直商店的代表有麦包包、聚美优品等。

4.复合品牌店

复合品牌是指公司所生产的产品同时采用两个及以上品牌名称,实务运作上可以结合公司名称和品牌名称,也可以品牌名称和产品名称结合应用。随着电子商务的成熟,会有越来越多的传统品牌商加入电子商务市场,以抢占新市场、扩充新渠道、优化产品与渠道资源。电子商务在今后的发展中将更加贴合大众的生活,由传统类商店搬到线上完成交易的行业会越来越多。B2C 电子商务正走向一条复合型商店的道路。而后的发展更是会如雨后春笋,多数行业的产品都将涉足在线经营。

复合品牌店的代表有佐丹奴、百丽等。

5.轻型品牌店

在环境的催熟下,轻型平台概念应运而生,具体表现为:企业做一个品牌已非一定要有自己的工厂,而是可以更专注地提供个性化、更细腻的满足受众群体需求的产品,基于品牌定位,加强产品设计,通过信息化应用,配合日益成熟的电子商务平台、日趋完善的物流配送乃至各种服务等,整个链条日趋细化与完善,即品牌商可以专注做自己擅长的事情。通过外包,专心形成自己品牌的产品标准,然后用最好的原材料提供商,找最好的生产厂商,寻找高效益的推广渠道,强强联合,专业化品牌的优势将体现得淋漓尽致。由此,轻型品牌店是可行的,关键是要找出自己核心的竞争力。

轻型品牌店的代表有 VANCL、梦芭莎等。

6.服务型网店

随着第三产业的迅速发展,服务型的网店越来越多,这种网店都是为了满足人们不同的个性需求,包括旅游服务、学习培训、医疗保健等。

服务型网店的代表有携程旅行网等。

三、B2C 电子商务模式的现状

1.网民规模不断扩大,网购用户持续增长

根据中国互联网络信息中心(CNNIC)2021 年 2 月 3 日发布的第 47 次《中国互联网络发展状况统计报告》,截至 2020 年 12 月,我国网民规模达 9.89 亿,较 2020 年 3 月增长 8 540 万,互联网普及率达 70.4%。2020 年,我国互联网行业在抵御新冠肺炎疫情和疫情常态化防控等方面发挥了积极作用,为我国成为全球唯一实现经济正增长的主要经济体,国内生产总值(GDP)首度突破百万亿元,圆满完成脱贫攻坚任务做出了重要贡献。

电子商务案例分析

自2013年起,我国已连续八年成为全球最大的网络零售市场。2020年,我国网上零售额达11.76万亿元,较2019年增长10.9%。其中,实物商品网上零售额为9.76万亿元,占社会消费品零售总额的24.9%。截至2020年12月,我国网络购物用户规模达7.82亿,较2020年3月增长7 215万,占网民整体的79.1%。随着以国内大循环为主体、国内国际双循环的发展格局加快形成,网络零售不断培育消费市场新动能,通过助力消费"质""量"双升级,推动消费"双循环"。在国内消费循环方面,网络零售激活城乡消费循环;在国际国内双循环方面,跨境电商发挥稳外贸作用。此外,网络直播成为"线上引流+实体消费"的数字经济新模式,实现蓬勃发展。直播电商成为广受用户喜爱的购物方式,66.2%的直播电商用户购买过直播商品。

2. B2C电子商务交易额保持较高增长,中国已成为全球最大的B2C跨境电商交易市场

易观分析发布的《中国网络零售B2C市场季度监测报告2020年第4季度》显示,2020年第4季度,中国网络零售B2C市场交易规模为21 832.4亿元人民币,同比增长18.9%。市场份额方面,2020年第4季度,天猫成交总额较2019年同期增长19.1%,占据市场份额为63.8%,排名第一。京东成交总额较2019年同期增长26.4%,其市场份额为25.9%,排名第二。苏宁易购排名第三,其市场份额为5.4%。唯品会和当当分别以2.6%和0.4%的市场份额位列第四和第五。

中国已成为全球最大的B2C跨境电商交易市场,全球超26%的相关交易在此发生。据海关总署统计,2020年我国跨境电商进出口额达1.69万亿元,增长31.1%,远高于同期1.9%的全国外贸增速。作为新兴贸易业态,跨境电商在疫情期间飞速发展,也成为稳外贸的重要力量。跨境电商的发展,在许多平台企业中体现明显。中国跨境电商平台速卖通的数据显示,2020年,该平台上家电、家居产品销售均有超过50%的增长,其中3C[计算机(Computer)、通信(Communication)和消费类电子产品(Consumer Electronics)]、智能家居用品等表现尤其突出。

3. 各大电商门店加速与传统零售商联盟,线上线下进一步整合

随着国民收入水平和物质条件的提高与丰富,消费者由单纯追求商品数量、商品功能为核心的消费诉求转向更加追求生活品质及消费体验。在此背景下,近年来,线上、线下零售巨头相继布局零售新物种,线上、线下各业态间的界限日益模糊,服务内容更加多元,零售场景实现重构,从过去单一的线下零售角色,向"线上线下零售、体验、服务、配送、仓储"等多角色转变,零售业与服务业进一步融合,以满足消费者的需求。

四、B2C电子商务模式在运营中面临的问题

1.B2C网站同质化严重

近些年,国内B2C企业大多由原来的单一垂直领域向综合B2C转型。如京东商城由原来专注于3C产品发展到目前的涵盖家用电器、手机数码、电脑产品、日用百货等的网上购物商城。当当等B2C企业也从网上书店向百货商城全面转型。而转型后的综合类网站,不管是在商品的供应上,还是在服务的提供上,都让用户觉得差异不大,同质化严重。消费者对个性化、定制化、优质商品的需求得不到满足。

2.网络购物的用户体验须提高

用户体验是指消费者在B2C网站上进行浏览或购买某商品或服务时所产生的主观心理感受。随着消费者消费理念的成熟,消费者权益意识的形成,更多消费者将正品、服务作为购物的主要考虑因素。而互联网的虚拟性让用户网络购物时不能很好地感知商品的特点,且目前的B2C网站多为企业主导型,其产品供应、功能设计、客户服务都为固定模式,难以及时获知,收集消费者的即时需求,用户体验较差。

3.营利模式单一,网上零售成本增加

B2C 网站的营利模式是由 B2C 电子商务企业的经营模式与经营策略所共同决定的,不同类型的 B2C 电子商务企业其营利模式应不尽相同。而目前,我国绝大多数 B2C 网站都采用以实体产品交易作为主要收入来源的收入模式,营利模式较单一。而且,网络零售市场已经进入平稳增长的成熟阶段,线上零售企业要想获得更多的新用户需要付出更高的成本,线上零售企业间的竞争进入增量扩充到存量挖掘的阶段,线上获客成本不断提升。在网络商品价格透明的当今,单纯依靠产品交易收入,对企业的长远发展是很不利的。

五、B2C 电子商务发展策略及趋势

(一)B2C 电子商务发展策略

1.突显网站特色,打造高品质电商平台

针对目前 B2C 网站同质化较严重的现象及消费者对品质化商品的需求,B2C 企业应在品质化升级基础上向上游供应链延伸,最大限度地满足消费者对产品的需求,突显网站的特色。企业应分别围绕品类、品牌、单品升级运营,实行买手选品、产品设计、原料和产地控制等品质创新的新模式。平台开发基于用户需求的商品 DIY(Do It Yourself,自己动手制作)功能,加强与供应商乃至生产商等上游供应链的定制化协作,实现稳定、完善的客户服务,打造个性化商品销售平台。

2.运用 AR、VR 及人工智能等技术提升用户体验

针对网络购物的虚拟性等局限性,B2C 企业应积极研发采用新技术,完善网站在商品展示、商品订购、网络支付和客户服务方面的功能,加强消费者与网站的交互,有效改善用户的消费体验。运用新兴的 AR(增强现实)、VR(虚拟现实)技术为在线购物提供更丰富的场景交互体验,让消费者更深层次地感知商品或服务的特点及带来的体验,有利于触发消费者的即时需求。运用人工智能技术提升电商运营效率,降低成本,且能更加精准化、精细化地匹配消费者需求,提升用户体验。

3.优化营收模式组合,采用多元的营利模式

B2C 企业要想获得盈利并长远发展,需要网站立足根本,精心研究各自网站的客户群体及服务范围,仔细寻找网站的核心竞争优势,尽量采用难以被复制的营收模式。如在实体销售营收模式中,通常按服务地域和用户群体定位其市场,并做好实体商品物流配送。在广告营收模式中,营利主要靠对网站系统的管理,以及网站数据库管理,进行用户分类,然后投放分类广告。在收费会员制模式中,可面对不同的消费群体,采取不同的营销策略。另外,B2C 网站可结合实际情况,通过销售衍生产品,提供产品租赁服务、信息发布服务、咨询服务、销售平台服务等多种方法增加个性化和互动性的商品与服务,获取主营业务外的其他盈利。

4.电商企业差异化经营,线上线下融合发展,探索网上零售新模式

随着电子商务发展的深度成熟,网上竞争愈发激烈,B2C 企业要整合线上线下资源,积极探索开拓零售新模式。物流、渠道及场景化体验是电子商务的弱势,而大数据技术、互联网是传统线下零售的短板,线上线下融合发展是大势所趋。B2C 企业可通过平台数据资源,对企业的实体零售在科学选址、智能选品和精准营销方面提供帮助。加速对深入社区、民生、便捷性消费场景的布局,让具备更强用户触达能力的连锁便利店,向社会开放成为 B2C 网站的配

送节点,促进线下实体店成为线上电商优化消费者体验和提高末端配送效率的重要载体。

(二)B2C 电子商务发展趋势

1.平台由垂直走向综合,由自营走向开放

一方面,对规模效应和范围经济的追逐,促进各大垂直平台纷纷向综合平台演进。如家电领域,苏宁易购收购红孩子、缤购,进军图书、美妆和服装市场(成某快时尚品牌中国大陆总代理),上线旅游频道等;图书领域,当当大力发展百货,上线当当超市、电器城,拓展服装、母婴、家居品类,其曾经的主营品类图书业务,已进入不了当当销售规模类目前十;美妆领域,聚美优品拓展服饰、鞋包配饰、居家母婴等频道。

另一方面,各大领先 B2C 平台通过平台开放,实现角色转型和商业价值延展。如京东借助 POP(Platform Open Plan,平台开放计划,即京东将平台开放给第三方商家),实现业绩迅猛增长,苏宁易购推出苏宁云台等。平台开放拓展了多元化的营利模式,从传统的进销差价转变为获取平台入驻费、店铺销售提成、网站展示位置的广告收益、关键词竞价收益以及店铺增值服务费用(如仓储租赁费、物流费、数据分析费)。同时,通过平台开放降低自营业务带给资金投入和团队运营方面的压力,迅速延展品类,更好地向综合性平台发展,以获取范围经济,并提升用户的活跃度和黏性。

2.品类从标品到非标品,从低价到高价,从商品到服务演进

从标品到非标品体现的是用户从追求功能价值到追求情感价值的变迁。电商 1.0 时代为用户习惯培养阶段,图书和 3C 等标品更利于降低用户的信任成本。同时,用户对标品的消费更多追求的是商品的功能价值。随着用户网购习惯的培育和消费文化的升级,用户对情感价值和文化价值的追求逐渐引爆了非标品市场,如食品、美妆、生鲜、本地生活服务等。从低价到高价体现的是用户追求价格导向到追求价值消费的升级。用户消费能力的升级、品牌电商的崛起、线下服务的完善,共同推动了诸如奢侈品、珠宝、艺术品等电商的兴起。从商品到服务,体现的是用户从追求商品消费体验到线下服务体验的转变。本地生活服务类电商涵盖衣食住行(餐饮、零售、票务、旅游、出行等)、居家理财(房产、家居、装修、社区、金融等)、结婚育子(婚庆、母婴等)以及健康美业(医疗、体检、美甲、美容等)诸多领域。

3.精细化运营和提升核心竞争优势是未来的核心战略

经过数年的增长,国内电商发展的流量红利将逐渐消失,各类电商平台将在进一步延伸品类规模的同时,不断提升精细化运营能力,诸如仓储物流、会员管理、产品规划、精准营销、大数据分析等,以打造自身的核心竞争优势。如天猫提出的"五化"(品牌时尚化、行业垂直化、会员价值化、无线个性化、服务分层化)战略,在于不断自我革新,进一步促进平台的价值裂变。

4.B2C 平台纷纷布局线下渠道,O2O 成行业大势

由于 B2C 平台具有缺乏体验性、可触性、可感性等劣势,因此,随着新零售时代的到来,各零售商也纷纷开始进行"线上+线下"全渠道布局。例如,以三只松鼠、百草味、良品铺子等品牌为代表的休闲零食企业,就在近几年采取了全渠道布局策略发展业务。可以预期未来的销售模式趋势是做到线上的需求延伸到线下去,同时通过线下门店体验增加转化率,又吸引消费者回到线上完成购买,形成线上和线下融合、优势互补、相互加持的全渠道模式,为消费者提供多触点、便捷化的多场景购物解决方案。

案例分析

京东商城 B2C 电子商务模式案例分析

一、京东商城的 B2C 电子商务模式

从企业和消费者买卖关系的角度来看,京东商城的 B2C 电子商务模式主要是卖方企业—买方个人的电子商务模式,即企业对消费者开展网络业务。

二、京东商城成功的关键

1. 完善的电子商务支付和物流系统

为了降低网络支付风险,除了网上银行、电子信用卡等手段之外,京东商城允许用户使用第三方支付。目前国内的第三方支付产品主要有支付宝等。现在电子商务的支付和物流系统已经非常完善了。

2. 洞察市场先机,精准市场定位

互联网的用户以中青年为主,而计算机、通信和消费类电子产品的主流消费人群也正是他们。这意味着京东商城的主流消费人群与互联网的用户重合度非常高,其也就具有了开拓市场的前提。相关数据显示,截至 2021 年 3 月 31 日,京东过去 12 个月的活跃购买用户数近 5 亿,其中,活跃购买用户数达 4.416 亿,相对于其他 B2C 企业,京东商城的用户黏度非常高。

京东商城当初进入市场时以 3C 为切入点,做垂直类 B2C 网站,从而使自己轻松上阵,提高资源整合能力,以及在 3C 领域进一步精耕细作。从供应链的角度而言,综合类 B2C 网站需要的百货商品种类繁多,合作对象的数量大,招商和整合资源的难度也大;垂直类 B2C 网站的合作对象相对单一。从运营管理的角度来看,垂直类 B2C 网站只需要上万种商品就可以满足大部分消费者的需求;综合类 B2C 网站至少需要 10 万种以上的商品才能满足运营需要。商品数量的增多必然带来工作难度和人员配备的增加,从而增加管理的难度。

3. 大胆创新,践行以人为本的服务理念

京东商城的发展是与其以人为本的服务理念和大胆创新的开拓精神分不开的。京东商城在发展过程中,成功开创了很多个行业第一,丰富了电子商务的运作模式。例如:2004 年 7 月,京东商城在全国首创即时拍卖系统——京东拍卖场正式开业;2006 年 6 月,京东商城开创业内先河,全国第一家以产品为主体对象的专业博客系统——京东产品博客系统正式开放;2009 年 2 月,京东商城尝试出售一系列特色上门服务,包括上门装机服务、电脑故障诊断服务、家电清洗服务等;2017 年,京东生鲜冷链网络已经在全国布局了 11 个生鲜冷库,在近 300 个城市实现了自营配送;2018 年 1 月 4 日,京东首家线下生鲜超市"7FRESH"亦庄大族广场店开业;2020 年 6 月,京东集团正式在香港联合交易所有限公司二次上市,募集资金近 300 亿港元,用于投资以供应链为基础的关键技术创新,以进一步提升用户体验及提高运营效率。

4. 寻求投资,飞速发展

低价高速扩张之路,对后台物流、仓储能力、售后服务的要求不断提高,京东商城平均每 10 个月就需要搬一次家。这实际上需要源源不断的巨额资金投入。京东商城能够不断做大销售规模,连续保持高达 300% 的年增长速度,与其成功融资是分不开的。2007 年 8 月,京东商城赢得国际著名风险投资基金——今日资本的 1 000 万美元的融资。这也是其获得的首批

融资。

2010年1月,京东商城成功获得老虎环球基金领投的风险投资,总金额超过1.5亿美元。资金中有50%用于仓储、配送、售后等服务能力的提升。此外,2010年京东商城全国客服中心也全面扩容,呼叫座席由此前的150个提升至400个,同时在国内B2C企业中率先实现7×24小时全天候服务。此外,京东还对包括订单咨询、售后保修、退换货服务等在内的售后支持进行全方位升级。

2011—2020年,京东获得DST、老虎全球基金、HRIL和腾讯控股等风投融资超过1 000亿元,使其高速发展。

5.价格优惠,品质保障

虽然说京东商城高增长率的背后是很低的毛利率,但当京东商城占有3C 30%以上的销售份额时,它就拥有了定价权。京东商城的先市场后营利的低价策略显然更加迎合当今中国消费者的观念,那就是高性价比。无论京东商城的价格怎么低,它对于产品的品质都有较高的保证,虽然达不到零投诉,但其市场美誉度较高。低价策略以及品质保证是京东商城成功的根本。

三、京东商城的营利模式

1.成本控制

(1)网上商店节省人工费用。京东商城自主研发的信息系统是未来的一笔可获利资源。京东商城会将特定商品过去的销售数据,如消费者的点击次数、标签、路径、浏览次数、停留时间等几百个参数,按一定的权重进行汇总计算,得出销售数据,帮助企业判断消费者的需求情况。这个信息系统也为京东改善和扩展其他服务提供了参考信息,最大限度地节省人力、物力及资金,为京东带来更多的利润。

(2)利用网络平台进行营销。京东商城利用B2C整合营销传播方法,积极开拓多元化的销售渠道,并进行网上追踪销售。相比传统的市场营销手法,网络营销更具有竞争优势,节省成本的同时,能最大限度地提高覆盖率。

(3)节省房租。由于采用网上商店的经营方式,企业只需要办公地点和仓库,并不需要实体店铺,这样就可以规避日益增长的高额租金,从而降低企业资金周转压力,为低价策略提供空间。

2.赚取采购价和销售价之间的差价

自2004年创立至2012年,京东商城的年销售额分别为1 000万元、3 000万元、8 000万元、3.6亿元、13.2亿元、40亿元、102亿元、210亿元和600亿元(中文互联网数据研究资讯中心数据)。2016年京东商城全年净收入为2 602亿元,净利润达10亿元。2017年京东商城全年净收入为3 623亿元,净利润增长至50亿元。京东商城2018年全年净收入为4 620亿元,净利润为35亿元。京东商城2019年全年净收入接近6 000亿元,净利润高达122亿元。2020年全年,集团净收入为7 458亿元,全年净利润高达494亿元。京东以强大的IT系统消化每天产生的订单,在线销售的产品种类超过3万种,产品价格比线下零售店便宜10%~20%;库存周转期为12天,与供货商现货现结;费用率也较低,并向产业链上游的供货商、终端客户提供更多价值,也通过控制成本为消费者提供更便宜、更可靠的产品。

3.店中店租金(虚拟店铺出租)

京东商城是具有独立法人资格的零售批发型企业,能为各个生产商、代理商、经销商、零售商、专卖店或者其他电子商务网站的优质商户(包括单位和个人)提供电子商务平台——网上商店,同时京东商城会为它们提供完善的供应链管理和协助。京东商城会针对不同的配置收取一定的租金。

4. 广告收入

京东商城约30%的利润来自广告、品牌促销、首发专场活动等收益。早在2012年京东商城的广告收入就已经近2亿元,并且逐年稳步增长。京东商城引入的都是年销售额在1亿元以上的商家,以保证产品的质量,价格上也相对便宜。近80%的主流IT品牌厂商都已经和京东展开直接的合作。相信未来,京东商城在这方面获得的利润会更多。

知识拓展　B2C营利的重要条件

B2C亏损的原因有两个:一是交易量太小,不能形成规模效益;二是由于企业自身经营上的主观原因和外在传统商务服务不完善的客观原因而导致运营成本过高,归纳起来就是成本控制问题。

(1) 解决成本控制问题。这是首要条件。事实上,B2C本质上是一种零售业,而零售业在相当程度上代表着低利润。B2C电子商务企业成本控制主要需要在人力资源、广告宣传、商品库存、物流等几个方面下功夫。作为一种简单的网上零售业,在人力资源上应该调配相当多的服务人员而不是大量的管理人员。一般来说,广告宣传的资金应该控制在20%以下,事实上大多数传统的零售业没有较高的广告宣传预算,如果广告宣传资金过高而超出商品本身所能带来利润的范围,那么企业只能在亏损下生存。商品从库存到配送的一系列流程都应该是尽量建立在现有资源的基础之上,一手包揽将付出相当大的代价,以至超过商品买卖的差价。

(2) 强化电子商务快速方便服务的优势。这个要实现起来相当困难。现在的网上购物在服务上的缺陷主要体现在两个方面:一是商品目录庞杂,查找商品信息困难;二是B2C电子商务缺乏完善的后台传统服务的支撑,这往往是阻碍人们网上购物的重要原因。正确的电子商务可以节省交易时间,比如戴尔电脑使原来要一个星期才能完成交货减少到1~2天就可以出货并交到用户手中。如果B2C电子商务不能使自己在服务上比传统商务做得更好,人们会想,在零售店买的东西一样好,而且比网上的便宜,可以现买现拿,何必再去选择麻烦的B2C。

(3) 传统服务业的成熟。这是国内B2C为之头痛的问题。在国内,由于经济发展的不平衡,各地区传统服务业水平参差不齐。总的来说,在北京、上海、广州等传统服务业发展已经成熟的大城市,电子商务营业额占了全国的绝大部分。事实上,国内目前电子商务企业的竞争大多存在于这些有基础的大城市。

项目3　C2C电子商务模式案例

项目任务　了解C2C电子商务模式的价值及C2C电子商务面临的主要问题。学会分析案例中C2C电子商务交易模式成功的关键以及C2C电子商务的营利模式。

项目案例　58同城C2C电子商务模式

一、公司简介

58同城成立于2005年12月。早期,58同城采取"类Craigslist"模式,定位于本地社区及免费信息服务平台。经过十多年的发展,58同城已成为覆盖全领域的生活服务平台。2013年10月31日,58同城正式于纽约交易所挂牌上市,这标志着58同城成功登录美国资本市场,成为一家生活服务领域的上市企业。2015年,58同城先后完成对安居客、中华英才网的并购,同年11月与赶集网正式合并。十几年来,依托于人们飞速发展的日常生活需求,58同城秉承着"人人信赖的生活服务平台"的宗旨和"用户第一、主动协作、简单可信、创业精神、学习成长"的核心价值观,孜孜不倦地追求技术的创新以及服务品类的纵深发展,致力于持续为用户提供"本地、免费、真实、高效"的生活服务。58同城首页如图2-4所示。

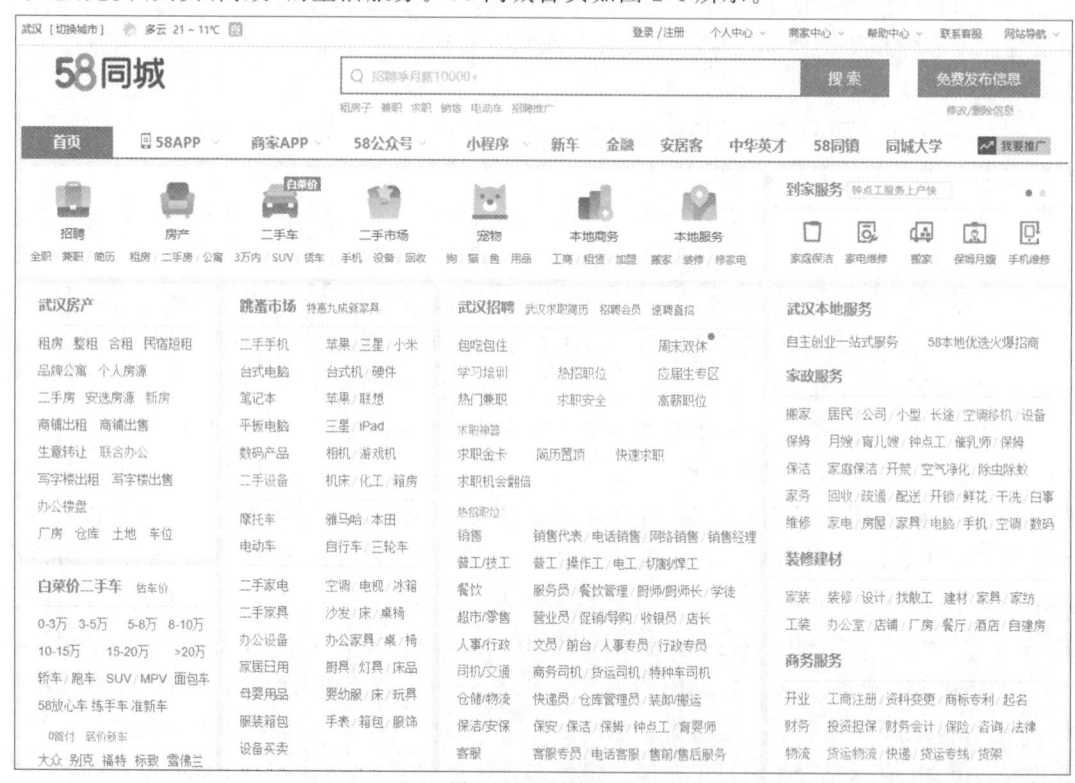

图2-4　58同城首页

58同城旗下拥有58同城、安居客、转转、58同镇、58到家、58金融、驾校一点通、赶集网、中华英才网9个重点子品牌,业务覆盖招聘、房产、汽车、本地生活服务等领域。在用户服务层面,58同城不仅仅是一个信息交互平台,更是一站式的生活服务平台,同时也逐步为商家建立了全方位的市场营销解决方案。在本地分类信息和生活服务领域,58同城已经建立了全面与本地商家直接接触的服务网络。截至2020年第一季度,58同城在全国范围内共设立30余家分公司,并在500余个城市建立网络平台,员工总数超过2万人。58同城具有本地化、覆盖广、更专业的商业优势,深获用户的认可,活跃本地商户数量超1 000万。

二、商业模式

58同城定位于本地社区及分类信息服务,满足普通老百姓日常生活的信息需求,拥有海量个人信息和商家信息,为网民解决日常生活及工作中的各类问题提供了便利实用的途径。商家和个人免费发布信息是它的最大特点,也由此吸引了众多分类信息广告从线下转移到线上。58同城通过自己的网站平台给用户及企业带来了很大的收益。

58同城作为中国较大的分类信息网站,又是本地同城交易,目标用户明确,主要是网站所在地的大众用户,并且对用户的计算机技术要求不高,只要会上网、会使用搜索引擎就行,同时这些用户又必须有消费需求。58同城的用户还包括对网络广告有需求的企业,这也是网站营利模式之一。

58同城不仅为个人用户提供了资源丰富、信用度高、交互性强的分类信息平台,同时开通了酷车网、团购网,为用户提供更多的服务,并为商家建立了以网站为主体,辅以直投杂志《生活圈》、杂志展架、LED广告屏、"社区快告"等多项服务的全方位的市场营销解决方案。

58同城的渠道包括线上的PC(个人计算机)端、移动客户端以及线下分公司和代理商。线上的PC端和移动客户端由总部进行维护,个人用户信息可通过用户编辑文字、上传图片的方式填充,各个分公司根据自己合作商户的要求完成58同城的站内网站。线下实体则是采取分公司加代理商的结构。线上和线下通过分享信息这一纽带连接起来。

三、经营模式

58同城属于近些年发展和流行的"近联网"模式。"近联网"这种商业模式使得整个城市就像一个大社区,城市中的每个人都可以利用网上提供的免费服务,完成就近交易。"近联网"模式不仅服务个人,还能为所有具有地域性服务特点的中小企业提供信息发布与广告平台。这种地域性的交易,很自然地减少和避免了电子交易的风险性问题。

58同城的品牌定位是"身边的生活帮手",因此它一直在不断完善自己的"近联网"经营模式,从而更好地实现自己的品牌定位。58同城的免费政策吸引了大量用户登录和注册,这也为网站带来了大量的流量,同时也使网站获得了大量的免费推广。

58同城财报显示,58同城2019年实现营收155.8亿元,同比增长18.6%;毛利为137.8亿元,同比增长17.8%。同时,58同城仍然维持了88.5%的毛利率水平。2019年运营利润为28.5亿元,同比增长19.5%。2019年实现运营现金净流入43.5亿元,整体财年业绩表现强劲。

> **思考**:58同城C2C电子商务模式成功的关键何在?它的营利模式是什么?

嵌入知识

一、C2C电子商务模式的价值

C2C(Consumer to Consumer)电子商务指消费者和消费者之间发生的电子交易活动。它是伴随互联网的普及而发展起来的与B2B、B2C等并存的一种电子商务模式,通常以拍卖、竞价的方式开展商务活动。卖方借助互联网展示目标商品的详细信息,需求方则通过网络了解商品状况并在线报价,卖方再根据所有参与竞价的需求方提交的报价和有关资料决定是否成交。另外,也有通过电子邮件等成交的。目前该模式的交易主要集中在物品、收藏品、二手货市场。

C2C电子商务通过为个人买卖双方提供一个在线交易平台,使卖方可以主动提供商品上网拍卖,而买方可以自行选择商品进行竞价。C2C 电子商务模式能够体现互联网的精神和优势,数量巨大、地域不同、时间不一的买方通过一个平台找到合适的同样规模的卖方进行交易,在传统领域要实现这么大规模的工程几乎是不可能的。同传统的交易方式相比,它不再受时间和空间限制,节约了大量的市场交易成本,其价值是显而易见的。

C2C 电子商务不同于传统的消费交易方式。过去,卖方往往具有决定商品价格的绝对权力,而消费者的议价空间非常有限;拍卖网站的出现,则使得消费者也有决定商品价格的权力,并且可以通过消费者相互之间的竞价结果,让价格更有弹性。因此,通过这种网上竞拍,消费者在掌握了议价的主动权之后,其获得的实惠自不待言。

由于拍卖网站上经常有商品打折,对于注重实惠的消费者来说,这种网站无疑能引起他们的关注。有明确目标的消费者,会受利益的驱动而频繁光顾 C2C 网站;而那些没有明确目标的消费者,则会为了享受购物过程中的乐趣而流连于 C2C 网站之中。如今 C2C 网站上已经存在不少这样的用户,他们并没有什么明确的消费目标,花大量时间在 C2C 网站上浏览只是为了看看有什么新奇的商品,什么商品特别有价值。对于他们而言,这是一种很特别的休闲方式。因此,从吸引"注意力"的能力来说,C2C 的确是一种能吸引"眼球"的商务模式。

二、C2C 电子商务平台营利模式

1. 会员费

会员费也就是会员制服务收费,是指 C2C 网站为会员提供网上店铺出租、公司认证、产品信息推荐等多种服务组合而收取的费用。由于提供的是多种服务的有效组合,比较能适应会员的需求,因此这种模式的收费比较稳定。客户第一年缴纳费用,第二年到期时需要续费,续费后再进行下一年的服务;不续费的会员将恢复为免费会员,不再享受多种服务。

2. 交易提成

交易提成是 C2C 网站的主要利润来源。因为 C2C 网站是一个交易平台,它为交易双方提供机会,就相当于现实生活中的交易所、大卖场,从交易中抽取提成是其市场本性的体现。

3. 广告费

企业将网站上有价值的位置用于放置各类型广告,根据网站流量和网站人群精度制定广告位价格,然后再通过各种形式向客户出售。如果 C2C 网站具有充足的访问量和用户黏度,广告业务会非常大。但是,C2C 网站出于对用户体验的考虑,均没有完全开放此业务,只有个别广告位不定期开放。

4. 搜索排名竞价

C2C 网站商品的丰富性决定了购买者搜索行为的频繁性,搜索的大量应用就决定了商品信息在搜索结果中排名的重要性,由此便引出了根据搜索关键字竞价的业务。用户可以为某关键字提出自己认为合适的价格,最终由出价最高者竞得,在有效时间内该用户的商品可获得竞得的排位。买家只有认识到竞价为他们带来的潜在收益才愿意花钱购买。

5. 支付环节收费

支付问题一直是制约电子商务发展的瓶颈,直到阿里巴巴推出了支付宝才在一定程度上促进了网上在线支付的开展。买家可以先把预付款通过网上银行打到支付公司的专用账户,待收到买家发出的货物后,再通知支付公司把货款打入卖家账户。这样,买家不用担心收不到货还要付款,卖家也不用担心发了货而收不到款,而支付公司就按成交额的一定比例收取手续费。

三、C2C 电子商务的发展前景

C2C 电子商务模式具有足够的营利潜力,能够为买卖双方和电子交易平台提供商带来实实在在的实惠和利润,因此可以说,C2C电子商务模式在国内有非常广阔的发展前景。

(1)国内会产生多个规模相当、具备影响力、受消费者信赖的电子交易平台提供商。通过残酷的竞争,实力不强、服务不完善、品牌建设不合理、技术能力低的电子交易平台提供商必然会被淘汰。

(2)多种支付手段将得到广泛的应用。随着信用卡的推广以及技术的提高,支付宝、财付通等第三方支付平台和网上银行等在线支付必将在C2C领域内得到广泛的应用。有了这样先进的支付方式,供应商能够更好地控制交易风险,评估用户的信用程度,同时也能获得更多的盈利。

案例分析

58同城C2C电子商务模式案例分析

一、58同城成功的关键

58同城拥有一批具有开拓创新精神的团队,已经找到稳定营利的模式,并获得很多风险投资的青睐。58同城对个人发布信息是免费的。58同城及公司CEO在此前获得了很多的荣誉,公司发展潜力极大。所以作为分类信息网站,58同城与竞争对手相比,有着自己的经营特色,具有很强的竞争力。

二、58同城的营利模式

从2005年成立直到2009年,58同城终于实现了成倍的增长,实现了第一次盈利,在此之前,58同城一直在亏损经营。Google的成功经验也很好地证明了这一点:当把用户的利益放在首位时,才会从用户那里得到更大的回馈。58同城的宗旨就体现了这一点,现在其营利模式主要包括广告收入、用户增值服务付费、建立在产品基础上的商家付费、流量。

(1)广告收入。根据中国互联网络信息中心(CNNIC)的统计,现在人们获得信息的途径中,网络占到82.6%,不但超过报纸的57.9%,也超过电视的64.5%。58同城的广告收入主要来自精准广告方面。其实商家对精准广告有着很强的需求,电视和报纸这些传统的广告媒介受众太广泛,无法传达到目标用户,而58同城提供了很好的平台。58同城是一个服务型的分类信息网站,一直坚持本地化服务和探索,已经先后在465个城市建立了分站,而且按行政区划分,并将所有的行业进行分别归类做成黄页频道,只将本地、本行业的商家放在一起推广,在用户有需求时登录相关黄页就可看到。此类广告对于用户来讲更容易接受,因此对企业的吸引力很大,并且企业也愿意在这里投放广告,因为在这里投放广告的效果比广泛投放广告效果更好,而且可以节省广告费用。

(2)用户增值服务付费。只要成功注册为58同城的用户就可以享受免费发布信息服务等基本服务项目。但是,如果要享受一些特殊服务项目,就需要付费。这不仅是58同城的营利模式之一,同时也是为了更好地为那些想要获得特殊服务的用户服务,因为58同城的注册用户很多,不可能每个用户都想要每种服务。

(3)建立在产品基础上的商家付费。在58同城上,大部分商家的产品信息发布是免费的,并且是按照发布的先后顺序排列的。如果发布的信息较早,很可能会被那些后来发布的产品信息覆盖掉,因此,如果不经常在网站上发布自己的产品信息,产品就很难被用户发现。成为

电子商务案例分析

58同城的赞助商,就可以把产品信息显示在网页上。当然这是收费的,但相对于在电视或报纸上做广告可能要便宜得多。

(4)流量。58同城作为一个流量平台,在网站分类上有求职招聘、本地服务、家政、二手物品、租房、二手车、同城生活圈等多个业务种类。在新媒体时代,很多人会看到行业相关资讯和文章信息,随着上网环境越来越便捷,各类软件会通过对用户爱好进行识别,从而推送精准的资讯和信息,让用户在一定动机的驱使下产生点击流量,使网站营利。

58同城也在不断尝试和探索新的营利模式。从基本的C2C模式入手,其也做到了C2C与B2C并存,加入团购并试水移动商务,探索生活服务。可以说,58同城探索出了一条生活信息电商平台的道路。

项目 4 O2O 电子商务模式案例

项目任务 了解 O2O 电子商务模式的价值及 O2O 电子商务面临的主要问题。学会分析案例中 O2O 电子商务交易模式成功的关键以及 O2O 电子商务的营利模式。

项目案例 美团网 O2O 电子商务模式

美团网是于 2010 年 3 月 4 日成立的团购网站,是一个连接商家和消费者的平台。美团网有着"美团一次,美一次"的宣传口号,为消费者发现值得信赖的商家,让消费者享受超低折扣的优质服务;为商家找到合适的消费者,给商家提供较大收益的互联网推广。美团网是成功践行 O2O 电子商务的典型企业。

2017 年 7 月 26 日,美团点评"推广通"品牌发布会在北京召开,美团点评高级副总裁在会上提出"Co-Line Marketing",利用数据和技术实现线上线下一体化的体验式营销。

2019 年 5 月,美团正式推出新品牌"美团配送",并宣布开放配送平台。

2020 年 8 月,美团单日外卖交易笔数超过 4 000 万笔。

一、目标用户定位

美团网的目标群体为 18—40 岁,接受过一定文化教育的阶层。这部分人群具有强大的消费能力,也是当今网民的主体。美团网客户的定位是比较清晰的。

美团网将顾客细分成两类,并不一味地在网上对已有顾客进行强力网络营销,而是针对不同的顾客构建不同的营销模式,具体为:

(1)线上顾客。线上顾客又分为线上已消费顾客和线上尚未进行消费顾客两类。线上已消费顾客是当前美团网的主要顾客群体。

(2)线下顾客。线下顾客和线上尚未进行消费顾客构成美团网潜在顾客群体。对于这类顾客,美团网充分利用现有顾客网络进行顾客关系营销,推出"返利活动"进行市场推广,人们可以通过这些平台把美团网介绍给更多的人。这将为美团网带来巨大的潜在客户。

美团网创始人认为,美国团购网站 Groupon 成功的关键在于"线上网站最大限度地带动线下实际消费,释放人们的消费需求"。虽然现代社会人们不缺少选择的机会,但是人们为了节省时间和精力,需要有专门的人为他们提供较具生活品位的消费场所,美团网就是"消费顾问"的角色。

二、营利模式

1.商家佣金

这是团购网站常见的营利模式。美团网根据商家所销售的产品总额进行佣金的收取,或者直接与商家协议做折扣活动,得到佣金的协议金额,或者通过直接获取商品的中间差价营利。

2.消费者沉淀的资金

买方将资金预付给美团指定的支付平台,待买方真正收到货物后确认收货,支付平台将资金划拨给商家,这段交易时间内预付给支付平台的资金称为沉淀资金(客户备付金)。中国第三方支付市场规模高速增长,目前有万亿元的规模。在如此大规模资金流动中产生了巨额沉淀资金可以为美团带来可观的金融利益。现阶段,国家已经开展对这些沉淀资金的规范管理。

3.广告费

广告收入也是团购网站收入的一部分,巨大的流量成为各个商家打广告的受众基础,带给商家和网站很好的广告平台。有些商品可能不适合在网上进行团购销售,但是与团购的商品有相似性,那么把这些商品放在网站上能起到很好的促销作用,使商家和网站平台实现双营利。

4.配送费

在收入这一方面,配送费是美团外卖的主要营利来源。

三、美团网的核心竞争力

美团网线下团队的执行力被认为是美团网的核心竞争力之一。根据美团点评发布的财务报告,截至2019年6月30日,美团点评有52 396名全职雇员。而同样排名前十的某些团购网站员工数接近美团网的2倍,但其消费者满意度和销售数据等指标却远低于美团网。美团网销售团队的执行力由此可见一斑。

美团网是一个轻资产公司,唯一的核心资产就是人。美团网的技术团队具有很高的技术水平、执行力以及企业忠诚度。

美团的企业文化是崇尚技术、科技,这保证了整个公司运转的高效、自动化。和一般团购网站的轻技术、重市场有很大的差别,美团的技术部门是所有部门中待遇较好的。更好的客户体验和高效准确的数据分析结果便是重视技术研发带来的优势。

美团网的整个系统都是自行开发的,从而可以方便地对第一手数据进行提取分析。而其自行开发的财务结算系统更被视为一个骄傲。这套自动结算系统大大提升了商户结算效率,带给商户一种安心的合作感受。同时基于普通用户体验研发的品控系统、短信系统、客服热线系统、用户评价系统都大大提高了工作效率,改进了用户体验。美团网还利用其技术优势,先后推出了基于Android、iOS等各种智能手机系统的客户端,以抢占移动应用市场。美团招股书显示,2018年美团单日外卖交易笔数超过2 100万笔,2017年全年通过自有配送网络完成了约29亿单配送。与之相比,来自德国的Delivery Hero的全年交易量约为2.9亿单;英国外卖平台Just Eat官网财报数据显示,其2017年订单量在1.7亿单左右,这两家企业分别位列单量排行榜的第三、四位。2017年全球主要外卖平台GMV(Gross Merchandise Volume,主

电子商务案例分析

要是指网站的成交金额)排名如图 2-5 所示。由此可见,无论是 GMV 还是订单量,国外外卖平台相比中国企业均不在同一个量级。

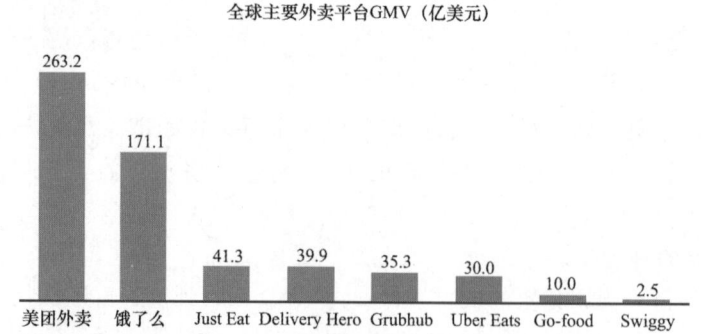

全球主要外卖平台GMV(亿美元)

美团外卖	饿了么	Just Eat	Delivery Hero	Grubhub	Uber Eats	Go-food	Swiggy
263.2	171.1	41.3	39.9	35.7	30.0	10.0	2.5

数据来源:公司年报、公司官网、业内新闻报道

图 2-5　2017 年全球主要外卖平台 GMV 排名

与很多团购网站获得融资后通过高投入的方式进行推广不同,美团很少做线下广告,其推广基本都是在线上进行,如搜索引擎优化、线上广告、SNS(社会化网络服务)推广等。正是其这种独特的推广策略为美团节省了大量的资金。不仅如此,美团良好的客服和高品质的产品也赢得了广大消费者的认可,在经过几年稳步的发展之后,取得了超过 20% 的市场份额,其销售额和成交量均排在团购网站首位。另外,其健康的资金流赢得了不少风投的青睐,使得美团网得到大笔融资。

> 思考:从技术方面来看,美团网的核心竞争力有哪些?美团网发展过程中面临的主要问题是什么?如何改进?

嵌入知识

一、O2O 模式概述

O2O(Online to Offline)模式是将线下商务的机会与互联网结合在一起,就是线上订购、线下消费模式,让互联网成为线下交易的平台,把线上的消费者带到现实的商店中去,真正使线上的虚拟经济和线下的实体经济融为一体。这样企业可以通过在线招揽客户到其线下的实体经营场所购物或消费,而消费者可以在线筛选企业的产品或服务,交易可以在线结算。O2O 模式的核心很简单,就是把线上的消费者带到现实的商店中去——在线支付购买线下的商品和服务,再到线下去体验服务。通过打折、提供信息、服务等方式,平台把线下商店的消息推送给互联网用户,从而将他们转换为自己的线下客户。此外,O2O 模式的关键点就在于,平台通过在线方式吸引消费者,但真正消费的服务或产品须由消费者在线下体验,这就对线下服务提出了更高的要求。

O2O 模式是电子商务业务针对用户个性化、情景感知等特点以及移动网络强大的定位与搜索能力在商业模式方面取得的重大突破。随着物流、支付等问题的解决,社交网络、LBS(基于地理位置的服务)、二维码的有效结合,移动商务将会给用户带来更多、更丰富的购物体验。可以预见,O2O 模式将带动整个移动互联网产业的发展,而移动互联网也将成为 O2O 发展的重要助推剂。

二、O2O 模式分类

互联网的迅猛发展为 O2O 提供了无限想象的空间。消费者通过手机连接互联网,在 O2O 网站、APP 商店、社交网站或通过在线下实体店、传单上扫描条形码或二维码等,查找和获得自己需要的产品和服务,然后利用手机支付进行购买,再到线下实体店获得自己需要的产品和服务。随着 SNS 的迅猛发展、LBS 应用的普及以及二维码技术的成熟和应用,O2O 模式更趋多元化,表现出旺盛的市场需求。

1. O2O+SNS

以即时通信、微博、微信为代表的 SNS 近年来发展迅猛,O2O 运营企业除了运用 APP 商店这一形式外,还要充分运用微博、微信等社交软件。腾讯推出的微信仅用 2 年的时间,就成为腾讯非常成功的移动互联网应用,也是互联网历史上增长较快的新软件。自从微信 O2O 开放接口后,在微信上,O2O 服务表现出旺盛的生命力。这种 O2O+SNS 的模式潜力无限。在微信下,传统 O2O 应用发生了有趣的变化。例如,好豆网旗下的"去哪吃"接入微信平台后,增添了一个新的"约饭"功能,选中菜,单击右上方的"约饭",再选择"通过微信去约朋友"分享给朋友,晚上吃什么菜,以及饭店的地址、电话、地图等信息就直接发到了朋友的微信上。如果双方对晚饭还有什么交流,则可以通过微信群组沟通交流,更便捷和直接。又如,微信上的外卖网络应用,用户只需要添加其微信公共账号,打开该账号,通过微信发送当前的位置后,外卖网络就会发送 15 条左右附近 1 千米内的餐馆种类、距离、人均消费等信息,用户回复餐馆编号后,外卖网络会发送该家餐馆的详细菜单和订餐电话。无须下载客户端,依托微信的庞大用户群是外卖网络的优势。

2. O2O+LBS

移动设备一个明显的优势是可以体现出用户的地理位置信息,因此,LBS 就成为移动互联网的一项典型应用。国内的玩转四方、街旁等均是 LBS 网站,用户可以使用这些服务的手机客户端随时签到,获得产品和服务信息,还可以积累积分,以享受商家的优惠和打折服务。

对比 O2O 与 LBS,显然两者的共同之处很多。LBS 本身也是线上与线下的结合,通过 LBS,用户也可以进行周边商家、商品的查找和购买。但是两者也有一些不同点,如 LBS 不一定以产生购买行为为目的,某些 LBS 应用也可以通过社交功能聚集用户,然后在此基础上发展出其他的营利模式,而 O2O 则是专注于用户购买需求的应用。

正如 LBS 有可能成为移动互联网极具特色的应用一样,O2O 也可能是决定未来移动互联网发展的一项应用模式。关键是 O2O 服务提供商需要具备平台意识,不能仅将 O2O 作为一种电子商务应用,而应当在此基础上聚集用户,形成平台,并提供一系列的增值服务。

3. O2O+二维码

从 2012 年开始,二维码(2-dimensional Bar Code)已经越来越多了,在广告、宣传品、服装、商店入口、地铁等诸多介质上,到处都能看到二维码。二维码是指在条形码的基础上扩展出另一维具有可读性的条码,使用黑白矩形图案表示二进制数据。它被设备扫描后可获取其中所包含的信息。条形码的宽度记载着数据,而其长度没有记载数据。二维码的长度、宽度均记载着数据。二维码有普通条形码没有的"定位点"和"容错机制"。

进入移动互联网时代后,撬动 O2O 入口价值的模式探索有了更多的可能性。手机扫描二维码可以在瞬间获得网址、访问移动互联网,获得商品的信息,也可以下订单,从而拉近商家和消费者之间的距离,商家可以利用手机这种特定终端推出更多服务,形成更多互动,最终实现更大的商业价值。

现在,二维码已经开始在人们生活中发挥其传播信息和获取信息的作用。在许多城市,微信推出"扫二维码得商户优惠券"活动,消费者可通过手机扫描二维码获得一份电子优惠券,即扫即得,立即生效。例如,微信和某购物中心合作,购物中心在正门前立了一个二维码的牌子,用户用手机扫描以后即自动成为其微信会员,不仅可以获得知名咖啡店的优惠券,还可以取代传统的会员卡,成为商家和消费者长期联系的纽带。微信通过二维码识别,让用户成为商家的微信粉丝,产生入口并可以推送信息,进而开展O2O业务。这种模式的本质是以微信的强延展力取代传统媒体在商家和消费者之间的中介地位,在商家和消费者之间建立起直接的互动关系,而商家将有更多机会通过微信平台向消费者推广更多的服务和优惠,以吸引客户。

总之,随着网络的日益成熟和智能手机的大量普及,越来越多的用户开始通过手机获得各种服务。O2O只有抓住移动互联网带来的机遇,才能真正获得爆炸式的发展。

案例分析

美团网O2O电子商务模式案例分析

作为国内成立较早、综合实力较强的团购网站之一,美团网在价值观上与Groupon不同,遵循的是"消费者第一、商家第二"的价值主张,该主张是美团网成功的关键。

美团网作为O2O团购网站的模范,将目标群体定位于18到40岁、接受过一定文化教育的阶层。商家佣金、消费者沉淀的资金、广告费、配送费是它主要的利润来源。美团网拥有着一支执行力强的线下团队,吸引着大量的优秀人才。对先进科技的崇尚,保证了整个公司运转的高效、自动化。美团网的系统全是自行开发,能够及时获取第一手数据,这些都是其核心竞争力。但面对激烈的竞争,美团网的产品和服务同质性严重,缺少独特的创新项目。因此,美团网需开发新项目,创新团购模式;增加宣传渠道;立足新的移动端市场增长点;招聘优秀人才,提高团队素质。

一、开发新项目,创新团购模式

当前在O2O电子商务领域,团购网站提供的产品和服务同质性严重。针对团购网站当前的局限性,美团网应当与时俱进,增加服务项目模块,拓宽服务的种类,打造一站式的服务平台。同时,不应该拘泥于"一天一团购"的模式,多与商家沟通提供多方式的团购模式也是一种创新。一个没有活力和创新的企业是很难在当今社会中生存下来的。

二、增加宣传渠道

美团网的宣传模式还是主要集中于网络宣传,虽然已经开始在地铁站台、公交等实体场所进行宣传,但是对于新的宣传渠道利用度仍然不够。美团网应该加强在新的渠道方面的宣传力度,从而更有效地提高市场占有率。

三、立足新的移动端市场增长点

随着智能手机的普及,移动端市场对销售贡献率不断攀升,网络团购的移动化是一个趋势。美团网应抓住机遇,利用先天优势,增强移动端市场的优势。

四、招聘优秀人才,提高团队素质

人才招聘也是美团网所需要的,也是提高竞争力的手段之一。加强人才培养和招募,可以为企业注入一股新的活力。同时加强公司员工的培训,培养高素质、高技能、高服务意识的人才,才能让企业的竞争能力更加持久、更加有效。

项目 5 新零售案例

项目任务　了解新零售的起源,掌握新零售的内涵和特点。

项目案例　盒马鲜生

　　截至 2018 年 7 月 31 日,盒马鲜生(以下简称盒马)已在全国 14 个城市拥有 64 家门店,服务超过 1 000 万名消费者。而截至 2019 年 12 月 31 日,自营的盒马门店已达到 197 家。盒马鲜生门店形象如图 2-6 所示。盒马开店一年半以上的门店单店坪效超过 5 万元,单店日均销售额超过 80 万元,线上销售占比超过 60%,均远超传统超市。作为阿里新零售的标杆,盒马提供了零售运营的新思路,以盒马为代表的新零售商超模式也获得了市场认可。

图 2-6　盒马鲜生门店形象

　　盒马新零售首先是基于数据和技术,将数据和技术作为驱动零售变革的发动机。盒马基于阿里巴巴自主设计了服务零售商运营智能硬件设备。该设备尝试提升零售效率,并且其零售科技也为零售业的数字化升级提供了基础设施和能力。2018 年杭州云栖大会上,盒马首次发布了新零售操作系统 ReXOS。该系统包括门店、APP、仓储物流、餐饮管理等一整套的系统解决方案,这也是全世界第一款能够实现线上线下无缝对接的决策操作系统。与传统的 ERP 系统相比,其包含了线上的流量运营部分,更注重线上流量所产生的效应。通过该系统,盒马超市内部运营层面的整个生产作业流能够实现全面数字化,从而提升内部运营效率。

　　盒马在创立之初,就确立了"通过数据驱动,线上、线下与现代物流技术完全融合"的顶层设计。盒马以门店作为全链路的轴心坐标,将物流链路分为门前店、门后店。门前店盒马主要依靠 B2B 物流模式,而门后店的物流主要采用 30 分钟近场景即时配送的外卖模式,利用数据分析顾客下单的 SKU(库存量单位)和包裹数量,以及顾客收货地址,系统自动设计一条绝佳配送路径，门店内也有悬挂链，配合分拣货物。通过让门店成为仓库，也能够提供配送范围内30分钟免费送达的服务。盒马的数据化物流体系如图2-7所示。智能物流不仅降低了盒马整个物流路线的成本，而且提升了消费者的服务体验。通过满足即时性需求，盒马线上会员持续增加，其配送范围内的办公区和居住小区，也被消费者形象地称为"盒区房"。

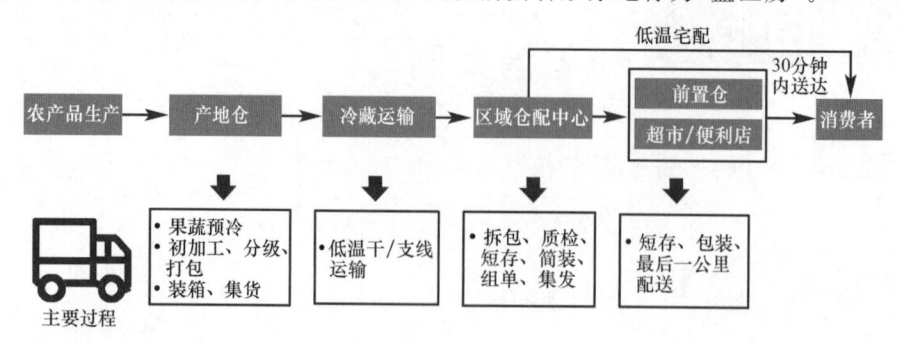

图 2-7　盒马的数据化物流体系

盒马在自身发展的同时，也尝试进行新零售模式输出。"淘鲜达"就是其中一个典型的例子。"淘鲜达"以已有的大型超市作为主要渠道，通过系统联动、库存打通、拣货路线优化等新零售模式的改造，实现线上、线下一体化，不仅减轻了盒马自建门店的成本压力，也将新零售的业务模式进行了更大范围的覆盖，增强了大型超市的竞争力并优化了超市消费者的服务体验。根据盒马发布的数据，大润发旗下的"淘鲜达"店铺经过盒马模式改造，接入淘宝后，运营三个月以上的单店日均新增线上订单在1 200单以上，单店月度销售额提升10%以上，单店累计新增年轻顾客2万人。从2017年12月底开始，福建省内的31家新华都超市也开始全面接入"淘鲜达"进行改造，门店服务半径从原来的周边1公里扩张到3公里，门店经营人效明显提升。其中，新华都超市华林店改造半年后已有35%的订单来自淘宝。

盒马给零售行业带来的还有理念的变革。在盒马，门店的本质被重新定义为流量收集器，门店销售是交易的起点，而不是终点，交易的终点应该在电商。因为只要在线下完成交易，就会受到坪效极限的制约，只有把交易放到线上完成，才能突破这个极限。在盒马看来，线下门店的任务就是收集流量，把方圆3公里内的人群，通过非常好的体验吸引到门店来，然后将他们转化为线上会员。消费者周末有时间，就到线下门店体验；工作日没有时间，就在线上购物。盒马APP的使用能够在很大程度上帮助其实现线上引流的目的。在盒马购物，只能用盒马APP支付，不能直接使用支付宝支付，因此盒马APP能够有效收集消费者购买产品、购买频次等信息，为消费者提供更有针对性的产品推荐，从而优化消费者网上购物的体验，更有针对性地满足其购买需求。门店的主要作用是通过良好的体验缩短消费者线上购物的心理距离，增强消费者对产品的信任，同时增强盒马的话题度和关注度。门店不仅仅是顾客买东西、挑东西的地方，而且是一个体验的场所，是与顾客交互的场景。首先，其在产品品质上能够给消费者带来良好的体验，在门店，消费者可以通过扫描价签追溯产品的所有信息，各类生鲜产品也非常新鲜。此外，盒马门店内有堂食区和海鲜加工区等体验区域，消费者现场选购海鲜产品后，以相对较低的价格进行不同口味的烹饪并在堂食区就餐，这些良好的体验也为消费者提供了在盒马APP下单的理由。另外，盒马还会定期举办一些活动，例如周末盒马门店会举办目标客户群的亲子活动，或者举办一些烘焙活动等，让顾客知道盒马在卖什么，有什么新东西，食材有什么新做法，不仅提升了盒马的受关注度，而且增进了消费者对于盒马产品的了解。

在市场布局方面，盒马以城市核心区域为立足点，逐步向郊区及二、三线城市探索"下沉之路"。自盒马创新业态诞生以来,主要的消费人群是一、二线城市的中高端消费者,但2019年8月,在上海市闵行区浦江城市生活广场,第三家小店"盒马mini"正式开张,展现了盒马进军下沉市场的市场策略。与盒马原有的门店形态相比,"盒马mini"减少了悬挂链、物流输送线、LED屏等基础设施,使门店成本减少至原来的1/10。针对下沉市场消费者,增加了大量的散装产品,从而降低切割损耗及包装成本,使产品价格更适应对价格敏感的消费者。业务形态的精简不代表服务质量的下降,适当的门店体验服务、配送到家的物流体系及商品品质的保证仍然是盒马的核心竞争力。盒马在下沉市场的探索也体现了其在新零售模式运用上的灵活性,有利于其未来向三、四线城市的进一步扩张。

思考:试分析盒马鲜生的运营模式。相对于其他的传统企业或电商企业,盒马鲜生有什么特点?

嵌入知识

新零售是指通过互联网技术、现代科学技术对线上线下流量进行结合。新零售在给产业带来变革的同时,也给消费者带来新的购物体验。消费者将从新零售中获益,享受更高效的服务、更优质的产品。

一、新零售的诞生

互联网的兴起让世界迎来了电商时代,颠覆了人们传统的购物习惯与方式,这使人类有史以来摆脱了购物时间和空间上的限制。阿里巴巴和京东等电商迅速崛起,线上零售几乎取代了传统零售的功能。同时,随着智能移动设备的普及以及由此带来的大数据、移动支付、虚拟现实等技术的革新,进一步拓展了线下场景的消费社交,让线下和线上不再是单纯意义上的、此消彼长的竞争关系。自新零售概念被提出以来,已经有阿里巴巴、腾讯、百度、京东、小米、网易等众多企业开始了新零售的探索之路,其中包括阿里巴巴集团的盒马鲜生、腾讯京东系的超级物种、小米集团的小米之家和网易公司的网易严选等。由此可见,新零售不只是概念上的更新,更是零售内涵的变革。

二、新零售的内涵

在2017年2月20日阿里巴巴集团和上海百联的战略合作发布会上,阿里巴巴集团CEO将新零售概括为"三通""三才""三化"。所谓"三通",是指商品通、会员通、服务通。当三者全面打通后,用户体验将更上一层楼。所谓"三才",是指人、货、场,三者要基于互联网形成有效互通。所谓"三化",一是强化,即强化原有购物中心、超市的传统能力;二是化学反应,即提高效率;三是孵化,即产生新的业态。

百联集团董事长在发布会上也指出:"新零售不仅是线上、线下的融合,更是以互联网、物联网、人工智能、大数据等新兴技术为驱动,面向线上、线下全客群提供全渠道、全品类、全时段、全体验的新型零售的模式。"

阿里巴巴集团CEO说:"新零售利用互联网和大数据,围绕人、货、场在内的所有生产要素进行完全重构,包括重构生产流程,重构商家与消费者的关系,重构消费体验等。"也就是说,新零售是线上、线下、物流、数据、供应链的资源整合,它们之间不是"1+1+1=3"的简单叠加,而是"互联网+电商+实体+零售+社群"的一种新业态。借助前沿技术,新零售为品牌创造了必要条件。阿里巴巴集团CEO在一封致投资者的信中总结了目前面临的挑战,他说:"企业必须利用大数据分析重新定义零售的传统核心元素——消费者、商品和商店——以及这些元素之间的关系,以升级现有的模式,创造新的零售场合。"

综上所述,新零售即企业以互联网为依托,运用大数据、人工智能等先进技术手段,对商品的生产、流通与销售过程进行升级改造,进而重塑业态结构与生态圈,并对线上服务、线下体验以及现代物流进行深度融合的零售新模式。

三、新零售的特征

新零售有以下特征:

一是零售渠道边界融合。线上、线下的边界正越来越模糊。

二是行业效率提高,购物体验提升。这也是评价一个零售模式好与不好的两个标准。比如,饿了么提升了客户订餐和餐厅找客户的效率。

三是以客户体验为中心。借助互联网的力量,最大限度提高交易效率和生产效率。

四是线上、线下同款同价。新零售将统一价格、质量和体验,且提供专业的服务,同质同价。

五是零售终端提供叠加式体验。零售终端才是重要的体验场景,提供良好的消费体验和丰富的定制化服务成为零售终端主要的功能,无人超市、无人零售店、无人售卖机等新零售业态,通过技术和硬件,重构零售的卖场和空间。

六是消费场景碎片化。零售从原来的规模性驱动,转向个性化、灵活化和定制化的"三化驱动";社区化运营也成为零售业发展的重要方向;精细化运营是未来方向,社区便利店、社区生鲜店、社区药房成为必争之地。

七是全渠道数据化。通过技术将消费行为——无论是线上的还是线下的、实体的还是虚拟的——变成真实的数字交易,并汇总每笔交易、每个客户的数据,通过分析,向客户推荐感兴趣的产品,提高产品成交率,优化物流供应链。

案例分析

盒马鲜生案例分析

2016年1月,盒马鲜生位于上海金桥广场店的首家门店开张,盒马APP同步上线。没有宣传,没有剪彩,一切都很低调,连盒马鲜生的高管也是分批前往这家门店的。物流推动新零售,该支付宝会员店一经推出,迅速引起社会各界的广泛关注。

一、盒马鲜生的运营模式

盒马鲜生的定位是"四不像",不是超市,不是餐饮店,不是便利店,不是菜市场,但却拥有这四种业态。4 500平方米的门店主营食品,采用全渠道线上、线下相结合的商业模式;门店郑重承诺客户,全渠道可享受"5公里内30分钟送达"的极速配送服务;门店融销售、展示、仓储、分拣等功能于一体;在门店的曦牛海鲜餐厅,可采购并选择现场烹饪制作。

盒马鲜生目前已实现全数字化,即客户数字化、流程和管理数字化、产品数字化,这必将极大提高零售的效率,提高门店和物流运营的效率。

盒马鲜生有四个清晰目标:第一,线上交易规模一定要大于线下;第二,单店线上订单不低于5 000单/日,让客户聚焦盒马鲜生进行消费;第三,APP可以独立存活,让客户形成购物常态,要成为特色店并自带流量,不需要其他流量的支持;第四,冷链方面,物流成本可控,并实现30分钟送达产品。传统商超的弊端是冷链物流配送成本高、损耗大、不标准、品类不全,服务无法满足客户对生鲜产品的即时性需求。盒马鲜生率先提出统一会员、统一价格、统一库存、统一营销、统一结算、统一配送标准。盒马鲜生系统实现了线上、线下集成:线上、线下一体化系统的构建和集成是首要问题,包括仓库管理系统、门店POS(销售终端)、ERP、财务、物流配送、APP、支付、营销、会员等,其复杂程度和对技术的要求,远远超过传统电子商务及线下商超。盒马鲜生的创业团队,根据实际运营数据发现,盒马鲜生的客户黏度高,线上订单转化率超过50%,且线上客户转化率高达35%。运营两年多之后,盒马鲜生固化了线下门店的模型,包括后仓面积、餐饮和超市的比例,新零售商业模式已基本成型。

二、盒马鲜生的特点

盒马鲜生有四个特点:

一是生鲜标准化程度高。盒马鲜生的产品均采取独立的包装,肉类、水果、蔬菜,重量和价格标注明确,所有产品实行统一的标准化作业。

二是店内产品品类丰富。店内售卖100多个国家的3 000多种产品,生鲜类产品占20%,标准食品占80%,后期生鲜类产品还将拓展至30%以上。在海鲜区,有来自世界各地的各种鲜活海鲜,如俄罗斯红毛蟹、波士顿龙虾等。盒马鲜生店内的明星主打产品主要有俄罗斯帝王蟹、波士顿龙虾、盐焗大闸蟹、面包蟹、基围虾等。

三是自建高效物流配送。为了提供更高效、更便捷的购物物流体验,盒马鲜生使用全国统一的保湿袋和保温袋,对出售的产品统一包装,店内设置300多平方米的物流区,客户"头顶就是飞来飞去的快递包裹",下面是排放整齐、琳琅满目的食品,客户拣选的货品通过输送带直接送到收银台。盒马鲜生第一家门店配备了70~80名门店自营配送员,他们随时待命,可实现门店周边5公里内30分钟精准送达服务。

四是优质的客户体验。盒马鲜生门店的购物环境十分舒适、现代化、整洁透亮,同时将"餐厅"的体验纳入门店。盒马鲜生的牛排、海鲜及熟食餐厅,占地约200平方米,提供代客加工服务,比传统饭店便宜不少,好产品配上好加工,客户体验瞬间提升。

盒马鲜生30分钟送达服务是其在配送领域的一大卖点。目前盒马鲜生线下门店客单价约为120元/单,线上客单价约为70元/单,线上收支基本平衡,线下收入可负担门店基本运营费用。盒马鲜生的发展证明,在某些区域,"门店引流、线上下单、区域配送"相结合的拓展模式具备较强可持续发展的属性,若这种模式能成功复制到更多区域,那么"超市+电子商务"万亿级市场可以重塑,必将影响大众生活与商业格局。

知识拓展　未来电子商务模式

除了前面提到的B2B、B2C、C2C、O2O等电子商务模式外,未来电子商务模式主要有直播电商、AR电商、BMC、B2M、M2C、A2A等。

(1)直播电商。随着5G时代到来,互联网行业迎来了新的发展机遇。2017年,国内直播电商的市场规模为190亿元,仅仅用了三年时间,2020年直播电商的市场规模就超过9 000亿元,增幅显著,且直播电商将继续向着平台化的方向发展,产业化进程将不断加快。直播电商

电子商务案例分析

将成为未来重要的电子商务模式。

(2)AR电商。AR技术在电子商务领域的应用开始普及。美妆电商通过AR让顾客尝试不同色号口红和粉底试在自己脸上的效果,不但方便了顾客,而且减少了店内试用品的消耗,如京东、淘宝等,都在自己的平台增加了AR技术。AR正在慢慢释放自己的潜力,作为一种新技术,它不仅被看作电商行业的有力助推器,而且将成为改变电子商务消费方式的革命性因素。

(3)BMC(Business-Medium-Consumer),是指企业、中间监管与消费者之间的电子商务模式,是一种全新的电子商务模式。BMC商业模式是由太平洋直购官方网独创的。它率先集量贩式经营、连锁经营、人际网络、金融等传统电子商务模式优点于一身,解决了B2B、B2C、C2C、C2B等传统电子商务模式的发展瓶颈,是B2M和M2C两种电子商务模式的整合。新型BMC模式致力于为人们提供一个"省钱＋赚钱、就业＋创业"的绝佳电子商务平台,成功地把消费者、供货商、诚信渠道商的商品资源、服务资源、资金资源、人脉资源整合到一起,最大限度地保证消费者的消费权益,创造社会、商家和消费者共赢的局面。

(4)B2M(Business to Manager),是指企业通过网络平台发布产品或者服务,职业经理人通过网络获取该企业的产品或者服务信息,并且为该企业提供产品销售或者企业服务,企业通过职业经理人的服务达到销售产品或者获得服务的目的。职业经理人通过为企业提供服务而获取佣金。B2M作为一种全新的电子商务模式,特点在于其所针对的客户群是企业或者产品的销售者或服务者,而不是最终消费者,是企业的一条重要营销渠道。

(5)M2C(Manager to Consumer),是指职业经理人通过类似于C2C的模式,在B2M过程中将产品销售给最终消费者,是对B2M模式的延伸,也是这个新型电子商务模式中不可缺少的一个后续发展环节。M2C模式的盈利可能是商品进出价的差价,也可能是服务佣金,还有可能是两者的叠加。

(6)A2A(Any to Any),是指任意对任意。它是电子商务发展的高级阶段。

实操案例

【案例1】

唯品会

一、唯品会简介

唯品会是一家被誉为"唯美、品质、时尚汇"的特卖网站,于2008年8月在广州正式成立,在中国开创了"名牌折扣＋限时抢购＋正品保障"的独特商业模式。截止到2018年底,唯品会会员累积超过3亿人,用户复购率高达85%。唯品会凭借其特卖优势,目前已成为全球较大的特卖电商平台之一。

自2008年成立之日起,唯品会给自己的定位就是"特卖",一时间,"特卖"几乎成了唯品会的代名词。早10点和晚8点,每日两场特卖,全年无休。经过几个月的试运营,唯品会订单收获寥寥。因此,调整势在必行。

二、唯品会美国上市

唯品会CEO说起做特卖的渊源,笑称是看到了人们在法国名品折扣网上抢购名牌折扣包后受到的启发。但法国的特卖模式照搬到中国并不合适,国内的消费水平和对网购的认知完全不同于法国。高端奢侈品特卖模式的结果是寥寥的订单,这提醒着唯品会的运营专员们,改变迫在眉睫。于是,根据当时中国用户消费水平,唯品会首先选择了本土化的中高档大众时尚品牌。一方面帮助这些品牌把库存清仓,如大批量采购、独家专供等模式;另一方面也对当季新品打折促销。通过一系列合作,唯品会和品牌商建立了合作信任关系,为后续扩充品牌和上市做准备。

2012年3月23日,唯品会成功登陆美国纽约证券交易所(NYSE)完成上市。

唯品会成立3年多即完成上市,其步伐令业界刮目相看。2008年全球遭遇金融危机,品牌商积压了大量的产品库存亟待处理,对于喜好品牌但迫于经济压力无力购买的人群,打折的品牌商品正投其所好。所以,唯品会抓住了那个时期的机会,快速崛起。

三、重新定位

唯品会在美国上市后,并非一帆风顺,股票价格跌宕起伏。2012年3月23日,唯品会的发行价从每股8.5~10.5美元下调至每股6.5美元,首日开盘即破发,并一度跌至每股4美元。2012年下半年,市场开始反弹,唯品会才重回到发行价每股6.5美元。

2013年2月,唯品会实现盈利,其股价一度升至每股229美元。

2013年唯品会在官网通过宣传语"一家专门做特卖的网站"把定位清晰地传递给大众,是其对定位的进一步明朗化。不同于淘宝、京东等综合型电商平台,唯品会是一家典型的垂直电商平台,主要以女性为消费目标群体,商品品类也主要集中于女性常买的服装、鞋帽、饰品等,利用价格优势把特卖做得有声有色。"一家专门做特卖的网站"在消费者中广为流传。

四、品牌升级

2017年6月2日,唯品会宣布品牌定位升级,唯品会副总裁发布公开信,宣布广告语从大家熟悉的"一家专门做特卖的网站",升级为"全球精选,正品特卖"。这个宣传语的转变,表明了唯品会在垂直电商方面的升级,唯品会不再局限于销售尾货和库存的尾货特卖模式,而是希望进入销售新款、正价商品等更高附加值、更高利润率的产品市场,全球精选商品是其销售属性。

宣传语的转变源于中国消费者购买实力的提升。麦肯锡、尼尔森等咨询公司给出的相关报告中都提到,中国主力消费人群正日渐年轻化,而年轻的中国消费者消费能力强,关注产品的安全、品质、个性化、社会责任等多过于价格。因此,唯品会想从处理库存、主打价格优势的印象中脱离出来。

2017年12月18日,腾讯、京东向唯品会投资8.63亿美元,双方分别持有唯品会全部已发行股份的7%和5.5%。两者纷纷在其网站和APP加入唯品会入口,帮助其引流。唯品会作为垂直电商的领军企业,相对于综合性电商平台,垂直电商获取流量会变得越来越难。与腾讯、京东结成战略联盟关系,被称为唯品会的一个明智选择,这对其未来发展具有战略意义。

工作任务:通过案例介绍并查阅资料分析唯品会成功的原因。唯品会相对于其他电子商务平台有哪些独特之处?对该公司进行SWOT分析(态势分析)并与相同模式的几大公司进行比较。

【案例2】

三只松鼠

一、公司简介

三只松鼠股份有限公司(以下简称三只松鼠)成立于2012年,是中国第一家定位于纯互联网食品品牌的企业,也是当前中国销售规模较大的食品电商企业。三只松鼠品牌一经推出,立刻受到了风险投资机构的青睐,先后获得IDG的150万美元A轮天使投资和今日资本的600万美元B轮投资。2015年,三只松鼠获得峰瑞资本(FREES FUND)3亿元投资。

三只松鼠由其创始人兼CEO章先生带领一批来自全国的粉丝组成的创业团队创立而成。章先生在其任职业经理人期间,用十年时间打造出了安徽知名的农产品品牌,一年时间打造出了网络知名坚果品牌。其较强的品牌营销理念使他能够迅速掌握消费者心理。三只松鼠便是其组建的一个全新的创业团队,这个团队正在逐渐扩大,从最初的5名创始成员发展到700人的规模,平均年龄在23岁,是一支极具生命力和挑战力的年轻团队。

三只松鼠主要是以互联网技术为依托,利用B2C平台实行线上销售。凭借这种销售模式,三只松鼠迅速开创了食品产品的快速、新鲜的新型零售模式。这种特有的商业模式缩短了商家与客户的距离,确保让客户享受到新鲜、完美的食品,开创了中国食品利用互联网进行线上销售的先河。三只松鼠以其独特的销售模式,在2012年"双十一"当天,销售额在淘宝、天猫坚果行业跃居第一名,日销售额近800万元。其发展速度之快创造了中国电子商务历史上的一个奇迹。2019年,三只松鼠营收突破100亿元,实现101.73亿元,归母净利润为2.39亿元。

二、三只松鼠的经营战略

1. 强化品牌营销,保持品牌独特性

随着互联网的普及,网民人数越来越多,上网日益成为消费者日常生活中不可或缺的一部分。网购文化在全社会的兴起,是电商产业发展的大好时机。

三只松鼠利用电商的互联网广告转化优势、信息交流平台,将营销平台分散化,不仅依靠天猫、淘宝,而且将微信、微博、视频网站等视作重要营销平台,全方位深入扩大品牌的影响范围。

三只松鼠加大动漫营销的投入,吸引儿童和青少年,带动儿童和青少年的购买欲望,从而将其家长转化为消费顾客。同时儿童、青少年也是未来的潜在客户,强化品牌营销有利于企业未来的长远发展。

2. 革新生产技术,拓宽分销渠道

坚果食品市场的进入门槛低,且现阶段不同商家的产品正趋于同质化。在做好产品营销的情况下,三只松鼠加大产品的研究投入,生产更符合消费者口味的坚果食品。

为了保持产品的新鲜度而放弃拓展线下分销渠道,导致线下市场被其他竞争者抢占,实为有待商榷的做法。其实保持产品新鲜度与增设线下分销渠道并不矛盾,只要加大仓储的布局,尽可能在全国范围内寻找更多优质的原材料产地,完善物流供应链,就可以同时兼顾产品新鲜度和线下分销渠道。

3. 预测消费需求，抢占未来市场

产品适销对路，就能不断扩大市场占有率、增加营业额，有利于企业改进经营管理，提高经济效益；有利于企业有计划地开展营销活动，提高企业的经营管理水平。由于休闲食品市场的竞争越来越激烈，市场的变化迅速，因此要求企业提前预测消费者的需求。

大数据时代的到来，使预测消费者的未来消费需求成为可能。大数据时代的数据分析决定成本控制和投资回报率。三只松鼠通过前期的推广已经获得了大量经验和数据，在接下来的时间里，三只松鼠就需要进一步优化已有的数据资料，提前预测消费者的需求变化，及时推出新产品，安排生产，提前一步抢占市场，进而取得优势。

三、三只松鼠的销售模式

三只松鼠将自己定位为森林食品品牌，倡导"慢食快活"的生活方式。首先听到森林这两个字就感觉到大自然的畅快，代表着自由、不受约束、悠然自得的感受；而"慢食快活"更是与很多人内心的渴望不谋而合，三只松鼠提出的生活理念精准地切入了目标顾客的心灵。为了更好地与顾客进行交流，三只松鼠推出了微杂志《慢食快活》，杂志里杜绝一切与销售有关的信息，只是单纯作为与顾客心灵沟通的平台。

在广告的推广力度方面，三只松鼠借助淘宝平台，成为食品市场领导者。其广告转化率（通过点击广告进入推广网站的网民形成转化的比例）总和达到了24.03%，其中淘宝钻石展位的贡献率为20.3%，淘宝直通车的贡献率为2.79%，站外的贡献率仅有0.94%。其只做线上直销的销售方式，在一定程度上限制了站外广告贡献率的发展和提高。值得一提的是，三只松鼠的情感式创意营销——卖萌营销——获得了较大成功。三只松鼠采用品牌虚拟化的代言人，并且亲民的卡通虚拟化——三只小松鼠。品牌卡通形象的包裹、吐果壳的垃圾袋、封包夹、擦嘴的湿巾等都和坚果的休闲零食特质相符合。

当客服与顾客沟通的时候，还会演化成宠物和主人的关系，以卖萌的口吻拉近与顾客的距离。不仅如此，三只松鼠还推出了动漫作品。动漫作品能够吸引儿童及青少年的注意。参照大力水手动画的播出使得菠菜的销售量提升，三只松鼠也能很好地利用动漫营销的优势。

三只松鼠的营销方式获得很大成功，导致其他竞争对手纷纷效仿，前期营销的优势正在慢慢减弱。2015年5月份31天的百度指数搜索结果显示，虽然三只松鼠在整体搜索热度中仍然排名第一，但反观搜索热度的整体同比提高率，却在其竞争对手中排名垫底。这在一定程度上反映出，三只松鼠的广告营销力度优势正在慢慢减弱，为了继续保持优势地位，急需开发新的品牌营销热点。

工作任务： 分析三只松鼠的互联网创新经营思路，说说它从哪些方面吸引了消费者。对比其竞争对手，三只松鼠还有哪些需要完善的地方？

项目考核评价

知识(0.3)			技能(0.4)			态度(0.3)		
个人评价(0.3)	小组评价(0.3)	教师评价(0.4)	个人评价(0.3)	小组评价(0.3)	教师评价(0.4)	个人评价(0.3)	小组评价(0.3)	教师评价(0.4)

总分＝知识＋技能＋态度＝_____

电子商务案例分析

本模块参考资料来源：

1.李洪心.电子商务案例.大连:东北财经大学出版社,2020

2.邵婷,黄飞飞等.电子商务案例分析.北京:清华大学出版社,2019

3.陈晓鸣,葛青龙等.电子商务案例分析与创新应用(微课版).北京:人民邮电出版社,2020

4.蒋侃.电子商务案例分析.北京:科学出版社,2019

5.徐林海.电子商务案例分析.南京:东南大学出版社,2021

6.计世网

7.世界大学城官网

8.人民网

9.中国互联网络信息中心官网

10.凤凰网

11.阿里巴巴官网

模块 3

电子商务应用技术与安全技术案例

学习目标

　　了解电子商务常用的技术,特别是移动商务技术,掌握电子商务软件的功能和使用方法,能够熟练使用 HTML、CSS 和 JavaScript 设计网络广告和其他效果。通过电子商务技术案例分析和项目实操,加强学习者对电子商务技术与电子商务关系的理解,激励学习者掌握电子商务技术,为实现中华民族伟大复兴和国家富强献上自己的微薄之力;了解网络信息的安全要素,明确电子商务安全的重大意义,掌握保证网络安全的有效措施;能利用数字证书、数字签名等技术进行安全的电子商务交易。通过对电子商务安全案例的分析,培养学习者的安全意识和实践精神,增强风险防范能力、安全技术的应用能力,严守用户的信息安全。

项目 1　移动商务技术案例

项目任务　　了解电子商务常用技术的类型、作用和应用。能够分析案例中移动商务技术的作用与优势,并对其应用效果做出评价。

项目案例　金融行业移动电子商务应用

平安口袋银行

随着移动互联网的快速发展和智能手机的日益普及,消费者对手机银行的使用率逐渐提高。如何为用户提供一个便捷、安全、轻松的手机银行环境,成为各家银行面临的严峻挑战。

2017年,平安银行整合原口袋银行APP、信用卡APP和平安橙子APP为新口袋银行APP,口袋银行APP即成为平安银行一站式综合金融移动服务平台。截至2019年6月末,平安口袋银行APP注册客户数为7 431.93万户,较2018年末增长19.4%,月活跃客户数为2 835.13万户,较2018年末增长9.5%。平安口袋银行APP如图3-1所示。

整合后的口袋银行APP,将贷款、理财、信用卡、支付等业务功能集中到一个全零售产品线上,致力于打造线上金融生态圈,承载平安银行零售业务的全产品及服务,实现了信用卡与借记卡的一站式管理,逐步上线了资讯、直播、智能投顾等功能,并支持APP内任一页面一键分享给好友,功能更趋完善,场景日益丰富,客户体验不断提升。

近年来,科技赋能的口袋银行APP注册客户数及月活跃客户数节节攀升,目前月活跃客户数已稳居股份制银行前列。相对于注册用户,月活跃用户对于数字平台

图3-1　平安口袋银行APP

更为重要,他们是平台流量的主要来源,也是衡量该平台活跃程度的重要指标。数字经济时代,流量是业务和利润的基础。

一、"不一样"的服务体验,用户可自定义首页

平安银行根据当前手机使用者追求自由、卓越、特色的生活体验,大力度推出了"定制式"手机银行的模式。平安银行希望口袋银行APP可以像机器猫的口袋一样,变化多端且功能强大。

平安口袋银行的一大特点是,用户可以在登录平安银行的手机银行之后,根据自己的需要对相关业务功能进行自定义,更彰显用户的个性化体验。比如,在满足用户核心需求的同时,不同类型的用户可以根据自身的需求,自定义首页快捷导航,提高应用效率。

二、打造用户通知中心——手机里的金融管家

平安口袋银行针对每个人的手中都有不止一张银行卡,而信用卡又占了其中一定比重的情况,加上城市生活节奏快、时间紧、压力大,单独打造了用户通知中心。

在这个通知中心里,用户可以得知自己在平安银行中所有业务的进展情况。例如,个贷还款、信用卡还款、理财产品到期、定期存款到期、积分到期、优惠活动等,可归类并支持历史查

找,让用户不会错过对资金进行管理的时机。

用户登录后即显示通知,仿佛有一位金融管家随时随地贴身服务。另外,通过这一提醒功能,用户还可以及时掌握理财资讯,实时了解账户动态、优惠信息,不再错过理财机会。平安银行手机银行真正实现轻松管理关联账户,省钱、省力、省心。

三、功能完备、操作便捷

平安口袋银行 APP 注册开户流程清晰,绑卡时有明确合作银行列表,并分别标注限额;银行卡信息可以拍照读取,身份证信息需手动输入;APP 支持变更注册手机号、变更绑定银行卡,并支持在线销户;提供自动读取短信验证码功能,在动态验证码使用频繁的情况下,此项创新非常便捷。

平安口袋银行 APP 将手机银行、直销银行、信用卡商城整合在一起,产品覆盖比较全面。平安口袋银行提供的存款服务除了资金归集、整存整取、大额存单、定活互转和智能存款外,还包括通知存款、"定活通-美元"美元存款和"定活通-港币"港币存款的功能。投资理财方面,平安口袋银行产品设置分类清晰,理财产品支持筛选,基金支持搜索。此外,平安口袋银行还提供贵金属交易、银证服务和期货交易。平安口袋银行 APP 糅合了信用卡 APP,所以信用卡服务相对全面;重视贷款业务,不只为贷款提供了专门的页面,而且贷款种类包括消费贷、抵押贷和新车贷款;提供贷款计算器,可以在线查询贷款进度,提供自动还款服务等。

> **思考:** 平安口袋银行应用了哪一类电子商务技术?平安口袋银行的特征有哪些?平安口袋银行的技术创新在哪里?

嵌入知识

一、互联网技术

互联网(Internet,又称因特网、网际网),即广域网、局域网及单机按照一定的通信协议组成的国际计算机网络。通过互联网,人们可以与远在千里之外的朋友相互发送邮件、共同完成一项工作、共同娱乐。

互联网技术是指在计算机技术的基础上开发建立的一种信息技术。互联网技术通过计算机网络的广域网使不同的设备相互连接,加快信息的传输速度和拓宽信息的获取渠道,促进各种不同的软件应用的开发,改变人们的生活和学习方式。

互联网技术包括硬件、软件和应用。硬件主要指数据存储、处理和传输的主机和网络通信设备;软件包括可用来搜集、存储、检索、分析、应用、评估信息的各种软件,如 ERP(企业资源规划)、CRM(客户关系管理)、SCM(供应链管理)等商用管理软件,用来加强流程管理的 WF(工作流)管理软件,辅助分析的 DW/DM(数据仓库和数据挖掘)软件等;应用指搜集、存储、检索、分析、评估使用各种信息,包括应用 ERP、CRM、SCM 等软件直接辅助决策,也包括利用其他决策分析模型或借助 DW/DM 等技术手段来进一步提高分析的质量,辅助决策者做出决策。

互联网技术的普遍应用是人类进入信息社会的标志。不同的人和不同的书籍对此有不同解释。但大家都认同的观点是,互联网技术有以下三个部分:

电子商务案例分析

(1)传感技术,是人的感觉器官的延伸与拓展,明显的例子是条码阅读器。

(2)通信技术,是人的神经系统的延伸与拓展,承担传递信息的功能。

(3)计算机技术,是人的大脑功能的延伸与拓展,承担对网络信息进行处理的功能。

二、移动商务技术

移动电子商务(M-Commerce)是指通过移动通信设备(如手机、掌上电脑、笔记本电脑等)与无线上网技术结合所形成的商务活动。它将互联网、移动通信技术、短距离通信技术及其他信息处理技术完美结合,使人们可以在任何时间、任何地点进行各种商贸活动,实现随时随地、线上线下的购物与交易,在线电子支付以及各种交易活动、商务活动、金融活动和相关的综合服务活动等。

移动电子商务的主要实现技术有无线应用协议(WAP)、通用分组无线业务(GPRS)、移动IP技术、蓝牙技术、射频识别(RFID)技术、云计算、大数据技术与物联网技术等。

1.无线应用协议

无线应用协议是在移动电话、个人数字助理(PDA)等移动通信设备与因特网或其他业务之间进行通信的开放性、全球性的标准。WAP由一系列协议组成,应用WAP标准的无线通信设备,都可以访问因特网,包括收发电子邮件、查询信息和访问网站等。

2.通用分组无线业务

通用分组无线业务是利用GSM(Global System for Mobile Communications,全球移动通信系统)基础设施,提供速率高达100 Kbit/s的分组数据业务的移动蜂窝接入技术。通用分组无线业务仅在实际传送和接收时才使用无线资源。

3.移动IP技术

移动IP技术真正实现了语音和数据的业务融合,它的目标是将无线语音和无线数据综合到一个技术平台上传输,这一平台就是IP协议(Internet Protocol,网际互联协议)。移动IP不是移动通信技术和因特网技术的简单叠加,也不是无线语音和无线数据的简单叠加,它是移动通信和IP的深层融合,也是对现有移动通信方式的深刻变革。

4.蓝牙技术

蓝牙技术是一种无线数据和语音通信开放的全球规范,它是基于低成本的近距离无线连接,为固定和移动设备建立通信环境的一种特殊的近距离无线技术连接。蓝牙使今天的一些便携移动设备和计算机设备能够不需要电缆就能连接到互联网,并且可以无线接入互联网。

5.射频识别技术

射频识别技术通过无线电波不接触快速信息交换和存储技术,通过无线通信结合数据访问技术,然后连接数据库系统,加以实现非接触式的双向通信,从而达到了识别的目的。它用于数据交换,串联起一个极其复杂的系统。

6.云计算

云计算是并行计算(Parallel Computing)、分布式计算(Distributed Computing)和网格计算(Grid Computing)的发展,或者说是这些计算机科学概念的商业实现。云计算是虚拟化(Virtualization)、效用计算(Utility Computing)、IaaS(基础设施即服务)、PaaS(平台即服务)、SaaS(软件即服务)等概念混合演进并跃升的结果。

狭义云计算是指IT基础设施的交付和使用模式,指通过网络以按需、易扩展的方式获得所需的资源;广义云计算是指服务的交付和使用模式,指通过网络以按需、易扩展的方式获得所需的服务。这种服务可以是 IT 和与软件、互联网相关的,也可以是任意其他的服务,它具有超大规模、虚拟化、可靠安全等独特功效。

有人打了个比方:这就好比是从古老的单台发电机模式转向了电厂集中供电的模式。它意味着计算能力也可以作为一种商品进行流通,就像煤气、水、电一样,取用方便,费用低廉。其不同在于,它是通过互联网进行传输的。

7. 大数据技术

大数据又称为巨量资料,指的是所涉及的资料量规模巨大到无法透过目前主流软件工具,在合理时间内达到撷取、管理、处理并整理成为帮助企业经营决策的量化信息。大数据有 4V 特点,即 Volume、Velocity、Variety、Veracity。大数据首先是指数据体量(Volume)大,指大型数据集,一般达到或超过 10 TB 容量规模。但在实际应用中,很多企业用户把多个数据集合放在一起,已经形成了 PB 级的数据量。其次是指数据类别(Variety)多,数据来自多种数据源,数据种类和格式日渐丰富,已冲破了以前所限定的结构化数据范畴,囊括了半结构化和非结构化数据。再次是数据处理速度(Velocity)快,在数据量非常庞大的情况下,也能做到数据的实时处理。最后是数据的真实性(Veracity)高,随着社交数据、企业内容、交易与应用数据等新数据源成为移动电子商务时代企业的关键数据,传统数据源的局限被打破,企业愈发需要有效的数据信息,以确保其真实性和安全性。

大数据技术包括:

(1)数据采集:ETL(抽取、清洗、转换、加载)工具负责将分布的、异构数据源中的数据,如关系数据、平面数据文件等,抽取到临时中间层后进行清洗、转换和集成,最后加载到数据仓库或数据集市中,成为联机、分析处理和数据挖掘的基础。

(2)数据存取:关系数据库、非关系型数据库和 SQL 等。

(3)基础架构:云存储和分布式文件存储等。

(4)数据处理:自然语言处理(Natural Language Processing,NLP)是研究人与计算机交互的语言问题的一门学科。处理自然语言的关键是要让计算机"理解"自然语言,所以自然语言处理又叫作自然语言理解(Natural Language Understanding,ULD),也称为计算语言学(Computational Linguistics)。一方面,它是语言信息处理的一个分支;另一方面,它是人工智能(Artificial Intelligence,AI)的核心课题之一。

(5)统计分析:如假设检验、显著性检验、差异分析、相关分析、T 检验、方差分析、卡方分析、偏相关分析、距离分析、回归分析、简单回归分析、多元回归分析、逐步回归、回归预测与残差分析、岭回归、Logistic 回归分析、曲线估计、因子分析、聚类分析、主成分分析、因子分析、快速聚类法与聚类法、判别分析、对应分析、多元对应分析和 Bootstrap 技术等。

(6)数据挖掘:包括分类(Classification)、估计(Estimation)、预测(Prediction)、相关性分组或关联规则(Affinity Grouping or Association Rules)、聚类(Clustering)、描述和可视化(Description and Visualization)、复杂数据类型挖掘(Text、Web、图形图像、视频和音频等)。

(7)模型预测:机器学习、建模仿真等。

(8)结果呈现:云计算、标签云和关系图等。

8. 物联网技术

物联网(Internet of Things,IOT),也称为 Web of Things,是指通过各种信息传感设备,

电子商务案例分析

如传感器、射频识别技术、全球定位系统、红外感应器、激光扫描器、气体感应器等各种装置与技术,实时采集任何需要监控、连接、互动的物体或过程,采集其声、光、热、电、力学、化学、生物、位置等各种需要的信息,与互联网结合形成的一个巨大网络。其目的是实现物与物、物与人,所有的物品与网络的连接,方便识别、管理和控制,提供安全可控乃至个性化的实时在线监测、定位追溯、报警联动、调度指挥、预案管理、远程控制、安全防范、远程维保、在线升级、统计报表、决策支持、领导桌面等管理和服务功能,实现对"万物"的"高效、节能、安全、环保"的"管、控、营"一体化。基本的物联网示意图如图3-2所示。

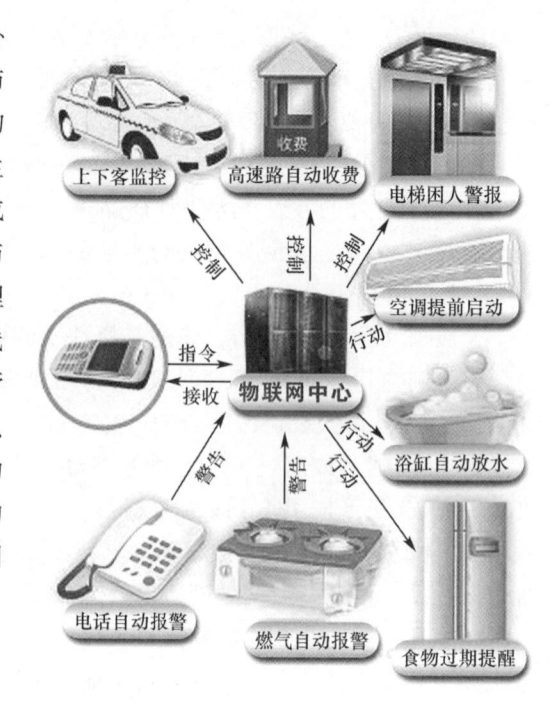

图 3-2　物联网示意图

案例分析

平安口袋银行（案例分析）

金融行业移动电子商务应用案例分析

一、平安口袋银行应用的电子商务技术

平安口袋银行应用了移动电子商务技术。移动电子商务是由电子商务的概念衍生而来的。电子商务以PC为主要界面,是"有线的电子商务";而移动电子商务,则是通过手机、PDA(个人数字助理)这些可以装在口袋里的终端与我们谋面,无论何时、何地都可以进行交易。

移动互联网应用和无线数据通信技术的发展,为移动电子商务的发展提供了坚实的基础。目前,推动移动电子商务发展的技术不断涌现,主要包括:无线应用协议、移动IP技术、蓝牙技术、通用分组无线业务、移动定位系统(MPS)、第四代移动通信系统、第五代移动通信系统等。

二、平安口袋银行的特征

平安口袋银行具有两个重要特征:一是信息技术与银行经营管理的深度融合;二是"以客户为中心"的产品设计思路。

"2019年上半年,本行持续聚焦基础零售客户获客及经营,通过场景化、科技化手段,利用不同的互联网场景打造多种获客路径,坚持科技赋能和大数据驱动客户分析及经营策略的制定,促进获客及客户经营效率与产能提升。"平安银行2019年半年报称,在获客方面,平安银行依托集团生态圈,深挖场景价值,持续优化口袋银行APP功能体验,构建银行线上生态圈,实现从用户到客户的转化;在经营方面,搭建精准智能运营平台,围绕客户生命周期,构造"客群—渠道"智能化产品推荐体系,并结合内外部资源构建KYC(充分了解客户)体系,实现大数据赋能客群经营,提升客户经营能力及管理效率。

口袋银行APP的设计注重客户使用体验,设有"一键即享"功能,借助优质商圈和口袋银行APP线上商城,实现场景化获客和营销,发卡时间由原来的两天缩短至最快两分钟,客户可享受实时发卡、即时支付、立享优惠,实现"所想即所得",为客户打通了申卡到消费全流程,极大地提升了客户用卡体验,客户满意度持续提升。

市场竞争需要超越对手的实力,较好的长期获利方式就是创新。口袋银行APP的创新能力在一定程度上提升了信用卡的活跃度,当口袋银行APP推出乐分享功能时,平安银行信用卡的生态圈得到进一步的扩展。用户只要打开口袋银行APP,进入信用卡首页,找到乐分享,即可发现平安银行信用卡热门活动、APP使用技巧、用卡攻略等,一键即实现微信分享。不限于金融场景,乐分享功能正在实现用户的全场景服务,邀请用户成为"口袋合伙人",分享内容即可获得相应积分,不仅内容本身可解决用户的难点、盲点,合伙来分享的号召让口袋银行APP和用户一起从社交层面形成传播氛围,从而实现生态圈的发展与进化。

另外,平安口袋银行APP4.0还积极引入第三方平台的生活服务功能,让用户无须切换平台,就可以在APP内实现生活缴费、电影票购买、商城购物、机票预订等生活日常行为。这也被业内认为是平安银行连接用户"衣、食、住、行、玩"各个生活场景的有效努力。

所以说,平安口袋银行APP4.0不仅是一个封闭的手机银行APP,更是一个全能的金融管家。通过该APP,平安银行整合自身及集团内的优势资源,将其优质金融产品及服务,通过插件方式向第三方平台输出,让用户在生活的各场景中都能体验到该行的便捷智能服务,打造开放的互联网生态圈。

三、平安口袋银行的技术创新

除了功能的整合、界面的优化,平安口袋银行APP还将人工智能、大数据、生物识别等技术进行创新应用,做到了智能化的金融服务提供,让银行更懂用户,服务更为便捷。

平安银行将"人脸识别""语音识别"等生物识别技术应用于APP4.0的各个使用场景中,如Ⅱ类用户绑卡、信用卡提额等,用户体验显然更为便捷,同时其安全性也得到了保障。量身定制式的理财让人倍感亲切,根据用户交易记录和风险偏好,APP4.0还结合该行及平安集团旗下专家团队的大类资产策略,为用户提供个性化资产配置方案。

不仅如此,为让用户体验更为便捷,该APP还增加了极速"一键服务",让用户轻点手机就能完成"一键绑卡"以及"一键办卡"、"一键分期"、"一键提额"、"一键还款"、"一键借款"等信用卡服务,如图3-3所示。

同时,不仅线下有理财经理服务,线上同样有智能投顾,口袋银行APP从客户特征出发,运用大数据分析、人工智能等技术,利用专业的资产配置模型,为客户提供个性化的、与之风险承受能力相匹配的基金产品配置组合建议,并可提供产品组合一键下单,方便客户购买。

图3-3 平安口袋银行"一键服务"

知识拓展　二维码技术及在电子商务中的应用

一、二维码技术

二维码(2-Dimensional Bar Code)是用某种特定的按一定规律在平面(二维方向上)分布的黑、白相间的图形,记录数据符号信息;在代码编制上巧妙地利用构成计算机内部逻辑基础的"0""1"比特流的概念,使用若干个与二进制相对应的几何形体来表示文字数值信息,通过图像输入设备或光电扫描设备自动识读以实现信息自动处理。二维码能够在横向和纵向两个方位同时表达信息,因此能在很小的面积内表达大量的信息。

(一)二维码的特点

(1)高密度编码,信息容量大:可容纳多达1 850个大写字母,或2 710个数字,或1 108个字节,或500多个汉字,比普通条码信息容量约高几十倍。

(2)编码范围广:该条码可以对图片、声音、文字、签字、指纹等可以数字化的信息进行编码,用条码表示出来;可以表示多种语言文字;可表示图像数据。

(3)容错能力强,具有纠错功能:这使得二维码因穿孔、污损等引起局部损坏时,照样可以正确得到识读,损毁面积达50%仍可恢复信息。

(4)译码可靠性高:它比普通条码的译码错误率百万分之二要低得多,译码错误率不超过千万分之一。

(5)可引入加密措施:保密性、防伪性好。

(6)成本低,易制作,持久耐用:普通打印设备均可打印。

(7)条码符号形状、尺寸大小比例可调:适应不同的打印空间。

(8)可用多种阅读设备阅读:二维码可以使用激光或CCD(电荷耦合元件)阅读器识读。

(二)二维码技术的优势

二维码技术与手机的结合大大增加了二维码技术的应用价值,在拓展了社会各行业发展空间的同时,也有利于促进行业之间的融合。其具体的优势主要有以下几个方面:

(1)二维码的信息容量大,信息存储密度高,且具有较强的数据编码能力。相较于普通条码而言,二维码不仅有着高约几十倍的信息表示量,而且其信息表示类型更加多样,可以对多种数据文件类型,如文字、图片、声音、指纹等进行编码。

(2)二维码制作成本低,印制过程简易、灵活,且防伪性能好。具体来说,在印制二维码时,其形状、尺寸等均可以调节、变化,灵活性强。即便如此,在二维码中引入加密措施以后,也可以使其具有良好的防伪性能。

(3)对二维码的读取通过移动终端,如手机等即可以完成,读取方便容易。

二、手机二维码技术在移动电子商务中的应用及其优势

(一)手机二维码技术在移动电子商务中的应用

手机二维码技术的出现及发展不仅对人们的生活方式产生了极为深刻的影响,而且实现了企业营销方式的创新。其在移动电子商务中的应用主要表现在以下几个方面:

1.手机二维码技术在企业市场营销中的应用

移动通信技术和无线网络的高速发展极大地推动了手机二维码技术的发展与应用,目前,

以手机为媒介进行的商业营销,即移动营销十分常见。较传统的营销方式而言,移动营销的显著特点便在于其便捷性,而正是由于这一特点,手机二维码营销越发受到企业和商家的青睐。应用手机二维码进行营销可以打破时空的局限,企业、商家只需要将二维码设置在自己既有的广告当中,接着消费者通过手机等移动终端对二维码进行扫描即可随时随地了解企业产品信息。

2.手机二维码技术在电子凭证及电子优惠券中的应用

消费者在购物时,只需要使用手机扫描商家提供的付款二维码即可完成交易,并可凭借电子支付凭证获得相应的商品或服务。此外,商家可以将电子优惠券发送到消费者的手机中,而消费者只需凭借自己手机中的商家优惠券即可参加商家举办的产品或服务的优惠活动。目前,手机二维码技术已经在餐饮、百货购物等多个消费领域获得了认可与应用。

3.手机二维码技术在移动购物中的应用

电商通过将二维码设置在自己的网站中,不仅能够将更多与商品有关的信息传递给消费者,而且大大提高了消费者进行移动购物的便捷性,其不必在手机中编辑输入网站的网址即可进入购物网站浏览、挑选商品。

4.手机二维码技术在传统物流业中的应用

这一应用主要是指消费者在完成网上购物以后,可以通过用手机扫描商品的二维码对产品的运输流通过程进行全程跟踪,从而提升网络购物的安全性。

5.手机二维码技术在商务名片中的应用

当前二维码名片这一形式在商务人士中已经获得了较为广泛的应用,人们只需要用自己的手机扫描对方的二维码名片即可完成名片的交换,获得对方的姓名、所在公司以及联系方式等基本信息,且二维码名片会将这些信息自动存储在手机通信录当中。

(二)手机二维码技术在移动电子商务中的应用优势

(1)应用手机二维码技术可提升用户接入购物网站的速度,使购物流程更加便捷。消费者在进行移动购物时,只需要扫描二维码即可进入电商的购物页面,十分方便快捷。

(2)应用手机二维码技术可降低支付票据、商品优惠券等的制作成本。在进行移动购物时,消费者仅需通过扫描手机二维码即可查看自己所需商品的相关信息,并进行移动支付。除此之外,消费者还可能凭借二维码优惠券享受到不同程度的商品折扣。

(3)手机二维码自身即可作为电商企业的新型营销方式,从而降低企业进行广告营销时的创新门槛。手机二维码的这一特点,使其在电商企业中备受欢迎。

(4)手机二维码技术的应用创新了电子商务模式。在移动电子商务中应用手机二维码技术,使用各类电子凭证取代传统的如支付凭证、商家优惠券等,实现了移动电子商务的无纸化。

项目 2　网络广告制作与实现案例

项目任务　了解电子商务网页设计及网络广告实现所使用的 HTML、CSS 及 JavaScript 技术;能够使用上述技术实现电子商务动态网页效果;能够实现典型的轮播广告效果。

项目案例　轮播广告制作与实现

网络广告就是在网络平台上投放的广告,即利用网站上的广告横幅、文本链接、多媒体的方法,在互联网上刊登或发布广告,通过网络传递到互联网用户的一种高科技广告运作方式。与传统的四大传播媒体(报纸、杂志、电视、广播)广告及户外广告相比,网络广告具有得天独厚的优势,是实施现代营销媒体战略的重要一部分。Internet是一个全新的广告媒体,传播速度快、效果很理想,是中小企业扩展壮大的较好途径,对于广泛开展国际业务的公司更是如此。

简言之,网络广告是指利用国际互联网这种载体,通过图文或多媒体方式发布的营利性商业广告,是网络上的有偿信息传播。网络广告主要包括轮播广告、对联广告、浮动广告、侧边栏广告等。其中轮播广告是电子商务网站典型的广告形式之一,表现为不同的广告在网页固定的广告区域,广告定时切换,用户也可以选择其感兴趣的广告,当用户点击广告图片时将会跳转到相应的广告页面。本案例将制作完成一个典型的轮播广告,效果如图3-4所示。

图3-4　典型的轮播广告效果

具体工作任务是首先准备5个广告图片,实现广告每隔5秒钟自动按顺序切换,用户可以在页面右下角选择广告,也可以在广告区域进行左右翻页。

> **思考**:实现该轮播广告需要准备哪些素材和制作工具?轮播广告的实现逻辑和流程是什么?在页面中如何实现轮播广告?

嵌入知识

商务网站应该有利于企业的电子商务活动,开发的网站要便于网络营销和推广。网站的前台开发技术主要包括 HTML、CSS 和 JavaScript 等。

一、超文本标记语言(HTML)

HTML 是基本的 Web 设计语言,用来描述 WWW(万维网)上的超文本文件,当用户使用浏览器下载文件时,就把这些标记解释成它应有的含义,并按照一定的格式将其显示在屏幕上。从本质上来说,WWW 只是一个由 HTML 文件及一系列传输协议组成的集合,这些 HTML 文件存储在分布于世界各地的计算机的硬盘上,而传输协议能把这些文件从一台计算机传送到另一台计算机上。HTML 早期的版本一般以 HTMLX 的方式命名。

HTML 中间存在一个过渡版本 XHTML(Extensible Hyper Text Markup Language,可扩展超文本标记语言)。XHTML 是一个基于 XML(可扩展标记语言)的标记语言,看起来与 HTML 有些相像。XHTML 是一个扮演着类似 HTML 角色的 XML。2000 年底发布的 XHTML 1.0 是在 HTML 基础上优化和改进的语言,在一定程度上可以说是 HTML 4.0 的重新组织,也可以看作在 HTML 4.0 基础上的延续。同时,XHTML 是一种采用 XML 的文件格式定义,并运行在支持 XML 的系统上的 XML 应用。所以,从本质上说,XHTML 是一个过渡技术,结合了部分 XML 的强大功能及 HTML 的特性。

现在,HTML 5 是 HTML 新的版本,简称 H5。HTML 5 的设计目的是在更多的设备(包括 PC、平板电脑、手机及其他移动终端)上支持多媒体。主流浏览器都对 HTML 5 有了广泛支持,目前正在普及之中。

二、层叠样式表(CSS)

CSS(Cascading Style Sheets,层叠样式表)是一种用来表现 HTML 或 XML 等文件式样的计算机语言,它的定义是由 W3C(万维网联盟)来维护的。在主页制作时采用 CSS 技术,可以有效地对页面的布局、字体、颜色、背景和其他效果实现统一样式设置,从而使页面格式控制更加容易,页面布局更加轻松,整个网站风格更加容易统一。

CSS 有 CSS 1、CSS 2、CSS 2.1、CSS 3 等不同的版本和标准。CSS 3 是 CSS 技术的新版本,CSS 3 语言开发是朝着模块化发展的。以前的规范作为一个模块实在是太庞大而且复杂,所以分解为一些小的模块,同时也加入了更多新的模块。这些模块包括:盒子模块、列表模块、超链接方式、语言模块、背景和边框、文字特效、多栏布局等。CSS 3 主要的变化是将可以使用新的可用的选择器和属性,这些会允许实现新的设计效果(如动态和渐变),而且可以很简单地实现现在的设计效果(比如分栏)。配合 HTML 5 技术,CSS 3 在现在的移动互联网时代应用越来越广泛。

三、JavaScript

JavaScript 是一种基于对象(Object)和事件驱动(Event Driven)并具有安全性能的脚本语言。它的解释器被称为 JavaScript 引擎,是浏览器的一部分,广泛用于客户端的脚本语言中。JavaScript 最早是在 HTML 网页上使用,给 HTML 网页增加动态功能。使用它的目的是与HTML、Java脚本语言（Java小程序）一起实现在一个Web页面中链接多个对象，与Web客户进行交互，从而可以开发客户端的应用程序等。JavaScript的语法与C/C++、Java的语法很相似，有变量、常量、函数的概念，有各种运算符和控制语句。基于JavaScript的Ajax、jQuery、Bootstrap等技术为Web前端开发特别是移动Web开发提供了便捷。

四、Web标准

Web标准是2005—2016年流行的IT话题之一。各大门户网站、大型电子商务网站的重构，让人看到了Web标准的好处，网页开发人员纷纷开始学习Web标准。

Web标准，英文为Web Standards。Web标准是一些规范的集合，是由W3C和其他的标准化组织共同制定的，用来创建和解释网页的基本内容。其中，主要成员对应的标准分为3个方面：结构（Structure），主要包括HTML 5、XHTML和XML；表现（Presentation），主要包括CSS；行为（Behavior），主要包括文档对象模型（如W3C DOM）、ECMAScript等。这些标准大部分由W3C起草和发布。

传统网站的前端展现方式是把结构和表现混合在一起，而应用Web标准进行设计的方式是把结构和表现分开，但是不管使用什么方式，它们表面看上去都差不多。

(1) 语义的结构。如果没有了表现类语言（CSS），语义的结构是由浏览器的默认表现来修饰的。HTML本身就是结构化的语言，如表示标题用<h1>、表示特定信息（如地址、签名、作者）用<address>、表示内容用<p>等。外观并不是最重要的，网页的表现可以不用仅仅依赖HTML来完成。设计者不用再像以前一样，把装饰的图片、字体的大小、页面的颜色甚至布局的代码都堆在HTML里面。对于HTML，更多的是要考虑结构和语义。

在Web标准中，结构和表现分离的重要性总是被提及，初学者刚开始理解结构和表现的分离可能有点困难，特别是在还不习惯思考文档的语义和结构的时候。然而，理解这点是很重要的，因为当结构和表现分离后，用CSS文档来控制表现就很容易了。例如，网站的字体太小，只要简单地修改样式表中的一个定义就可以了。

(2) 华丽的表现。CSS并不复杂，但却可以实现华丽的表现。

(3) 交互的行为。当用户在某个网站注册会员时会发现，在填完某一项或提交时，如果填写错误或有用户名重复时，网页会有提示，建议用户应该如何做等。

例如，当用户用鼠标单击文本框时，后面的辅助说明会加上边框和底色，其实在用户单击之前已经发生了很多事件，如鼠标进入、鼠标移动、鼠标按下、鼠标松开，只是因为它们没有通过其他方式改变页面的元素表现出来，从而感觉不到；而当用户单击文本框时，页面发生了变化，所以能感觉到。当输入信息时，文本框会通过右下角和右上角的小三角形给予提示，这都归功于文档对象模型和JavaScript，是它们把行为表现出来的。

案例分析

轮播广告制作与实现案例分析

轮播广告是电子商务平台广告的基本形式之一，广告的实现基础就是HTML、CSS和JavaScript。其中，使用HTML构建轮播广告结构，使用CSS实现轮播广告表现，使用

JavaScript实现轮播广告的动态交互效果。实现过程中使用Photoshop、Dreamweaver等网页制作工具可以提高制作效率。具体步骤和流程如下：

一、准备轮播广告图片

使用Photoshop等图像处理软件制作5幅轮播广告图片，分别取名为ADs01.jpg、ADs02.jpg、ADs03.jpg、ADs04.jpg、ADs05.jpg，如图3-5所示。

图3-5 轮播广告图片准备

二、建立站点和页面文件

1.建立站点

在桌面上建立一个名为"mysite"的文件夹，用于存放站点页面文件。然后，在该文件夹中再建立一个名为"images"的子文件夹，将上述5幅轮播广告图片文件复制到"images"文件夹中。轮播广告站点文件夹如图3-6所示。

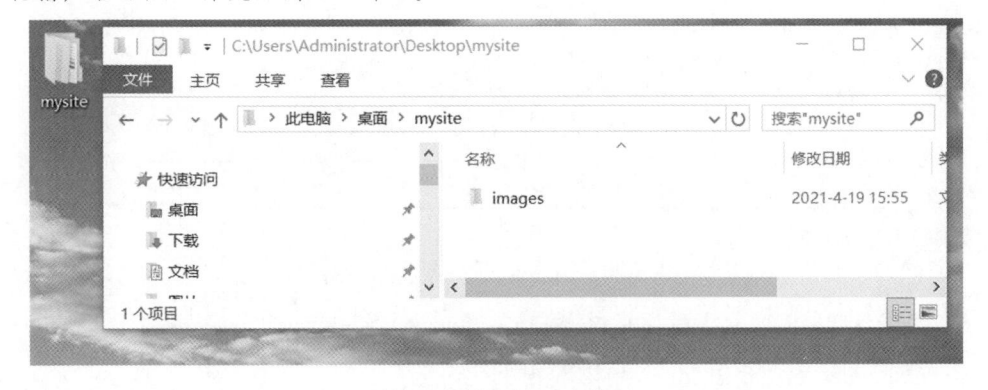

图3-6 轮播广告站点文件夹

2.建立站点的步骤如下：

（1）打开Dreamweaver，这里以Dreamweaver CC为例，如图3-7所示。

（2）选择"站点（S）"→"新建站点（N）..."，在弹出的对话框中命名站点，这里命名为"mysite"，将"本地站点文件夹"设置为前面建立在桌面上的文件夹"mysite"，如图3-8所示。

（3）选择图3-8中的"高级设置"，在弹出的对话框中，将"默认图像文件夹"设置为"mysite"文件夹下的"images"子文件夹，如图3-9所示。

电子商务案例分析

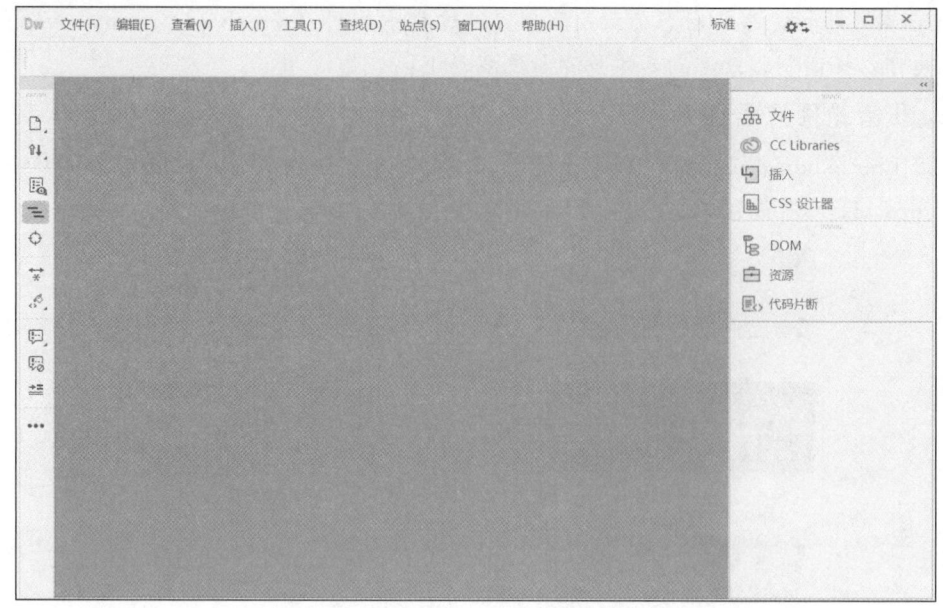

图 3-7　Dreamweaver 界面

图 3-8　建立站点界面

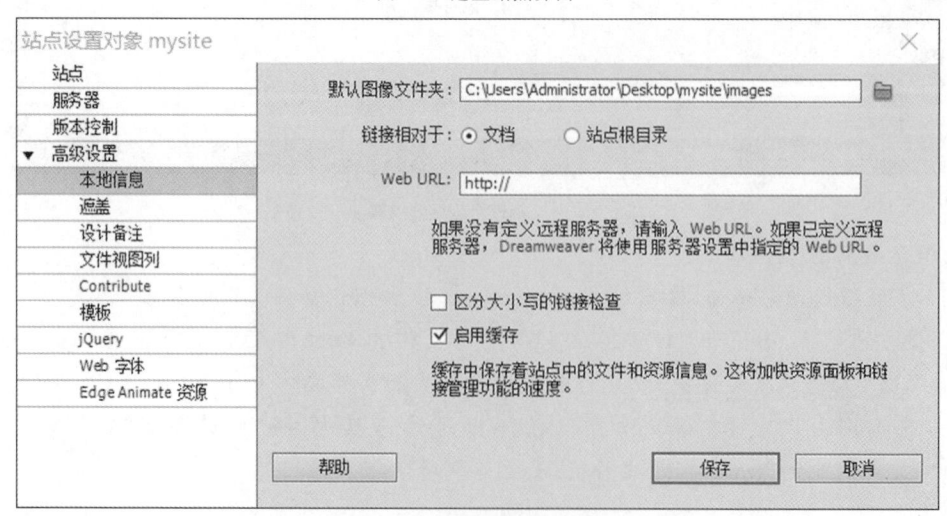

图 3-9　设置"默认图像文件夹"

(4)单击"保存"按钮,完成站点创建,如图3-10所示。

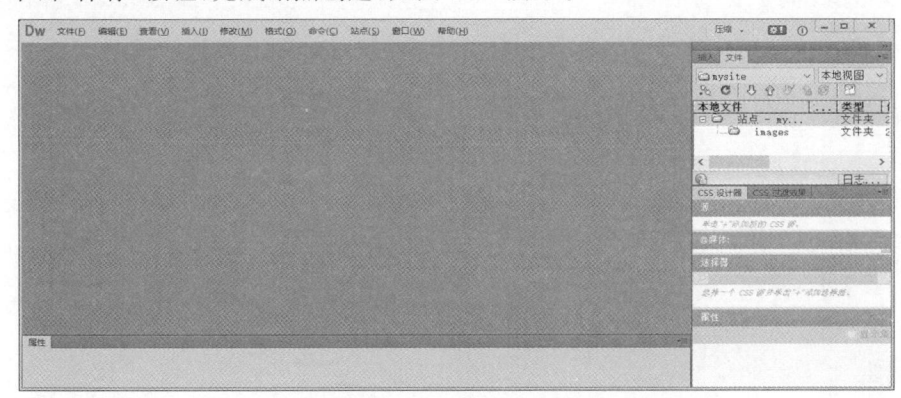

图3-10 站点建立成功界面

2.建立页面文件

(1)选择"文件(F)"→"新建(N)… Ctrl+N",在弹出的对话框中设置创建 HTML 5 文档,如图3-11所示。

图3-11 创建新页面界面

(2)单击"创建(R)"按钮,完成页面创建,然后选择"拆分"选项卡,在代码栏将文字"无标题文档"改为"测试页面",使用"Ctrl+S"快捷键将页面文件保存为"index.html",站点的第一个页面即建立完成,如图3-12所示。

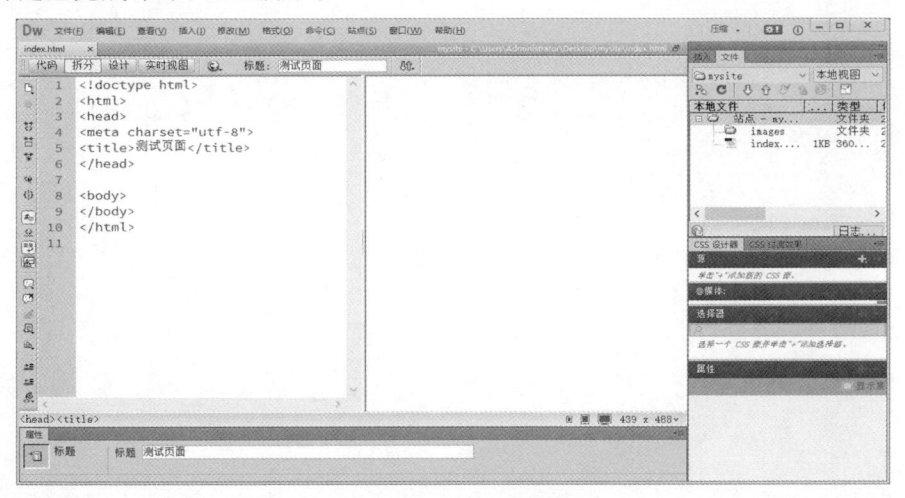

图3-12 新页面建立成功界面

三、完整代码

(1)在 Dreamweaver 中建立名称为 jdgg.html 的页面文件,页面代码如下:

```html
1  <!doctype html>
2  <html>
3  <head>
4  <meta charset="utf-8">
5  <title>焦点广告</title>
6  <link rel="stylesheet" type="text/css" href="DS.css">
7  <script type="text/javascript">
8      window.onload =
9              function () {
10             // alert("页面加载了");
11             var count = 1;
12             var oImg = document.getElementById("ADimg");
13             var oAD = document.getElementById("AD");
14             var oLis = oAD.getElementsByTagName("li");
15             //alert( oLis.length );
16             oAD.getElementsByTagName("a")[0].onmouseover = function () {
17                     document.getElementById("prev").className = "showprev";
18                     document.getElementById("next").className = "shownext";
19
20             }
21             oAD.getElementsByTagName("a")[0].onmouseout = function () {
22                     document.getElementById("prev").className = "hideprev";
23                     document.getElementById("next").className = "hidenext";
24
25             }
26             document.getElementById("prev").onmouseover = function () {
27                     document.getElementById("prev").className = "showprev";
28
29             document.getElementById("next").onmouseover = function () {
30                     document.getElementById("next").className = "shownext";
31             }
32             oLis[0].className = "liactive";
33             function reNormal() {
34                     for ( var i = 0; i < (oLis.length-2); i++ ) {
35                             oLis[i].className = "linormal";
36                     }
37             }
38
39             oLis[0].onclick = function () {
40                             oImg.src = "images/ADs01.jpg";
41                             count = 1;
42                             reNormal();
43                             oLis[0].className = "liactive";
44             }
45             oLis[1].onclick = function () {
46                             oImg.src = "images/ADs02.jpg";
47                             count = 2;
48                             reNormal();
49                             oLis[1].className = "liactive";
50             }
51             oLis[2].onclick = function () {
52                             oImg.src = "images/ADs03.jpg";
53                             count = 3;
54                             reNormal();
55                             oLis[2].className = "liactive";
56             }
57             oLis[3].onclick = function () {
58                             oImg.src = "images/ADs04.jpg";
59                             count = 4;
60                             reNormal();
61                             oLis[3].className = "liactive";
62             }
63             oLis[4].onclick = function () {
64                             oImg.src = "images/ADs05.jpg";
65                             count = 5;
66                             reNormal();
67                             oLis[4].className = "liactive";
68             }
69             oLis[5].onclick = function () {
70                             count--;
71                             if ( count == 0 ) { count = 5; }
72                             oImg.src = "images/ADs0" + count + ".jpg";
73                             reNormal();
74                             oLis[count - 1].className = "liactive";
75             }
76
77             oLis[6].onclick = function () {
78                             count++;
79                             if ( count == 6 ) { count = 1;}
```

```
80                               oImg.src = "images/ADs0" + count + ".jpg";
81                               reNormal();
82                               oLis[count - 1].className = "liactive";
83                           }
84
85             var timer02 = setInterval( function () {
86                                 count++;
87                                 if ( count == 6 ) { count = 1; }
88                                 oImg.src = "images/ADs0" + count + ".jpg";
89                                 reNormal();
90                                 oLis[count - 1].className = "liactive";
91                           } , 10000);
92
93             }
94 </script>
95 </head>
96
97 <body>
98     <div id="AD">
99         <a href="#"><img id="ADimg" src="images/ADs01.jpg"></a>
100        <ul>
101            <li class="linormal">1</li>
102            <li class="linormal">2</li>
103            <li class="linormal">3</li>
104            <li class="linormal">4</li>
105            <li class="linormal">5</li>
106        </ul>
107        <ol>
108            <li id="prev" class="hideprev"><<<</li>
109            <li id="next" class="hidenext">>>></li>
110        </ol>
111    </div>
112 </body>
113 </html>
```

（2）在 Dreamweaver 中建立名称为 DS.css 的层叠样式表文件，代码如下：

```
1  @charset "utf-8";
2  /* CSS Document */
3  #AD { width:660px; height:215px;
4           border:1px solid #888;
5           margin:5px auto;
6           position:relative;}
7  #AD img { width:660px; height:215px; border:none; }
8  #AD ul { list-style-type:none; margin:0; padding:0;
9           position:absolute;
10                      right:0; bottom:0;}
11 #AD ol { list-style-type:none; margin:0; padding:0;}
12 .linormal {border:1px solid #888; border-radius:15px;
13          width:30px; height:30px;
14                  background:rgba(0, 51, 0, .3);
15                  color:#fff; text-align:center; line-height:30px;
16                  float:left;  margin-right:5px; margin-bottom:5px;
17                  }
18     .liactive {border:1px solid #888; border-radius:15px;
19          width:30px; height:30px;
20                  background:rgba(255, 51, 0, .3);
21                  color:#fff; text-align:center; line-height:30px;
22                  float:left;  margin-right:5px; margin-bottom:5px;}
23
24 #AD ol li { border:1px solid #888; border-radius:15px;
25          width:30px; height:30px;
26                  background:rgba(0, 51, 0, .3);
27                  color:#fff; text-align:center; line-height:30px;
28                  float:left; }
29
30      .hideprev { position:absolute; top:80px; left:5px;
31                  display:none; }
32      .hidenext { position:absolute; top:80px; right:5px;
33                  display:none;}
34
35      .showprev { position:absolute; top:80px; left:5px;
36                  display:block; }
37      .shownext { position:absolute; top:80px; right:5px;
38                  display:block;}
```

四、轮播广告实现逻辑——结构设计(HTML 代码第 98～118 行)

1.思维导图(图 3-13)

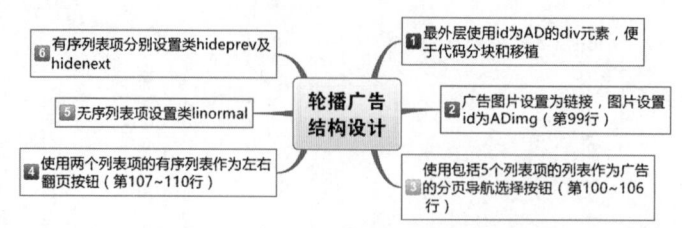

图 3-13　轮播广告结构设计思维导图

2.重点、难点解释

(1)标准的网页结构设计中,导航功能一般使用列表,因此这里广告切换及翻页导航分别使用了无序列表和有序列表(代码第 100～110 行)。

(2)轮播广告图片实际上是广告页面的入口,需要用户点击该广告图片进入相应广告商的网站或页面,广告图片一般设置为链接图片(代码第 99 行)。

五、轮播广告实现逻辑——表现设计(文件 DS.css 的代码)

1.思维导图(图 3-14)

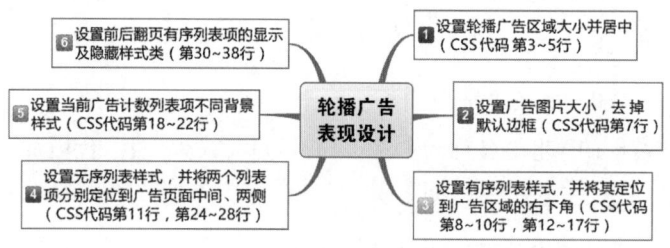

图 3-14　轮播广告表现设计思维导图

2.重点、难点解释

(1)CSS 代码第 6 行"position:relative;"是为了将后续列表项的绝对定位的偏移参照确定为 id(AD 的 div 元素),而不是浏览器窗口。

(2)CSS 代码第 16 行"float:left;"是将无序列表项由纵向改为横向。

(3)将无序列表导航列表项设置为 30 像素的正方形并带边框,然后设置其四个角的圆角值为 15 像素(代码"border-radius:15px;"),这样就将无序列表导航列表项目设置为圆形(CSS 代码第 18、19、24、25 行)。

(4)在 CSS 中,属性"display:none;"是将元素隐藏,属性"display:block;"是将元素设置为块元素并显示(CSS 代码第 31、33、36、38 行)。

六、轮播广告实现逻辑——行为设计(HTML 代码)

1.思维导图(图 3-15)

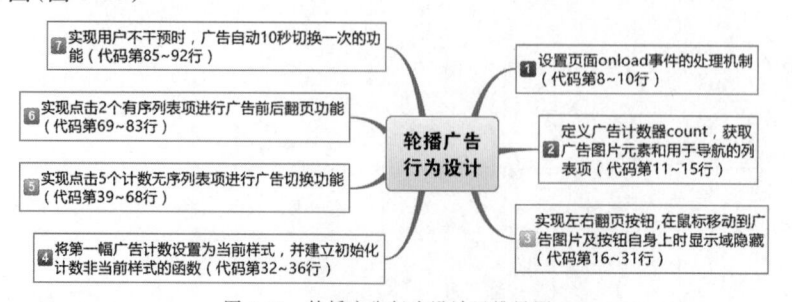

图 3-15　轮播广告行为设计思维导图

2.重点、难点解释

(1)代码中第 10 行和第 15 行被注释的语句是编程提示语句,可以确定程序到此是否完成了相应的功能,比如第 15 行的 alert 对话框显示为 7 表示程序到此是正确的,因为总共有 7 个列表项。

(2)代码第 16~20 行实现当鼠标进入广告图片区域时显示左右翻页有序列表项;代码第 21~25 行实现鼠标离开广告图片区域时隐藏左右翻页有序列表项。但是如果鼠标进入广告图片区域后在移动到左右翻页有序列表项上时,由于鼠标也离开了广告图片区域,会隐藏有序列表项,隐藏后鼠标又直接进入广告图片区域,会导致有序列表项显示,于是会反反复复快速闪烁。为了解决该问题,需要用代码实现当鼠标进入两个有序列表项上时显示自己,这就是代码第 26~31 行的功能。

(3)代码第 71、79、87 行是为了实现广告图片的循环切换,当图片计数到最后一幅时,下一幅切换为第一幅;如果是向前翻页到第一幅时,下一幅应该是最后一幅。

知识拓展　电子商务网站后端开发技术

目前,常用的动态网页语言有 ASP.NET、PHP(Hypertext Preprocessor)、JSP(Java Server Pages),可以任选其一实现商务网站的后端开发和建设。

一、ASP.NET

ASP.NET 不仅仅是 ASP 的下一个版本,而且是一种建立在通用语言上的程序构架,能被用于一台 Web 服务器建立强大的 Web 应用程序。ASP.NET 有许多比现在的 Web 开发模式更强大的优势。

ASP.NET 是把基于通用语言的程序在服务器上运行。不像以前的 ASP 即时解释程序,ASP.NET 是将程序在服务器端首次运行时进行编译,这样的执行效果比一条一条地解释强很多。

ASP.NET 技术的优势在于,其是基于通用语言编译运行的程序。它的强大性和适应性可以使其运行在 Web 应用软件开发者的几乎全部平台上。通用语言的基本库、消息机制、数据接口的处理都能无缝整合到 ASP.NET 的 Web 应用中。ASP.NET 同时也是语言独立化的,所以开发者可以选择一种适合自己的语言来编写程序,或者把程序用很多种语言来写,现在已经支持的有 C#、VBScript、JavaScript。将来,这样的多种程序语言协同工作的能力可以保护现在的基于 COM+开发的程序完整地移植到 ASP.NET。

二、PHP

PHP 是一种跨平台的服务器端的嵌入式脚本语言。它大量地借用 C、Java 和 Perl 语言的语法,并耦合自己的特性,使 Web 开发者能够快速地编写出动态页面。它支持目前绝大多数的数据库。PHP 是完全免费的,用户可以从 PHP 站点自由下载,并可以不受限制地获得源代码,甚至在其中加进自己需要的特色。

PHP 可以编译成具有与许多数据库相连接的函数。PHP 与 MySQL 是现在绝佳的组合。用户还可以自己编写外围的函数去间接存取数据库。通过这样的途径,当用户更换使用的数据库时,可以轻松地修改编码以适应这样的变化。PHPLIB 就是常用的可以提供一般事务需要的一系列基库。但 PHP 提供的数据库接口支持彼此不统一,如对 Oracle、MySQL、Sybase 的接口都不一样,这也是 PHP 的一个弱点。PHP 的网站综合开发环境有 LAMP、WAMP、APPServer 等。

三、JSP

JSP 是 Sun 公司推出的新一代网站开发语言。Sun 公司借助自己在 Java 上的不凡造诣,除 Java 应用程序和 Java Applet 之外,又有新的硕果,就是 JSP。JSP 可以在 Servlet 和 JavaBeans 的支持下,完成功能强大的站点程序。

1. 将内容的产生和显示进行分离

助借 JSP 技术,Web 页面开发人员可以使用 HTML 或者 XML 标识来设计和格式化最终页面,并使用 JSP 标识或者小脚本来产生页面上的动态内容。产生内容的逻辑被封装在标识和 JavaBeans 群组件中,并且捆绑在小脚本中,所有的脚本都在服务器端执行。如果核心逻辑被封装在标识和 JavaBeans 中,那么其他人如 Web 管理人员和页面设计者,能够编辑和使用 JSP 页面,而不影响内容的产生。在服务器端,JSP 引擎解释 JSP 标识,产生所请求的内容(如通过存取 JavaBeans 群组件,使用 Java 数据库连接技术存取数据库),并且将结果以 HTML(或者 XML)页面的形式返回浏览器。这有助于开发者保护自己的代码,同时保证任何基于 HTML 的 Web 浏览器的完全可用性。

2. 强调可重用的群组件

绝大多数 JSP 页面依赖于可重用且跨平台的组件(如 JavaBeans 或 Enterprise JavaBeans)来执行应用程序所要求的更为复杂的处理。开发人员能够共享和交换执行普通操作的组件,或者使得这些组件为更多的使用者或用户团体所使用。基于组件的方法加速了总体开发过程,并且使得各种群组织在其现有的技能和优化结果的开发中得到平衡。

3. 采用标识简化页面开发

Web 页面开发人员不会都是熟悉脚本语言的程序设计人员。JSP 技术封装了许多功能,这些功能是在易用的、与 JSP 相关的 XML 标识中进行动态内容产生所需要的。标准的 JSP 标识能够存取和实例化 JavaBeans 组件、设定或检索群组件属性、下载 Applet,以及执行用其他方法耗时和更难于编码的功能。通过开发定制化标识库,JSP 技术是可以扩展的。第三方开发人员和其他人员可以为常用功能建立自己的标识库,这使得 Web 页面开发人员能够使用熟悉的工具和如同标识一样的执行特定功能的构件来工作。JSP 技术很容易整合到多种应用体系结构中,以利用现存的工具和技巧,并且扩展到能够支持企业级的分布式应用。作为 Java 技术家族的一部分,以及 Java2EE 的一个成员,JSP 技术能够支持高度复杂的基于 Web 的应用。由于 JSP 页面的内置脚本语言是基于 Java 程序设计的,而且所有的 JSP 页面都被编译成 Java Servlet,因此 JSP 页面就具有 Java 技术的所有好处,包括健壮的存储管理和安全性。作为 Java 平台的一部分,JSP 拥有 Java 程序设计语言"一次编写,各处执行"的特点。随着越来越多的供货商将 JSP 支持加入到他们的产品中,开发人员可以使用自己所选择的服务器和工具,而不影响目前的应用范围。

总的来说,ASP.NET、PHP、JSP 都提供在 HTML 代码中混合某种程序代码、由语言引擎解释执行程序代码的能力。但 JSP 代码被编译成 Servlet 并由 Java 虚拟机解释执行,这种编译操作仅在对 JSP 页面的第一次请求时发生。在 ASP.NET、PHP、JSP 环境下,HTML 代码主要负责描述信息的显示样式,而程序代码则用来描述处理逻辑。普通的 HTML 页面只依赖于 Web 服务器,而 ASP.NET、PHP、JSP 页面需要附加的语言引擎分析和执行程序代码来动态形成 HTML 页面,程序代码的执行结果被重新嵌入 HTML 代码,然后一起发送给浏览器。ASP.NET、PHP、JSP 都是面向 Web 服务器的技术,客户端浏览器不需要任何附加的软件支持。

项目 3 网络安全案例

项目任务 了解电子商务网络安全的相关技术与防范措施,分析案例中为保障网络安全所采用的相关软、硬件以及技术解决方案,能够为企业电子商务网络安全建设提供合理化建议。

项目案例 网络安全事件

2012 年 1 月,亚马逊旗下美国电子商务网站 Zappos 遭到黑客网络攻击,2 400 万用户的电子邮件和密码等信息被窃取。同年 7 月,雅虎和安卓论坛等累计超过 800 万用户信息泄密,而且让人担忧的是,部分网站的密码和用户名称是以未加密的方式储存在纯文字档案内的,这意味着所有人都可使用这些信息。

2012 年 2 月至 6 月,一不法团伙将某证券投资公司网站列为攻击目标,对多个网站发动攻击,然后通过网站在线客服的 QQ 号码与被攻击网站联系,实施敲诈勒索,非法获利 46 万元。

2013 年 8 月 25 日,很多人都记忆犹新——打开电脑,很多中文网站无法登录,这种情况持续到当日 10 时后。当日深夜 24 时许,国家 CN 域名解析系统主节点服务器遭受大规模攻击,一大批以".cn"为后缀的网站访问缓慢或中断。攻击事件发生后,公安部立即组织力量开展侦查,发现组织实施此次攻击的是"阿布"攻击小组,并查明自 2012 年 10 月以来,"阿布"黑客团队以敛财为目的,以黑客攻击为手段,利用互联网多次实施敲诈勒索,危害巨大。

思考:针对上述黑客网络攻击案例,应采用哪些方法解决网络安全问题?

嵌入知识

一、黑客攻击安全问题

1. 网络不安全因素

目前造成网络不安全的主要因素是系统、协议及数据库等在设计上存在缺陷。由于当今的计算机网络操作系统在自身结构设计和代码设计时偏重考虑系统使用时的方便性,而导致了系统在远程访问、权限控制和口令管理等许多方面存在安全漏洞。网络互联一般采用 TCP/IP 协议,它是一个工业标准的协议簇,但该协议簇在制定之初,对安全问题考虑不多,协

电子商务案例分析

议中有很多的安全漏洞。同样,数据库管理系统(DBMS)也存在数据的安全性、权限管理及远程访问等方面的问题,在 DBMS 或应用程序中可以预先安置情报收集、受控激发、定时发作等破坏程序。

由此可见,系统、网络协议及数据库等,无论是其自身设计存在缺陷,还是由于人为因素产生的各种安全漏洞,都可能被一些另有图谋的黑客利用并发起攻击。因此,要保证网络安全、可靠,必须熟知黑客攻击网络的一般过程,只有这样才能在黑客攻击前做好必要的防备,从而确保网络运行的安全和可靠。

2.黑客攻击网络的一般过程

(1)信息的收集

信息的收集并不对目标产生危害,只是为黑客进一步的入侵提供有用信息。黑客可能会利用下列的公开协议或工具,收集驻留在网络系统中的各个主机系统的相关信息。

①TraceRoute 程序。黑客能够用该程序获得到达目标主机所要经过的网络数和路由器数。

②SNMP 协议。黑客用该协议来查阅网络系统路由器的路由表,从而了解目标主机所在网络的拓扑结构及其内部细节。

③DNS 服务器。该服务器提供了系统中可以访问的主机 IP 地址表和它们所对应的主机名。

④Whois 协议。该协议的服务信息能提供所有有关的 DNS 域和相关的管理参数。

⑤Ping 应用程序。该应用程序可以用来确定一个指定的主机的位置或网线是否连通。

(2)系统安全弱点的探测

在收集到一些准备攻击的目标的信息后,黑客们会探测目标网络上的每台主机,以确定系统内部的安全性。主要探测方式如下:

①自编程序。对于某些系统,互联网上已发布了其安全漏洞,但用户由于不懂或一时疏忽未安装网上发布的该漏洞的"补丁"程序,那么黑客就可以自己编写一段程序进入该系统进行破坏。

②慢速扫描。一般扫描侦测器的实现是通过监视某个时间段里一台特定主机发起的连接的数目来确定是否在被扫描,这样黑客可以通过使用扫描速度慢一些的扫描软件进行扫描。

③体系结构探测。黑客将一些特殊的数据包传送给目标主机,使其做出相应的响应。由于每种操作系统的响应时间和方式都是不一样的,黑客利用这种特征把得到的结果与准备好的数据库中的资料相对照,便可轻而易举地判断出目标主机操作系统的版本及其他相关信息。

④利用公开的工具软件。黑客利用像审计网络用的安全分析工具、Internet 的电子安全扫描程序及 IIS(互联网信息服务)等工具对整个网络或子网进行扫描,寻找安全方面的问题。

(3)建立模拟环境,进行模拟攻击

根据前面两步所得到的信息,建立一个类似攻击对象的模拟环境,然后对此模拟目标进行一系列的攻击。在此期间,通过检查攻击对象的日志,观察检测工具对攻击的反应,可以进一步了解在攻击过程中留下的"痕迹"及攻击对象的状态,以此来制定一个较为周密的攻击策略。

(4)具体实施网络攻击

入侵者根据前几步所获得的信息,同时结合自身的水平及经验制定出相应的攻击策略,在进行模拟攻击的实践后,等待时机,以备实施真正的网络攻击。

黑客攻击正变得越来越复杂:一方面,DDoS(分布式拒绝服务)攻击比以前更多,攻击手段更加多样化;另一方面,黑客对应用程序的攻击造成的破坏比以往更大。DDoS已经成为互联网中高发的黑客攻击手段,黑客会通过发起流量泛洪攻击或虚假请求来中断合法流量,从而导致那些依赖网络和Web服务运营的企业发生严重的网络中断。目前,黑客往往会多个工具混合使用,以干扰企业网络正常运行,进而窃取企业的机密数据。

二、Web应用程序攻击安全问题

Web应用系统是由操作系统和Web应用程序组成的。许多程序员不知道如何开发安全的应用程序,往往是因为他们没有经过安全编码的培训。

Web应用程序的大多数安全问题都属于下面三种类型:

(1)服务器向公众提供了不应该提供的服务,导致产生安全隐患。

(2)服务器把本应私有的数据放到了公开访问的区域,导致敏感信息泄露。

(3)服务器信赖了来自不可信赖数据源的数据,导致受到攻击。

许多Web服务器管理员从来不对服务器的安全风险进行检查,例如,使用端口扫描程序进行系统风险分析。如果他们曾经这样做了,就不会在自己的系统上运行那么多的服务,而这些服务原本无须在正式提供Web服务的机器上运行,或者这些服务原本无须面向公众开放。另外,他们没有修改对外提供服务的应用程序的Banner信息,使攻击者容易获取到Web服务器对外提供应用程序的相关版本信息,并根据信息找到相对应的攻击方法和攻击程序。

许多Web应用程序容易受到通过服务器、应用程序和内部已开发的代码的攻击。这些攻击行动直接绕过了周边防火墙的安全措施,因为端口80或443(SSL,安全套接层协议)必须开放,以便让应用程序正常运行。Web应用安全存在非法输入、失效的访问控制、失效的账户和线程管理、跨站脚本攻击、缓冲区溢出、注射攻击、异常错误处理、不安全的存储、拒绝服务攻击、不安全的配置管理等问题。Web应用程序攻击包括对应用程序本身的拒绝服务攻击、改变网页内容、SQL注入、上传Webshell以及获取对Web服务的控制权限等。

总之,Web应用程序攻击之所以与其他攻击不同,是因为它们很难被发现,而且可能来自任何在线用户,甚至是经过验证的用户。Web应用程序攻击能绕过防火墙和入侵检测产品的防护,企业用户无法发现Web应用程序存在的安全问题。

三、协议欺骗攻击安全问题

1. 源IP地址欺骗攻击

许多应用程序认为若数据包可以使其自身沿着路由到达目的地,并且应答包也可回到原地,那么源IP地址一定是有效的,而这正是使源IP地址成为可能的欺骗攻击对象一个重要前提。要防止源IP地址的欺骗行为,可以采取以下措施:

(1)抛弃基于地址的信任策略。阻止这类攻击的一种十分简单的办法就是放弃以地址为基础的验证:不允许r类远程调用命令的使用;删除系统文件夹下rhosts文件;清空/etc/hosts.equiv文件。这将迫使所有用户使用其他远程通信手段,如telnet、ssh、skey等。

(2)进行包过滤。可以配置路由器使其能够拒绝网络外部与本网内具有相同IP地址的连接请求。而且,当包的IP地址不在本网内时,不应该把本网主机的包发送出去。有一点要注意,虽然可以封锁试图到达内部网络的特定类型的包,但它们也是通过分析测试源地址来实现操作的。因此,它们仅能对声称是来自内部网络的外来包进行过滤,若网络存在外部可信任主机,则路由器将无法防止别人冒充这些主机进行 IP 欺骗。

2. 源路由欺骗攻击

在通常情况下,信息包从起点到终点所走的路是由位于这两点间的路由器决定的,数据包本身只知道去往何处,而不知道该如何去。源路由可使信息包的发送者将此数据包要经过的路径写在数据包里,使数据包沿着一个对方不可预料的路径到达目的主机。为了防范源路由被欺骗攻击,一般采用以下两种措施:一是配置好路由器,使它抛弃那些从外部网进来的声称是内部主机的报文;二是在路由器上关闭源路由。

四、内网安全问题

1. 内网的特点

内网安全问题的提出与国家信息化的进程息息相关。信息化程度的提高,使内网具备了以下三个特点:

(1)随着 ERP(企业资源计划)、OA(办公自动化)和 CAD(计算机辅助设计)等生产和办公系统的普及,单位的日常运转对内部信息网络的依赖程度越来越高,内网已经成了各个单位的生命线,这对内网稳定性、可靠性和可控性也提出了更高的要求。

(2)内网由大量的终端、服务器和网络设备组成,形成了有机统一的整体,任何一部分的安全漏洞或者问题,都可能引发整个网络的瘫痪,因此对内网各个具体部分,尤其是数量巨大的终端的可控性和可靠性提出了前所未有的要求。

(3)生产和办公系统的电子化,使得内网成为单位信息和知识产权的主要载体,传统的对信息的控制和管理手段不再适用,新的信息控制和管理手段成为人们关注的焦点。

2. 内网安全体系的构成

内网安全体系中很大一部分是终端用户,因为每个人员的操作都不同,所以严格的终端管理,就是保证内网安全的关键。一个整体一致的内网安全体系,应该包括身份认证、授权管理、数据保密和监控审计四个方面,并且这四个方面应该是紧密结合、相互联动的统一体,这样才能达到构建可信、可控和可管理的安全内网的效果。

(1)身份认证。身份认证是内网安全管理的基础。不确认实体的身份,制定各种安全管理策略也就无从谈起。内网的身份认证必须全面考虑所有的参与实体,包括服务器、客户端、用户和主要设备等。其中,尤其要重点关注客户端和用户的身份认证,因为其具有数量大、环境不安全和变化频繁的特点。

(2)授权管理。授权管理是以身份认证为基础的,主要对内部信息网络的各种信息资源的使用进行授权,确定"谁"能够在哪些"计算机终端或者服务器"使用什么样的"资源和权限"。授权管理的信息资源应该尽可能全面,包括终端使用权、网络资源、文件资源、服务器资源和存储设备资源等。

(3)数据保密。数据保密是内网信息安全的核心,其实质是要对内网信息流和数据流进行全生命周期的有效管理,构建信息和数据安全可控的使用、存储和交换环境,从而实现对内网核心数据的保密和数字知识产权的保护。信息和数据的应用系统和表现方式多种多样,因此要求数据保密技术必须具有通用性和应用无关性。

(4)监控审计。监控审计是保证内网安全不可缺少的辅助部分,可以实现对内网安全状态的实时监控,提供内网安全状态的评估报告,并在发生内网安全事件后实现有效的取证。

案例分析

网络安全事件案例分析

针对黑客网络攻击案例,在技术上主要采用以下措施:

(1)使用防火墙系统,建立网络安全屏障。使用防火墙系统防止外部网络对内部网络的未授权访问,可以作为网络软件的补充,共同建立网络信息系统的对外安全屏障。目前全球接入Internet的电脑中约有1/3处于防火墙的保护之下,主要目的就是根据本单位的安全策略,对外部网络与内部网络交流的数据进行检查,符合的予以放行,不符合的拒之门外。

(2)使用安全检测、扫描工具发现黑客。经常使用安全检测、扫描工具,将其作为加强内部网络与系统的安全防护性能和抗破坏能力的主要扫描工具,用于发现安全漏洞及薄弱环节。当网络或系统被黑客攻击时,可用安全扫描工具及时发现黑客入侵的迹象,进行处理。

(3)使用有效的监控手段抓住入侵者。经常使用监控工具对网络和系统的运行情况进行实时监控,用于发现黑客或入侵者的不良企图及越权使用,及时进行相关处理(如跟踪分析、反攻击等),防患于未然。

(4)时常备份系统,若被攻击可及时修复。这一个安全环节与系统管理员的实际工作关系密切,所以系统管理员要定期地备份文件系统,以便在非常情况下(如系统瘫痪或受到黑客的攻击破坏时)能及时修复系统,降低损失。

(5)加强防范意识,防止攻击。加强管理员和系统用户的安全防范意识,可大大提高网络、系统的安全性能,更有效地防止黑客的攻击破坏。

知识拓展 电子商务安全应用

为保障电子商务交易安全和规范电子交易过程,人们在电子商务规范方面做了大量的工作,制定了一系列电子商务安全服务标准。特别是在网络层、传输层和应用层设计了一些常用的、著名的安全服务方案与协议来保障电子商务信息系统的安全。

1.网络层安全服务

网络层安全服务主要保障安全的通信服务,一般使用IPSec方案。IPSec可以使一个系统选择需要的安全协议,确定服务使用的算法,并在适当的位置放置所请求服务所需要的任意加密密钥,从而在IP层提供安全服务,防止窃听、篡改、伪造、拒绝服务攻击等。

2.传输层安全服务

传输层安全服务主要保障客户端和服务器之间的安全通信,提供保密性和数据完整性,一般使用SSL/TLS协议方案。SSL(安全套接层)协议是在客户和服务器通信之前,在Internet上建立的一个秘密传输信息的信道,提供加密、认证服务和报文的完整性验证;TLS(安全传输层)协议用于在两个通信应用程序之间提供保密性和数据完整性。

3.应用层安全服务

应用层安全服务通常是对每个应用(包括应用协议)分别进行修改和扩充,集成到应用协议上。常用的应用层安全协议有:安全超文本传输协议(S-HTTP)、安全电子交易协议(SET

协议)、Kerberos 协议、安全的多功能互联网邮件扩展协议(S/MIME 协议)和安全电子邮件协议(PGP 协议)等。

4.信息安全服务组织

信息安全服务是指适应整个安全管理的需要,为企业、政府提供全面或部分信息安全解决方案的服务。信息安全服务提供包含从高端的全面安全体系到细节的技术解决措施。

自从莫里斯蠕虫病毒横扫互联网之后,各国 IT 行业陆续出现了一些提供信息安全服务的组织,彼此分享计算机系统威胁的信息。这些组织有些由大学组建,有些由政府机构组建。第一个计算机安全应急响应组(Computer Emergency Response Team, CERT)是在美国联邦政府资助下,在卡内基梅隆大学成立的。目前一些国家级的 CERT 组织有:卡内基梅隆大学 CERT(Coordination Center)、美国国土安全部(US-CERT)、中国国家计算机网络应急技术处理协调中心(国家互联网应急中心,CNCERT/CC)等。

随着我国信息化和信息安全保障工作的不断深入推进,以应急处理、风险评估、灾难恢复、系统测评、安全运维、安全审计、安全培训和安全咨询等为主要内容的信息安全服务在信息安全保障中的作用日益突出。

项目 4　信息安全案例

项目任务　了解电子商务信息安全的需求与防范措施,分析目前主要的成功案例所采用的技术解决方案,为企业电子商务信息安全建设提供合理化建议。

项目案例　某大学的信息安全

在各行各业中,大学在信息化方面一直扮演着领头羊的角色。它们率先建立了校园网,并成为教育网的节点。某大学师生人数众多,拥有两万多台主机,上网用户也在两万人左右,而且用户数量一直呈上升趋势。校园网在为广大师生提供便捷、高效的学习、工作环境的同时,也在宽带管理、计费和安全等方面存在许多问题:

1.IP 地址及用户账号的盗用

由于校园网中用户数量众多,难免出现盗用他人 IP 地址和用户账号的行为,这就大大增加了学校网络管理的难度,IP 地址冲突不断、用户无法正常上网,也给学校计费、缴费工作带来了麻烦。

2.多人使用同一账号

由于某些计费软件功能相对简单,没有对同一账号同时登录进行限制,使得多个用户可以使用同一个账号上网,造成了学校资费流失。

3.网络计费管理功能单一

随着校园网规模的不断扩大和用户群体的日益增多,原有的单一计费管理功能已不能满足目前的要求。

4. 对带宽资源的大量占用导致重要应用无法使用

对于每个学校来说，它的带宽资源都是有限的。而上网人数的激增和各种应用的使用使有限的带宽资源不堪重负，由于没有带宽限制和优先级设置，因此一些重要用户和重要应用因得不到必要的带宽保证而影响了正常的教学和科研工作。

5. 访问权限难以控制

互联网上充斥了各种信息，如何让学校、家长放心，使学生远离不良信息也是必须解决的一个问题。

6. 安全问题日益突出

来自校园网内部或外部的网络攻击行为不但影响校园网的正常运行，而且会造成学校重要数据的丢失、损坏和泄露，给学校带来不可估量的损失。

7. 异常网络事件的审计和追查

当异常网络事件发生后，如何尽快地追根溯源，找出幕后"黑手"，防止事件的再次发生，成了网络维护人员不得不面对的棘手问题。

8. 多个校区的管理和维护

现在校园网的规模越来越大，呈现出多校园、跨地区的特点，这就要求网络管理员能对分布在各个校区的管理、计费设备进行管理和维护，网络管理员的工作量非常大。

> 思考：针对该大学的网络信息问题，应该如何进行信息安全管理？

嵌入知识

一、网络信息安全概述

《中华人民共和国网络安全法》于 2017 年 6 月 1 日起实施。该法明确了保障网络信息安全的规定：一是确立了网络身份管理制度，即网络实名制，以保障网络信息的可追溯；二是明确了网络运营者处置违法信息的义务；三是规定了发送电子信息、提供应用软件不得含有法律和行政法规禁止发布或者传输的信息；四是规定了网络运营者应当为公安机关、国家安全机关依法维护国家安全和侦查犯罪的活动提供技术支持和协助；五是赋予有关主管部门处置违法信息、阻断违法信息传播的权力。

该法明确规定：网络运营者应当对其收集的用户信息严格保密，并建立健全用户信息保护制度。网络运营者收集、使用个人信息，应当遵循合法、正当、必要的原则，公开收集、使用规则，明示收集、使用信息的目的、方式和范围，并经被收集者同意。网络运营者不得收集与其提供的服务无关的个人信息，不得违反法律、行政法规的规定和双方的约定收集、使用个人信息，并应当依照法律、行政法规的规定和与用户的约定，处理其保存的个人信息。网络运营者不得泄露、篡改、毁损其收集的个人信息；未经被收集者同意，不得向他人提供个人信息。但是，经过处理无法识别特定个人且不能复原的除外。网络运营者应当采取技术措施和其他必要措施，确保其收集的个人信息安全，防止信息泄露、毁损、丢失。在发生或者可能发生个人信息泄露、毁损、丢失的情况时，应当立即采取补救措施，按照规定及时告知用户并向有关主管部门报告。个人发现网络运营者违反法律、行政法规的规定或者双方的约定收集、使用其个人信息的，有权要求网络运营者删除其个人信息；发现网络运营者收集、存储的其个人信息有错误的，有权要求网络运营者予以更正。网络运营者应当采取措施予以删除或者更正。任何个人和组织不得窃取或者以其他非法方式获取个人信息，不得非法出售或者非法向他人提供个人信息。依法负有网络安全监督管理职责的部门及其工作人员，必须对在履行职责中知悉的个人信息、隐私和商业秘密严格保密，不得泄露、出售或者非法向他人提供。任何个人和组织应当对其使用网络的行为负责，不得设立用于实施诈骗，传授犯罪方法，制作或者销售违禁物品、管制物品等违法犯罪活动的网站、通信群组，不得利用网络发布涉及实施诈骗，制作或者销售违禁物品、管制物品以及其他违法犯罪活动的信息。

二、网络信息安全的特征

(1)保密性：保证信息只让合法用户访问；计算机系统不被非授权用户使用，信息不泄露给非授权的个人和实体。

(2)完整性：保证信息及其处理方法的准确性、完全性；保持信息在存储或传输过程中不被修改、不被破坏和不丢失。信息完整性是网络信息安全的基本要求，破坏信息的完整性是影响网络信息安全的常用手段。

(3)可用性：保证合法用户在需要时可以访问到信息及相关资产。计算机系统可被合法用户访问并按要求的特性使用，即当需要时能存取所需信息。

(4)可控性：对信息的传播及信息内容具有控制能力。

实现信息安全需要一套合适的控制手段，如策略、惯例、程序、组织结构和软件功能。这些控制手段需要被建立以保证机构的安全目标能够最终实现。

三、网络信息安全的防范技术

网络安全技术涉及面非常广，中国科学院计算技术研究所软件研究室在网络信息安全方面的主要研究领域包括：安全基础技术、入侵及防范技术、系统安全策略及方法、内容安全分析及保障技术。

1.安全基础技术

传统的安全基础技术包括访问控制、身份认证及加解密算法、安全协议，侧重针对特殊应用的实用算法的分析、提出或改进、实现的研究，目的是掌握传统信息安全的数学工具，可灵活地应用在实际系统中。例如，对大素数分解问题的研究，对SET(安全电子交易)协议的分析与研究、对协议形式化证明的研究、对SSL协议的分析与研究等。

2.入侵及防范技术

这主要是研究网络层的攻击与防范技术，内容包括：研究攻击方法、系统漏洞，收集相应的资料，建立数据库，研究以人工智能的方法建立安全专家系统，研究网络的入侵检测、入侵响应及防范技术，网络入侵行为描述及入侵检测系统通信的统一标准及协议，提出并实现针对大规模网络的具有分布、可扩展特点的入侵检测系统，解决网络入侵检测面临的网络规模、预报准确性、攻击复杂性等棘手的问题，研究网络系统的形式化以及网络行为的安全模型，为网络安全的形式化研究提供基础。

3.系统安全策略及方法

这主要是研究应用层基础服务系统的安全整体策略，基于受保护基础服务的特点，提出安全体系，分层、分级构筑安全屏障。内容包括：服务系统的特殊性、相应的攻击手段特点、全面防范体系、系统抗毁恢复技术等。其目的是提供完整的体系与策略来保障特定系统的安全。

4.内容安全分析及保障技术

这主要是研究应用层对信息内容有安全要求的高层应用的安全性。内容包括：网络信息内容的获取技术,即如何在大规模网络环境中快速获取各种协议的信息内容;大规模信息的存储技术,即如何合理存放各种格式的信息内容,使其能被高效利用;信息内容分析处理技术,即如何分析各种格式的信息以获得需要的内容;趋势预测与分析技术,即研究网络信息内容的预测分析模型,提供对网络信息内容的预警;网络预报警技术,即在发现目标时的报警技术,包括通过终端或移动通信设备报警;数字信息的版权保护技术,即如何在网络传播环境下保护数字作品的版权不受侵害,控制非法复制与传播等。内容安全分析及保障技术的研究目的是为一些与信息内容保护相关的高层应用提供平台与技术。

案例分析

某大学的信息安全案例分析

针对这些问题,该大学制订了一套完整的校园网宽带管理、计费方案。该方案所采用的软、硬件,包括 AC(访问控制系统)、AAA(管理、认证系统)、BL(计费系统)。该方案提供了一个融合防火墙、接入服务器、访问控制、认证、计费功能的强大系统,针对该大学存在的每个安全问题都提供了完整的应对策略。

1. 用户账号与 IP 地址、MAC 地址(物理地址)、NAS(网络附属存储)设备地址和 NAS 端口绑定

系统将用户账号与用户使用的 IP 地址、MAC 地址、连接的 NAS 设备地址和 NAS 端口进行四重绑定,极大地提高了用户行为的唯一性,有效地防止了 IP 地址和用户账号被盗用现象的发生。

2. 限定账号登录次数

系统对同一账号同时登录的地址做出明确的限定,避免了多人使用同一账号上网的现象。

3. 完善计费管理功能

系统可以支持以账号为单位的三大类、十三种计费方式(包月无上限、计时包月有上限、计流量包月有上限、简单计时、分时段计时、累计时长、分段累计时长、分时分段累计时长、累计流量、分段累计流量等),不同种类用户(如教学区和生活区)可以选择不同计费方式。此外,系统还能详细记录计费过程,以供用户打印计费清单、查阅详情;系统根据用户的信用状况,设定对应的信用级别,采用不同的催费方式,实现欠费停机和强制下线功能。系统对校园网中常用的卡业务(持卡上网消费和自助充值)也完全支持。

4. 带宽的限定和业务优先级的设定

系统对每个用户上、下行的带宽上限加以限定,防止个别用户占用过多网络资源,还能对不同的用户数据设定业务优先级(如实验室、教师机房与学生宿舍、普通机房相区别),以保证重要应用能得到更好的服务。

5. 访问区域和访问时间的有效控制

系统将用户可能访问的区域划分为国内、国外、校园网,并根据不同用户制定不同的访问规则和访问方式,使网络上的不良信息远离校园。

6. 内外网 IP 地址间的 NAT 功能(地址转换功能)

系统提供了内外网 IP 地址间的 NAT 功能,避免了内网 IP 地址的暴露,为不怀好意者对校园网的攻击增加了难度,降低校园网遭受网络攻击的可能性。

电子商务案例分析

7. 强大的事件追查功能

系统中丰富的日志信息和便捷的追查工具能使网络管理员在面对异常事件时,及时做出反应,迅速找出幕后"黑手"。

8. 多校区远程管理功能

系统能同时对位于不同校区的 NAS 设备提供远程管理功能,在实现统一多个校区资费策略的同时大大降低了网络管理员的工作量。

这套完整的校园网管理、计费系统不但实现了用户认证、计费、管理功能,还为整个网络提供了可靠的安全防护。该方案的成功实施不仅为该大学解决了困扰已久的网络管理难题,也为学校网络管理提供了一个便捷、高效的平台,更为全校师生展现了一种畅通、愉悦、人性化的网络生活新方式。

知识拓展　云服务的数据安全问题

云是网络、互联网的一种比喻说法。过去往往用云来表示电信网,后来也用云来表示互联网和底层基础设施的抽象。云服务指通过网络以按需、易扩展的方式获得所需服务。这种服务可以是与 IT 和软件、互联网相关,也可以是其他服务。它意味着计算能力也可作为一种商品通过互联网进行流通。

通过使计算分布在大量的分布式计算机上,而非本地计算机或远程服务器中,企业数据中心的运行将与互联网更相似。这使得企业能够将资源切换到需要的应用上,根据需求访问计算机和存储系统。

在云计算时代,我们比任何时候都需要自主可控的数据保护技术以及更多、更好的加密技术来提供保护。

1. 数据分类存储

并非所有数据都需要同等级别的保护,所以企业应该把用于云存储的数据分类,然后识别与数据泄露通知有关的服从性需求以及数据是否不允许被保存到其他地方。

2. 闲时数据管理

这是指用具体问题确定云服务供应商的数据存储生命周期和安全策略。具体包括:清楚是否使用多租户存储,是否使用贴标类机制防止数据被复制到特定区域,用于存档和备份的数据是否被加密,密钥管理策略是否包含强效身份识别和访问管理策略。

3. 动态数据保护

推进 CSP(内容安全策略)对安全通信协议的支持,如用于浏览器访问或 VPN(虚拟专用网络)系统访问连接的 SSL/TLS(安全传输层)协议,以便为其服务提供受保护的访问。加密发送到云的敏感数据,如果使用或存储的数据未被加密,企业就要解决防止泄露的问题。

4. 密钥管理

企业应该以管理密钥为目的,但是如果密钥被云加密服务供应商管理,企业就必须确保自己部署了访问管理控件,可以满足数据泄露防护的要求。如果密钥由 CSP 管理,企业就该要求在准确定义和托管的密钥管理进程套件中提供基于硬件的密钥管理系统。

5. 访问控制

企业应要求 CSP 支持 IP 子网访问限制策略,由此可通过已知 IP 地址和设备限制终端用户的访问。企业应要求加密服务供应商提供用户访问和管理控件,强效验证替代方式(如双要素验证),访问许可管理以及按管理职责分区(如安全、网络和维护)。

6.加密系统的长期性

了解加密对应用、数据库检索、查找和分类的影响,留意高级搜索功能,如子字符串匹配功能和通配符(如"Contains"或"Ends with")。

项目 5　认证技术案例

项目任务　了解基本认证技术的工作原理与功能和作用,掌握网上银行身份认证与交易的安全防范措施,能够为企业应用认证技术进行初步规划,并配合企业认证技术的开展与应用。

项目案例　某银行 USB Key 身份认证应用

目前,某银行拥有辐射全国、面向海外的机构体系和业务网络。其在境内的分支机构有20家省分行、7家直属分行,营业机构近3 000个;在纽约、东京、新加坡、首尔设有分行,在伦敦、法兰克福设有代表处。它与全球100多个国家和地区的800家银行的总分支机构建立了代理关系。按总资产排名,该银行已跻身全球银行百强行列。

为了适应激烈的市场竞争,近年来该银行大力开展网上银行业务。在短短的三年中,该银行完成了网上银行的整体框架构建,形成了以特色信用卡、全国通、外汇宝、基金买卖等功能为支撑的个人网上银行服务体系和以普通版、大众版、专业版为特征的对公网上银行服务体系,并实现了网上银行的功能完善和业务量的快速增长。然而,随着钓鱼网站、专业偷盗银行账号和密码的木马程序的泛滥,人们对网上银行的安全性越来越怀疑。如何加强系统应用的安全性,提升人们对网上银行的信任度,成为各家银行网上银行业务中亟待解决的问题。当然,该银行也面临同样的问题。

通常国内网上银行都会分为大众版和专业版两个版本,它们的本质区别在于安全级别不同。用户只要凭借身份证号码、账号和密码就可以在网上自助开通大众版网上银行,操作简便,手续极为简单,但运行后安全保密性较差,唯一的防护措施就是客户在开通时自行设置的登录密码和付款密码。

而申请专业版网上银行就要复杂得多,首先需要用户本人到银行网点进行业务申请,然后通过安装数字证书和PKI体系实现网上账户资金的交易和转移。

数字证书是网上银行业务中确认用户身份的唯一标志,具有不可复制性和不可替代性,所有网上交易必须要事先通过数字证书进行安全认证,它可以看作是用户的网上身份证。既然数字证书是网上身份认证的唯一标志,那么确保其安全性就至关重要。普通个人用户常把数字证书存储在电脑硬盘中,这种做法的危险性不言而喻。对于资金交易量较大的企业用户,为了确保其资金安全,该银行强制要求企业用户使用安全的存储介质以达到更加有效的资源访问控制。经过充分的测试和详细的比较后,该银行选择SafeNet iKey2032作为其网上银行企

电子商务案例分析

业客户的身份认证工具。

SafeNet iKey2032之所以在这样一家大型银行的竞标中胜出,主要是基于其突出的产品特性。它是一款基于USB接口的可移动身份认证设备,专门针对银行业或其他数字证书用户。

> **思考**:该银行采用的数字签名和PKI体系,可生成并储存私钥和数字证书,可以满足个人身份认证的安全级别要求,那么这些技术具体是如何实现客户身份认证的呢?

嵌入知识

一、认证中心

1.CA

CA又称认证权威、证书授予机构,是承担网上认证服务,且能签发数字证书并能确认用户身份的受大家信任的第三方机构。CA通常是企业性的服务机构,其主要任务是受理数字证书的申请、签发及对数字证书进行管理。

2.数字证书

数字证书是用电子手段来证实一个用户的身份和对网络资源的访问权限。数字证书是由CA颁发的包含了公开密钥持有者信息以及公开密钥的文件,数字证书上还有CA的数字签名。就像驾驶执照能将人的照片、姓名、出生日期进行有公证效果的关联一样,一个用户的数字证书就是一个有公证效果的将公开密钥与所有者的身份信息相联系的"数字身份证"。在网上的电子交易中,如果双方出示了各自的数字证书并用它来进行交易操作,那么双方都可不必为对方的身份担心。数字证书可用于与电子商务相关的各个领域。

数字证书一般分为以下三种类型:

(1)个人数字证书

个人数字证书是为某一个用户提供的证书,以帮助个人用户和其他用户交换信息或者使用在线服务时,验证用户的身份,保证信息的安全,主要是针对个人的电子邮件安全。个人数字证书通常安装在浏览器内,并通过安全的电子邮件来进行操作。个人数字证书一般分为两个级别:第一级提供个人电子邮件的认证,仅与电子邮件地址有关,并不对个人信息进行认证,是初级的认证;第二级提供个人姓名、个人身份等信息的认证。个人数字证书是通过浏览器来申请获得的,认证中心对申请者的电子邮件地址、个人身份及信用卡号等进行核实后,就发放个人数字证书,并将个人数字证书安置在用户所用的浏览器中或电子邮件的应用系统中,同时通知申请者。个人数字证书的使用方法集成在用户浏览器的相关功能中,只要在浏览器中进行相应的选择就可以了。个人数字证书用于电子邮件中时,可起到类似信封和手写签名的作用,让接收方确定信件确实由发送方发出,并为邮件的内容和附件加密,只有发送方所指定的接收方才能解密,从而防止了其他人截获阅读。

(2)服务器证书

服务器证书是指为网上的某个Web服务器提供的证书,拥有Web服务器的企业就可以在具有凭证的互联网站点进行安全的电子交易了。拥有数字证书的服务器可以自动与客户进行加密通信。

服务器证书的发放比较复杂。因为服务器证书是一个企业在网上的形象,是企业在网络空间信任度的体现,所以一个权威的认证中心对每一个申请者都要进行信用调查,包括企业的基本情况、营业执照、纳税证明等。

(3)开发者证书

开发者证书是指为互联网上被下载的软件提供的证书。开发者证书又称为代码签名数字证书,借助这种数字证书,软件开发者可以为软件做数字标识,在互联网上安全地进行传送。用户从互联网上下载软件时,开发者证书与认证码技术共同提供他们所需的软件信息和对该软件的认证。当用户从开发者网站上下载经过数字标识了的 ActiveX 控制命令、Java 程序、动态链接库、HTML 内容时,就能够确信该代码的确来自开发者,而且没有被改变或被破坏。开发者证书就好像是软件的外包装,如果它被篡改了,用户就知道代码实际上已经不可信了。

在上述三类证书中,前两类是常用的证书,第三类则用于特殊场合。大部分认证中心都只提供前两类证书,能提供全部三类证书的认证中心并不多。

3.数字签名

数字签名技术是不对称加密算法的典型应用。数字签名的应用过程:数据源发送方使用自己的私钥对数据校验符或对其他与数据内容有关的变量进行加密处理,完成对数据的合法"签名",数据接收方则利用对方的公钥来解读收到的"数字签名",并将解读结果用于对数据完整性的检验,以确认签名的合法性。数字签名技术是在网络系统虚拟环境中确认身份的重要技术,完全可以代替现实过程中的"亲笔签字",在技术和法律上有保证。数字签名的主要功能:保证信息传输的完整性、认证发送者的身份、防止交易中的抵赖行为。

4.PKI体系

PKI(Public Key Infrastructure)即"公开密钥体系",是一种遵循既定标准的密钥管理平台,它能够为所有网络应用提供加密和数字签名等密码服务及必需的密钥和证书管理体系。简单来说,PKI 就是利用公钥理论和技术建立的提供安全服务的基础设施。PKI 技术是信息安全技术的核心,也是电子商务的关键和基础技术。

PKI 的基础技术包括加密、数字签名、数据完整性机制、数字信封、双重数字签名等。

完整的 PKI 系统必须具有认证机构、数字证书库、密钥备份及恢复系统、证书作废系统、应用接口等基本组成部分,构建 PKI 也将围绕着这五大系统进行。

(1)认证机构。认证机构是数字证书的申请及签发机关,CA 必须具备权威性。

(2)数字证书库。数字证书库用于存储已签发的数字证书及公钥,用户可由此获得所需的其他用户的证书及公钥。

(3)密钥备份及恢复系统。如果用户丢失了用于解密数据的密钥,则数据将无法被解密,这将造成合法数据的丢失。为避免这种情况,PKI 将提供备份与恢复密钥的机制。但需注意,密钥的备份与恢复必须由可信的机构来完成。而且,密钥备份与恢复只能针对解密密钥,签名私钥为确保其唯一性而不能够备份。

(4)证书作废系统。证书作废系统是 PKI 的一个必备组件。与日常生活中的各种身份证件一样,数字证书在有效期内也可能会作废,原因可能是密钥介质丢失或用户身份变更等。为实现这一点,PKI 必须提供作废证书的一系列机制。

(5)应用接口。PKI 的价值在于用户能够方便地使用加密、数字签名等安全服务,因此一个完整的 PKI 必须提供良好的应用接口系统,使得各种各样的应用能够以安全、一致、可信的方式与 PKI 交互,确保网络环境的完整性和易用性。

通常来说,认证机构是证书的签发机构,它是 PKI 的核心。众所周知,构建密码服务系统

电子商务案例分析

的核心内容是实现密钥管理。公钥体制涉及一对密钥(私钥和公钥),私钥只由用户独立掌握,无须在网上传输,而公钥则是公开的,需要在网上传送,故公钥体制的密钥管理主要是针对公钥的管理问题,目前较好的解决方案是数字证书机制。

二、网上银行身份认证与交易的安全防范

与其他新生事物一样,网上银行在其发展道路上也不是一帆风顺的,各家商业银行的网上银行都出现过不同程度的安全案件。这些安全案件按其性质归纳起来有:IT 技术问题,银行管理问题,因网上银行用户的安全意识薄弱和操作不当等引起黑客攻击所造成的欺诈案件等。网上银行支付的安全防范应有两大保障:

1. 法律保障

目前,国家有关主管部门已经对网上银行、网上电子支付制定了相关的法律与规范。《中华人民共和国电子签名法》(以下简称《电子签名法》)确定了电子签名与手写签名和印章具有同等法律效力;中国人民银行发布的《电子支付指引(第一号)》指明,在网上银行的支付中不使用数字证书的客户每次单笔交易只限 1 000 元;而原银监会发布的《电子银行业务管理办法》规定了开通电子银行业务必须经过有效的评估和原银监会的批准;《CSP 产品认证证书管理规定》规定了认证机构与其证书用户之间的责任和义务,是法律的补充、CA 管理运行的规范。此外,还包括《会计法》的修改、《票据法》的修改等。

新颁布的《中华人民共和国电子商务法》也明确规定:电子支付服务提供者为电子商务提供电子支付服务,应当遵守国家规定,告知用户电子支付服务的功能、使用方法、注意事项、相关风险和收费标准等事项,不得附加不合理交易条件。电子支付服务提供者应当确保电子支付指令的完整性、一致性、可跟踪稽核和不可篡改。还有《移动终端支付可信环境技术规范》《非银行支付机构网络支付业务管理办法》《网络安全法》等从不同侧面对网上交易、支付、身份认证等做出了相关规定。

2. 技术保障

在技术保障方面,网络层安全防范具体措施规定了在网上银行的网络组成中,应在有关网段设置异构的多道防火墙,以防止外部的黑客攻击。不同的防火墙具有不同安全阻断、过滤非授权攻击的防范机制,黑客即使攻破第一道防火墙,也不一定能攻破第二道。不同的防火墙要合理地开放不同的接口,才能有效地防止黑客的攻击。设置安全路由器,可以辅助防火墙防止外部黑客的攻击。还可以设置入侵检测系统(IDS),IDS 可以自动扫描系统的漏洞以及来自网络外部的攻击,并能自动杀毒或阻断某些攻击,它还可以对某些黑客攻击程序进行报警,用户可以及时断开系统或启动杀毒程序。现在防止黑客攻击网站的程序已有很多,需要选择功能较强的产品,安置于网站的服务器上,它在一定程度上阻止了某些黑客程序的攻击和入侵。在网络层设置安全机制是网上银行安全防范的重点之一。

在网上银行的开办初期,各大银行纷纷推出网上银行"大众版"和"普通版",以面向普通大众,这种简单的登录是一种较好的方式。但是,黑客们很快就摸清了银行的这种简单认证机制,并进行攻击,其目标只有一个,即在网上窃取用户的口令,而且口令牌制造起来极为简单。为此,《金融时报》在 2005 年 4 月发表了题为《网上银行应取缔大众版》的文章,其目的就是要提醒银行和用户,不要再推出和使用不安全的"大众版"和"普通版"。

基于安全考虑,多家银行都采取了动态口令,以保证网上银行的交易安全。动态口令与传

统的静态口令相比具有以下优势：一是动态性，用户的动态口令随设定的时间或事件等变量自动变化，无须人工干预，某一时刻产生的动态口令不能在其他时刻使用。二是一次性，任一时刻产生的动态口令在其失效前只能被用户使用一次，否则，系统将视其为非法行为而报警。三是随机性，动态口令是随机生成的，无规律。即使本次口令被窃听成功，也难以由此猜出下次的口令。四是多重安全性，用户的动态口令牌产生的动态口令与用户名、静态口令等多因素结合可以实现多重认证。即使电子口令牌丢失，用户仍可在应急状态下利用用户名和静态口令进行用户身份认证。而其他非法持有者，单靠口令牌无法实现登录及认证。五是通用性，用户操作的客户端无须下载任何软件，只需在提示输入动态口令时输入当时令牌上显示的口令。在认证服务器端，采用 PPP（点对点协议）、RADIUS（远程认证拨号用户服务）等标准协议实现被访问对象与认证服务器之间的信息交换，可方便地在网络环境下实现身份认证。六是可管理性，统一的身份认证方式和动态口令生成方式，能大大减少在分发密码、支持服务、密码丢失、密码更改及身份管理等各个方面的开销和成本。基于以上静态口令的缺陷和动态口令的优势，重要的网上银行系统的"大众版"应取消静态口令。

  USB Key 近些年有很大的进步和发展，有人称 USB Key 是对 PKI 的有力发展。如果想成为某商业银行的客户，只要登录该银行网站，就能自动将数字证书下载到客户的 USB Key 中。当客户进行网上银行业务时，只要将其插入 USB 接口，输入 PIN 码，通过数字证书进行网上认证和签名。其优点在于：一是安全可靠。证书和私钥不可被复制，加密签名在 Key 中进行，不暴露在内存中，黑客无法窃取客户私钥。二是签名。B2B 大型企业的大额交易，必须使用 USB Key 证书的介质，以确保网上交易的安全。三是 USB Key 的价格与令牌相比稍贵，但生命周期长，物理电气性能稳定。四是可实现交易的数字签名，具有抵否认性和数据保密的作用。虽然数字证书是网上身份的证明，但并不能作为"文件证书"存放在 PC 的硬盘中，由此可避免被黑客用木马程序窃取，即用即插，用完收存。

  《信息安全技术 公钥基础设施 签名生成应用程序的安全要求》(GB/T 25065—2010)中明确规定，数字证书只能存放在 USB Key、IC 卡以及 PCMCIA 令牌中，以文件证书形式存放是不安全的，更不能存放在硬、软盘中。数字证书的不正确存放方式，已造成多起涉及交易安全的欺诈事件。银行在推荐数字证书介质时，特别是对那些企业大客户和 VIP 客户，一定要推荐 USB Key 或 IC 卡，只有这样才能保证书使用安全，才能符合《电子签名法》的规定。那些交易量小的、按银保监会和中国人民银行规定的小额（每次不超过 1 000 元）的用户，可以考虑使用或不使用文件证书，也可以使用如 OTP 令牌等一次性口令。

  正确使用数字签名，能保障网上银行交易双方的安全，特别是对客户方的安全有较好的保证。数字签名的作用主要是提供在网络上传输、处理交易实体的身份认证，保障数据的完整性、保密性和不可抵赖性。如果接收方数字签名验证成功，就符合《电子签名法》中第十三条可靠的电子签名的要素。制作电子签名时，签名私钥必须由电子签名人自己控制，不能被他人窃取并利用，签署后对电子签名的任何改动都能够被发现。也就是说，原文一旦做了签名，是不能做任何改动的。在网上银行的交易中，接收方一旦对交易数据和信息进行了签名，如果改动则是会被发现的。特别是针对 B2B 或重要客户的大额交易，必须采用数字签名，以确保交易安全可靠。当然，此时的数字证书介质一定要安装在 USB Key 中，即插即用，以防止"伪造"和"劫持"签名。在网上银行的认证和交易中只有做到可靠的数字签名，才能使电子签名具有与手写签名或者盖章同等的效力。

案例分析

某银行 USB Key 身份认证应用案例分析

1. 用双因素认证方式代替不可靠的口令认证

SafeNet iKey2032 采用双因素认证机制,用户需要通过 iKey 硬件和相对应的 PIN 码(个人识别密码)两方面共同确认身份,其安全性、可靠性远远高于仅靠密码保护的传统口令认证方式。作为对智能卡技术的延伸,用户在使用 SafeNet iKey2032 产品时,无须购置昂贵的读卡器设备,只需要将它插入电脑 USB 接口即可进行用户身份确认。

2. 在硬件内实现加密算法,确保系统安全性

SafeNet iKey2032 系列支持公钥体系,可在 iKey 内部生成密钥对,并存储密钥对和 X.509 数字证书,以及在 iKey 内部执行签名操作。私钥从生成、管理到销毁始终在 iKey 硬件内部完成,消除了密钥外流的危险。

3. 支持多个 CA 和 PKI 应用

通过与众多软、硬件供应商建立战略合作关系,SafeNet iKey2032 具备了广泛的安全解决方案支持能力。SafeNet iKey2032 支持多种 CA 和 Microsoft、Entrust、Computer Associates、VeriSign 等公司提供的众多 PKI 应用。另外,SafeNet iKey2032 系列支持 PKCS#11 和 Microsoft Crypto API,可以方便地与其他多种客户端应用相互集成。

4. 应用简单,携带方便

SafeNet iKey2032 外形小巧、携带方便,用户可以把 SafeNet iKey2032 挂在钥匙串上随身携带,因而极大地提高了使用的方便性和灵活性。另外,SafeNet iKey2032 支持热插拔,当拔出 SafeNet iKey2032 后,系统对话自动关闭。为了更好地满足该银行对网上银行认证的需求,SafeNet 专门定制了用户登录界面和产品外观。SafeNet iKey2032 从 2004 年 1 月正式启用,各分行应用效果良好。现在,该银行正计划将 SafeNet iKey2032 USB Key 从企业客户向个人客户推广。

知识拓展 生物识别认证技术

生物识别技术是目前较为方便与安全的识别技术,利用生物识别技术进行身份认定安全、可靠、准确。此外,生物识别技术产品均借助现代计算机技术实现,很容易配合电脑、互联网和安全、监控、管理系统进行整合,实现自动化、智能化管理。

根据中国信息通信研究院、电信终端产业协会的数据,2019 年全球生物识别市场结构中,指纹识别是主要的识别方式,占比达 58%,排名第一,人脸识别占比为 18%,然后是新兴的虹膜识别占比为 7%,此外还包括掌纹识别以及声音识别分别占比 7% 及 5%。

一、人脸识别

人脸识别是基于人的脸部特征信息进行身份识别的一种生物识别技术。它是指用摄像机或摄像头采集含有人脸的图像或视频流,并自动在图像中检测和跟踪人脸,进而对检测到的人脸运用脸部的一系列相关技术进行识别,通常也叫作人像识别、面部识别。

人脸与人体的其他生物特征(如指纹、虹膜等)一样与生俱来,它的唯一性和不易被复制的良好特性为身份鉴别提供了必要的前提。与其他类型的生物识别相比,人脸识别具有如下特点:

(1)非强制性:用户不需要专门配合人脸采集设备,几乎可以在无意识的状态下获取人脸图像,这样的取样方式没有强制性。

(2)非接触性:用户不需要和设备直接接触就能获取人脸图像。

(3)并发性:在实际应用场景中可以进行多个人脸的分拣、判断及识别。

除此之外,人脸识别还符合视觉特点,即"以貌识人"的特点,以及操作简单、结果直观、隐蔽性好等特点。

人脸识别系统的研究始于 20 世纪 60 年代,20 世纪 80 年代后随着计算机技术和光学成像技术的发展得到提高,而真正进入初级的应用阶段则在 20 世纪 90 年代后期。如今,人脸识别技术已经非常成熟,国内产业链也趋于完善,比如镜头方面有舜宇集团有限公司等,算法上有北京旷视科技有限公司等,硬件解决方案上有奥比中光科技集团股份有限公司等。现在,人脸识别的应用也已经不仅限于商务场所中,它已经以各种智能家居的形式逐步渗透到平常百姓家,一些手机厂商也开始将人脸识别应用到智能手机上了。

人脸识别虽然具有较高的便利性,但是其安全性相对较弱一些。其识别准确率比如会受到环境的光线、识别距离等多方面因素影响。另外,当用户通过化妆、整容等对面部进行一些改变时也会影响人脸识别的准确性。而且,对于需要戴口罩的一些环境中,人脸识别也难以起到作用。

二、指纹识别

每个指纹都有几个独一无二可测量的特征点,每个特征点都有大约七个特征,人们的十个手指产生最少 4 900 个独立可测量的特征。指纹识别技术通过分析指纹可测量的特征点,从中抽取特征值,然后进行认证。

当前,我国第二代居民身份证便实现了指纹采集,且各大智能手机纷纷实现了指纹解锁功能。与其他生物识别技术相比,指纹识别早已经在消费电子、安防等产业中广泛应用,通过时间和实践的检验,技术方面也在不断革新。目前国内早已形成了完整的指纹识别产业链,并涌现出了多家业界领军企业。

虽然每个人的指纹都是独一无二的,但指纹识别并不适用于每一个行业、每一个人。例如,长期手工作业的人们便会为指纹识别而烦恼,他们的手指若有丝毫破损或沾有异物等,则指纹识别功能就要失效了。另外,对于在严寒区域或者严寒气候下,或者人们需要长时间戴手套的环境当中,指纹识别也变得不那么便利。

三、掌纹识别

掌纹是指手腕与手指之间的手掌表面上的各种纹线特征,如主线、皱纹、细小的纹理、脊末梢、分叉点等。掌纹的形态由遗传基因控制,即使由于某种原因手掌表皮剥落,新生的掌纹纹线仍保持着原来的结构。每个人的掌纹纹线都不一样,即使是孪生同胞,他们的掌纹也只是比较相似,而不会完全一样。并且在低分辨率和低质量的图像中仍能够清晰地辨认掌纹。

可以说掌纹识别与指纹识别非常类似,其有着与指纹识别类似的优缺点。当然,相对于指纹识别来说,掌纹识别所需的设备体积更大,所以并不适合移动设备。

四、虹膜识别

人的眼睛结构由巩膜、虹膜、瞳孔、视网膜等部分组成。虹膜是位于黑色瞳孔和白色巩膜之间的圆环状部分,其包含很多相互交错的斑点、细丝、冠状、条纹、隐窝等细节特征。而且虹膜在胎儿发育阶段形成后,在整个生命历程中将是保持不变的。这些特征决定了虹膜特征的唯一性,同时也决定了身份识别的唯一性。因此,可以将眼睛的虹膜特征作为每个人的身份识别对象。

虹膜测定技术可以读取 266 个特征点,而其他生物测定技术只能读取 13～60 个特征点。根据富士通方面的数据,虹膜识别的错误识别率可能为 1/1 500 000,而苹果 TouchID 的错误识别率可能为 1/50 000,虹膜识别的准确率高达当前指纹识别的三十倍。而虹膜识别又属于非接触式的识别,识别非常方便高效。

此外,虹膜识别还具有唯一性、稳定性、不可复制性、活体检测等特点,综合安全性能上占据绝对优势,安全等级是目前较高的。虹膜识别凭借其超高的精确性和使用的便捷性,已经广泛应用于金融、医疗、安检、安防、特种行业考勤与门禁、工业控制等领域。

相比其他生物识别技术来说,虹膜识别有很多优势。不过,它对于识别距离的要求比较高。同时虹膜识别的应用成本也与其技术难度成正比,相比其他的识别技术,成本要更高一些,这也在一定程度上限制了其进入普通消费类市场。

五、声纹识别

所谓声纹,是用电声学仪器显示的携带言语信息的声波频谱。

人类语言的产生是人体语言中枢与发音器官之间一个复杂的生理物理过程,人在讲话时使用的发声器官——舌、牙齿、喉头、肺、鼻腔——在尺寸和形态方面差异很大,所以任何两个人的声纹图谱都有差异。这也使得声纹识别也可以成为身份认证的一种方式。

与其他生物识别技术相比,声纹识别的优势在于:

(1)声纹提取方便,可在不知不觉中完成,因此使用者的接受程度高。

(2)获取语音的识别成本低廉,使用简单,一个麦克风即可,在使用通信设备时更无需额外的录音设备。

(3)适合远程身份确认,只需要一个麦克风或手机就可以通过网络(通信网络或互联网络)实现远程登录。

(4)声纹辨认和确认的算法复杂度低。

(5)配合一些其他措施,如通过语音识别进行内容鉴别等,可以提高准确率。

这些优势使得声纹识别的应用越来越受到系统开发者和用户青睐。

当然,声纹识别的应用有一些缺点,比如同一个人的声音具有易变性,易受身体状况、年龄、情绪等的影响;不同的麦克风和信道对识别性能有影响;环境噪声对识别有干扰;多人同时说话的情形下人的声纹特征不易提取;等等。所以声纹识别目前主要还是被用于一些对于身份安全性要求并不太高的场景当中,如智能音箱。

六、静脉识别

静脉识别的一种方式是通过静脉识别仪取得个人静脉分布图,依据专用比对算法从静脉分布图提取特征值;另一种方式是通过红外线 CCD 摄像头获取手指、手掌、手背静脉的图像,并存储在计算机系统中,实现特征值存储。静脉比对时,实时采取静脉图,运用先进的滤波、图像二值化、细化手段对数字图像提取特征,采用复杂的匹配算法同存储在主机中的静脉特征值比对匹配,从而对个人进行身份鉴定,确认身份。

静脉识别具有高度防伪、简便易用、快速识别及高度准确四大特点。较为重要的一点是,静脉识别的特征已被国际公认具有唯一性,且和视网膜相当,在其拒真率(相同结构图,而被算法识别为不同)低于万分之一的情况下,其识假率(不同结构图,而被算法识别为相同)可低于十万分之一。

然而,目前静脉识别功能在市场的运用并不高,因为它同样有着难以规避的缺点。例如,手背静脉仍可能随着年龄和生理的变化而发生变化,永久性尚未得到证实;仍然存在无法成功注册登记的可能;由于采集方式受自身特点的限制,产品难以小型化;采集设备有特殊要求,设计相对复杂,制造成本高。

近年来,生物识别产业发展迅速,产业链基本形成,市场规模快速增长。2020年初新冠肺炎疫情的爆发,促使非接触生物识别市场的需求不断增加。随着生物识别市场新技术不断涌现并落地,生物识别场景趋于多样化,产品服务趋于定制化发展,多模态生物识别技术将得以大量应用,系统安全提升;5G、人工智能、大数据、云计算等技术会与生物识别结合引领产业升级,进一步朝数字化、智能化方向发展。

实操案例

【案例1】

网络视频播放器制作实现

视频已经继文本和图像之后成为较为重要的电子网络元素之一,在电子商务领域的地位也日益突出。视频播放器是指能播放以数字信号形式存储的视频的软件。视频播放器(除了少数波形文件外)携带解码器以还原经过压缩的媒体文件,还要内置一整套转换频率以及缓冲的算法,支持播放音频文件。现在的浏览器都内置视频播放功能,并且嵌入了视频播放标记video,但是由于各个浏览器对视频播放的外观和视频格式支持存在差异,因此自己设计和制作视频播放器已经是商务网站或网页设计必须考虑的问题。本案例将制作一个基本的视频播放器,效果如图3-16所示。

图3-16 视频播放器效果图

电子商务案例分析

工作任务：构建视频播放结构（自己设计播放控件）；用 CSS 设计播放器外观；用 JavaScript 实现一键播放、暂停、播放进度条和当前播放时间的更新。

【案例2】

某电子商务有限公司网络安全案例

某电子商务有限公司的信息系统于2017年上线运行，并于2018年完成了网络安全等级保护定级备案（以下简称等保备案），被定为二级，但其后一直没有依法开展等级测评。经查，该公司对相关的法律、法规制度不了解，误认为做完等保备案就完成了等保工作，因此，在备案后未进一步开展等级保护测评。随后，警方依法给予该公司警告处罚，并责令限期改正。

此案反映了各单位在落实网络安全等级保护的过程中存在的一些认知误区。如对等保备案相关法律、法规不了解，部分单位误认为取得了公安机关提供的备案证，就具备了等级保护级别，而没有启动测评流程，没有实质落实安全防护技术措施和管理制度。等级保护相关网络安全技术措施未落实到位，可能导致敏感信息泄露、网络资源被侵占、受控设备瘫痪损坏等严重问题。

工作任务：通过上网查阅资料，了解：什么是网络安全等级保护制度？如何落实各项安全管理制度和保护技术措施，切实强化网络安全防护水平？

项目考核评价

知识(0.3)			技能(0.4)			态度(0.3)		
个人评价(0.3)	小组评价(0.3)	教师评价(0.4)	个人评价(0.3)	小组评价(0.3)	教师评价(0.4)	个人评价(0.3)	小组评价(0.3)	教师评价(0.4)

总分＝知识＋技能＋态度＝_____

本模块参考资料来源：

1. 无忧技术网

2. 硅谷动力官网

3. 计世网

4. 电脑商情在线

5. 搜讯网

6. 王忠元.电子商务概论与实训项目教程.3版.北京:机械工业出版社,2017

7. 中国计算机学会计算机安全专业委员会网站

8. 胡群.平安银行零售转型首战告捷的背后 口袋银行 APP 成效卓著.经济观察网,2019-08-26

9. 芯智讯官网

模块 4

网络营销与推广案例

学习目标

了解商务信息搜集与分析的基本方法,掌握网络商务信息搜集的典型案例;了解网络营销定位及策略,掌握网络营销推广的主要方法。通过网络营销与推广案例分析,培养学习者对网络商务信息进行搜集、分析的能力,网络营销策划的能力,网络营销传播与推广的能力,创新思维、吃苦精神以及坚韧的性格。

项目 1 网络商务信息搜集与分析案例

项目任务 了解网络商务信息的概念和分类,掌握网络商务信息搜集的工具和方法,会利用这些工具和方法对网络商务信息进行整理和分析,培养阅读者自学和搜集信息并汇总整理的能力。

项目案例 用调研打造"行业领先"

数据机构 IDC 发布数据显示,2019 年第三季度,在笔记本电脑线上市场份额中,京东占比达到了 75%,也就是说线上每售出 4 台笔记本电脑,就有 3 台来自京东。这既是京东计算机

电子商务案例分析

数码"行业领先"实力的证明,更是用户对京东信任的体现,这一切都离不开京东用户直连制造(Customer to Manufacturer,C2M)模式对用户需求的探索。早在C2M的摸索阶段,京东就以"用户深访"的形式对不同行业的用户需求进行调研,发现了不同用户对笔记本电脑的不同需求点。京东电脑数码发布的超级战报显示,在2019年"820京东电脑数码超级品类日"当天,京东笔记本电脑成交额1分钟破亿元,中高端游戏本销量是2018年同期的195%。目前轻薄本和游戏本在京东的销量占比达到了95%。

对于京东来说,用户才是最好的产品经理,除了开拓细分市场,京东更是从细节入手。在产品设计上,京东挖掘用户的每一个需求点,反向推动笔记本电脑品牌商的研发。

京东还将用户喜好传达给品牌厂商,助推畅销笔记本电脑的产生。例如,联想某款笔记本电脑就是由京东C2M反向定制打造的一款畅销产品。2019年"6·18"期间,该笔记本电脑在京东首发五分钟内5 000台备货便被抢购一空。在联想的全力调配下,其最终销售量达10 000台,这足以彰显消费者对其喜爱程度。

> 思考:京东笔记本电脑C2M成功的因素有哪些?京东采用了哪些策略进行笔记本电脑C2M调研?

嵌入知识

一、网络商务信息概述

1.网络商务信息的概念

网络商务信息是指存储于网络并在网络中传播的与商务活动有关的各种信息的集合,是各种网上商务活动之间相互联系、相互作用的描述和反映,是对用户有用的网络信息,网络是其依附载体。网络商务信息通常指的是商业消息、情报、数据、密码、知识等。网络商务信息限定了商务信息传递的媒体和途径,只有通过计算机网络传递的商务信息(包括文字、数据、表格、图形、视频、声音等)以及内容能够被人或计算机察知的符号系统,才属于网络商务信息的范畴。信息在网络空间的传递称为网络通信,在网络中停留时称为存储。

2.网络商务信息的分类

网络商务信息主要有免费商务信息、收取较低费用的商务信息、收取标准信息费的商务信息、优质优价的商务信息四种。

免费商务信息主要是指社会公益类信息以及对人们具有普遍服务意义的信息,只占5%左右。收取较低费用的商务信息是指一般性的普通类信息,采集、加工、整理和更新比较容易,大约占10%~20%,收取基本的服务费,不追求利润。收取标准信息费的商务信息是指知识、经济类的信息,其采集、加工、整理和更新较复杂,要花费一定的费用,同时信息的使用价值较高,提供的服务层次较深,大约占60%,是信息服务商主要的服务范围。优质优价的商务信息是指具有极高使用价值的专用信息,是信息库中成本较高的一类信息,可为用户提供更深层次的服务,能给用户带来极大收益。

3.网络商务信息搜集

网络商务信息搜集即网络市场调研,是指在互联网上针对特定营销环境进行调查设计、搜集资料和初步分析的活动,为企业的网上营销决策提供数据支持。

网络商务信息搜集的意义在于能帮助企业在信息采集、资源整合方面节约大量的人力与资金。网络商务信息搜集广泛应用于行业门户网站、知识管理系统、网站内容系统、垂直搜索、科研等领域。

二、网络商务信息搜集的要求

网络商务信息搜集是一种有目的、有步骤地从各个网络站点查找和获取信息的行为。一个完整的企业网络商务信息搜集系统包括先进的网络检索设备、科学的信息搜集方法和业务精通的网络信息检索员。网络商务信息搜集的要求有以下几个：

1. 及时——动态搜集信息、搜集新信息

所谓及时，就是迅速、灵敏地反映销售市场发展各方面的新动态。信息都是有时效性的，其价值与时间成反比。及时性要求信息流与物流尽可能同步。由于信息的识别、记录、传递、反馈都要花费一定的时间，因此，信息流与物流之间一般会存在一个时滞。尽可能缩短信息流滞后于物流的时间，提高时效性，是网络商务信息搜集的主要目标之一。

2. 准确——慎选信息源、理性地分析和处理

所谓准确，是指信息应真实地反映客观现实，失真度小。在网络营销中，由于买卖双方不直接见面，因此准确的信息就显得尤为重要。拥有准确的信息才可能做出正确的市场决策。信息失真，轻则会贻误商机，重则会造成重大损失。信息的失真通常有三个方面的原因：一是信息源提供的信息不完全、不准确；二是信息在编码、译码和传递过程中受到干扰；三是信宿（信箱）接受信息时出现偏差。为了减少网络商务信息的失真，必须在上述三个环节中提高管理水平。

3. 适度——目标明确、方法适当、范围和数量适度

适度是指提供信息要有针对性和目的性。没有信息，企业的营销活动就会完全处于一种盲目的状态，但信息过多、过滥也会使得营销人员无所适从。在当今的信息时代，信息量越来越大，范围越来越广，不同的管理层次又对信息提出了不同的要求。在这种情况下，网络商务信息的搜集工作必须目标明确、方法恰当，信息搜集的范围和数量要适度。

4. 经济——控制费用支出、充分利用信息

这里的经济是指以较低的费用获得必要的信息。追求经济效益是一切经济活动的中心，也是网络商务信息搜集的原则。许多人上网后，看到网络上的大量可用信息，往往想把它们全部收集起来，但后来才发现各种费用十分高昂。因此，信息的及时性、准确性和适度性都要求建立在经济性基础之上。此外，提高经济性，还要注意使所获得的信息发挥较大的效用。

三、网络商务信息搜集的方法和工具

1. 网络商务信息搜集的方法

网络商务信息搜集的方法有以下两种：

(1) 网上直接调查，搜集一手资料

网上直接调查是指利用互联网直接采取问卷调查、专家访谈、观察等方式搜集一手资料。网上直接调查按照不同的标准可进行不同的分类。

①按采用调查方法的不同分为：网上问卷调查法、网上讨论法、网上观察法。

②按调查者组织调查样本的行为分为：主动调查法、被动调查法。

③按网上调查采用的技术分为：网络站点法、电子邮件法、随机 IP 法、在线注册法等。

④按被调查者有无意识到调查的行为分为：网上民意测验、网络跟踪。

(2) 网上间接调查，搜集二手资料

网上间接调查是指利用互联网搜集与企业营销相关的市场、竞争者、消费者以及宏观环境等信息。企业用得较多的还是网上间接调查,因为它搜集的信息广泛,能满足企业管理决策需要,而网上直接调查一般只适合于企业针对特定问题进行专项调查。

网上间接调查的方法有以下几种:

①利用搜索引擎搜集资料。国内中文搜索引擎可以按分类、网站和网页来搜索关键字。国内搜索引擎一般都是采用分类层次目录结构,使用时可以从大类到小类搜索,直到找到相关网站。为提高查找效率和准确度,可以通过搜索引擎提供的搜索功能直接输入关键字查找相应内容。按分类只能粗略查找,按网页可以比较精确地查找,但查找结果比较多,因此较多的还是按网站查找。在使用搜索引擎时,可以用一些高级命令,同时搜索多个关键字,以提高检索的命中率和效率。

②利用 E-mail 搜集资料。利用电子邮件搜集客户信息具有针对性强、费用低廉的特点。它可以针对具体某一个人搜集特定信息,而且商务信息内容不受限制。使用电子邮件发布商务信息时,主要有如下技巧:主动出击、定位准确、注意发送周期、强调管理技巧。通过电子邮件搜集信息的过程分为以下几步:获得客户的电子邮件地址;制作网上调查问卷;通过电子邮件向客户发送问卷;接收反馈,统计整理调查信息。

③利用网络新闻组搜集资料。新闻组是互联网上非常重要而又富有吸引力的资源。在互联网上,分布着许多新闻组服务器,它们由公司、组织或个人负责维护,通常是免费对网上所有用户开放的。在每个服务器上建立有成百上千个新闻组,每个新闻组都有一个特定的主题。

④利用公告栏搜集资料。公告栏(BBS)就是在网上提供一个公开"场地",任何人都可以在上面进行留言、回答问题或发表意见和看法,也可以查看其他人的留言。公告栏的用途多种多样,一般可以作为留言板,也可以作为聊天(沙龙)、讨论的场所。公告栏的软件系统有两大类:一类是基于远程登录的文本方式,查看、阅览不是很方便;另一类是现在居多的基于WWW的方式,使用方法如同浏览WWW网页。利用BBS搜集资料主要是到与主题相关的BBS网站了解情况。

2. 网络商务信息搜集的工具

为了对网络商务信息进行管理和搜集,必须借助一些计算机软件,如网络信息采集工具、电子邮件收发工具、下载工具(如迅雷、QQ旋风)等。

四、整理和分析搜集到的网络商务信息

信息的整理是将获取和储存的信息条理化和有序化的过程,其目的在于提高信息的价值和提取效率,防止信息滞留,发现所储存信息的内部联系,为信息的加工做好准备。搜集到的和储存的信息往往是片断的、零散的,不能反映系统的全貌,甚至搜集到的信息里面可能还有一些是过时的或无用的,通过信息的合理分类、组合、整理,就可以使片面的信息转变为全面的信息。

作为网络营销人员,要对搜集到的网络商务信息进行整理,使信息清晰、有序,以备日后为相关决策调用。一般来说,整理网络商务信息的步骤为:明确信息来源;浏览信息,添加文件名;对信息进行分类;初步筛选信息。

为了对搜集到的网络商务信息做进一步的分析,还需要对整理过的信息进行加工处理,即将各种有关信息进行比较分析,并以企业的目标为基本参照点,发挥人的才智,进行综合设计,形成新的信息产品,如市场调查报告、营销策划、销售决策、人事安排等。网络商务信息加工处理的方式一般有人工处理、机器处理、人机结合处理等。

移动互联网的发展和社交网络的普及,使用户每天的网络活动都会生成海量的有效数据。

随着大数据技术的成熟,这些数据将变废为宝。大数据工具或平台能够快速收集和抓取用户社会属性、生活习惯和消费行为,如年龄、性别、产品偏好、购买水平和当下需求等信息,洞察消费者的行为变化,准确刻画每个消费者的特征,再聚集起来形成人群画像,最终可帮助企业确定营销用户群。

案例分析

用调研打造"行业领先"

一、京东笔记本电脑C2M成功的因素

京东是从经营3C产品起家的,其在我国的3C产品领域有一定的地位,这也是京东笔记本电脑C2M战略成功的内在因素,当然也包含京东的用户积累,用户消费和喜好大数据的支持等。

二、京东进行笔记本电脑C2M调研的策略

C2M战略的成功是建立在用户需求基础上的,因此京东在开始笔记本电脑C2M项目实施前进行了深入全面的市场调研。

1. 用户群体调研

不同的用户群体,其需求是不一样的,京东的用户调研彰显了大数据在电子商务市场调研中的作用。京东通过用户的浏览、点击、购买等行为,确定了笔记本电脑C2M战略所针对的用户群体。

2. 用户分类调研

京东利用大数据分析出不同用户的偏好,并进行分类,然后针对不同的用户设计不同配置和外观的产品,满足不同用户的需要。

3. 基于大数据的用户画像

用户画像是产品设计开发的立足点,依托京东大数据,用户在选购、下单、收货、评价反馈的每一步都成了京东的评估参数。用户浏览哪种规格的产品较多,用户在页面停留时间的长短都关乎着用户的喜好。

项目2 网络营销目标定位案例

项目任务 了解企业传统营销与网络营销策略的差异,能够进行网络目标市场的选择。掌握网络营销目标市场定位步骤,并进行网络营销策略的策划。

项目案例 毛豆新车网的网络营销定位

2019年1月14日,中国汽车工业协会发布的《2018年汽车工业经济运行情况》显示,2018

电子商务案例分析

年汽车工业总体运行平稳,受政策因素和宏观经济的影响,汽车的整体产销量低于年初预期。不过在常规汽车销售模式遇冷时,互联网新型汽车零售业却获得了快速的发展。其中,较具代表性的是毛豆新车网。

相比传统的销售行业,互联网新型产业重要的资源是渠道。有了线上渠道的拓展,新型商业模式可以帮助传统经销商拓展一些新领域。

毛豆新车网较大的特色不是线下产品,而是线上解决方案。尽管这家网站对外销售的仍然是汽车,但我们可以发现,它为消费者提供的不仅是产品,而是一整套完整的买车、用车方案。毛豆新车网的金融和售后店既彼此独立,又融为一体。在发展的过程中,二者相互支持、相互促进。在这种互联网的营销模式下,毛豆新车网迅速激活了国内三、四线城市的汽车市场。

很多人认为毛豆新车网采用的就是互联网融资租赁模式。在国内,这也是常见的互联网营销模式之一。简而言之,它是指出租人根据承租人的请求与各大汽车生产商订立供货合同,并根据合同要求出资购买相应的产品。之后,出租人与承租人签订一份租赁合同,将购买的产品出租给承租人,并收取一定的租金。

租金成为出租人获利的主要途径。租金中既包括产品本身的价值,又包括产品贬值的成本以及利息、风险控制、利润等多项因素。不过与普通的融资租赁模式不同的是,毛豆新车网销售的租赁产品有多个平台为消费者分摊成本。它不一定要求每辆车都通过金融机构进行购买,它可以通过各种平台的解决方案帮助消费者进行更合理的消费,在提升消费者生活品质的同时又使金融机构、汽车生产商获得更大的市场空间。

2019年8月1日,毛豆新车网携手上汽大众、上汽通用雪佛兰、东风悦达起亚三大品牌举行了"三千万福利大放送 千台好车免首付"的超级品牌月活动,获得了大众的广泛好评。

在这种发展模式下,毛豆新车网又通过"首付3 000元起开新车"的低门槛活动帮助汽车经销商赢得了更多的消费者。这种互联网营销模式不仅引领了行业发展,而且获得了消费者的支持与认可。

根据毛豆新车网官方数据,截至2019年6月,毛豆新车网合作车企已经超过30家,网内销售车型超过140个。同时,毛豆新车网还公布了2019年上半年平台的新车交易量,相比2018年上半年同比增长200%。在这个行业中,毛豆新车网的数据规模堪称前列。

> 思考:毛豆新车网识别了哪些市场定位因素,通过怎样的步骤进行市场定位从而形成自身独一无二的互联网营销模式?

嵌入知识

一、传统营销和网络营销目标市场定位的差异

传统营销目标市场定位的选择是单向的,企业可以拿着生产出来的产品到市场上寻找消费者,也可以根据细分市场所选定的消费者群进行生产,从而满足这一消费者群的需求。

网络营销的目标市场定位是双向的:一方面,营销者必须根据网上用户的各种情况做好市场细分工作,选定自己的目标市场;另一方面,营销者又必须从本国电子商务发展的实际情况出发,了解自己的产品和服务是否适合网络销售。

二、网络营销目标市场的选择标准

一个好的网络营销目标市场应当具备以下条件：

第一，该网络营销目标市场有一定的购买力，能取得一定的营业额和利润。

第二，该网络营销目标市场有尚未满足的需求，有一定的发展潜力。

第三，企业有足够的能力满足该网络营销目标市场的需求。

第四，企业在该网络营销目标市场中有一定的竞争优势。

三、网络营销市场定位的步骤

1. 识别竞争优势

企业需要在充满竞争的网络市场中找到自身优势，这个步骤往往是通过找到自身与竞争对手间的差异来完成的。这些差异主要体现在4个方面：产品差异、服务差异、人员差异、品牌差异。网络营销企业差异的具体体现见表4-1。网络营销企业需要从差异中选择企业的优势，这些优势可以使企业更准确地找到切入点，增强企业在网络市场中的竞争力。

表4-1　　　　　　　　　　网络营销企业差异的具体体现

差异	体现
产品差异	使自己的产品区别于其他产品，可以通过价格、质量、附加服务等实现
服务差异	使与产品相关的服务不同于其他企业，包括消费者体验、消费安全性、售后服务等
人员差异	通过雇用和培训比竞争对手更优秀的人员，从而取得更强的竞争优势。对于网络营销企业来说，能恰当地把握企业的经营模式和特点，重用具备网络营销技术和理念的人员，对于企业的经营和发展至关重要
品牌差异	树立好品牌形象，使企业品牌不同于竞争对手。作为网络营销企业，良好的品牌形象往往体现在营销过程的安全、便捷、诚信等方面

2. 选择合适的竞争优势

合适的竞争优势主要是指该优势能使企业在目标市场中有足够的发展空间，进而获得较大的利益。

对于同一家企业来说，合适的竞争优势也会随着企业的发展而不断变化，企业应及时把握现阶段自身的竞争优势，并适当调整自身的市场定位。例如，阿里巴巴的市场定位是为中小型企业提供贸易服务。这里的贸易服务包括国内贸易和国际贸易。现在，它的定位重点放在了国际贸易上。而这与阿里巴巴早期的市场定位不同，其在发展初期将定位重点放在国内贸易上。因为那个时期，阿里巴巴的竞争优势主要体现在能向消费者提供服务和贸易理念上，商务资源对于阿里巴巴来说还比较匮乏。经过一定时期的积累，如今的阿里巴巴已经聚集了大量商家。其中，以中小型企业为主要服务对象成了阿里巴巴现今的较大优势，国内的中小型企业希望加入国际市场，而国外的很多企业希望加入中国市场。因此阿里巴巴利用已经聚集的巨大的商务资源接轨国际市场，找到了自己的市场定位。

案例分析

毛豆新车网的网络营销定位案例分析

成功的网络营销关键就在于精准的目标定位，毛豆新车网通过互联网新型营销模式为汽车生产商、经销商、消费者创造了一种区别于常规营销模式的新型渠道，并精准定位双方的需

电子商务案例分析

求点,通过平台协调运作,即在保障生产商、经销商以及自身利益的基础上,将消费者的用车需求合理化、高性价比化,从而形成一种独一无二的互联网营销模式。

首先毛豆新车网识别了差异化的竞争优势。传统的汽车销售很难整合不同的厂商,而毛豆新车网敏锐发现的基于互联网平台的优势,可以将更多的汽车生产商整合到统一平台,方便了用户在线选择和服务。

其次毛豆新车网确定了差异化竞争优势。毛豆新车网找到自身与竞争对手间的差异来获取竞争优势,但此时往往可以列出多种竞争优势,企业需要从若干个潜在的竞争优势中做出选择,建立自己的市场定位战略。合适的竞争优势包括汽车销售平台、互联网金融服务、售后服务、在线租赁等。

项目3 网络营销推广工具与传播方法案例

项目任务 了解网络营销推广工具与传播方法,能够结合实际案例分析网络营销成功的关键,会利用网络事件营销、网络软文营销、论坛营销、搜索引擎营销、博客营销等工具为自己的网店或他人的网站、网店进行推广。

项目案例 海底捞的网络营销

一、海底捞简介

海底捞的网络营销

四川海底捞餐饮股份有限公司(以下简称海底捞)成立于1994年,是一家以经营川味火锅为主,融合各地火锅特色于一体的大型跨省直营餐饮民营企业。截至2021年6月30日,海底捞在全球开设1 597家直营餐厅。海底捞多年来历经市场和顾客的检验,成功地打造出信誉度高,融各地火锅特色于一体的优质火锅品牌。作为一个业务涉及全球的大型连锁餐饮企业,海底捞秉承诚信经营的理念,以提升食品质量的稳定性和安全性为前提条件,为广大消费者提供更贴心的服务,更健康、更安全、更营养和更放心的食品。

海底捞现有四个大型现代化物流配送基地、一个底料生产基地。四个大型现代化物流配送基地分别设立在北京、上海、西安和郑州,以"采购规模化、生产机械化、仓储标准化、配送现代化"为宗旨,形成了集采购、加工、仓储、配送于一体的大型物流供应体系。

海底捞曾先后在四川、陕西、河南等省荣获"先进企业""消费者满意单位""名优火锅"等十几项称号和荣誉,创新的特色服务赢得了"五星级"火锅店的美名,2008~2016年连续8年荣获大众点评网"最受欢迎10佳火锅店",同时连续5年获"中国餐饮百强企业"荣誉称号,2017年获得"中国火锅十大品牌"之一。2018年,海底捞首家智慧餐厅在北京正式营业,海底捞国际控股有限公司在香港联合交易所有限公司正式挂牌上市。同年,海底捞超级APP上线。2019年,海底捞继续发展全球门店网络,已覆盖亚洲、北美洲、大洋洲、欧洲等海外市场。

公司发展至今,已成为备受海内外瞩目的品牌企业。中央电视台二套《财富故事会》《商道》曾两次对海底捞进行专题报道;湖南卫视、北京卫视、上海东方卫视、深圳卫视等电视媒体也多次对其进行报道;美国、英国、日本、韩国、德国、西班牙等多国主流媒体亦有相关报道。

二、海底捞的网络营销

近些年来,网络餐饮营销发展越来越有多领域、数字化、无界限的特点。而海底捞在火锅餐饮里属于佼佼者,极具热点话题。它不断顺应时代潮流,利用微博、微信、小红书、APP等平台不断开发新业务。

1.微博营销

自 2010 年 7 月 24 日海底捞成立官方新浪微博(微博首页如图 4-1 所示)以来,成功为品牌的发展做出了应有的贡献,尤其是在应对危机事件方面起到了不可磨灭的作用。在微博页面上,主要展示海底捞的促销活动、新店开业情况、与顾客的互动、服务和菜品的点评、各分店的动态、联系方式等。

图 4-1　海底捞的新浪微博首页

2.微信营销

为了加强宣传力度和传播范围,海底捞创建了"海底捞火锅"微信公众账号。"海底捞火锅"微信公众账号可以提供查询所有门店的菜单、预订店内餐位及外卖,还有微信在线支付和售后服务相结合的服务,这些服务为消费者节省了时间,也为品牌宣传和互动环节增加了针对性,就餐过程变得更快捷、更高效和更合理。此外,海底捞还创建了各式各样的微信互动方式,如"出农场""出拼菜""Hi吃海底捞""摇摇乐"等互动游戏。游戏结束后可以将结果分享到微信的朋友圈、搜狐微博和人人乐微博。"海底捞火锅"也会在微信公众平台中将游戏的结果发送给微信好友,分享到微信朋友圈,将海底捞的品牌进行更广泛的传播。游戏的吸引力大,消费者可以参与官方微信游戏,从而不会让等待就餐的过程变得无聊,提高了消费者的满意度,也加深了消费者对企业的印象,还能变相地让更多的消费者成为忠实的粉丝。

电子商务案例分析

3. 小红书营销

海底捞的食品和酱料种类多样化,使更多海底捞忠实粉丝在小红书上分享自己的心得,例如海底捞省钱攻略、海底捞酱料攻略、海底捞隐藏吃法等方略层出不穷,吸引了众多海内外美食爱好者。这一类的宣传使得更多消费者会在吃饭前翻看小红书,寻找心仪的餐饮店,饭后写心得吸引更多的围观者。与此同时,增加了消费者前来线下店挑战和挖掘海底捞产品的可能性。经过小红书不断的笔记宣传,消费者一提到"餐饮火锅"就想到海底捞产品,从而达到了海底捞的营销理念,使得企业文化更深入人心。

4. APP营销

海底捞APP于2017年正式建立,在这里可以了解到海底捞动态、查询门店信息、预订位置、外卖服务、兑换捞币、社区互动、参与活动,还可以为官方服务留下点评,体验更多火锅欢乐时光和超乎想象的独特体验。海底捞还给予众多消费者专属权益,例如"捞币换礼""生日赠礼""升级礼遇"等。生日礼物体现了海底捞的情感营销,使得海底捞的企业文化与移动端新营销模式深度融合。在"升级礼遇"中,会员每次提升等级都可以获得不同等级专属权益礼物。而VIP也分各种等级,有红海、银海、金海还有黑海,不同的等级有不同权益,这更加刺激消费者的消费心理。此外,消费者可以通过APP了解到更多线下活动,例如会员品鉴会、亲子活动等,可以使消费者认识更多兴趣相投的朋友。

> 思考:海底捞是如何利用网络营销进行品牌推广的?海底捞成功的因素有哪些?

嵌入知识

网络营销工具有很多,主要包括网络事件营销、网络软文营销、论坛营销、搜索引擎营销、短视频营销、直播营销等。

一、网络事件营销

网络事件营销其实是事件营销的一个分支,是企业通过策划、组织和利用具有名人效应、新闻价值以及社会影响的人物或事件,在网站上发布,吸引媒体、社会团体和消费者的兴趣与关注,以提高企业或产品的知名度、美誉度,树立良好的品牌形象,并最终促成产品或服务销售的手段和方式。网络事件营销是近年来国内外十分流行的一种公关传播与市场推广手段,集新闻效应、广告效应、公共关系、形象传播、客户关系于一体,并为新产品推介、品牌展示创造机会,建立品牌识别和品牌定位,形成一种快速提升品牌知名度与美誉度的营销手段。其在公关和营销实践中塑造了许多成功案例,已成为营销传播过程中的一把利器和企业低成本营销的绝佳方法。

二、网络软文营销

软文就是基于特定产品的概念诉求与问题分析,对消费者进行针对性心理引导的一种文字模式。从本质上来说,它是企业软性渗透的商业策略在广告形式上的实现,通常借助文字表达与舆论传播使消费者认同某种概念、观点和分析思路,从而达到企业品牌宣传、产品销售的目的。

在传统媒体行业,软文之所以备受推崇,第一个原因就是各种媒体抢占眼球竞争激烈,人们对电视、报纸的"硬广告"关注度下降,广告的实际效果不再明显。第二个原因就是媒体对软文的收费比"硬广告"要低得多,在资金不是很雄厚的情况下,软文的投入产出比较科学合理。所以企业从各个角度出发愿意以软文试水,以便快速启动市场。

软文营销至少具备以下几个要点:

(1)本质是广告——追求低成本和高回报。

(2)形式是新闻资讯、管理思想、企业文化、技术及技巧文档、评论、包含文字元素的游戏等一切文字资源。

(3)宗旨是制造信任。

(4)关键要求是把产品卖点说得明白透彻。

(5)着力点是兴趣和利益。

(6)重要特性是口碑传播性。

三、论坛营销

论坛营销是以论坛为媒介,企业参与论坛讨论,建立自己的知名度和权威性,并顺带推广自己的产品或服务的营销方式。运用得好的话,论坛营销可以是效果非常好的一种网络营销手段。互联网上各种行业、各种爱好的论坛比比皆是,有不少论坛人气都很旺,会员动辄几万、几十万,企业如果能在这样的论坛里建立知名度,会有意想不到的效果。

四、搜索引擎营销

搜索引擎营销是一整套的技术和策略,用于引导更多的访问者通过搜索引擎寻找商业网站,包括下面几种实现方式:

(1)付费链接(Paid Placement)。它是指通过诸如百度竞价排名这类广告服务将内容广告在搜索引擎中通过关键词搜索显示出来,有时多指付费搜索、点击付费广告和竞价排名广告。

(2)内容定向广告(Contextually Targeted Text Ads)。这是指显示在搜索联盟成员的内容站点上而不是搜索站点上的广告。

(3)付费收录(Paid Inclusion)。这是指通过向搜索引擎和类似黄页站点付费的行为,使得某个网站和网页能够被收录到服务器的索引信息中,但是不需要被显示在搜索结果列表上的某个特殊位置。

(4)自然排名搜索引擎优化(Organic Search Engine Optimization)。这是指通过使用一些技术,包括 HTML 代码放大、网页复制编辑、站点导航、竞价链接等来提高一个网站或网页在特定搜索主题中的自然搜索结果(非付费搜索)的排名。

(5)搜索引擎营销服务提供商(SEM Service Provider)。这是指帮助企业广告主使用上述各种搜索引擎营销方法的机构或个人。

(6)搜索引擎营销技术提供商(SEM Technology Provider)。其是应用软件的制造者,制作的软件可以帮助企业执行搜索引擎营销项目,软件应包括出价管理、竞价管理、项目组合管理和动态优化等要素。

五、博客营销

简单来说,博客营销就是企业利用博客这种网络交互平台,发布并更新企业或公司的相关概况及信息,密切关注并及时回复平台上客户对于企业的相关疑问以及咨询,通过博客平台帮助企业或公司零成本地获得搜索引擎的较好排名,以达到宣传目的的营销手段。

博客营销的应用主要包括企业博客、营销博客等,区别于那些以个人兴趣甚至个人隐私为内容的个人博客。其实无论是企业博客还是营销博客,一般来说都是个人行为(当然也不排除某个公司集体写作同一博客的可能),只不过在写作内容和出发点方面与个人博客有所区别:企业博客或者营销博客具有明确的企业营销目的,博客文章中或多或少会带有企业营销的色彩。

六、微博营销

1. 微博营销的概念

微博是一个基于用户关系的信息分享、传播以及获取平台,每一个受众(粉丝)都是潜在的营销对象,允许用户以简短的文本进行更新和发布消息。微博是用来沟通的,一个人说,其他人支持,然后彼此反复讨论。每个企业都可以在新浪、网易等平台注册一个微博,然后通过更新自己的微博向网友传播企业、产品的信息,树立良好的企业形象和产品形象。每天就更新的内容或者大家所感兴趣的话题进行交流,从而达到营销的目的,这样的方式就是微博营销。

2. 微博营销的特点

(1)便捷性。微博营销优于传统的广告,发布信息的主题无须经过繁复的行政审批,从而节约了大量的时间和成本。

(2)速度快。一条关注度较高的微博在互联网及手机客户端上发出后,短时间内通过互动性转发就可以抵达微博世界的每个角落,从而到达较多的受众。

(3)立体化。微博可以借助新兴的多媒体技术手段,利用文字、图片、视频等展现形式对产品进行描述,从而使潜在用户更形象、直观地接收信息。

(4)广泛性。微博是以粉丝关注的形式进行病毒式营销的,影响非常广泛。同时,名人效应能够使事件的传播量呈几何级数放大。

七、问答营销

问答营销又称知识型营销,是互动营销借助第三方口碑创建的网络营销方式,既能与潜在用户产生互动,又能植入商家广告,是做品牌口碑、互动营销不错的方式之一。问答营销具有互动性、针对性、广泛性、媒介性、可控制性等特点,可以全方位地展示产品或者公司信息,在为用户解答疑难问题的同时,将自己的服务信息传递出去。问答营销具体包括开放问答、事件问答、促销评论、传真问答、邮件问答、短信问答等方式。

八、电子邮件营销

1. 电子邮件营销的概念

电子邮件营销是指在经用户许可的条件下,以电子邮件方式向目标客户传递有价值信息的网络营销手段。电子邮件营销具有连续推销机会,是快捷获得后续联系机会的较好方式。

2. 电子邮件营销的优势

(1)范围广。互联网迅猛发展,只要你拥有足够多的 E-mail 地址,就可以在很短的时间内向数千万目标用户发布广告信息,营销范围可以是中国全境乃至全球。面对如此庞大的用户群,作为现代广告宣传手段的电子邮件营销正日益受到人们的重视。

(2)针对性强,反馈率高。电子邮件本身具有定向性,可以根据需要按行业或地域等进行分类,然后针对目标客户进行广告邮件群发。可以针对某一特定的人群发送特定的广告邮件,使宣传一步到位。

(3)操作简单,效率高。使用专业邮件群发软件,不需要懂得高深的计算机知识,不需要烦琐的制作及发送过程,单机就可实现每天数百万封电子邮件的发信速度。

（4）成本低廉。电子邮件营销是一种低成本的营销方式，所有的费用支出就是上网费，成本比传统广告形式要低得多。

九、短视频营销

智能手机飞速发展，使得几十年前的"奢侈品"现在已经成为我们生活中的必需品。人们的出行、饮食、消费和娱乐都离不开手机，这给短视频的流行提供了硬件支持。而移动数据流量的"提速降费"以及WiFi技术和免费流量的发展，给短视频的流行提供了网络技术支持。短视频营销时代其实是和内容营销时代结合起来的。短视频营销能够展现丰富的内容，包括产品的细节、品牌的文化、品牌的情怀等一系列内容。这是其他的营销模式无法比拟的，也是短视频营销的优势所在。同时，短视频营销能够将声音、表情、动作等内容合为一体，带给用户更直观的感受，引起用户的共鸣，让他们真心喜欢上视频里的内容。因此，短视频营销的作用不仅是营销，它更像是一张名片。它能够带给人耳目一新的感觉，让用户觉得这个品牌充满活力和生机。

十、直播营销

网络直播是指用户在手机或计算机上安装直播软件，利用摄像头进行实时拍摄和呈现，其他用户可以在相应的直播平台直接观看和互动。直播营销是通过打造高质量的直播内容，从观众的需求出发，聚焦观众的痛点，即寻找观众的兴趣点和刚需，挖掘他们关心的内容，从而达到网络营销效果。所谓"需求至上"，就是说只有当直播的内容刺中观众的需求痛点时，才能持续吸引其关注，并让观众产生依赖，进而提高其留存率。挖掘直播观众需求痛点时，首先，主播要对自身的能力与优势有充分的了解，并对竞争对手的直播内容和特点进行深入分析，以开展差异化的内容定位，通过细分内容来寻找观众的需求痛点；其次，主播要对观众心理进行深入的分析，只有对观众有了充分的了解，才能更精准地挖掘观众的需求，从而打造符合其需求的直播内容。

十一、无线营销

无线营销（Wireless Marketing）是利用以手机为主要传播平台的媒体，直接向"分众目标受众"定向和精确地传递个性化即时信息，通过与消费者的信息互动达到市场沟通的目的，也称手机互动营销或移动营销。

十二、微信营销

微信营销是网络经济时代企业营销模式的一种创新，是伴随着微信的火热而兴起的一种网络营销方式。微信不存在距离的限制，用户注册微信账号后，可与周围同样注册微信的"朋友"形成一种联系。用户可以订阅自己所需的信息，商家则通过提供用户需要的信息，推广自己的产品，从而实现点对点的营销。

微信公众平台是腾讯公司在微信的基础上增加的功能模块，通过这一平台，个人和企业都可以打造一个微信的公共账号，并实现和特定群体的文字、图片、语音的全方位沟通、互动。

微信营销主要体现为移动客户端进行的区域定位营销，商家通过微信公众平台，结合转介率、微信会员卡展示商家微官网、微会员、微推送、微支付、微活动，形成了一种主流的线上线下微信互动营销方式。

不同于微博，微信作为纯粹的沟通工具，商家、媒体等与用户之间的对话是私密性的，不需要公之于众，所以亲密度更高，完全可以进行一些真正满足需求和个性化的内容推送。企业可以将微信作为品牌的根据地，吸引更多人关注，成为"普通粉丝"，再通过内容和沟通将"普通粉

电子商务案例分析

丝"转化为"忠实粉丝",当粉丝认可品牌、建立信任后,自然会成为企业的顾客。

案例分析

海底捞的网络营销案例分析

一、海底捞以服务制胜

产品是企业的根本,而服务和交流是海底捞的核心力量和招牌。与其他餐饮企业相比,海底捞的服务被公认为是较好的,在海底捞消费过的顾客都可以享受到舒适极致的服务体验,例如在排队过程中,消费者可以在等候区享受零食、接入无线网络、免费美甲等贴心服务;在点餐过程中,如果选择的菜较多,服务员还会提醒消费者可以吃完之后再点,避免浪费;在就餐过程中,服务员随时随地关注消费者的需求,及时提供相应的服务,例如为女性消费者提供皮筋;饭后会提供薄荷糖,还会主动为消费者提供打包服务等。这体现了海底捞的差异化竞争策略,通过全方面细致的服务和真诚的态度,缩短了彼此之间的情感距离,提高了消费者对海底捞的消费忠诚度和黏性。

二、利用不断创新的网络营销工具进行品牌推广

随着互联网的不断发展,陆续涌现出网上订餐、B2C 电子商务、微博、微信、直播等新型互联网业务。近年来,海底捞不断顺应时代潮流,推出 Hi 捞送外卖服务、天猫商城海底捞官方旗舰店、新浪微博海底捞官方微博、官方微信公众账号、移动 APP 等网上业务。

2010 年,海底捞在其官网推出 Hi 捞送外卖服务,使消费者能够快速、准确、安全地体验海底捞的鲜美菜品和优质服务。同年,海底捞又在天猫商城推出海底捞官方旗舰店,出售火锅底料、酱料等产品,为消费者提供更多超值又美味的火锅产品,还采取营业推广的手段,为购买金额达到一定额度的消费者提供优惠或包邮等折扣,吸引了大量年轻消费者的目光。海底捞还在新浪微博开通海底捞官方微博,加强与消费者的互动,将产品的更新信息传递给消费者,开辟出企业对外发声的官方渠道。

1. 通过微博树立品牌,提升知名度

微博以"简短、便捷、快速"为特色,随着移动互联网和智能手机的普及,以新浪为代表的微博产品已经成熟化和生活化。微博用户借助多种终端实现即时分享,越来越多的企业以 140 个字拉近企业品牌与目标用户之间的距离。

海底捞以故事分享为原料,以猎取好奇心为方法,制造了"海底捞体",根据微博蜘蛛网传播的规律,对个性化的服务做了深度的传播。通过事件提升品牌知名度和美誉度,海底捞式的服务也成了整个餐饮行业的服务标准。

2. 微信公众平台提供方便快捷的用餐体验

海底捞一直深谙服务之道,除了提供线下优质服务,也在探索如何在讲求便捷、高效的移动互联网时代,进一步提高用户体验。微信便是极佳的平台。

当人们关注海底捞的官方微信公众账号后,一定会被全面的自助服务震惊——微信公众账号的菜单上一共有三个模块:"看""吃""玩"。"看"是信息平台,提供门店信息、菜品介绍、企业新闻、招聘、产品招标等信息;"吃"是消费平台,可供顾客预订座位、叫外卖、去线上商城选购

食材和酱料;"玩"是沟通平台,顾客可以与客服交流反馈、发表用餐感受,甚至玩几款与海底捞业务结合紧密的微信小游戏……

在海底捞,从了解信息,到订座、点餐,再到付款,甚至到餐后反馈,几乎所有通过电话沟通及线下进行的消费活动,都可以在微信公众平台上解决。这样看来,微信公众平台已经承担了一个移动电商的角色,它较大的优势就是方便。

3. 开发移动 APP 信息平台,实现快速精准营销

新媒体的兴起在极大程度上改变了用户的媒介使用习惯,用户大量迁移至新媒体平台,传统官方网站在用户心中的地位逐渐被移动 APP 所取代。而且随着无线互联网、5G 技术的快速发展,以及智能手机的普及、流量资费的不断降低,移动端 APP 的运用已成为海底捞继 PC 端官方网站开发后的另一项重要开发目标。

海底捞自有 APP 为消费者提供了排号、订餐、客服、外卖、游戏等功能应用。其 APP5.3.1 的新版本新增了海底捞 AR 相机应用,为顾客提供了拍照、录制短视频等新功能,顾客可将用餐照片、小视频与好友分享。不仅如此,用户还可收集"AR 海捞卡"参加餐厅的海量活动,这满足了顾客用餐娱乐化、趣味性的需求,也利于企业捕捉用户消费心理,从而实现精准营销。同时,移动 APP 作为企业信息发布的平台也承担着重要的宣传、导向功能。比如企业新上线的产品或者优惠活动信息都可以通过 APP 平台第一时间快速精准地传达给目标客户,通过信息的发布推送,企业可以直接与客户建立联系,让受众知晓相关产品和服务。可以说,移动互联网的极大便利性将大部分用户从台式机、笔记本等网络终端分流到了手机、PAD 等移动客户端上,这也为海底捞与客户建立密切的联系、实现快速精准营销提供了更为便捷的平台。

4. 创新 O2O 营销模式,打造线上线下一体化

O2O 营销模式是指线上营销、线上购买带动线下经营和线下消费的商业模式。O2O 通过打折、提供信息、服务预订等方式,把线下商店的消息推送给互联网用户,从而将他们转换为自己的线下客户,这就特别适合必须到店消费的商品和服务,比如餐饮、健身、看电影和演出、美容美发等。

海底捞 O2O 模式的探索成功,首先在于其与大众点评、美团、百度糯米等团购网站的合作。团购往往因电子优惠券或一些小幅度折扣吸引顾客线上购买,从而促使顾客到店消费。此方式可以在一定程度上增加团购的商品销售量,门店可在短时间内揽到较多的顾客,并以其独特优质的服务达到增强顾客黏性的效果,从而利于企业品牌的推广。此外,海底捞在外送上也做了创新性的尝试。海底捞 Hi 捞送提供 24 小时外卖服务,餐具、菜品一并送货到家。除了企业自身搭建的外卖平台以外,企业也积极与淘点点、饿了么、美团外卖等第三方平台合作。

利用 O2O 营销模式是企业进行品牌推广及打造口碑宣传的重要路径。值得注意的是,O2O 模式如果利用不当将会出现较为严重的问题,比如消费者线上团购享受优惠或者网上订购海底捞外卖,但是线下实际消费的质量无法达到实体店的水准,这会严重影响企业品牌在消费者心中的形象。可喜的是,海底捞在这一方面做得比较到位,一直秉持优质服务取胜的理念,收获了广大消费者的好评。

知识拓展 网络精准营销

电子商务的发展分为三个阶段:首先是作为一个新生事物,吸引更多的用户加入,抢占市场份额;其次是通过完善相关操作环节流程,扩大销量;最后是通过满足消费者多样化的消费需求,占领线上消费市场。而目前电子商务已经进入第三个阶段,消费者表达出了越来越强烈的多样性和个性化的需求。不同的消费者关注的内容大相径庭,范围广泛,他们光顾各个网站和论坛,且做到了真正的触网有痕,如用户购买信息、浏览记录等。不少电子商务企业也因此掌握更多的主动和非主动信息,其带来的商业价值不可小觑,让"数据"说话的精准营销变得切实可行。随着网络技术的发展,人们的生活逐渐全面向互联网和移动互联网转移,然而在享受网络带来便利的同时,极速发展的互联网也带来了信息爆炸的问题。在网络世界里,面对的、可获取的信息(如商品、资讯等)呈几何级数增长,如何在这些巨大的信息数据中快速挖掘出有用的信息已成为当前急需解决的问题,所以网络精准营销的概念应运而生。

一、网络精准营销的概念

网络精准营销就是在精准定位的基础上,依托现代信息技术手段建立个性化的顾客沟通服务体系,实现企业可度量的低成本扩张之路。它充分利用各种新式媒体,将营销信息推送到比较准确的受众群体中,从而既节省营销成本,又能起到较好的营销效果。

二、网络精准营销的特点

1.精准的客户定位

在网络精准营销观念中,对客户的定位不仅需要定性,而且需要定量,对企业所处的一级市场及细分市场都要有准确分析,对品牌也要有清晰且准确的定位。随着大数据技术的发展,企业可以依据自身定位建立准确的数据体系,量化目标市场,从海量的消费数据中推算大概的客户特征,经过一定的数据处理,最终刻画出一个完整的需求客户形象,判断客户的购买力,将客户、产品与市场紧密联结,通过大数据技术手段的提升,提高数据分析结果的真实性和准确性,提高电商企业营销的精准程度;利用信息技术进行网络精准营销,对海量的消费者信息进行收集、处理和储存分析;通过细分市场,对细分后的市场和消费者的需求、购物行为特征进行分析和定位。

2.精准的营销渠道

相比传统的企业营销,在大数据背景下,企业的营销渠道有多种方式可以选择,不同的消费者所采用的消费渠道也不同,他们对不同渠道的产品有不同的感知。除此之外,多样的营销渠道也会给企业带来成本上的压力,因此,选择合适的渠道将产品呈现在消费者面前是一个相当重要的步骤。如何筛选营销渠道成为关键,大数据技术通过大量的消费者购入渠道偏好的分析,可以较大效率地利用营销成本,选择一个或多个满足目标市场客户需求的推送渠道,可以有效提高客户黏性和客户忠诚度,降低广告成本。可以说网络精准营销提高了电子商务广告的精准度和命中率。

3.精准的增值服务

如今,企业在产品的本质上已无太大差别,消费者选择消费哪一品牌或企业的产品也更多体现在产品的后续增值服务上。说到底,网络精准营销主要是通过个性化技术来实现。企业除提供产品外,更多的是提供如物流、维修、包装等增值服务,让客户感受到物有所值、物超所值的消费体验。因此,在网络精准营销中,企业不仅应明确消费者对产品的需求,更应在同质化的时代明确消费者对售后增值服务的更多需求,通过大数据的分析处理,选择合适的增值服务,以较低的成本带来较大的客户满意度,以此增强客户黏性。这就需要企业通过一定的方式获取更多的消费数据,通过这些消费数据,确定目标消费群,对其采取有针对性的产品和服务信息宣传,如此可大大提升消费者的购买率,更好地实现客户与企业的互利共赢。再加上电子商务节约、便利的特点,只需选择适宜的物流公司,不仅可以减少产品流通环节,而且大大提高了电子商务服务水平。

实操案例

一瓶小小的黄酱,一段传奇的故事

外婆已经去世多年了,关于外婆的事情在我的记忆中似乎已经开始模糊了。但是对于外婆,有两件事是我这辈子都不会忘记的。一是外婆讲起她曾经教过的学生时,脸上自然流露出的满足和欣慰的表情;二是外婆给我吃的那款黄酱,以及关于那款黄酱的动人故事。

那是很多年前的事了。一个老板到医院看病,回家后却发现钱包丢了。老板焦急万分,连夜去找。因为钱包里不仅有6万元现金,还有一份他们家祖上留下来的豆酱秘制配方。据说那是传了几代人的老方子,是他们家族的至宝!老板从家里到医院,找了一路,却一无所获。这让他深深地沉浸于懊悔与自责中。只剩下最后一个地方了——候诊室,这是他最后的希望了。当他匆匆赶往候诊室时,却在候诊室门外的走廊里看到一个女孩。她靠着墙根蹲着,不知道是因为害怕,还是冻的,她瑟瑟发抖。而让老板欣喜若狂的是,女孩怀中紧紧抱着的正是他丢的那个钱包!

后来老板才知道,这个女孩叫晴儿,是外婆班里的学生。女孩早年丧母,剩下她和父亲相依为命。但是没想到,就在两年前,父亲因为要供她上学,多年操劳最终染上重病。女孩把家里能卖的东西都卖了,可是凑来的钱仅够父亲一个晚上的医药费!就在那天的下午,医院正式通知女孩,若是不能及时补全接下来的治疗费,医院只能停止用药了。无能为力的晴儿在医院走廊里跪过前来看病的人,甚至去大街上乞讨过,希望能碰上一个好心人救救她父亲。虽然她因此筹集到了一部分钱,但是和所需的医药费依然相差甚远。

这天晚上,无助的晴儿为了不让父亲看到她的愁容,便一个人躲到空旷的走廊里。没想到的是,她一眼看到候诊席座椅下边的黑色钱包。晴儿急忙拿起钱包,看看左右无人,便飞快跑回了病房。当她打开钱包时,父女俩都被里面成沓的钞票惊呆了。那一刻,她心里明白,有了这些钱也许就能治好父亲的病了。但是没想到,父亲却坚决让晴儿把钱包送回走廊去,还让她在那里等丢钱包的人回来取。

父亲说:"丢钱的人一定很着急。人的一生最该做的就是帮助别人,急他人所急;最不该做的就是贪图不义之财,见财忘义。"

老板听完事情的经过,深深被这对父女感动了。能在这种情况下把6万元钱退给失主,这是在用生命续写人间大义!更何况钱包中还有那份关系他们家族兴衰的秘制配方!为此,老板出钱为晴儿的父亲治病。但是可惜的是,因为晴儿的父亲早已病入膏肓,最终还是离晴儿而去。而多年后,晴儿在老板的资助下读完了大学。虽然毕业后老板一直没委任她在企业里做任何实际职务,但在长期的历练中,老板的智慧和经验潜移默化地影响了她,使她成了一个成熟的商业人才。

多年以后,老板也走到了人生的最后时刻,在弥留之际,他留下一份令人惊奇的遗嘱:

在认识晴儿父女之前,我就已经很有钱了。可当我站在贫病交加却拾巨款而不昧的父女

电子商务案例分析

面前时,我发现他们最富有。因为他们恪守着至高无上的人生准则,这正是我以前缺少的。是他们使我领悟到了人生最大的资本是品行。资助晴儿既不是为知恩图报,也不是出于同情,而是把她作为我做人的楷模。有她在我的身边,生意场上我会时刻铭记,哪些事该做,哪些事不该做;什么钱该赚,什么钱不该赚。这就是后来的我生意兴旺发达的根本原因,也是造就我短短几年就积累了千万财富的根本原因。

我死后,我的生意全部留给晴儿继承。这不是馈赠,而是为了我的事业能更加辉煌昌盛。我深信,我聪明的儿子能够理解父亲的良苦用心。

老板的儿子仔细看完父亲的遗嘱后,毫不犹豫就在财产继承协议书上签了一行字:我同意晴儿继承父亲的全部资产。只请求晴儿能做我的妻子。

晴儿看完老板儿子的签字,略一沉吟,也提笔签了字:我接受前辈留下的全部财产——包括他的儿子。

后来,晴儿将黄酱更名为××黄酱。

一瓶小小的黄酱,一段传奇的故事,这是外婆留给我的最大财富!每次去超市,我都会特意买两瓶××黄酱,在这款黄酱中,我不仅能体会什么是美味,而且能体会人间真爱和大义。

工作任务:这个故事感人吗?写作者是一名电商文案作者,这个故事的真正目的是什么?请针对不同特点的产品写一篇故事营销软文。

项目考核评价

知识(0.3)			技能(0.4)			态度(0.3)		
个人评价(0.3)	小组评价(0.3)	教师评价(0.4)	个人评价(0.3)	小组评价(0.3)	教师评价(0.4)	个人评价(0.3)	小组评价(0.3)	教师评价(0.4)

总分=知识+技能+态度=_____

本模块参考资料来源:

1. 京东官网
2. 毛豆新车网
3. 计世网
4. 杨明.基于大数据技术优势的电子商务精准营销分析[J].中国市场,2021(08):189-190.
5. 李晶.网络商务信息的信息质量研究[J].网络财富,2010(08):130-132
6. 潘宇.海底捞的网络营销创新[J].企业管理,2019(03):57-60

模块 5

电子商务物流案例

学习目标

了解电子商务物流的主要内容和模式,明确供应链管理的意义及第三方物流在电子商务中的重要地位,掌握电子商务物流流程的合理化设计,能合理选择第三方物流公司,了解我国智慧物流体系和先进的物流技术。通过电子商务物流案例分析,培养学习者的逻辑思维能力、评价判断能力和合作精神,激发学习者学习电子商务物流技术的动力。

项目 1 电子商务云物流案例

项目任务 能说出电子商务物流的主要内容,理解云物流、智能物流,分析案例中菜鸟物流的优势。

项目案例 菜鸟物流

2013年5月28日,阿里巴巴集团、银泰集团联合复星集团、富春集团、顺丰集团、三通一达(申通、圆通、中通、韵达),以及相关金融机构共同宣布,"中国智能物流骨干网"(简称CSN)项目正式启动,合作各方共同组建的菜鸟网络科技有限公司正式成立,也称为菜鸟物流。

电子商务案例分析

一、菜鸟物流的特点

CSN通过自建、共建、合作、改造等多种模式,在全国范围内形成了一套开放的社会化仓储设施网络。同时利用先进的互联网技术,建立开放、透明、共享的数据应用平台,为电子商务企业、物流公司、仓储企业、第三方物流服务商、供应链服务商等各类企业提供优质服务,支持物流行业向高附加值领域发展和升级,最终促使建立社会化资源高效协同机制,提升我国社会化物流服务品质。菜鸟物流通过打造智能物流骨干网,对生产流通的数据进行整合运作,实现信息的高速流转,而生产资料、货物则尽量减少流动,以提升效率。菜鸟物流有以下特点:

1. 完全的轻资产模式,只做平台

经过几年的发展,菜鸟物流虽然占据国内较大比例的包裹量,但中国消费者从未看到含有菜鸟物流标识的包装盒或者快递公司。菜鸟网络的平台模式决定了其快速发展的基本要素——骨干节点——可以迅速地进行批量复制。

2. 由掌握信息和大数据的巨头公司运作

统一的模式、给予物流企业同等的资金和政策支持,菜鸟物流这种第四方物流的模式在中国理论上来说只有掌握IT信息和数据较多的公司才可以完成,而由于阿里巴巴常年和电商以及物流打交道,所以做这项工作较适合。

3. 半商业半公益

阿里巴巴是一家商业公司,菜鸟物流自然也是商业化的第四方物流平台,但未来菜鸟物流将会成为半商业半公益的"特殊商业体系",在包括涉及国计民生的战略资源产品调配、优化交通运输体系等方面会发挥更大的价值。而且,以阿里巴巴的营利理念来看,其所主导构建的第四方平台体系,将在真正意义上成为"不赚钱,但是为赚钱平台搭建平台"的新产业模式。

二、菜鸟网络

菜鸟物流赖以支撑的菜鸟网络(中国智能物流骨干网)不仅是电子商务的基础设施,更是中国未来商业的基础设施。中国智能物流骨干网应用物联网、云计算、网络金融等新技术,为各类B2B、B2C和C2C企业提供开放的服务平台,并联合网上信用体系、网上支付体系共同打造中国未来商业的三大基础设施。菜鸟网络不会从事物流,而是希望充分利用自身优势支持国内物流企业的发展,为物流行业提供更优质、高效和智能的服务。

三、菜鸟物流的营利模式

菜鸟物流整体来说与快递公司是合作关系。菜鸟物流向卖家提供仓配网络服务、跨境网络服务和基于平台大数据的传统快递服务,向物流企业提供大数据分析及物流云服务。此外,菜鸟物流还推出针对农村卖家及消费者的农村物流,以及面向终端消费者的菜鸟驿站代收、代寄件服务。具体包括以下方面:

(1) 仓配网络服务——商家产品统一入仓,省去揽件及干路成本。
(2) 跨境网络服务——菜鸟物流帮助商家完成跨境电商中的基础性服务。
(3) 快递平台服务——整合分散资源、提升标准化程度。
(4) 大数据、物流云服务——向物流企业提供服务。
(5) 农村物流——面向未来物流不断下沉的趋势。
(6) 菜鸟驿站——"最后100米"方案解决者。

四、菜鸟物流的定位

菜鸟物流的目标定位是促进电商物流不断变革升级,让各快递企业为消费者提供更好的服务。这一目标,使得菜鸟物流主观上并不会直接与快递企业竞争,但是客观上会影响快递企业未来竞争的路径。一方面,加入菜鸟联盟的几家快递公司的相对份额会比较稳定。另一方面,积极参与菜鸟体系的快递企业会比不积极参与的更加受益。此外,菜鸟物流的动作也会影响到快递公司的战略。菜鸟物流会让快递企业效率不断提高,其最终目标是要让消费者的服务体验越来越好,因此,菜鸟物流的不断壮大并不会直接与快递企业竞争。

五、菜鸟物流的格局

1. 接入快递公司,推动物流信息化

快递公司是与卖家和消费者两端直接接触的角色,也是菜鸟物流背后重要的支撑。大部分快递公司在"效率提升"这件事情上一直没有好的表现,重要原因之一在于没有一个高效的信息管理系统。菜鸟物流搭建物流生态的第一步就是要输出一套"端到端"的物流管理系统,让合作快递公司以此为适配标准开发或更新自己的后台管理系统,并接入其中。在此基础上,菜鸟物流可以将快递环节中原本低效的"手动作业方式"一步步电子化。此外,菜鸟物流结合了高德地图的算法将所有地址拆分为结构化的"四级地址",在此基础上能够实现"路由分单",以此取代人工分单,提升分拨中心的效率。原本分拨中心流水线上会有大量分拣员,他们需要看着包裹上的地址信息凭记忆确定包裹的下一站到达哪个网点。当地址都经过"四级结构化"后,快递公司可以根据这些数据实现包裹与网点的精准匹配。

2. 布局仓储,做仓配一体化

布局仓储可以看作菜鸟物流在搭建整个物流网络的骨架。更重要的是,菜鸟物流想要实现仓配一体化。菜鸟物流前期引人关注的事件之一就是"建仓"。但这么"重"的做法只是第一步。菜鸟物流在包括北京、上海、广州、深圳在内的全国 8 个关键节点建仓,面积皆为 10 万平方米以上,其他仓库则由仓储合作伙伴提供。目前,菜鸟物流在国内已经有 128 个仓库,近 200 万平方米。未来,菜鸟物流还会更多地整合闲置的小型社会仓储资源,将网的分层做得更密。菜鸟物流并不介入仓库运营,包括自建仓在内的所有仓库运营均外包给广州心怡科技公司、百世汇通、日日顺等第三方仓配管理公司,这些公司多已获得阿里投资。目前,菜鸟物流已经与上述第三方公司实现了仓库管理系统的深度打通,菜鸟物流可监控所有订单在仓储流程中的每一环节的实现情况。由于商家的货物在菜鸟物流的仓库里,而仓库的信息已经打通,菜鸟物流就可以实现"智能分仓",即通过分析消费者数据提前对商品的走向做出判断,将库存和消费者做智能匹配。

3. 布点菜鸟驿站,建末端网络

社区范围内的投递是物流链路中最接近消费者的环节,直接影响到用户的最终体验。但传统的投递方式难以面对消费者端的多样化需求和多种突发状况,"最后一公里"的物流投递成本不可避免地会上升。所以,菜鸟物流也必须介入物流的末端,建一个能够更接近消费者的末端网络。目前,这个网络的主要承载者是菜鸟驿站。一方面,菜鸟驿站可以提供代收包裹服务,避免用户不在家时带来的落地配时间成本的上升,类似自提柜的作用。另一方面,菜鸟驿站还可以替快递公司揽件,整合零散的寄件需求,提高快递公司的揽件效率,菜鸟驿站经营者可以按件分成。菜鸟驿站的布点主要在社区和高校里,总量达到 4 万个左右。菜鸟物流在社区内的思路是和邮政、连锁便利店、连锁超市、小区物业等达成合作,以便批量获取网点。目前,与菜鸟物流合作的便利店有全家、美宜佳、喜士多等。除此之外,菜鸟物流也有自己的渠道商,它们会按照一定的标准帮菜鸟物流拓展驿站站点。与社区相比,校园的不完全市场化使得校园布局会更困难。类似"小麦公社"这样的创业公司一直在做针对校园市场的"最后一公里"

电子商务案例分析

物流服务,与菜鸟物流校园驿站的性质类似。不过,菜鸟物流在规模上已经取得了优势,据菜鸟物流提供的数据,菜鸟物流的校园驿站约1 500个,覆盖全国60%的校园。并且,菜鸟物流也会接入符合自身服务标准的第三方校园配送服务商已经落地的校园站点。

> 思考:什么是云物流模式?什么是菜鸟云物流模式?菜鸟物流技术创新体现在哪里?

嵌入知识

一、电子商务物流

1.电子商务物流的概念

电子商务物流即电子商务时代信息化、现代化、社会化的物流。

2.电子商务物流的优势

(1)信息化。电子商务时代,物流信息化是电子商务的必然要求。物流信息化表现为物流信息的商品化、物流信息收集的数据库化和代码化、物流信息处理的电子化和计算机化、物流信息传递的标准化和实时化、物流信息存储的数字化等。因此,条码技术、数据库技术、电子订货系统、电子数据交换、快速反应及有效的客户响应、企业资源计划等技术与观念在我国的物流中将会得到普遍的应用。信息化是一切的基础,没有物流的信息化,任何先进的技术设备都不可能应用于物流领域。信息技术及计算机技术在物流中的应用将会彻底改变世界物流的面貌。

(2)自动化。自动化的基础是信息化,自动化的核心是机电一体化,自动化的外在表现是无人化,自动化的效果是省力化,另外自动化还可以扩大物流作业能力、提高劳动生产率、减少物流作业的差错等。物流自动化的设施非常多,如条码/语音/射频识别系统、自动分拣系统、自动存取系统、自动导向车、货物自动跟踪系统等。

(3)网络化。物流领域网络化的基础也是信息化,网络化是电子商务下物流活动的主要特征之一。网络化有两层含义:一是物流配送系统的计算机通信网络化,包括物流配送中心与上游供应商或制造商的联系要通过计算机网络,与下游顾客之间的联系也要通过计算机网络;二是组织的网络化,即所谓的企业内部网(Intranet)。

(4)智能化。这是物流自动化、信息化的一种高层次应用,物流作业过程中需要大量的运筹和决策,如库存水平的确定、运输(搬运)路径的选择、自动导向车的运行轨迹和作业控制、自动分拣机的运行、物流配送中心经营管理的决策支持等问题,这都需要借助大量的知识才能解决。在物流自动化的进程中,物流智能化是不可回避的技术问题。物流的智能化已成为电子商务下物流发展的一个新趋势。

(5)柔性化。柔性化本来是为实现"以顾客为中心"理念而在生产领域提出的,以便使企业根据消费者的需求变化来灵活调节生产和工艺。但要真正做到柔性化,没有配套的柔性化物流系统是不行的。柔性化的物流正是适应生产、流通与消费的需求而发展起来的一种新型物流模式。这就要求物流配送中心根据消费者"多品种、小批量、多批次、短周期"的需求特色,灵活组织和实施物流作业。

3.电子商务物流的模式

电子商务物流的模式要以市场为导向、以满足顾客需求为宗旨,以此来达到系统总效益的优化,并适应现代社会经济的发展。

(1)自营物流。企业自身经营物流,称为自营物流,即电子商务企业自行组建物流配送系统,经营管理企业的整个物流运作过程。

目前,在我国采取自营物流的电子商务企业主要有两类:一类是资金实力雄厚且业务规模较大的电子商务公司。电子商务在我国兴起的时候,国内第三方物流的服务水平远不能满足电子商务公司的要求。第二类是传统的大型制造企业或批发企业经营的电子商务网站,由于其自身在长期的传统商务中已经建立起初具规模的营销网络和物流配送体系,因此在开展电子商务时只需将其加以改进、完善,即可满足电子商务条件下对物流配送的要求。

选用自营物流,可以使企业对物流环节有较强的控制能力,易于与其他环节密切配合,全力、专门地服务于本企业的运营管理,使企业的供应链更好地保持协调与稳定。此外,自营物流能够保证供货的准确和及时,保证顾客服务的质量,维护企业和顾客间的长期关系。但自营物流所需的投入非常大,建成后对规模的要求很高,只有大规模才能降低成本,否则将会长期处于不营利的境地。而且其投资成本较大、时间较长,对于企业柔性有不利影响。另外,自建庞大的物流体系,需要占用大量的流动资金。更重要的是,自营物流需要较强的物流管理能力,建成之后需要相关工作人员具有专业化的物流管理能力。

(2)物流联盟。物流联盟是制造业、销售企业、物流企业基于正式协议而建立的一种物流合作关系。参加联盟的企业汇集、交换或统一物流资源以谋取共同利益;同时,合作企业仍保持各自的独立性。

物流联盟为了达到比单独从事物流活动更好的效果,在企业间形成了相互信任、共担风险、共享收益的物流伙伴关系。企业间不完全采取导致自身利益最大化的行为,也不完全采取导致共同利益最大化的行为,只是在物流方面通过契约形成优势互补、要素双向或多向流动的中间组织。联盟是动态的,只要合同结束,各方就又变成追求自身利益最大化的单独个体。

(3)第三方物流。第三方物流(Third-Party Logistics,简称 3PL 或 TPL)是指独立于买卖双方之外的专业化物流公司,长期以合同或契约的形式承接供应链上相邻组织委托的部分或全部物流功能,因地制宜地为特定企业提供个性化的全方位物流解决方案,实现特定企业的产品或服务快捷地向市场移动,并在信息共享的基础上,实现优势互补,从而降低物流成本,提高经济效益。它是由相对"第一方"发货人和"第二方"收货人而言的第三方专业企业来承担企业物流活动的一种物流形态。

(4)第四方物流。第四方物流主要是指由咨询公司提供的物流咨询服务,但咨询公司并不等于第四方物流公司。第四方物流公司应物流公司的要求为其提供物流系统的分析和诊断,或提供物流系统优化和设计方案等。所以第四方物流公司以其知识、智力、信息和经验为资本,为物流客户提供一整套物流系统咨询服务。第四方物流公司从事物流咨询服务必须具备良好的物流行业背景和相关经验,但并不需要从事具体的物流活动,更不用建设物流基础设施,只是对整个供应链提供整合方案。第四方物流的关键在于为顾客提供绝佳的增值服务,即迅速、高效、低成本和个性化服务等。

(5)物流一体化。物流一体化是指以物流系统为核心,将生产企业、物流企业、销售企业直至消费者的供应链整体化和系统化。它是在第三方物流的基础上发展起来的新的物流模式。20世纪90年代,西方发达国家(如美国、法国、德国等)提出物流一体化现代理论,并应用和指导其物流发展,取得了明显效果。在这种模式下,物流企业通过与生产企业建立广泛的代理或买断关系,使产品在有效的供应链内迅速移动,参与各方都能获益,整个社会获得明显的经济效益。这种模式还表现为用户之间广泛交流供应信息,从而起到调剂余缺、合理利用、共享资源的作用。在电子商务时代,这是一种比较完整意义上的物流配送模式,是物流业发展的高级和成熟阶段。

物流一体化的发展可进一步分为三个层次:物流自身一体化、微观物流一体化和宏观物流一体化。物流自身一体化是指物流系统的观念逐渐确立,运输、仓储和其他物流要素趋于完备,子系统协调运作、系统化发展。微观物流一体化是指市场主体企业将物流提高到企业战略的地位,并且出现了以物流战略为纽带的企业联盟。宏观物流一体化是指物流业发展到这样的水平:物流业占到国家国民总收入的一定比例,处于社会经济生活的主导地位,跨国公司从内部职能专业化和国际分工程度的提高中获得规模经济效益。

(6)轻公司、轻资产模式。电子商务物流中的轻公司、轻资产模式是指电子商务企业着重管理好业务数据,管理好物流信息,而租赁物流中心的仓库,并把配送环节全部外包。这是电子商务企业的传统运作模式,也就是说,电子商务企业真正实现"归核化"和"服务外包"。

轻公司、轻资产模式减轻了电子商务企业在物流体系建设方面的资金压力,但对与其合作的第三方依赖度很高,如果第三方的服务出现问题,势必连累电子商务企业本身。因此,这种合作模式需要企业具备较高的合作风险管控能力。

(7)垂直一体化模式。垂直一体化也称纵向一体化,即从配送中心到运输队伍,全部由电子商务企业自己建设,这是完全与轻公司、轻资产模式相反的物流模式,它将大量的资金用于物流队伍、运输车队、仓储体系建设。典型的企业有京东、苏宁易购等。

垂直一体化改变了传统电子商务企业过于注重平台运营而轻视物流配送的状况,将较多的资金和精力转投物流体系建设,希望以在物流方面的优势增强电子商务业务的竞争力。

(8)云物流模式。云物流模式是指充分利用分散、不均的物流资源,通过某种体系、标准和平台进行整合,为己所用,节约资源。云物流模式希望利用订单聚合的能力来推动物流体系的整合,包括信息整合、能力整合。但目前,云物流只是提供了一个信息交换的平台,解决了供给能力的调配问题,不能从根本上改变行业配送能力的整合问题、服务质量问题、物流成本及物流效率的控制问题。如何整合和管理好云资源,这也是云计算、云制造面临的共同问题。

二、电子商务物流服务

1.电子商务物流服务的内容

电子商务需要的不是传统的运输和仓储服务,而是物流服务。物流服务与普通的运输和仓储服务存在较大的差别,正是因为传统的运输和仓储服务无法全方位地为电子商务服务,才使得电子商务经营者感到物流服务不到位、太落后等。除了传统的物流服务外,电子商务还需要增值性的物流服务,主要包括以下内容:

(1)增加便利性的服务,即更方便的服务。一切能够简化手续、简化操作的服务都是增值性服务。简化是相对于消费者而言的,并不是说服务的内容简化了,而是指为了获得某种服务,以前需要消费者自己做的一些事情,现在由商品或服务提供商以各种方式代替消费者做了,从而使消费者获得这种服务变得简单,也就增加了商品或服务的价值。在提供电子商务物流服务时,推行门到门服务、提供完备的操作或作业提示、省力化设计或安装、代办业务、24小时营业、自动订货、传递信息、物流全过程追踪等都是对电子商务有用的增值性服务。

(2)加快反应速度的服务,即使流通过程变快的服务。快速反应已经成为物流发展的动力之一。传统的观点和做法将加快反应速度变成单纯对快速运输的一种要求。而现代物流观点认为,可以通过两种途径使流通过程变快:一是提高运输基础设施和设备的效率,例如,修建高速公路、铁路提速、制定新的交通管理办法等。这是一种速度的保障,但在需求方对速度的要求越来越高的情况下,它也变成了一种约束,因此必须通过其他的办法来提高速度。所以第二种办法,也就是具有重大推广价值的增值性物流服务方案,通过优化电子商务的流通渠道,以此来简化物流过程,提高物流系统的快速反应能力。

(3)降低成本的服务,即发掘第三利润源的服务。电子商务发展的前期,物流成本居高不下,有些企业因为承受不了这种高成本而退出电子商务领域,或者是选择性地将电子商务的物流服务外包出去,这是很自然的事情。发展电子商务,一开始就应该寻找能够降低物流成本的物流方案。企业可以考虑的方案包括:采用第三方物流;电子商务经营者之间或电子商务经营者与普通商务经营者联合,采取物流共同化计划;对于具有一定销售量的电子商务企业,可以通过采用比较适用但投资比较小的物流技术和设施设备或推行物流管理技术,如运筹学中的管理技术、单品管理技术、条形码技术和信息技术等,提高物流的效率和效益,降低物流成本。

(4)延伸服务,即将供应链集成在一起的服务。向上可以延伸到市场调查与预测、采购及订单处理;向下可以延伸到配送、物流咨询、物流方案的选择与规划、库存控制决策建议、货款回收与结算、教育与培训、物流系统设计与规范方案的制作等。

2.电子商务下物流管理的内容

电子商务下的物流是伴随着电子商务技术和社会需求的发展而出现的。由于电子商务所独具的电子化、信息化、自动化等特点,以及高速、廉价、灵活等优势,使得电子商务下的物流在其运作、管理等方面有别于一般物流。

电子商务下的物流管理,包括对电子商务下的物流系统、物流过程、物流技术、物流费用的管理,还包括电子商务下的物流管理方法。

3.电子商务物流流程的合理化

物流的各种功能是相互联系的,只有整体考虑和综合管理电子商务物流流程中的各个子系统,才能有效推进电子商务物流流程的合理化。电子商务物流流程的合理化主要体现在以下三个方面:

(1)确保电子商务的正常运转。通过调整电子商务物流流程,适当配置仓库和配送中心,以实现运输、装卸和仓储自动化;通过合理配置计算机网络系统,确保商务信息的正确分类、传递和提示,以减少商品在整个流通过程中不必要的时间和费用浪费。

(2)大幅度降低物流成本和费用。通过调整电子商务物流流程,提高作业效率,减少运输费用和仓储包装费用,从而可以达到降低成本的目的。

(3)压缩库存。库存控制是电子商务物流流程合理化的重要内容。库存控制是指通过采用电子商务手段在满足客户需求的前提下把库存控制在合理的范围内。

三、云物流

1.云物流的定义

著云台的分析师团队结合云发展的理念总结认为,云物流(Cloud Logistics)是指基于云计算应用模式的物流平台服务。在云平台上,所有的物流公司、代理服务商、设备制造商、行业协会、行业媒体等都集中云整合成资源池,各个资源相互展示和互动、按需交流、达成意向,从而降低成本、提高效率。

物流云计算服务平台是面向各类物流企业、物流枢纽中心及各类综合型企业的物流部门等的完整解决方案,依靠大规模的云计算处理能力、标准的作业流程、灵活的业务覆盖、精确的环节控制、智能的决策支持及深入的信息共享来满足物流行业各环节的信息化要求。

通过对物流行业各方面的基础需求分析,以及对现阶段国内物流行业的信息化现状的把

电子商务案例分析

握,我们把物流云计算服务平台划分为:物流公共信息平台、物流管理平台及物流园区管理平台三部分。这三个平台有各自适合的作用层面:物流公共信息平台针对的是客户服务层,它拥有强大的信息获取能力;物流管理平台针对的是用户作业层,它可以大幅度地提高物流及其相关企业的工作效率,甚至可以拓展更大范围的业务领域;物流园区管理平台针对的是决策管理层,它可以帮助物流枢纽中心、物流园区等管理辖区内的入驻企业,进行规划和布局。

2. 云物流的特点

有人将物流公司类比于自来水公司,它需要一个水池、自来水管道以及为数众多的水龙头。"水池"提供一系列资源,供给自来水管道、水龙头。所谓的自来水管道,就是公路、航空、铁路运输公司,水龙头就是各种配送、快递公司。

"水池"提供的主要资源是来自全国的数目众多的发货公司的货单。这样一来,这个"水池"就具备一种能量,即能将海量的运单信息按地域、时间、类别、紧急程度等进行分类,然后指定运输公司发送给快递公司,最后送达收件人手中。

3. 云物流的优势

(1)社会化。快递公司、派送点、代送点等终端成千上万,云计算平台能充分利用这些社会资源。

(2)节约化。每个公司都建立一个小型云计算平台非常浪费,集中建设能享受规模效应。

(3)标准化。这也是物流行业较大的问题。通过统一的平台,运单查询流程、服务产品(国内、省内、同城)、收费价格、售后服务(晚点、丢失赔偿)以及保险等都能做到统一、标准、透明。发货公司通过这个平台能方便地找到物流公司,物流公司通过这个平台能方便地找到订单与运单。

案例分析

菜鸟物流案例分析

一、云物流模式

秉承云计算的概念,以云计算方式运作的物流模式,称为云物流。云物流也称云快递。云快递是介于直营和加盟之间的探索性模式,吸收了直营快递企业和加盟快递企业的优点,把终端放出去,人作为平台的核心部分,以直营的方式进行管理。但云物流模式能够运作的前提是物流公司拥有海量的订单。

对海量的运单信息进行处理,就需要建立一个云物流平台,小型快递公司只需要一个电脑就可以访问云物流平台,获得客户,并通过这个平台取货、送货。

二、菜鸟云物流模式

在菜鸟网的设想上,他们抛弃了传统的物流思维,决心用互联网的生态思维来整合现有的物流资源,为淘宝网以至整个阿里巴巴的发展重新提供强大的动力。因此,为了将菜鸟网打造成为智能快递物流巨头,菜鸟物流选择了快递行业排名前六强中的顺丰速运和"三通一达",它们在中国快递业中的业务量占比很大。这样不仅不需要投资建立快递企业,还可以免去竞争周期,通过快递配送强化支撑阿里巴巴的竞争优势。

和做淘宝网的想法一样,他们只是把菜鸟网作为一个物流平台。因为这样可以利用物流公司的资源,节省大量的人力和资金成本。主导者只要建立规则和制度,其他公司遵守和执行这些规则和制度就可以。这些企业为了谋求更多的订单,也希望加强和阿里巴巴的合作,对每一个环节进行设计和把控。

三、菜鸟物流技术创新

1. 大规模无人仓群投入实战

过去十几年,中国电子商务对物流的推动是举足轻重的:第一波是电子商务倒逼物流战略布局,成就全面上市的"三通一达"、顺丰速运等企业,以及为电子商务服务的各大城市配送企业。第二波是被互联网、移动互联网技术驱动的互联网+物流浪潮,成就了类似运满满、货车帮、G7、云鸟等企业。第三波就是人工智能(AI)、智能化驱动的菜鸟智能仓、京东智能仓等的建立。未来的仓储物流技术,无人化是必然趋势。如今,菜鸟已经形成了遍布浙江嘉兴、湖北武汉、广东惠阳、天津武清、江苏无锡等地的无人仓群,这些无人仓群由菜鸟自主研发的系统连接,形成了对仓库环节物流链路的全局把控。

2. 人工智能分单

以往快递的货,从商家到消费者,分拨网络一级又一级。从一个快递员揽收开始,送达网点,再到转运中心,随后送达目的地转运中心,经过网点,到达配送站等,层级非常多。经常网购的消费者会有感觉,以往买的包裹上通常都会有手写的编号,加大加黑。但如今已经越来越少见。这就是从人工分单到人工智能分单的转变。

(1) 传统分单模式:以送往北京的包裹为例,包裹到达北京的转运中心之后,需要专门的人工对包裹进行区分,哪些去往海淀区,哪些去往东城区,会被写上不同的编号。到达网点之后要经过再次分拨,到达配送站之后,快递员之间需要第三次分拨。这些分单工作人员,要达到熟练至少要经过半年的训练,一个转运中心大则一百多人三班倒工作,小的也需要几十人,还会经常发生错误,出现类似去往北京的包裹意外来到了深圳这样的问题,严重影响派送效率和消费者体验。

(2) 人工智能分单模式:菜鸟网络通过人工智能技术,大规模的机器学习,处理海量数据,实现智能分单。包裹发出时,就会对包裹要去往的网点以及快递员做出精准的对应,并在面单上标识出编号,无须再由人工手写分单。包裹到达转运中心、网点以及配送站之后,工作人员根据编号即可判断包裹的分配,分单准确率达到99.99%,效率也得到提高。

(3) 人工智能分单的效果:以往一个熟练的分单工作人员需要经过至少半年的训练,现在工作人员无须经过长时间培训,培训成本低,分单效率高。菜鸟网络通过人工智能技术,根据单量、配送距离等因素,能直接为快递员分配任务,快捷优化配置末端运力,避免快递员分配不均。菜鸟网络还首次通过人工智能技术、大数据处理,实时计算全网发货量与运力,并对未来可能发生的拥堵进行预测,从而让商家从发货时就避开可能产生拥堵的快递公司。对消费者来说,也能更快地收到包裹。快递转运中心不再堆积包裹,自动化流水线实现了智能分单。

3. 智能打包算法

据悉,2017年菜鸟在物流作业过程中推动智能打包算法,通过对商品外观和体积的快速计算,帮助打包作业现场选择合适的箱型,再加上智能箱型设计的算法,节省了15%以上的包装耗材。别小看这15%的耗材,面对几百亿的包裹,这可不是一个小数字。

4. 电子面单的全面推进、面单加密

2017年是菜鸟全面推动电子面单的重要的一年,据悉目前电子面单覆盖率超过81%。菜鸟系统统一在物流合作伙伴中实现面单的数据管理,自动生成面单编号,无须再由人工手写分单,大大提高了运营效率。另外,通过电子面单替换传统面单,每年节约纸张成本数十亿元,相当于少砍300多万棵树。通过面单加密工作,自动保护了消费者隐私,同时让消费者免于个人信息泄露的顾虑,真正实现技术创新变革新物流。

知识拓展　智能物流

一、智能物流的概念及特点

智能物流是利用集成智能化技术,使物流系统能模仿人的智能,具有思维、感知、学习、推理判断和自行解决物流中某些问题的能力。

智能物流的未来发展将会体现出以下几个特点:在物流作业过程中的大量运筹与决策的智能化;以物流管理为核心,实现物流过程中运输、存储、包装、装卸等环节的一体化和智能物流系统的层次化;智能物流的发展会更加突出"以顾客为中心"的理念,根据消费者需求变化来灵活调节生产工艺,实现柔性化;智能物流的发展将会促进区域经济的发展和世界资源优化配置,实现社会化。

二、智能物流的主要技术

1. 自动识别技术

自动识别技术是以计算机、光、电、通信等技术的发展为基础的一种高度自动化的数据采集技术。它是通过应用一定的识别装置,自动地获取被识别物体的相关信息,并提供给后台的处理系统来完成相关后续处理的一种技术。它能够帮助人们快速而又准确地进行海量数据的自动采集和输入,目前在运输、仓储、配送等方面已得到广泛的应用。自动识别技术在20世纪70年代初步形成规模,经过几十年的发展,已经成为由条码识别技术、智能卡识别技术、光字符识别技术、射频识别技术、生物识别技术等组成的综合技术,并正在向集成应用的方向发展。条码识别技术是目前使用较广泛的自动识别技术。

2. 数据挖掘技术

数据仓库出现在20世纪80年代中期,它是一个面向主题的、集成的、非易失的、时时变化的数据集合。数据仓库的目标是把来源不同的、结构相异的数据经加工后在数据库中存储、提取和维护,它支持全面的、大量的复杂数据的分析处理和高层次的决策支持。数据仓库使用户拥有任意提取数据的自由,且不会干扰业务数据库的正常运行。数据挖掘是从大量的、不完全的、有噪声的、模糊的及随机的实际应用数据中,挖掘出隐含的、未知的、对决策有潜在价值的知识和规则的过程。数据挖掘一般分为描述型数据挖掘和预测型数据挖掘两种。

3. 人工智能技术

人工智能就是探索研究用各种机器模拟人类智能的途径,使人类的智能得以物化与延伸的一门学科。它借鉴仿生学思想,用数学语言抽象描述知识,用以模仿生物体系和人类的智能机制。目前主要的方法有神经网络、进化计算和粒度计算三种。

三、智能物流对供应链的影响

(1)智能处理技术应用于企业内部决策,可通过对大量物流数据的分析,对物流客户的需求、商品库存、物流智能仿真等做出决策,实现物流管理自动化(获取数据、自动分类等),物流作业高效便捷。

(2)智能物流可降低物流仓储成本。智能物流获取技术使物流从被动走向主动,实现物流过程中主动获取信息,主动监控运输过程与货物,主动分析物流信息,使物流从源头开始被跟踪与管理,实现信息流快于实物流。

(3)智能传递技术应用于物流企业内部,也可实现外部的物流数据传递功能。智能物流的发展趋势是实现整个供应链管理的智能化,因此需要实现数据间的交换与传递。智能物流可提高服务质量,减少响应时间,提高客户满意度,使物流供应链环节整合更紧密。

(4)智能技术在物流管理的优化、预测、决策支持、建模和仿真、全球化物流管理等方面的应用,使物流企业的决策更加准确和科学。借智能物流的东风,我国物流企业信息化将迈上一个新台阶,同时也将促进物流行业实现信息共享。

四、我国智能物流的发展现状及趋势

2014年10月国务院印发《物流业发展中长期规划(2014—2020年)》(以下简称《规划》),部署加快现代物流业发展,建立和完善现代物流服务体系,提升物流业发展水平,为全面建成小康社会提供物流服务保障。

《规划》提出,到2020年,要基本建立布局合理、技术先进、便捷高效、绿色环保、安全有序的现代物流服务体系,物流的社会化、专业化水平进一步提升,物流企业竞争力显著增强,物流基础设施及运作方式衔接更加顺畅,物流整体运行效率显著提高,全社会物流总费用与国内生产总值的比率由2013年的18%下降到16%左右,物流业对国民经济的支撑和保障能力进一步增强。

《规划》明确,要以着力降低物流成本,提升物流企业规模化、集约化水平,加强物流基础设施网络建设为发展重点,大力提升物流社会化、专业化水平,进一步加强物流信息化建设,推进物流技术装备现代化,加强物流标准化建设,推进区域物流协调发展,积极推动国际物流发展,大力发展绿色物流,并提出了多式联运、物流园区、农产品物流、制造业物流与供应链管理等12项重点工程。

近年来,我国大力支持发展智能物流,并出台了一系列利好政策。自2017年以来,我国相继印发了《关于进一步推进物流降本增效促进实体经济发展的意见》(国办发〔2017〕73号)、《新一代人工智能发展规划》(国发〔2017〕35号)等多个文件,推进物流产业自动化升级。

在国家政策的鼓励和推动下,我国的智能物流发展迅猛。2018年9月26日,菜鸟联盟宣布与快递企业合作上线物流视频云监控系统。云监控系统将只负责记录的传统摄像头升级为智能感知设备,通过这个监控系统可以对物流环节的运行进行监控,并将发现的问题及时发送给人工处理,显著降低了人力成本,提高了物流运行效率。

中国智能物流市场规模呈高速增长状态,中国产业研究院发布数据显示,其市场规模从2001年的不足20亿元增长到2020年12月底接近6 000亿元。中商产业研究院预测,2022年中国智能物流市场规模将达7 500亿元,其中市场新增工业物流移动机器人5万台,智能快递柜市场规模超400亿元。

智能物流的发展呈现五大趋势:

1. 成为中国智能制造关键技术装备,智能仓储将继续爆发

以智能仓储为代表的新兴物流科技正变得越来越重要,已经成为中国智能制造关键技术装备之一。工业和信息化部2017年底下发的《促进新一代人工智能产业发展三年行动计划

电子商务案例分析

(2018—2020年)》明确指出,提升高速分拣机、多层穿梭车、高密度存储穿梭板等物流装备的智能化水平,实现柔性的物料配送和无人化智能仓储。

到2021年全球仓储和物流机器人的市场规模将达到224亿美元,行业整体的未来发展空间广阔。与此同时,单位GDP(国内生产总值)中我国的仓储成本仍然较高,因此推动物流装备更新升级,仓储是目前需求大、有望最早全面应用智能设备的领域。

2.自动驾驶技术商用来临,末端配送环节或规模化

无人重卡在干线物流运输、智能网络搭建、司机人力节约方面的优势无须多言,但因为其庞大的体积、复杂的技术要求等,短时间内实现商用还有很大的挑战,更多将在封闭港口、运输站、测试道路等场景使用。

相比无人重卡,专注服务最后一公里的无人配送车和外卖机器人走向实际应用则相对简单。末端环节的自动驾驶技术的复杂性和通用性没那么严苛,尤其在高精地图、激光雷达、5G技术的加持下,物流领域的商用化之路或许将更加顺畅。

3.新产品不断推出,强调自主研发,但开放共享成为潮流

在技术革命面前,"掌握核心科技"是永远绕不开的话题。围绕运输、仓储、装卸、加工、整理、配送等环节,各企业自主研发的智能物流设备越来越多,与消费者的紧密度也越来越高,比如无人仓、无人车、无人机、无人中转站、智能快递柜、智能快递盒等,不断推陈出新。

2018年,京东物流宣布全力搭建全球智能供应链基础网络(GSSC),携手更多伙伴提升社会供应链效率,京东无人科技也全面开放,提供多场景智能机器人、大数据与机器学习、定制化无人系统解决方案、无界零售解决方案等。未来,通过技术、场景、模式的开放和共享,建立智能物流生态圈还在继续。

4.机器人广泛应用,人机组合将继续增加

随着机器人更多应用在智能物流行业,新的人机关系也正在形成,人机组合成为物流行业不得不提的关键词之一,尤其是一线的仓储和配送工作人员,通过各种核心科技的辅助应用,人机组合成为提高仓储处理效率的利器。

人机组合的技术趋势下,为了解决日益突出的人才短缺问题,京东物流自2016年初至今通过云梯计划培养物流精英,其具有极高的人才筛选门槛、严格的训练方式等特点。此外,京东物流推出了一套VR(虚拟现实)智能化的物流培训课程,帮助新员工快速上手智能设备,方便易学。

每一次新技术的诞生都会让人机关系进入一种新的平衡状态,人工智能时代也是这样。让机器人配合员工工作,不仅仅是体力、脑力上的增加,而是协助人类以另一种全新的方式去解决问题。

5.智能物流成为基础设施,与智能城市关系更加紧密

快递包裹收来送往、物流车辆川流不息、仓储系统昼夜运转,智能物流既连接生产和流通,又服务终端消费者,逐渐成为城市核心的基础设施。目前,除了分布在各个物流环节的新技术不断诞生,以新技术、新产品为基础构建的智能物流新设施也在逐步形成。

随着智能物流从想象变为现实,再到成为构成社会、城市、生活基础的环节,消费者也渐渐习惯各种新鲜的科技方式,拥抱物流快递行业的新变化。

项目 2　供应链管理案例

项目任务　了解供应链和供应链管理的概念，理解供应链管理的流程和方法，分析案例中良品铺子新零售采购供应链管理体系是如何运作的。

项目案例　良品铺子新零售采购供应链管理

良品铺子是典型的新零售企业，是一个集休闲食品研发、加工分装、零售服务于一体的专业品牌。2020年2月24日，总部位于武汉的零食企业良品铺子挂牌上市，成为2020年登陆A股的新零售第一股，也是当前湖北上市的首家企业。

据了解，良品铺子的自有品牌产品比例2014年就已超过60%，现已超过90%。经过十余年的发展，良品铺子已实现从源头产地、源头企业、源头农业科学家着手，更加稳健地提升对全渠道生产营销的掌控力，最终实现"从田间到餐桌""从枝头到舌头"的无缝对接和研发管控。好的产品，要求实现生鲜直达、产地直采、溯源追踪等。目前，良品铺子门店有650个SKU(Stock Keeping Unit，库存量单位)单品，线上、线下共1 100个SKU单品，产品从生产到交付的周期优化为15天。线上销售周转时间最快为7天，最慢为23天；门店周转时间为17天左右。而这个周转时间数据，之前是2～3个月。对源头企业的掌控，对源头食材的把握，让良品铺子的供应链远远优于其他食品企业，并提升为企业核心竞争力和核心发展战略。

良品铺子十分注重对产品研发、质量管控等环节的掌控。脆冬枣和盐焗鸡是良品铺子深耕供应链管理的经典案例，其中脆冬枣更是良品铺子的明星产品，单品年销售额高达1.6亿元，上市8年来销量一直稳居前列。对于这个产品，良品铺子从预收食材阶段就介入生产环节，将采购供应链管控权抓在手中。

1. 湖北莲藕"变身记"

莲藕是湖北人较爱的美食之一，排骨藕汤、藕夹、炒藕片都将美味延至舌尖。湖北是全国莲藕种植的主产区之一，种植面积和产量居全国第一，贡献了全国总产量的三分之一。如何收购农民的莲藕？如何储存？如何按需生产、按需销售，同时又能提高藕农收入？良品铺子瞄准了卤藕这一深加工产品。从泥土中挖出的新鲜莲藕，经过数十道工艺，加工成五种口味的十多个品类，分销到全国各地的良品铺子门店或网购配送中心。良品铺子对产藕区的规定：一是保证藕田质地，一片藕田种满3年要休耕，以确保下一季莲藕的质量；二是农民要以标准化模式种植，莲藕直径不小于5厘米，不能有黑点，不能混泥。莲藕产品已成为良品铺子的热销产品，按需生产，按需销售，让生产和消费的两端——农民和市民——都受益。

2. 鲜货直达——24小时内蓝莓从枝头到门店

山东日照是全国闻名的"中国蓝莓之乡"。4月下旬，蓝莓早熟品种陆续上市，经销商纷至沓来。良品铺子3年前涉足水果领域，选择蓝莓时就瞄准此地，并和当地较大的蓝莓种植商签订合作协议，从产地直供武汉的50多家门店，实现24小时内鲜货直达。对签约的鲜果供应商，从蓝莓营养到采摘运输，良品铺子都有一套严苛的品控标准。良品铺子的采购标准——能现摘现吃的枝头鲜果。在蓝莓采摘季，早上6点半，村民进果园，戴上指套，小心翼翼地摘下，

电子商务案例分析

连指纹都不能留下。蓝莓外层包裹着的白色粉是果霜,不需要刻意清洗,果霜保存完好,说明蓝莓新鲜。上午采摘的鲜果当天到工厂,在预冷间放置3小时,经过机器和人工筛选,然后分级、装盒、称重、发货,24小时内到达各门店。

3."爆款"鸡蛋干

在良品铺子的1 000多种零食中,谁是销量第二的爆款?2012年,在成都出差的良品铺子高管,中午品尝川菜时,在一道凉菜中发现一种易咀嚼、滋味鲜香绵长的豆干,于是萌发一种想法:"这么好吃的东西,要是做成零食,客户一定喜欢。"良品铺子采购人员找到鸡蛋干的供应商。起初,供应商拒绝提供,原因是若要做成手抓包装的小块豆干,需要引入新设备,改良产品配方和工艺。经过反复沟通,良品铺子工作人员让供应商认识到合作的诚意和产品的巨大商机,最终同意合作。当深入产品研究,得知这是一种不添加淀粉、豆粉,连一滴水都不加,只是改变形状的鸡蛋时,连良品铺子采购人员都不相信。原来,加了水的鸡蛋干根本做不出爽滑的良好口感,正宗的有特色滋味的鸡蛋干,必须选用一颗完整鸡蛋,包含蛋清和蛋黄。但是,良品铺子鸡蛋干上市销售效果并不理想,对于客户而言,鸡蛋干还是一个新鲜事物。这款长相与豆干极相似的零食并没有得到青睐,怎么办?"好吃的东西,只有尝了才知道好不好。"良品铺子为全国1 000家门店发放鸡蛋干,让客户免费试吃。"吃了这么多年豆干,没想到还有鸡蛋干这种东西!"客户的评价迅速提升。良品铺子鸡蛋干的火爆,归结于工作人员对市场的敏感,对客户口味的洞察。鸡蛋干和脆冬枣,正是良品铺子深入一线,发现健康美食,让嘴巴去"旅行"的良好写照。

上面三个原材料供应链管理案例说明良品铺子的成功得益于长期采购供应链保障的优质原料,这是生产出优质产品的第一道关口。一个产品往往需要经过60多个检测项目,以确保安全,达到标准。良品铺子对产品的要求近乎苛刻,比如,杏仁每批次至少抽取300颗,黑仁、瘪仁所占的比例控制在2%以内。然后是精细的加工,比如,在"青梅之乡"福建漳州诏安,生产青梅的厂商不计其数,良品铺子从中精选了一家"无添加"企业。为了确保生产水质安全,仅2014年,良品铺子就投入100万元,请专业的检测研究所对水质进行检测,检测项目有50多项,超出国家标准20余项,而且良品铺子每年至少进行专项检测两次。良品铺子产品中心的采购人员,一年中有三分之二的时间在良品铺子各地供应商生产车间进行检查,不放过任何潜在质量风险。检验中心拥有国内外先进仪器设备50多台。2013年,良品铺子建立检验中心暨理化检验室。2014年,检验中心进一步扩容。2015年,检验中心从400平方米扩大至1 000平方米。检验中心的质检工作包括八大环节——原料甄选、新供应商引进评鉴、已合作供应商巡检/辅导/考评、产品到货质检、仓储运输产品管理、终端销售质量控制、不合格产品召回、已过保质期产品销毁。良品铺子2015年提出零食溯源管理,即回归产品的本质,这是企业的核心发展思路。"我们做出的产品要比客户的期望值更高。"良品铺子相关员工将更多时间放在产品的原产地和加工工厂里。良品铺子将产品安全和品质作为企业发展的生命线,只有"较真",才能保证进入良品铺子体系的产品是较好的。良品铺子采购员到工厂两次,就应该全面掌握工厂的情况,第一次是盘点全局,第二次是深入了解细节。良品铺子苛刻的质量标准倒逼供应商进行工艺或设备上的改良,这反过来又大大促进了工厂效率的提升。

思考:良品铺子新零售采购供应链管理是从哪些方面入手的?各个方面采取的具体措施如何?

嵌入知识

一、供应链及供应链管理概述

1.供应链概述

所谓供应链，其实就是由供应商、制造商、仓库、配送中心和渠道商等构成的物流网络。同一企业可能构成网络中的不同节点，但更多的是由不同的企业构成网络中的不同节点。例如，在某条供应链中，同一企业可能既在制造商节点、仓库节点占有位置，又在配送中心节点等占有位置。在分工愈细、专业要求愈高的供应链中，不同节点基本上由不同的企业组成。在供应链各成员单位间流动的原材料、在制品库存和产成品等就构成了供应链上的货物流。

2.供应链管理概述

供应链管理（Supply Chain Management，SCM）是一种集成的管理思想和方法，它执行供应链中从供应商到最终用户的物流计划和控制等职能。从单一的企业角度来看，它是指企业通过改善上、下游供应链关系，整合和优化供应链中的信息流、物流、资金流，以获得竞争优势。

供应链管理是企业的有效性管理，表现了企业在战略和战术上对整个作业流程的优化。供应链管理整合并优化了供应商、制造商、零售商的业务效率，使商品以正确的数量、正确的品质、在正确的地点、以正确的时间和最佳的成本进行生产和销售。

研究表明，有效的供应链管理总是能够使供应链上的企业获得并保持稳定持久的竞争优势，进而提高供应链的整体竞争力。统计数据显示，供应链管理的有效实施可以使企业总成本下降20％左右，供应链上的节点企业按时交货率提高15％以上，订货到生产的周期缩短20％～30％，供应链上的节点企业生产率提高15％以上。越来越多的企业已经认识到实施供应链管理所带来的巨大好处，比如HP、IBM、DELL等在供应链管理实践中取得的显著成绩。

通过建立供应商与制造商之间的战略合作关系，可以达到以下目标：

(1)对于制造商/买主

降低成本（降低合同成本），实现数量折扣和稳定而有竞争力的价格；提高产品质量和降低库存水平；改善时间管理，缩短交货提前期和提高可靠性；优化面向工艺的企业规划，加快对产品变化的反应速度；强化数据信息的获取和管理控制。

(2)对于供应商/卖主

保证有稳定的市场需求；对用户需求有更好的了解；提高运作质量；提高零部件生产质量；降低生产成本；提高对买主交货期改变的反应速度和柔性；获得更高的（相比非战略合作关系的供应商）利润。

(3)对于双方

改善相互之间的交流，实现共同的期望和目标，共担风险和共享利益，共同参与产品和工艺开发；实现相互之间的工艺集成、技术和物理集成，减少外在因素的影响及其造成的风险；降低机会主义影响；增强解决矛盾和冲突的能力；在订单、生产、运输上实现规模效益以降低成本、提高资产利用率。

二、供应链管理的实施要点

1.明确供应链管理的实施步骤

供应链管理的实施可分为四个步骤：一是计划与准备；二是选定合作伙伴；三是计划与设

计的实施;四是评价。供应链由原材料供应商、制造商、分销商、物流与配送商、零售商及消费者组成,一条富有竞争力的供应链要求组成供应链的各成员都具有较强的竞争力,不管每个成员为整条供应链做什么,都应该是专业化的,而专业化就是优势之所在。

(1)计划与准备

在计划与准备阶段,首先应调整本企业的活动体制,确定企业的经营战略和活动目标。如削减库存或者增加自有流动资金等,要有针对性地设定项目目标,出示具体数值。锁定的具体目标必须能使项目成员保持一致的前进方向,同时还可以作为今后活动的判断、评价基准。

其次是完善企业内的信息系统和推进业务的标准化。考虑本企业内的采购、生产、库存、物流、销售这一系列供应链业务时,各环节的信息要统一、准确。如果库存管理系统的库存信息得不到各成员的信赖,那么现状确认以及生产部门和销售部门的产品条形码就容易出现差错,这样就很难推进企业内的活动。

再次是以企业内部的生产流程为切入点,在实施跨越企业的供应链管理之前,调整本企业内的协作机制,消除瓶颈。在企业内部实施项目时的各部门可看成合作伙伴关系,基本部门间的合作伙伴关系是从整个企业的最佳化着想推进项目的实施。规模较大的企业,存在"部门间的屏障",部门间信息共享和协同未必十分顺利,即使是部门间也应学习不同企业间的"双赢"关系,努力构建部门之间的信赖关系,共同受益。

最后是考虑拓宽业务改革的范围。在计划与准备阶段,准确地认识业务的环境与现状,制定可行的战略和活动计划是非常重要的。在起步阶段,应以小的项目为对象,在取得成功的基础上,循序渐进地应用供应链,以取得更大的成效。

总之,计划与准备工作是在明确活动目标的基础上,从完备企业内部体制角度扩大活动范围。

(2)选定合作伙伴

这一步骤应由企业内设置的实施活动调查小组负责筛选工作,最后由最高经营者来决定,发挥其领导力,构筑相互信赖的关系。下面列出几点选择合作伙伴时企业的参考事项:

①供应链的经营战略一致的企业。

②有强烈业务改革欲望的企业。

③能成为解决供应链难题对象的企业。

④最高经营者彼此之间志同道合,能构建信赖关系的企业。

⑤经营管理中活用信息技术的企业。

⑥经营透明度高,值得信赖的企业。

⑦有前瞻性的企业。

⑧目前有交易的实际业绩的企业。

⑨今后的合作前景良好的企业。

我国企业目前供应链构筑的倾向:随着企业间的合作伙伴关系推进,活动取得成果后,交易成效好的企业易被选中。因而,从选择方来看,其重视的是将来与哪家企业进行交易,而被选择方应考虑的是该企业作为合作伙伴是否合适。总之,合作伙伴的选定,不仅要看交易业绩,还要看供应链的改革成果。

(3)计划与设计的实施

共同改革供应链的合作伙伴选定后,首先实施小规模的试验项目,合作伙伴之间通过相互交换信息,了解现状,以此来制订改善的计划,推进业务、人员、组织的变革。在这一阶段,共同分享利润和风险,转变观念和改变业务模式是计划与设计实施的三个要点。

企业间相互公开信息是相当难的事情,因为公布出准确数字,如实地反映企业的强势和弱势,稍不留意就会被泄漏到竞争对手企业,或者被合作伙伴企业恶意利用,从而招来致命的打击。但供应链管理的活动始于合作伙伴企业间的信息共享,根据相互间的信赖关系,挖掘共同实现最佳化供应链的信息,并向对方提供正确、迅速的高质量信息,将有助于实现降低供应链管理的成本和提高对消费者的附加价值。这就要求合作企业本着共享利润和风险原则的同时,相互公开各自的经营现状和信息,公开其责任和成果的测定方法,求得认同,共同构建准确把握活动的责任和成果的体制,努力构建双赢关系。

其次,在供应链业务中,要时刻根据整体的最佳效益,来决定库存计划、订货计划、需求预测、生产计划和销售计划等,这就使准备进入供应链的企业的业务目标发生了变化。例如,以前销售人员以扩大销售、增加销售额为目标,而现在需要考虑销售客户的库存量,分批适量的销售成为新的目标。另外,为了提高下游企业的供应链效率,要求供应链上游企业要从事贴商标、分拣、信息沟通等不能给本企业带来直接效益的工作,这就要求开展业务的人员的观念要跟上这种变化,使业务的目标适应变化后的业务评价标准。

最后,业务目标的变化和人员的观念的转变,势必带来供应链企业的业务模式的改变,使采购管理、生产计划、库存管理、物流管理、销售管理等业务系列化,其中较重要的是通过彻底地实施考虑现状而改变业务的"业务流程再造",从而取得更大的效果。例如,可省略票据交换和验货作业等。

总之,计划与设计的实施,会促进业务的改革和业务模式的改变,使人的观念转变而形成体制,共享供应链利润和风险,抵御日益激烈的市场竞争,带来竞争优势。

(4)评价

对结束的项目活动进行评估,并将评估结果用于下一个项目,特别是成功经验,有利于加快下一个项目实施的步伐。根据情况,企业对于战略和活动目的进行反馈,并重新实施计划。

2.不断完善基于电子商务的供应链管理信息系统

当前的供应链管理信息系统正朝着全球化、信息化、一体化方向发展,通过电子、信息技术的运用,供应链中的节点企业能更好地实现信息共享,加强供应链中的联系。IBM认为,电子商务是一种存在于企业与客户之间、企业与企业之间以及企业内部的联系网络。在供应链管理中,企业可以运用一元化管理企业活动所有数据的ERP系统,企业间信息流动的EDI/Internet技术,收集零售消费信息的条形码与POS系统,共享数据库等多种电子商务应用技术,来改善对供应、生产、库存、销售的监控,与供应商、分销商和客户建立更快捷、更方便、更精确的电子化联络方式,实现信息共享管理决策支持。可见,要构建一个通畅(迅速、准确)、运营高效的供应链管理信息系统,必须要有三种基本技术系统的支撑:一是企业内部的ERP系统,二是企业间的EDI/Internet技术,三是流通和物流活动中的条形码技术和POS系统。

3.掌握供应链管理的方法

目前企业应用较多的供应链管理方法有快速响应(QR)、高效客户反应(ECR)。ECR主要以食品行业为对象,其主要目标是降低供应链各环节的成本,提高效率;而QR主要集中在一般商品和纺织行业,其主要目标是对客户的需求做出快速反应,并快速补货。两者共同表现为超越企业之间的界限,通过合作追求效率化。具体表现在如下三个方面:

(1)贸易伙伴间商业信息的共享。零售商将原来不公开的POS系统单品管理数据提供给制造商或分销商,制造商或分销商通过对这些数据的分析来实现高精度的商品进货、调配计划,降低产品库存,防止出现次品,进一步使制造商能制订、实施所需的相应生产计划。

电子商务案例分析

（2）商品供应方提供高质量的物流服务。作为商品供应方的分销商或制造商比以前更接近流通最后环节的零售商，特别是零售业的店铺，从而保障物流的高效运作。当然，这一点与零售商销售、库存等信息的公开是紧密相连的，即分销商或制造商所从事的零售补货业务，是在对零售店铺销售、在库情况迅速了解的基础上开展的。

（3）企业间订货、发货业务全部通过 EDI 来进行，实现订货数据或出货数据的传送无纸化。企业间可以通过积极、灵活地运用这种信息通信系统，来促进相互间订货、发货业务的高效化。计算机辅助订货（CAO）、卖方管理库存（VMI）、连续补货（CRP）以及建立产品与促销数据库等策略，打破了传统的企业各自为政的信息管理、库存管理模式，体现了供应链的集成化管理思想，能够适应市场变化的要求。

案例分析

良品铺子新零售采购供应链管理案例分析

良品铺子专注于从全球30个国家、地区优选好原料，为消费者提供高端零食。目前，集团已形成覆盖肉类零食、坚果炒货、糖果糕点、果干果脯、素食山珍等多个品类、1 000余种的产品组合，有效满足不同消费者群体在不同场景下的多元化休闲食品需求，连续6年高端零食市场终端销售额全国领先。良品铺子新零售的成功原因是多方面的，其中采购供应链管理功不可没。

1. 坚持源头选品原则

良品铺子的制胜法宝：一是产品特别好吃；二是让客户享受到便利；三是抓好供应链。供应链只有两端，一端是原料，另一端是加工业。良品铺子一直坚持把好的原料交给好的加工厂进行加工，让客户吃到好的零食。针对零食、水果、鲜食，采取常规配送、冷链配送、工厂直送等方式，实现从门店到客户、从工厂通过电子商务配送到客户。良品铺子在物流领域还在不断研究自动存储、自动分拣、自动发货等，以实现提高劳动生产率的目标。客户可通过任何渠道下单，可以到任何渠道取货，真正实现了全渠道的优势和便利。良品铺子共有约160家供应商，每家都是经过严格的筛选与磨合后留下的。

2. 源头着手的关键点

新零售需要产品品牌有强大、通畅的供应链管理体系，良品铺子为此进行了长达13年的深度培育。为了安全和口感这两个客户非常看重的需求，良品铺子坚持从源头着手，采购优质的原料，进行精细加工，经过严格的检测，确保为客户提供富有品质和特点的优质产品。良品铺子每位采购员必须谨记所负责每款产品的生产标准，发现可能存在的问题和风险，让供应商接受良品铺子严格的产品标准。

3. 国家级检验中心保驾护航

良品铺子检验中心具备年研发新产品450个、淘汰旧产品200个的能力，其检测能力已得到国家乃至国际专业检测机构的高度认可，具备从事检测活动的技术能力和管理能力，这也是全国休闲零食行业第一家通过国家实验室认证的企业检验中心，湖北省也仅有三家食品企业建立了国家级检验中心。对于任何准备上架销售的产品，良品铺子检验中心都具有一票否决权。对于检验不合格的产品，将不合格信息输入系统，这些货品会自动转退厂区，无法上架销售。

4.零食试吃

良品铺子零食试吃员的准确称谓是感官检验员,是一个特殊的岗位,即从视觉、嗅觉、味觉等角度对零食的品质做出判断。第一步,看。检查小包装袋印刷是否清晰、名称是否规范、有无生产日期和保质期,标签信息是否合规,产品大小是否达标,比如,随机挑选出 10 颗瓜子,横向排成一排,总长若小于 9.4 厘米,便属于不合格产品。第二步,吃。感官检验员负责试吃、品尝,比如,瓜子试吃员每天要嗑 300 多颗瓜子,瓜子尝起来要无异味、苦味和涩味,不能太咸,话梅味西瓜子既要有话梅味,又不能盖过西瓜子的香味。对感官检验员的要求首先是专业对口,食品或生物专业毕业,熟知食品质检和安全知识,还要通过感官灵敏度测试。

采购员每次去工厂,都要专门抽时间与研发人员交流,探讨产品改进的空间。他们在各家工厂的产品研发室,对国产和进口产品分别进行口味试验,发现加工中可能发生的变化及产品提升空间。良品铺子组建了几十人的研发团队,研究中国各地的客户喜欢吃什么,在不同省份,必须依据口味对产品进行适当调整。

5.产品上柜前的质检

在良品铺子的国家级实验室里,有一批专业的理化检验师和感官检验师,产品经过层层检验,判定没有问题才会被送去入库。任何一个环节出现问题,都会被列为不合格产品,做退货处理。良品铺子质量管理的核心,不仅在于生产,而且在于对研发等更前端环节拥有牢固的掌控力。而这个掌控力,来源于前期对产品各项标准的严格把控,然后将采购产品的各项指标标准化,并进行制度化实施。

知识拓展 卡当网中国电子商务 C2B 模式的供应链管理

C2B(Customer to Business)是电子商务模式的一种,即消费者对企业。C2B 模式的核心是通过聚合数量庞大的用户形成一个强大的采购集团,以此来改变 B2C 模式中用户一对一出价的弱势地位,使消费者享受到以大批发商的价格买单件商品的利益。从用户需求出发,提供满足用户个性化需求的商品是 C2B 的核心价值。目前在国内电商领域,当数卡当网是 C2B 模式的先行者和领跑者。卡当网已经在 C2B 领域探索和发展了多年,并已逐渐创建了基于用户需求为中心的核心优势,大大提升了消费者的购物体验和产品附加值。坚守以消费者为核心,一切以消费者是否满意为衡量标准,不断追求满足消费者的个性化需求,卡当网梦想打造全球较大的 C2B 电子商务交易平台。

由消费者发起个性化定制,消费者成为电子商务的主导者,这才是电子商务未来的发展方向,它将从根本上改变传统的商业销售模式。目前淘宝网上已经出现了一批具备 C2B 雏形的网店和商品,比如具有个性化外观的笔记本、定制手机壳等。

对于卡当网而言,逆向整合供应链与满足用户的个性化需求,曾经是其在发展过程中面临的两个核心问题,而作为先行者,卡当网通过积极探索,目前已解决好了这两大难题,对于后进的 C2B 企业来说,或许具有借鉴意义。

1.解决供应链端的问题,引入"战略合作加工商"

个性化定制的市场成熟度较低,与传统的 B2C 相比,卡当网需要一头搞定个性化加工商,一头搞定标准化半成品的来源,对供应链的整合能力考验不小。而且定制产品类目众多,在品类管理方面尚无经验的卡当网只好从头梳理 SKU。在逐步摸索的过程中,卡当网建立了根据不同品类的特点来确定介入制作过程深度的原则。

电子商务案例分析

从半成品到成品,个性化产品比普通产品多了一道环节,生产环节被拉长,也就意味着在速度、质量和各个环节的不可控因素增多。为此,卡当网引入了"战略合作加工商"的概念,加工商和卡当网的办公距离一般不超过 300 米,方便相互之间的交流和卡当网对流程的把控。经过和加工商深度整合,卡当网已经能做到 90% 的个性化产品在 24 小时内发货。

此外,个性化产品对信息流的依赖程度非常高,订单信息独一无二,一旦出错便可能严重损害用户体验。针对这些问题,卡当网进行管理流程的输出,帮助整个加工商群体做好 ERP 和技术模块的搭建。无论介入深度存在哪些差异,整合好供应链是必须要做的基础工作。卡当网的核心竞争力仍然是线上处理订单、满足用户的个性化需求以及逆向整合供应链的能力。

2. 解决用户个性化需求的问题,引入"众包模式"

要体现客户的独特需求,个性化的设计就尤为重要。卡当网首先为客户提供了易用、可移植性强的个性化定制技术平台,提供初级互联网用户都会使用的 DIY(自己动手制作)工具箱,实现了真正的所见即所得,其开放性和模块性又使其拥有了强大的可移植性,能在 24 小时内为合作伙伴搭建个性化定制服务平台。

某年 1 月,卡当网引入一项非常特别的运作模式:每两周就在网上围绕特定的主题举行设计竞赛,会员将自己设计的产品图案上传陈列,并让浏览者投票,以此获得人气。每件作品下方都有"订购"按钮,作品每售出一件,就能获得更高的人气。评选结束后,卡当网会根据人气挑选出 15 件最优作品,作为比赛的获奖作品。最优作品的设计者每人将获得 500～5 000 元的现金以及证书。并且,这些作品以后将在网站上进行销售,每售出一件,设计师还能获得售价的 10% 作为版权收入。每次比赛都有许多人参与,因为在卡当网举办的设计竞赛中,充当评委带来的欣喜和满足感是其他方式无法替代的。这就是著名的"众包模式"。这种模式模糊了生产者和消费者之间的界限,让消费者在创意、营销、销售预计等运营方面都发挥了关键作用。

C2B 模式将真正挖掘出消费者的消费潜力,也必将成就电子商务新模式的未来。

项目 3 第三方物流案例

项目任务 了解国际物流中心、第三方物流的概念,理解第三方物流及其企业在电子商务和物流中的地位。分析案例中联邦快递是如何做顾客的"全球物流专家"的,它成功的要素有哪些。

项目案例 联邦快递做顾客的"全球物流专家"

联邦快递集团为全球客户和企业提供广泛的运输、电子商务和商业服务。2020 年公司年营业收入达 870 亿美元,并通过各运营公司提供综合业务解决方案,这些公司在联邦快递品牌下进行集体竞争、合作运营和数字化创新。联邦快递一直是世界上受尊敬和信任的雇主之一,并激励其 56 万名员工始终专注于安全、道德和专业标准以及客户和社区的需求。联邦快递致力于以负责任和机敏的方式连接世界各地的人和可能性,并努力在 2040 年之前实现碳中和运营的目标。联邦快递集团位列2021年《财富》世界500强排行榜第135位。

　　随着电子商务风潮在全球的崛起,企业对物流的需求非但没有减弱,反而扩大了许多。企业间为了解决物流方面的问题,以赶上越来越迅速的信息交换趋势,势必会越来越依赖快递企业所提供的服务。联邦快递认为,快递企业应该增加自己对顾客的附加价值,朝着做顾客的"全球物流专家"的角色迈进。特别是对企业用户来说,联邦快递的"全球物流专家"角色可以给企业提供增值服务。要成为企业全球物流管理的后盾,联邦快递势必要与顾客建立良好的互动与信息沟通模式,这样企业才能掌握货品的所有配送过程与状况,就如同掌握企业内部物流部门的信息一样。

　　物流管理开始只是联邦快递的内部服务而已,其任务是解决联邦快递日益庞杂的系统中的物流作业问题,并协助改善各单位之间的协调工作。联邦快递从偶尔为顾客免费提供全球物流管理服务,进而演变为替顾客解决其产销的物流问题,且越来越多的顾客需要这项服务,全球物流服务渐渐发展成为联邦快递企业内部一个具有独立咨询服务的单位和利润中心。

　　联邦快递的全球物流管理部门已成为产出高附加值的单位,其业务内容包括:一是提供整合式维修运送服务。联邦快递提供货件的维修运送服务,如将损坏的电脑或电子产品维修后送还使用者。二是作为顾客的零件或备料基地。联邦快递可扮演企业零售商的角色,提供诸如接受订单与客户服务处理及仓储服务功能等。三是协助顾客合并分销业务。联邦快递可协助顾客协调数个地点之间的产品组件运送过程。在过去,这些作业都必须由顾客自己设法将零部件由制造商处送到终端用户手上而实现,而现在的快递业者则可全程代劳。

　　综上所述,对联邦快递全球物流业务较强力的支持,在于其利用快递物流中心,协助顾客节省仓储系统的大笔固定成本投资,同时顾客还能享有变动成本的便利(使用才付费)。更重要的是,顾客并不会因为将货件交由联邦快递运送,而无法切实掌握货件的行踪,而是仍然可以通过联邦快递提供的多种顾客关系管理机制,掌握所有货件的状况。

　　值得一提的是,顾客的订单可以通过联邦快递的系统管理加以处理,如此一来,联邦快递还能帮助顾客规划全球物流路线与方案,进一步协助其简化与缩短货品分销全球的流程。

　　联邦快递在1994年架设了中国网站(联邦快递中国网站首页如图5-1所示),提供顾客信息,其中包括顾客服务在线作业系统数据库。网站启用之后,一年就省下了约200万美元的支出,而联邦快递预计随着网站用户的增加,营运成本还会继续下降。

　　联邦快递在亚太地区推出其首项WAP货件追踪服务。顾客可通过其装设WAP的移动电话使用此项服务,服务内容包括追踪联邦快递付运的货件,拨打联邦快递服务热线,查询收件地点及服务中心位置,并阅览有关联邦快递的消息。通过WAP货件追踪服务,顾客可突破时间及地域限制,快捷方便地阅览大量有关联邦快递的资讯,并借此使用各项不同服务。除了现时的电子商贸工具组合,联邦快递还提供了包罗万象的服务,不论何时何地均可满足企业及个人的不同需要。

　　FedEx Logistics是联邦快递集团旗下子公司,提供支持联邦快递服务和促进全球贸易的专业解决方案。FedEx Logistics在FedEx投资组合中发挥着重要作用,其综合的专业物流解决方案所覆盖地区的国内生产总值(GDP)占全球总量的99%。公司提供空运和海运货物转运、供应链解决方案、专业运输、跨境电子商务技术服务、海关代理安排,以及贸易管理工具和数据,所有这些都有单一可信的来源。该公司2021年9月28日宣布已在韩国首尔开设办事处,这也是其全球网络扩张中的一项举措。

电子商务案例分析

图 5-1　联邦快递中国网站首页

联邦快递贸易网络公司总裁表示:"韩国办事处拓展了我们的全球业务版图,并进一步加强了我们的实力,以便更好地为全球客户提供服务。与韩国进行贸易的全球客户以及韩国本土客户都将受益于 FedEx Logistics 提供的可充分定制的解决方案。我们通过帮助客户应对复杂的全球商务来为其提供服务。"

> 思考:联邦快递是怎样做顾客的"全球物流专家"的?它是如何扮演国际物流中心的角色的?它作为第三方物流企业,是如何为顾客服务的?

嵌入知识

一、国际物流与国际物流中心

国际物流是指货物(包括原材料、半成品和产成品)及物品(包括邮品、展品、捐赠物资等)在不同国家间的流动或转移。对此广义的理解是货物及物品在国际的实体移动;狭义的理解仅是一国与另一国国际贸易相关的物流活动,如货物集运、分拨配送、货物包装、货物运输、申领许可文件、仓储、装卸、流通加工、报关、国际货运投保、单据制作等。国际物流是国内物流的延伸,随着国际贸易的发展而发展。与国内物流相比,国际物流具有经营环境差异大、系统复杂、风险性高、运输方式复杂、需要国际化信息系统的支持、标准化要求较高等特点。

国际物流中心是指以国际货运枢纽(如国际港口)为依托而建立起来的经营开放型的物品储存、包装、装卸、运输等物流作业活动的大型集散场所。国际物流中心必须做到物流、商流、信息流的有机统一。当代电子信息技术的迅速发展,能够对国际物流中心的"三流"有机统一提供重要的技术支持,这样可以大大减小文件数量及文件处理成本,提高"三流"效率。

二、第三方物流

第三方物流(3PL)是指生产经营企业为集中精力做好主业,把原来属于自己处理的物流活动以合同方式委托给专业物流服务企业,同时通过信息系统与物流服务企业保持密切联系,以达到对物流全程管理和控制的一种物流运作与管理方式,因此又叫合同制物流。

3PL 既不属于第一方,也不属于第二方,而是通过与第一方或第二方的合作来提供其专业化的物流服务。它不拥有商品,不参与商品的买卖,而是为客户提供以合同为约束,以结盟为基础的系列化、个性化、信息化的物流代理服务。常见的 3PL 服务包括设计物流系统、EDI 能力以及报表管理、货物集运、选择承运人、选择货代人、海关代理、信息管理、仓储、咨询、运费支付、运费谈判等。

第三方物流发展的推动力就是要为客户及自己创造利润。第三方物流企业必须以有吸引力的服务来满足客户需要,服务水平必须符合客户的期望,要使客户在物流方面得到利润,同时自己也要获得收益。因此,第三方物流企业必须通过自己物流作业的高效化、物流管理的信息化、物流设施的现代化、物流运作的专业化、物流量的规模化来创造利润。

目前,第三方物流服务较大的供应者来自仓储业,这些企业均提供一体化的物流服务,包括运输、仓储、EDI 信息处理等,以及许多其他增值服务。随着经济和产业的发展,这个服务领域的公司数量正不断增加。一些提供第三方物流服务的运输公司,在开发合同制关系和战略联盟上都很积极。

今后的物流以及 3PL,将由市场需求决定。全球市场及其发展会影响物流发展的进程与模式。卖方希望与顾客关系密切,例如,许多零售商已在向加快资金周转和减少库存方面努力,这影响到渠道中供应链的后方甚至更远。制造商和批发商或其代理商将承担更多的库存责任。代替过多建设的配送中心,零售商将较好地利用现有设施,并更多地依靠供应商把货直接送到商店。随着对快速反应要求的提高,补货需求与"通道库存量"将成为一项重要内容。另外,由于经济全球化的发展以及不同地区的特殊性,许多公司趋向于委托第三方。小公司自身没有技术或财力去满足需要,大公司既没有时间也无专门技术去完成它们要做的每件事。那些想在竞争中占优势的公司将不得不向外寻求出路。而且,那些业务已经外包的公司会继续扩大与提高生产能力,这将使它们需要更多的供应商,并为它们的顾客提供更好的服务。要做到这一切,需要第三方供应者。这并非权宜之计,而是一项长期的战略。那些有着良好顾客关系以及能为顾客营销做出努力的合作者,将成为赢家。对从事第三方物流的企业来讲,与顾客共命运是今后获利的重要保证。目前,信息技术的发展与普及对流通体制产生了重大影响,电子商务的发展对物流产业发展提出了更高的要求,第三方物流的发展将促进传统物流向现代物流转变,无疑也将推动电子商务向前发展。

案例分析

联邦快递做顾客的"全球物流专家"案例分析

1.联邦快递的目标是做顾客的"全球物流专家"

联邦快递认为,快递业者应该增加自己对顾客的附加价值,朝着做顾客的"全球物流专家"角色迈进。特别是对企业用户来说,联邦快递的"全球物流专家"角色,可以提供企业的增值服务。这个角色的实现要求联邦快递必须增加自己对顾客的附加值并与顾客建立良好的互动与信息沟通模式。

2013 年 10 月 17 日,联邦快递宣布在中国引入 FedEx Quick Form 网上托运工具,为客户的寄件过程提供便利。FedEx Quick Form 是个方便易用的网上工具,只需简单几步,客户便可以建立运输标签。客户更可把以往的运输数据储存记录,方便日后寄件之用,省去重复准备航空运单的时间。相比手写的空运提单,FedEx Quick Form 让数据输入变得更为准确和有效率。

2. 联邦快递的较大特点是可为顾客节省成本投资

联邦快递协助顾客节省仓储系统的大笔固定成本投资,同时顾客还能享受变动成本的便利。2013 年 8 月,联邦快递推出全新的冷藏运输服务,可为需要温度控制在 2~8 摄氏度的货件提供长达 96 小时的冷藏环境,适合医疗用品运输。目前,该全新包装已在亚太区多个市场投入使用。这款由 NanoCool 公司设计的专利系统,无须使用凝胶包或干冰就可以实现在 5 分钟之内将温度调节至 4 摄氏度。该包装装置通过专门的冷却系统,只需轻触快递箱中的按钮便可激活,让其随着时间的推移蒸发水分,维持严格的冷藏运输温度要求。

3. 联邦快递以其先进的技术和装备成为全球物流业领头人

联邦快递一流的运输设备和遍及各地的服务中心是其成为"全球物流专家"的坚强后盾。2020 年的航空运输业,受新冠肺炎疫情的影响,全球客运公司业务受到重创,而货运则受到前所未有的蓬勃发展,那些拥有货机的航空公司则能够从强大的需求中获得非常客观的回报。2020 年,联邦快递、联合包裹和卡塔尔航空公司成为较繁忙的航空货运公司。

国际航空运输协会(IATA)的世界航空运输统计报告显示:2020 年排名前 25 位的货运航空公司的定期货运吨公里(CTK)运量同比下降 3.3%,比整个行业 9.1%的降幅要低。国际航空运输协会同时表示,需求下降的原因包括严格封锁造成的供应链中断、停飞的客机导致腹舱运力不足,以及封锁对需求的直接影响。联邦快递作为美国的快递业巨头公司,继续领跑航空货运市场,再次夺得了榜首的位置。其货运量同比增长 12.3%,增至 197 亿美元,约合 1 269 亿元人民币。疫情封锁的影响让消费者更加依赖电子商务,美国经济的复苏也让网上的订单开始飙升。联邦快递总裁表示:"2020 年的高峰期不同于以往的任何高峰时段,这也为未来的货运旺季设定了新标准。"

4. 联邦快递致力于做"全球物流专家"

联邦快递物流是联邦快递公司的子公司,也是支持联邦快递服务和促进全球贸易的专业解决方案提供商,宣布在韩国首尔开设办事处。

新成立的 FedEx Logistics 韩国组织将提供一站式、端到端的物流解决方案,包括国际空运和海运服务、报关安排和贸易解决方案,以及一系列增值服务。"这对联邦快递物流来说是一个激动人心的时刻,也是一个带来巨大机遇的时刻",联邦快递物流亚太、中东和非洲(AMEA)副总裁表示。"韩国是国际贸易的关键参与者。除了服务水平的大幅提升外,客户还将获得由韩国本土专业知识指导的 FedEx 无与伦比的全球影响力。"

联邦快递在韩国的业务增强表明了该公司在帮助扩大全球贸易、建立灵活的供应链以及向世界各地的客户运输本地产品和服务方面的作用。此次开业遵循了公司向具有巨大潜力的经济体扩张的增长战略,并加强了其对提供一流服务的持续承诺。联邦快递物流 AMEA 地区在全球联邦快递网络内开展工作,为客户提供覆盖 220 多个国家和地区的物流解决方案。

知识拓展　如何选择第三方物流企业

首先,要确定物流外包的目标,然后选择合适的物流企业。在考核的时候以自身的目标为主,考核的内容与方法会有所不同。现在很多企业物流外包的主要目的还只是降低成本,主要考核的是运输质量、运输成本。应该说,节约成本是第三方物流的重要优势。让更专业的物流企业来为制造企业服务,让物流成为企业增值的另一个渠道,这是许多制造企业之所以选择物流企业的原因,这样就要求物流企业能在运输质量上比制造企业自身所能做的更好,在运输成本上比制造企业更低。

如果第三方物流企业可以让制造企业把更多的精力放到产品研发和销售上,这样的资源重新分配自然也能对企业竞争力的增强起到积极的作用,对物流合作伙伴的考核当然也就提升到一个更高的层次。具体来说,有如下几步:

1. 确定本企业在利用物流方面的目标

确定目标并使大家有明确的认识,这是选择物流企业的前提条件,也是以后衡量物流绩效的一个标准。目标确定以后,就不难预计需要克服的种种困难,然后选择合适的物流企业。

2. 测定用户对物流服务的需求

在确定本企业在利用物流方面的目标以后,还要了解和测定用户(本企业产品的买主)在使用物流服务方面有哪些要求,以保证要选择的物流企业能够扬长避短,更好地提供物流服务。

3. 制定选择标准

根据本企业的目标与有关用户的要求,制定出选择物流企业的标准。这个公认的标准,一方面可以作为评选物流企业的标准,另一方面也是今后对选中的物流企业提出要求的依据,所以要认真对待。

4. 提出备选的物流企业名单

根据选择标准,在物流界物色备选对象。这些备选对象既应符合本企业的业务发展方向,又应适应本企业的地区范围。为了找到最佳合作伙伴,可以征求本企业供应商和用户的意见,也可以向专业机构咨询,甚至还可以在国际互联网上物色。

5. 征询备选对象意愿

向备选对象发信函,询问其是否愿意投标。信函中既要介绍本企业的项目概况及招标项目的工作性质与地区范围,又要要求对方提供企业的基本情况与力所能及的业务范围。

6. 发出征询方案

向初审合格的备选物流企业发出征询方案,提出关于运输、仓储及增值服务方面的要求,请对方在征询报价单上填写机构名称、服务能力情况与原有的用户单位及其报价。

7. 进行实地考察

在仔细审阅回复的征询方案和报价单以后,企业应组织力量有重点地考察物流企业,深入了解其物流设施、业务程序、企业领导层与一般人员情况。为了便于对照比较,应由同一批人员集体进行考察并填写标准化的调查表格。

8. 复审备选对象的资质

本企业跨部门的物流组织根据调查报告、征询报价单及其他的有关资料,逐个评审投标企业的财务状况、管理理念与战略匹配度。

9. 通过比较分析选定合作伙伴

采用层次分析法将投标竞争者的各项条件同本企业原定的选择标准进行比较,将各备选物流企业的各项目的权重得分分别输入计算机进行对比,以便于领导层据此做出最后选择。

实操案例

【案例1】

苏宁物流

始于1990年的苏宁物流,早期主要为苏宁提供物流服务。苏宁在物流领域投入了大量的资源。后来,苏宁选择将物流拆分出来,并且将服务能力开放给第三方,让物流从成本中心转变为利润中心。苏宁并购天天快递后,不仅在全国覆盖网络和末端快递网点分布上与竞争对手拉开了差距,而且在渠道下沉上的优势也越发明显。

当下,快递已成为人们日常生活中不可或缺的部分。在新零售和新消费理念的双重驱动下,快递服务被赋予了更深层次的含义。消费者除了追求"分钟级"精准收货需求外,更是看中了一站式物流服务带来的安心与温暖。苏宁控股集团股份有限公司董事长曾表示:"用户体验优于利润,要不惜代价确保用户体验在行业中的领先地位。"为满足消费者的各种需求,苏宁物流究竟要如何获取用户的信任?

一、速度与温度:打造"智慧、准时、轻简"新体验

苏宁物流在服务端提出了"智慧、准时、轻简"新体验理念。"智慧",指在全链条的服务中通过大数据和新技术赋能实际运营,提升效率及智能化的服务体验;"准时",强调在更快配送的基础上,提供60分钟一个时间段的"精准送达"服务,杜绝让客户等待;"轻简",则在于通过创新和改造服务流程,比如大件送装一体、3C类商品逆向取件,简化复杂的中转和等待流程,以实现一站式服务。三个词所表达的内容指向一致,即在全链路的服务连接之外,苏宁物流更希望能为消费者打造一种全新的生活方式。当然,对于绝大多数消费者而言,快是核心的需求,也可能是未来物流公司入场的"标配"。然而,随着社会和行业的发展,人们对物流服务的需求将呈现多元化特征。

目前,基于全国的线下门店仓体系,苏宁物流的"2小时急速达"最快十几分钟就能送达;"准时达"则主打精准送货,用户可以精准选择一个时间段来完成收货,即全天被分成12个时间段,以避免家中无人或任何不便开门的收货场景。更多的特色服务,也都是"智慧、准时、轻简"新体验所能提供的。比如"苏宁帮客家",5 000多家门店覆盖了全国97%以上的区域,可以帮客户选家政、修电脑、洗空调等;"送装一体"服务更是行业首创,在整个购物过程中不用预约和等待,即买即享;针对逆向退换货和代修代检服务,苏宁也可以提供1小时极速响应,做到上门取件。

苏宁的物流模式在"仓+配"的基础上,线下门店可以作为库存中心,也可以作为配送点或者中转中心,是对物流全场景服务的重要加成。用户在苏宁易购下单后,上下班途中就能从身边的苏宁门店自提商品。苏宁物流与苏宁小店同步布局1小时社区生活服务圈,以小店为圆心,3公里为半径,使快递成为与周边社区居民的一个连接触角,从而形成一个社区场景消费服务圈子。毫无疑问,这些都将成为苏宁物流推进"智慧、准时、轻简"新体验的重要阵地。

值得一提的是,苏宁物流一直坚持绿色环保、智慧物流的理念,因此在这两方面可谓不惜成本。随着电子商务的迅猛发展,我国已成为名副其实的快递大国,与此同时,快递包装浪费和污染形势却愈发严峻。据悉,苏宁物流的"漂流箱计划"结出硕果,循环型共享快递盒多个版本先后投入使用,并推出了零胶带纸箱、可降解胶带、无底纸面单等产品,在行业和用户中产生

模块5 电子商务物流案例

很大反响和共鸣。此外,苏宁物流还推出了自动化气泡包装项目,其使用数据显示,一个气泡包装可减少42%的不可降解材料的消耗。

二、幕后英雄:智慧物流的实践路径

在为客户提供优质的服务体验背后,是巨大的智能系统和技术的投入。南京苏宁超级云仓的建设,乐高平台、天眼平台、神谕平台、指南针系统的建立,使得苏宁物流科技竞争力大幅增强,极大地提升了自身的服务管理能力和水平。

除此之外,苏宁物流在无人化、自动化上也持续加码。2018年"4·18"家电3C购物节前夕,山东首个机器人仓在济南苏宁物流基地投入使用。由此,济南成为苏宁继上海之后第二个落地智能机器人仓的城市。目前该机器人仓一期实际面积为3 000平方米,超过30万快销品库存,50台机器人即可完成每日的拣选出库。

通过使用机器人,苏宁物流可以实现一端货物上架、一端拣选出库,从而使整个仓库运转效率得到进一步提升。此外,苏宁物流在合肥、福州、深圳、郑州、重庆等城市也已启动机器人仓库的建设工作,全国较大的机器人仓储网络正在逐步形成。

苏宁物流联合苏宁银河物业在南京某小区试点投放无人快递车。这不仅是无人快递车首次亮相南京的小区,也是全国首个小区实现无人车实地送货到家。而这种黄色的小车,也是国内首台可以实现室内、室外场景无缝切换的无人车。

这台名为"卧龙一号"的无人车,通过"多线激光雷达+GPS(全球定位系统)+惯导"等多传感器融合定位来开启其智能化送货之路。它首先会扫描出一张小区全景的三维地图,并标注出每个建筑物的详细位置。然后结合GPS导航的信息,它就可以利用搭载的人工智能芯片的"大脑"自主分析出目前所在的位置以及目的地的方位。"大脑"有了精确的路径规划以后,就能指挥传动系统在小区的道路上奔跑。特别值得一提的是,借助激光雷达和视觉实时识别技术,它可以随时注意并规避周围的行人、车辆和障碍物,从而规划出最优绕行路径。

科技化物流并非一蹴而就,但基于未来的服务场景,预见接下来3~5年的变化,是苏宁物流在技术上的计划。

三、共创共享:向"服务开放"华丽转身

苏宁物流于2014年正式对外开放,目前又将其提升为苏宁八大产业集团之一。其间,苏宁物流经历了从社会化物流开拓期到智慧物流建设期的转变。这标志着苏宁物流从服务企业到服务创新,再到服务开放的华丽转身。依托基础设施网的优势,苏宁物流成功地开启了产品的创新与研发,实现了自动化仓储全面升级、数据驱动供应链变革,在用户平台、服务平台、数据平台的基础上全面对外开放其专业经营能力。

此外,苏宁物流通过收购天天快递,强化自身"最后一公里"的配送能力,形成自营、加盟有机结合的综合物流服务网络体系。目前,苏宁物流的仓储和运输服务已全面向合作伙伴开放,整合三大基础设施网——仓储网、智能骨干网、末端服务网,建立了一体化和规模化的服务体系。

苏宁物流服务接入2 000多家第三方企业和10万家平台商户,其中包括永辉、拼多多等企业的物流业务,其战略合作伙伴阿里也将菜鸟的部分物流业务交给它。通过建立上下游共创共享的生态发展模式,苏宁希望把自己变成全社会共享的基础设施资源平台,帮助合作伙伴提高物流效率,实现物流行业的集约化和效率最大化。

工作任务:苏宁物流针对传统运营模式进行了哪些改革和创新?现代物流改革中,仓储和配送系统设计应该重点注意哪些因素?

【案例 2】

京东物流

京东物流隶属于京东集团,它以打造客户体验较好的物流履约平台为使命,通过开放、智能的战略举措促进消费方式转变和社会供应链效率的提升,将物流、商流、资金流和信息流有机结合,实现与客户的互信共赢。2017年4月25日,京东物流宣布独立运营,组建京东物流子集团。京东物流拥有庞大的仓储设施,其规模在全国电商行业中处于领先地位。截至2020年12月31日,京东物流在全国共运营32座"亚洲一号"大型智能仓库。通过与国际及当地合作伙伴的合作,京东物流已建立了覆盖超过220个国家及地区的国际线路,拥有32个保税仓库及海外仓库,并正在打造"双48小时"时效服务,确保48小时内可以从中国运送至目的地国家或地区,在之后的48小时内,可以将商品配送至本地消费者。京东专业的配送队伍能够为消费者提供一系列专业服务,如211限时达、次日达、夜间配和三小时极速达,GIS(地理信息系统)包裹实时追踪、售后100分、快速退换货以及家电上门安装等服务。

京东物流的配送服务分为以下几种模式:

1.FBP 模式

FBP模式是一种全托管式的物流配送模式。商家与京东确定合作后,商家在京东上传店铺信息和标价并进行备货,京东在消费者产生订单后从仓库进行调货、打印发票,同时进行货物的配送,京东结束交易后与商家进行结算。京东根据消费者订单进行货物配送和开具发票,商家查看库存信息及时进行补货,从而在配送过程中减少货物运输的成本,减少物流配送成本。由于商家提前进行备货,京东能够第一时间进行货物配送,缩短配送时间,做到211限时达服务。

2.LBP 模式

LBP模式是一种无须提前备货的配送模式。商家与京东确定合作后,商家无须备货,只需在12小时内对订单进行包装和发货,36小时内到达京东配送中心,由京东进行货物的配送和发票的开具。京东与商家合作时,只提供配送和客服两项服务,减轻了京东库存压力。运用LBP模式的优势在于,产生订单后,商家能够第一时间进行配货,发货相对方便。但是货物在配送时需经过京东仓库,所以运输速度有所下降,配送周期有所增加,同时,加大了商家的配送运输成本,降低了京东的配送效率。

3.SOPL 模式

SOPL模式与LBP模式相似,在配送过程中无须提前备货,直接从商家库房发货。商家与京东确定合作后,商家无须备货,只需在12小时内对订单进行包装和发货,36小时内到达京东配送中心,由京东进行货物的配送。与LBP模式不同的是,SOPL模式的发票开具环节是由商家完成的,京东在整个物流过程中只发挥仅有的配送功能,其他的工作都由商家自己完成。SOPL模式的运用,在一定程度上减轻了京东仓储的压力,减少了物流配货过程中的成本。与LBP模式相同,SOPL模式中订单的生成和发货是从商家开始的,这会影响发货速度和运输时间,降低配送效率,导致客户满意度下降。

4.SOP 模式

SOP模式是一种直接由商家发货的物流配送模式,京东在物流过程中不起任何作用。商家与京东合作,京东只提供可操作的后台,物流配送的工作以及后期服务全部由商家自己完成。京东只要求商家在订单产生后12小时内进行配货发送。SOP模式的整个物流配送过程都由商家独自完成,大大降低了京东的物流配送压力,减少了配送支出和运输成本,减轻了京东的库存压力。

5. 京东O2O"最快物流"配送服务

为了应对O2O电子商务迅速发展的局面,京东与快客、好邻居、良友等多家知名连锁便利店品牌的上万家便利店达成合作,正式进军O2O领域。用户在网上下单后,将由距离最近的便利店负责配送,在最短的时间内将采购的商品送到用户的手中。京东快递联合全国上万家便利店,试点O2O战略,最快可在15分钟内送达用户,而在24小时内,消费者可以任意选择商品送达的时间,从而打造国内电商行业"最快物流",通过这种方式实现从线上到线下的全覆盖。

现阶段,京东已经开始践行大数据和人工智能在物流中的深入应用,京东物流在仓储布局、拣货路径优化、智能排产、路网规划、动态路由规划等领域取得了显著成果,提升了运营效率;而无人仓、无人机、无人车组成的智慧物流更将成为京东智能化商业版图中的关键环节,提升全社会的物流效率,让消费者拥有更好的体验。在京东的智慧物流科技布局中,"无人"堪称明显的特点。京东通过创新性的硬件设备和模式创新,打造全自动化的无人智慧仓库,拥有3D视觉系统、动态分拣、自动更换端拾器等功能的DELTA型分拣机器人,可以惯性导航、自动避障的智能搬运机器人,为京东构建了一套系统化的整体物流解决方案,支持分拣、搬运、拆码垛等仓储全流程的自主实现。当货物运出京东无人仓后,就将依靠无人机和无人车送到用户手中。京东无人机技术今后将着力于提高感知、自主航迹规划、多机协同和人机交互等能力,让"无人"技术更好地为用户服务。

电商企业自建物流是未来发展的必由之路,现代物流模式的发展离不开自建物流的推动。京东自建物流的成功为其他电商企业解决物流瓶颈提供了方法,因为从整个零售业来看,电子商务企业的用户体验其实是较难做的,其中物流配送用户体验占有很大的比重。京东的211服务为行业树立了标杆。

工作任务: 分析京东物流的优缺点。京东自建物流对京东电子商务业务有什么影响?京东物流的核心竞争力是什么?

项目考核评价

知识(0.3)			技能(0.4)			态度(0.3)		
个人评价(0.3)	小组评价(0.3)	教师评价(0.4)	个人评价(0.3)	小组评价(0.3)	教师评价(0.4)	个人评价(0.3)	小组评价(0.3)	教师评价(0.4)

总分=知识+技能+态度=_____

本模块参考资料来源:

1. 比特网
2. 硅谷动力官网
3. 虎嗅网

4.中国产业信息网

5.物流时代周刊

5.联邦快递官网

6.国际文传电讯社.FedEx Logistics 在韩国设立新办事处以扩大全球业务.美国商业资讯,2021-09-28

模块 6

移动电子商务案例

学习目标

了解移动电子商务的概念、特点和分类,掌握移动电子商务区别于电子商务的技术和思想。通过进行移动电子商务平台选用、直播电商和营销推广,培养学习者获取新知识和新信息的能力、敏锐的洞察力和组织协调能力。

项目 1　移动社交电子商务平台案例

项目任务　能够说明移动社交电子商务平台产生的背景和产生的环境,理解移动电子商务与传统电子商务的区别,指出移动电子商务的特点,并分析移动社交电子商务平台成功的因素。

项目案例　　　　　　　　　　拼多多

拼多多隶属于上海寻梦信息技术有限公司,于 2015 年 4 月创办,是一家第三方、全品类的移动社交电子商务平台。

目前,拼多多平台已汇聚 7.313 亿移动端活跃买家和 510 万活跃商户,平台年交易额达人

电子商务案例分析

民币14 576亿元,迅速发展成为中国较大的电商平台;拼多多以独创的移动社交拼团为核心模式,主打百亿补贴、农货上行、产地好货等,致力于服务中国广大的普通消费者;拼多多平台以"好货不贵"为运营理念,为消费者提供补贴折扣大牌商品、原产地农产品、工厂产品和新品牌商品等;其中,拼多多独创发起的百亿补贴创造了中国电商行业活动规模和持续时长的新纪录。人民网此前发布报告显示,拼多多已经成为中国较大的农产品上行平台。

2018年7月,拼多多在美国纳斯达克证券交易所正式挂牌上市。

拼多多致力于移动商品运营,通过去中心化的流量分发机制,拼多多大幅降低传统电商的流量成本,并让利于供需两端。基于平台大数据,拼多多根据消费者喜好与需求,帮助工厂实现定制化生产,持续降低采购、生产、物流成本,让"低价高质"商品成为平台主流。拼多多财报显示,2019年,拼多多平台订单包裹数已突破197亿个。新电商模式所释放的潜力,也为拉动中国内需、推动广大区域消费升级做出了巨大贡献。不论是过去还是未来,拼多多生存的基础都是为消费者创造价值,平台将专注"本分"这一内在价值,坚持做正确的事,不断为满足广大用户的需求而不懈努力。

拼多多起家于农业,依托高频的农产品消费带动全品类消费增长。拼多多财报显示,2020年,拼多多农(副)产品成交额超2 700亿元,继续保持三位数左右的高速增长。在投身扶贫助农的过程中,拼多多结合中国农业的发展状况,通过大数据、云计算和分布式人工智能技术,将分散的农业产能和分散的农产品需求在"云端"拼在一起,基于开拓性的"农地云拼"体系带动农产品大规模上行,让贫困地区的农产品突破传统流通模式的限制,直连全国大市场。其间,拼多多相继探索、实践"多多农园"等创新扶贫助农模式,有效帮助贫困地区农户增产增收。

创立至今,拼多多平台已催生近千家工厂品牌,并通过C2M(Customer-to-Manufacturer,用户直连制造)模式持续推动多个产业集群的供给侧改革。拼多多财报显示,2017年,拼多多在长三角的19个产业带中,共计扶持18万商家,帮助大量工厂摆脱代工地位,以较低成本实现品牌化。2018年12月,拼多多推出了聚焦中国中小微制造企业成长的"新品牌计划",旨在扶持1 000家覆盖各行业的品牌工厂,帮助它们有效触达消费者,以低成本培育品牌。截至2020年底,参与"新品牌计划"定制研发的企业已超过900家,正式成员达106家,累积推出2 200款定制化产品,涉及家电、家纺、百货、数码等近20个品类,累积定制化产品订单量超过1.15亿单。

> 思考:阅读案例,并查阅资料,分析拼多多的运营模式。从不同角度阐述拼多多取得成功的原因。

嵌入知识

近几年移动互联网的发展速度之快、潜力之大,几乎超出所有人的想象,而这也将不断推动电子商务向手机、平板电脑、可穿戴设备等移动端发展,移动电子商务由此产生。

一、移动电子商务的概念

类似于电子商务,移动电子商务也有广义与狭义之分。

广义的移动电子商务是指通过移动设备随时随地获得的一切服务,涉及通信、娱乐、商业广告、旅游、紧急救助、农业、金融、学习和商业运营等。狭义的移动电子商务是指通过移动终端(如手机、平板电脑、可穿戴设备等)进行商品或服务货币交易的商务类活动。

移动通信技术发展经历了 1G、2G、2.5G、3G、4G、5G 等多个阶段。2.5G 时代,以诺基亚为代表的移动通信设备商生产了大量外形小巧、功能齐全、价格不高的手机,使得手机进入寻常百姓家。人们除用手机进行语音通信外,短信和彩信产品也得到长足的发展。人们越来越多地借助手机实现移动信息查询,广告和音频、图片的下载等服务。这些服务构成了早期的移动电子商务应用,并逐渐引起了人们的重视。显然,此时的移动电子商务不是只涉及货币交易的狭义移动电子贸易,而是广义的移动电子业务。仔细分析这类服务可以发现,其实它们并不是完全的移动电子贸易,而更像是一种混合形式。直到现在,虽然上述服务已经非常普及,但学术界的很多移动电子商务研究还主要关注以移动信息服务为主的业务范畴。

在我国,直到 2009 年以后,作为应对世界金融危机的举措之一,才开始大面积建设和推广 3G 网络。从此,智能手机逐渐普及,我国的移动电子商务得到较快发展。现在 4G/5G 网络和应用也在快速替代 3G 网络。截至 2020 年 12 月,我国网民规模为 9.89 亿。在 4G/5G 移动终端和应用日益普及、移动电子商务环境日趋成熟的条件下,各种新型的移动商务应用形式会不断出现,移动商务应用范围将更加广泛。

二、移动电子商务与电子商务的区别

早期桌面互联网的普及为人们创造了许多电子商务的应用形式,特别是信息的发布、搜索和商务活动的便捷,降低了信息不对称程度,使商品的生产者与消费者有更多的机会直接接触,进而给传统商务活动带来了很大的冲击。而移动互联网应用的普及,使得电子商务有了不同的表现形式,即移动电子商务。现阶段,我们关注的重点是 4G/5G 环境下的移动电子商务,因此下面将仅考虑在 4G/5G 移动互联网条件下,移动电子商务与电子商务在若干方面的区别。

(1)服务个性化区别。移动电子商务的通信速度受无线电频谱的限制,带宽有限,但无线通信具有地理定位功能,因此移动电子商务可以充分利用基于位置的个性化服务。而电子商务强调的则是无差别的服务。

(2)终端设备区别。电子商务使用个人计算机,显示器屏幕大、内存大、处理速度快,采用标准键盘,不用考虑电池问题。移动通信设备则相反,屏幕小、内存小、处理速度慢、输入不便,电池一次不能用太久,因此移动电子商务的信息比较简洁,不宜处理复杂应用。

(3)用户群区别。移动电子商务的潜在用户群远大于电子商务,但这个群体分布不均且文化差异大。在移动电子商务开发中必须更多地考虑这种差异。

(4)移动性区别。与电子商务相比,移动电子商务因终端设备的移动性而产生更多的商业机会,更能实现个性化服务。但在需要大数据量处理的场合,移动性又给商务活动的运行带来许多不便。

(5)时空约束区别。移动电子商务往往与空间和时间有关,更能实现个性化服务,更能满足用户与位置有关的需求,如在陌生城市找理发店、餐馆和酒店等。许多移动电子商务有时间限制,如医疗救护和限时特价酒店等。而电子商务通常强调不受时间和空间的影响,都能提供一样的服务。

(6)商业模式区别。电子商务更强调低成本和无限的网络空间,消除信息不对称性,提供无限的免费信息服务。移动电子商务更多的是针对差异性而提供差异化的个性服务来营利,如位置变成产生价值的来源。另外,移动电子商务的商业活动必然要考虑带宽,会有成本,这方面的障碍将随着 4G/5G 通信技术的成熟逐步被消除。

当然,移动电子商务与电子商务相比有许多优点,主要包括以下几个方面:

电子商务案例分析

　　·使商务活动的信息互动更高效、更及时。

　　·使商务活动的规模更大、机会更多,不限于坐在计算机前才能开展商务活动,随时随地都可凭借移动设备来进行。更大的规模和更多的机会,让企业与用户双方均可得利。

　　·通信终端的私有性帮助交易双方确认对方身份,使得移动电子商务供应商能精准地与最有希望达成交易的用户交互,提高了交易的成功率。

三、移动电子商务的特点

　　基于无线通信网络的能力以及移动终端的特性,人们不仅可以在移动状态下处理有关事务,还可以根据用户所处位置提供与位置有关的服务,也能借助手机实名制确定手机用户的身份,实现更精准的服务,从而增加信任感,提高手机用户交易的意愿。相对于基于PC互联网的电子商务来说,移动电子商务有以下显著特点:

　　(1)时空无界性。移动用户可以在任何时间、任何地点查询所需的商品或服务信息,启动、协调和完成移动交易。这使得经常出差的用户和经常离开办公桌的用户都不会错过交易机会,如股票交易或网络拍卖等。同时,它也能帮助在野外作业的人员(包括旅游业工作人员)随时随地处理商务信息。

　　(2)便捷性。不受地域限制,采用便捷的通信方式查看邮箱、收发即时信息和交换文件等,都因移动互联网的普及而变得非常容易和便捷。

　　(3)位置相关性。采用全球定位技术和基于位置的服务技术,可以帮助服务提供商更准确地识别用户所在位置,从而向用户提供与其位置相关的信息,如附近的旅游景点、酒店和旅馆等。在许多性命攸关的需要位置信息的急救场合,GPS定位系统还可以结合地理信息系统(GIS),帮助人们更快、更准确地找到需要帮助的人。

　　(4)个性化。由于每部移动终端都有唯一的SIM智能卡,因此服务提供商可以很方便地通过它收集用户信息。商家通过收集用户的以往数据,包括移动数据和交易偏好等,采用数据分析与数据挖掘工具,帮助用户发现自己的爱好,从而更精确地提供用户所需的服务。同时,消费者还可让商家根据自己的要求提供一定的隐私保护措施。

　　(5)社交性。传统电商是面对点,面向的客户都是大众群体,因此业务也更加大众化,不过缺陷就是客户不稳定。而移动商务具备社交特性,重点在点对点的生意,社群是移动商务的主战场,更注重客户关系的搭建,客户关系更加稳固。

案例分析

拼多多案例分析

　　拼多多是顺应移动社交电商潮流开办的第三方电子商务平台,用户只能使用移动终端选购商品。拼多多采用拼团模式提供产品销售。由此,商家通过低利润销售大量商品,用户获得低价商品,实现商家和用户共赢。拼多多的运营模式是"社交＋移动商务"模式,该模式砍掉了大量中间环节,厂家生产商品后,直接通过拼多多平台展示给用户,实现厂家与用户直接对接。

　　拼多多成功的因素主要有以下四个方面:

　　1.始终将消费者需求放在首位

　　拼多多致力于为广大用户创造价值,让"多实惠,多乐趣"成为消费主流。创立至今,拼多多始终将消费者需求放在首位,通过C2M模式对传统供应链成本进行极致压缩,为消费者提供公平且极具性价比的选择。拼多多平台的商品已覆盖快消、3C、家电、生鲜、家居家装等多个品类,并以持续增长的速度,满足消费者日益多元化的需求。

2. 响应国家政策,有效助力精准扶贫

拼多多将创新的电商模式与精准扶贫紧密结合,为推动农产品大规模上行提供了有效途径。平台的"拼购"模式能够迅速裂变并聚集消费需求,实现大规模、多对多匹配,将农产品直接从田间送到消费者手中,使中国农业生产与需求离散化的劣势转变为优势。基于此,拼多多积极响应党中央、国务院关于打赢扶贫攻坚战和实施乡村振兴战略的号召,投入大量资源,深入全国近千农业产地,以市场为导向解决农产区产销问题,以技术为支撑打造"农货中央处理系统",创新了以农户为颗粒度的"山村直连小区"模式,为脱贫攻坚贡献积极力量。基于"最初一公里"直连"最后一公里"的产销模式,拼多多全力培育具备网络营销能力的"新农人",努力实现应急扶贫与长效造血的融合发展。通过精简农产品供应链,拼多多持续提升留存价值链的附加值,推动生产要素尤其是人才要素实现优化配置,有效激发覆盖产区的内生动力,带动产业下沉。由此使得拼多多不断发展壮大。

3. 推动供给侧改革,培育更多中国品牌

拼多多立足中国,与中小企业共同成长。平台"拼购"少SKU、高订单、短爆发的模式,不仅能迅速消化工厂产能,而且帮助生产厂商通过"现象级"爆款(短期高销量,高利润)迅速赢得消费者的信任,树立品牌形象。拼多多通过提供免费流量,大幅降低生产商的营销成本,平台还持续向有志于打造自主品牌的生产商倾斜资源,助力其转型升级。登陆纳斯达克之后,拼多多正致力于引领平台入驻品牌走向国际,为培育中国品牌、推动中国品牌得到国际认可做出更多贡献。

4. 谨守"本分"价值观,坚持做正确的事

拼多多的成绩源自公司上下"本分"的价值观,即"坚守自己的本职"。对于平台而言,其"本分"是始终专注于为消费者创造价值。

项目 2　直播电商案例

项目任务　了解直播电商的概念与发展现状,分析不同直播电商平台的运行模式,通过对案例进行分析,谈谈直播电商发展的趋势和模式演变。

项目案例　**深耕直播电商,周黑鸭探索消费新模式**

周黑鸭深耕直播领域,积极探索消费新模式。在热销背后,周黑鸭品质与品牌的双保障,才是消费者买单的根本理由。

一、直播电商成风潮,周黑鸭双节销售创新高

据荆楚网2019年12月16日报道,在2019年"双十一",周黑鸭全渠道销售在天猫旗舰店

电子商务案例分析

鸭肉类目中排名第一。周黑鸭天猫旗舰店提前约3小时超过2018年同期销售额。锁鲜鸭脖、锁骨热卖超264 000件,真空卤鸭翅销量同比增长773%,真空鸭掌销量同比增长115%,真空鸭脖买家数同比增长59%,线上销售十分火爆。

在"双十一"当天,周黑鸭淘宝直播观看人数超4 100万,仅1分钟销售额超2018年"双十一"自播整体销售额,成为天猫美食十大人气直播间之一。周黑鸭也与某主播达成战略合作。数据显示,"双十一"期间,该主播通过直播10秒实现百万销售,销售力惊人。

2019年12月2日,原产地直播助农节目《大国好物》湖北篇在淘宝开播。短短十分钟,周黑鸭就创下了下单1.3万单,销售3.5万件,销售额近50万元的记录。

荆楚网消息,在2019年的"双十二",周黑鸭连续两天直播排位赛名次靠前:12月11日温暖节优选食品第9名,热度近230万;12月12号终极排位赛零食第6名,热度近20万。此外,在快手平台直播5分钟,周黑鸭真空装鸭脖产品销售超3万袋。

2019年,周黑鸭准确地抓住市场机遇,深耕直播领域,采用达人直播+店铺自播的矩阵,通过直播介绍,拉动电商增长力。

二、品质是周黑鸭的制胜法宝

主播推荐可以为品牌销售加码。但产品想要卖得好,归根结底还得靠品质。

2014年,周黑鸭全面取消散装,替换为气调保鲜包装。升级后的包装可以更长时间留住产品的独特风味,同时也更便于携带和赠礼,为品质加分,为美味加持。据了解,周黑鸭的气调保鲜包装(Modified Atmosphere Packaging,MAP)系统,采用的是3层高阻隔盖膜和11层高阻隔底膜的特殊材质制成,且运用了市场领先的易剥离技术。而包装内采用了气体调节技术,即在包装时将盒内空气替换为氮气,保持产品新鲜度。

在后台生产中,周黑鸭也将标准执行到极致。在周黑鸭全国各大工厂的内包车间,洁净标准达到了10万级GMP(Good Manufacture Practices,即药品生产质量管理规范标准)。要想达到这个标准可不是件容易的事。除了常规清洁,所有经过周黑鸭内包车间的风,都必须经过三级过滤。除此之外,还要保证车间处于18 bar左右的正压状态,防止外部空气进入,且将内包车间的温度控制在12℃以下,才能满足10万级GMP车间的要求。

伴随现代化智能工厂的相继投产,未来,周黑鸭将逐步完善物流体系,缩小物流半径,保证全国消费者购买到更加新鲜的产品。除此之外,为满足不同食客的味蕾需求,周黑鸭也积极推进产品多元化。自2019年8月10日起,周黑鸭不辣产品在华南区门店上架,从市场反馈情况来看,消费者接受度很高。自2019年10月中旬起,周黑鸭不辣产品陆续面向全国发售。

在食品安全被高度关注的当下,在直播电商的新消费模式背后,周黑鸭品质与品牌的双保障,才是决定消费者购买的根本理由。

> 思考:谈谈直播电商有什么特点。分析周黑鸭直播成功的因素。

嵌入知识

直播电商作为内容电商的新形式,其"现场+同场+互动"的本质特点,实现了内容多维度的升级,能够通过更紧密的互动与用户建立起难得的更为长久的"信任感",更好地输出品牌价值,真正实现"品效合一"。因此,在移动通信技术的快速创新下,直播电商应运而生。

一、直播电商概述

1. 直播电商的含义

所谓直播电商,是指主播[如 KOL(关键意见领袖)、KOC(关键意见消费者)、创作者等]借助视频直播形式推荐商品并实现"品效合一"的新兴电商形式。它包含以下几层含义:

第一,直播电商是视频直播这一新型传播方式与电商行业的有机融合,是一种全新的电商形式。

第二,主播来源的多样化,KOL、KOC、创作者等都可以当主播。

第三,直播电商的交易效率得到显著提升。

第四,能够更好地实现"品效合一"。直播电商不仅能够更好地实现交易,还能通过构建价值认同感来实现品牌传播。

2. 直播电商的本质

在当前物质较为丰富的背景下,用户已经不再满足于单纯依据商品价格和商品的功能参数去判断的消费行为方式,而更关注整个消费过程中的精神体验,且越来越多的用户希望获取更多的知识性、专业性的信息内容来对购买行为做决策参考。因此,直播电商的本质是消费场景的升级,而消费场景升级的背后则是用户需求的升级。直播电商通过新的消费场景,结合消费者洞察及消费引导,让商业与情感的传递、人性的结合更为紧密,进而更好地满足用户需求。

3. 直播电商的优势

直播电商是对之前电商渠道的"人—货—场"的转型升级,核心则是基于用户生命周期管理构建新的营销体系和建立起与用户的深度连接。

二、直播电商的产业链

MCN(Multi-Channel Network)是一种多频道网络的产品形态,是一种新的经济运作模式。这种模式将不同类型和内容的 PGC(专业生产内容)联合起来,在资本的有力支持下,保障内容的持续输出,从而最终实现商业的稳定变现。MCN 的优势在于一方面帮助内容生产者专注于内容创作,另一方面对接平台、粉丝进行推广以及推动变现。

直播电商的产业链因平台不同而不同,电商平台和短视频平台存在很大差别,但无论哪种平台,MCN 机构在产业链中都处于连接的中枢地位。

在以电商平台为基础的产业链中,品牌商、工厂或产业基地为产业链的上游,主播与 MCN 机构处于产业链的中游,用户则处于产业链的下游。相对来说,以电商平台为主的产业链发展更为成熟。以淘宝为例,厂商为上游,主播为中游,以商家自播为主、达人主播为辅,其中商家自播主要为店铺导购等内部人员直播,达人主播多与 MCN 机构合作,通过 MCN 机构对接品牌商,少数达人主播直接对接品牌商。MCN 机构为主播提供内容输出、推广营销、供应链、品牌管理等服务。

在以短视频平台为基础的直播电商产业链中,品牌商、工厂及产业基地等为产业链上游,主播、MCN 机构为产业链中游,用户为下游。以快手为例,在产业链中,快手完成前端导流、展示场景等环节,下单、支付、物流等主要导入外部平台来完成,而与上游的品牌商、工厂等的联系主要靠电商平台导入。光大证券研究所的调研数据显示,快手一半以上的交易需要导入淘宝来完成,其他外部平台包括拼多多、有赞、苏宁易购等,此外快手也推出快手小店等。

三、直播电商的主要平台

我国直播电商的平台分为以电商为主的平台和以短视频为主的平台两类,以电商为主的平台以淘宝、京东和拼多多等为典型代表,以短视频为主的平台则以快手、抖音等为代表。

1. 淘宝直播

淘宝直播是阿里巴巴推出的直播平台,定位于"消费类直播",用户可边看边买,涵盖的范畴包括母婴、美妆等。淘宝直播主要依靠淘宝电商平台来获得流量,主播不需要制作短视频来吸引粉丝进入直播间,直接开播即可。做淘宝直播可以边直播、边涨粉、边卖货。

2020年3月30日,在淘宝直播盛典上,淘宝内容电商事业部总经理宣布,2020年,淘宝要打造100个年销售额过亿元的MCN机构,并发布500亿资源包,覆盖资金、流量和技术。其中针对技术,他表示,将整合阿里巴巴经济体内所有资源,让优质内容和直播间被发现。2020年4月,淘宝/天猫直通车上线"直播推广"功能,可以把商家的店铺直播间在淘宝搜索的结果页直接展示出来。这一功能为商家提供了"直播中"和"直播后"的解决方案;在直播时,实时为正在直播的直播间引流,提升直播间的流量以及"粉丝"积累;在直播后,将直播片段作为新的短视频呈现,促进高购物意向用户的成交。对商家而言,"直播推广"功能让他们的直播间变得可被搜索,也让直播这个以往偏重私域流量运营的场景,变得更加开放,可以从广阔的公域中获取新流量、新"粉丝"。《2020淘宝直播新经济报告》的数据显示,围绕淘宝直播生态的公司数量快速增长。截至2020年2月,淘宝直播MCN机构数量突破1000家;淘宝直播服饰基地数量为100家;淘宝直播珠宝基地数量为17家;淘宝直播代播服务商从2019年6月的0家增长到2020年2月的200家。

2. 快手平台

快手大数据研究院发布的《2019快手内容报告》显示,在2020年初,快手日活跃用户数已突破3亿。日活跃用户以年轻人为主,30岁以下的占70%;三线及以下城市的用户约占70%;一、二线城市的用户约占30%。

快手平台操作简单、记录轻松、功能丰富,并且避免注意力资源的两极分化,让每个人获得相对均等的机会,真正惠及长尾用户。快手采取"去中心化"的流量分发模式,倾向于给用户推荐关注的内容。对用户上传的视频根据标题、描述、位置等打上标签,并匹配给符合标签特征的用户。2016年4月,快手上线直播功能(秀场直播);2016年12月,快手直播规模增长,带动快手整体用户增长,MAU(月活跃用户数)突破1亿;2018年,快手开通直播PK、小直播间支持语音评论等功能;同年,快手直播流水超200亿元(香港联交所公布的快手科技招股书中数据);快手大数据研究院发布的《2019快手直播生态报告》显示,2019年12月,快手直播日活跃用户数突破1亿,游戏直播日活跃用户数超过5100万,同月,快手直播公会体系全面开放。

快手拥有独家支持的第三方电商平台和自建平台,同时拥有微信小程序电商。快手强社交特性和社区氛围使其形成独特的模式,真实和信任让该模式社交黏性更强,用户与KOL之间的高互动性和信赖感为电商提供了天然的基石。火星营销研究院在卡思数据的支撑下,发布的《抖音VS快手:30日红人电商研究报告》指出,快手热销商品品类集中度很高,食品、饮料、个人护理、精品女装占总销量的63.3%,与品牌知名度以及产品的公知口碑相比,用户更追求产品的高性价比和实用性。

3. 抖音平台

抖音的口号是"记录美好生活",内容分发方式为"智能算法推荐+社交分发"。得益于优秀的产品和服务能力,抖音快速发展壮大。抖音发布的《2019抖音数据报告》显示,截至2020年1月5日,抖音日活跃用户数已突破4亿。抖音人均单日使用时长达87.5分钟,渗透率达8.09%;35岁以下用户占比近70%,下沉效果明显,低线城市用户占比已达56%。

抖音采取的是"中心化"的流量分发模式，倾向于推荐给用户可能喜欢看的内容。用户制作并上传短视频后，会先被给予一个初始流量池，抖音根据完播率、点赞量、评论量、转发量等反馈指标决定是否继续分发。如果视频反馈较好，将层层推荐至更大的流量池，流量能快速汇集至高质量内容，对优质内容创作者非常有利。

在直播布局方面，2017年11月，抖音上线直播功能；2019年年初，抖音在直播中推出PK玩法、小时榜等功能，将短视频与直播内容打通导流；2019年4月，抖音宣布引进1000家公会；2019年年中，字节跳动搭建"直播大中台"。2020年3月，抖音直播推出"百万开麦，抖音主播扶持计划"，推动直播成为短视频达人的标配。

案例分析

深耕直播电商，周黑鸭探索消费新模式案例分析

本案例中周黑鸭采用了直播电商的模式成功进行了商品的销售。直播电商有以下主要特点：

第一，强互动性。直播电商具有"现场＋同场＋互动"的特点，主播在直播现场，与其他用户同场沟通，及时互动，这种强互动性远强于之前的移动电商和社交电商，也更容易获得用户的信任感。

第二，强IP属性。IP(Intellectual Property)是知识产权的简称。具体说来，就是主播具有很强的IP属性，在用户心智中有独特的标签，更是一种情感的寄托。

第三，高度去中心化。各直播平台具有数量众多、类型丰富多元的主播，而主播除了电商平台的公域流量外，还有自己的私域流量。整体来说，直播电商相对于之前的电商，更为去中心化，也为更多的主播提供了运营自身品牌、"粉丝"的更多机会和可能性。

周黑鸭直播电商的成功主要有以下几个因素：

1.顺应了移动互联网的发展和移动商务模式的演变和发展

周黑鸭之所以会选择直播电商的销售形式，不仅是为了向消费者提供"无接触"购物渠道，更因为直播购物"够年轻，够新潮"。

据了解，周黑鸭调查发现，其顾客群体多是15岁至35岁的年轻人，他们更喜欢在休闲时吃周黑鸭。因此，周黑鸭便将自己的定位从餐桌食品转向了休闲食品，并提出了"会娱乐更快乐"的品牌理念，走上了个性化的娱乐营销整合道路。

2.选择了合适的直播平台

周黑鸭选择淘宝直播平台是因为淘宝直播定位为"消费类直播"，消费领域的KOL等群体都存在，商家可以找到适合自身的主播或者MCN机构，依托达人或者机构给自己卖货。淘宝直播的核心优势在于已经形成了高效率、系统化的直播电商系统。一是拥有全行业的消费者洞察，能够帮助主播、商家更好地进行市场分析、行业情况分析、品牌分析、店铺分析、宝贝分析、达人分析、达人卖货情况分析、直播概况、直播分析等。二是淘宝直播平台上目前已有上百万主播，商家可以根据自身的需求选择适合自己的主播。三是精准实现物找人。依托淘宝丰富的商品库，淘宝直播快速覆盖了几乎全部的行业、领域，同时通过每天数十万场直播，快速筛选热销商品及品类，进而在用户精准画像的基础上，实现用户和商品之间的智能匹配。

电子商务案例分析

3.设计了科学的直播策略

周黑鸭2018年与原旅游卫视联合推出的《世界游》定制节目"别闹了,莫斯科",抓住了"世界杯"这个热点,有流量、有技巧、有亮点、有爆点。而在2019年"双十一"当天,周黑鸭淘宝直播观看人数超过4 100万,1分钟的销售额超2018年"双十一"直播整体销售额,成为天猫美食十大人气直播间之一。

4.产品质量征服大众味蕾

周黑鸭一直以味美又安全被客户所钟爱。周黑鸭坚信,只有可口、卫生、方便的产品,才能为消费者带来更大的乐趣和更好的体验,而实现这一点,就要在产品的品质上把好关口。目前,周黑鸭实行的是精细化管理,其对品质的把控体现在每一个环节中。质量之路,标准先行。从原材料采购开始,周黑鸭就制定了严苛的标准。不少供应商都按照"周黑鸭标准"提供产品,以满足周黑鸭远超行业的高质量要求。同时,在生产工艺、厂房布局、冷链物流等各环节周黑鸭都有严格的标准和要求。由此来看,对食品安全和产品质量的严格把控正在成为周黑鸭品牌力的坚实后盾,这既是品质保证,又是消费者的信赖支点。

知识拓展 移动营销三域流量理论

2018年以来,移动商务领域以抖音为例的UGC(User Generated Content,用户生成内容,即用户原创内容)移动视频平台在营销场景、转化路径、互动营销等方面彰显出巨大价值,从而产生了"三域理论"。

"三域理论"即三域营销流量理论,"三域流量"是指私域流量、公域流量和商域流量。比如抖音有非常广泛的公域流量,它可以做很好的UGC互动、传播裂变和口碑营造。同时它也有很好的商域流量,通过智能技术使得广告高效、智能,缩短营销路径。如果品牌在抖音平台长期经营,还可以得到优质的私域流量,可以不断地去沉淀内容资产和消费者资产。

"三域理论"中私域流量、公域流量以及商域流量的划分方法和作用如下:

1.私域流量

私域流量指企业能够自主经营管理的流量。对于抖音来说,主要包括企业蓝V主页＋关注流量。这些流量沉淀在企业的抖音阵地,通过有效管理和运营可反复使用。蓝V内容阵地私域流量运营主要包括装饰搭建、组件、私信和CRM(客户关系管理)等。构建私域流量池,目的是实现更好的商业价值,比如构建更好、更快速的变现路径,实现更高效的复购等,以提升业绩,降低获客成本中的流量成本。

2.公域流量

公域流量指的是平台提供的流量。相对于私域流量的自主经营,公域流量更具平台依附性,大部分是一次性流量。公域流量主要依靠内容创作激发,其中包括达人内容、用户内容等。常用的运营手段包括挑战赛、专属贴纸、BGM(Background Music,背景音乐)等。公域流量一般是依靠自然内容获得的推荐流量,主要通过创作、运营获取。

3.商域流量

商域流量指的是广告流量。商域流量主要用于品牌导流、精准触达人群、个性化沟通等。产品形式主要包括开屏广告、信息流广告、固定位广告等。商域流量作为广告流量,也就是付费流量,其较大的特点就是稳定性强。稳定的流量获取可以为品牌带来稳定的产品后端消化。然而商域流量的弱点也比较明显——可持续性差,黏性较弱。

实操案例

韩国 E-mart 创意二维码营销

成立于1993年,韩国新世纪集团旗下的 E-mart 是韩国较大的综合性连锁超市。E-mart 在韩国拥有141家连锁店,占据韩国零售业市场份额的32%。2006年,E-mart 成功收购沃尔玛(韩国),成为韩国折扣零售业当之无愧的领军者。但令该韩国零售业巨头苦恼的是,每天午间时段销售额急剧下降,各个分店门可罗雀。如何提高午间时段的销售额一直是 E-mart 市场部门急需攻克的难题。

1. 营销策划

E-mart 与韩国 Cheil Worldwide 广告公司合作,推出为期三个月的"Sunny Sale"二维码营销活动。该创意巧妙地运用中午12:00~13:00的阳光,设计出仅在午间阳光照射下才可正常使用的二维码雕像。二维码会引导顾客自动进入"Sunny Sale"午间限时促销平台,提供优惠券、限时打折、免费送货等促销活动,鼓励顾客在午间从网上或前往实体店购物,从而提高午间销售额。

(1)传播目标:提高12:00~13:00午间时段的销售额,为顾客提供仅在午间才可享受到的愉快、便捷、实惠的购物体验。

(2)关键信息:午休时间在 E-mart 购物是愉悦、便捷、实惠的。

(3)目标群体:午休时间外出用餐的公司职员。

2. 策划战略与执行

(1)光影二维码创意。在13个 E-mart 门店附近公司聚集、人流量大的繁华地段设立"3D 二维码雕像"。没有光与影的配合,这些二维码只是普通的雕像。但是当每天中午12:00~13:00,正午的阳光照射在"3D 二维码雕像"产生出特定的阴影时,"3D 二维码雕像"与阴影便可以组成完整的可识别的二维码。

(2)线上促销。每天12:00~13:00,顾客使用手机扫描"3D 二维码雕像",便可以进入 E-mart"Sunny Sale"网页,不仅可以获得12美元优惠券,还可参加午间竞拍、午间限时优惠等多种午间促销活动。在线购买的商品会由 E-mart 直接送至顾客指定地址。简洁、明快、一站式的网上购物体验,以及免费送货服务突显了"便捷"的主题。同时,顾客既可以在手机上完成所有购买操作,又可前往不远处的实体店享受同样的优惠活动。E-mart 在为顾客提供多种购物选择的同时,也增加了午间销售额。

(3)传播效果。自2012年2月1日至2012年2月28日,设立"3D 二维码雕像"的门店由13家增加至36家,顾客累计使用午间优惠券12 000张,E-mart 网上购物平台注册用户增加了58%,午间销售额增加了25%,商业效果显著。"Sunny Sale"营销活动获得韩国本土及国际媒体广泛报道。"Sunny Sale"营销活动获得2012年戛纳创意节钛狮奖、伦敦国际奖(London International Awards)、新加坡 Spike Asia 创意大奖等多项大奖。

工作任务:韩国 E-mart 是如何利用二维码进行营销的?结合案例分析二维码在移动营销中起到了怎样的作用。结合二维码的特点,分析韩国 E-mart 还可以采用哪些营销策略。收集其他有关二维码营销的案例,并对其营销模式进行分析。

电子商务案例分析

项目考核评价

知识(0.3)			技能(0.4)			态度(0.3)		
个人评价(0.3)	小组评价(0.3)	教师评价(0.4)	个人评价(0.3)	小组评价(0.3)	教师评价(0.4)	个人评价(0.3)	小组评价(0.3)	教师评价(0.4)

总分＝知识＋技能＋态度＝_____

本模块参考资料来源：

1.新华网

2.赛迪网

3.和讯网

4.畅享网

5.亿邦动力网

6.中国信息通信研究院官网

7.中国经济新闻网

8.中国互联网络信息中心官网

9.简俊辉.电商销售火爆 周黑鸭深耕直播"带火"更"带货".楚天都市报-看楚天,2019-12-16

模块 7

跨境电子商务案例

学习目标

了解跨境电子商务的主要内容和模式,明确跨境电子商务的重要地位,掌握运作跨境电子商务所需要的知识与技能。通过跨境电子商务案例分析,帮助学习者正确认识电子商务全球化的趋势,能够判断不同跨境电子商务模式所适用的环境和特点,同时培养学习者跨行业、跨背景的工作能力和团队协作能力及创新创业精神。

项目 1　国内跨境电子商务案例

项目任务　能说出跨境电子商务平台所具备的功能,能够阐明跨境电子商务的商业逻辑和实现流程,分析案例中 SHEIN 跨境电子商务的核心竞争力,指出 SHEIN 成功的因素和对我国跨境电子商务企业的启示。

项目案例　SHEIN

SHEIN 是一家专注快时尚服饰出口的跨境电商公司,主营业务为通过"独立站"模式销售自有快时尚品牌服饰,公司目前已经发展成为跨境电商"独立站"模式的领军企业。公司以快

电子商务案例分析

时尚女装为业务主体,主要面对欧美、中东等消费市场,是专注于女性快时尚的跨境 B2C 互联网企业。公司业务覆盖全球 224 个国家和地区。按照 SHEIN 官网信息,公司设有美国、比利时、迪拜等多个分支机构,全球员工有 3 000 余人。2016 年,公司业务额突破 10 亿美元,2020 年达近 100 亿美元,连续八年实现超 100% 增长。在投融资方面,公司凭借高速的发展,在 2015 年获得 IDG(最早进入中国的外资投资基金)领投的超 3 亿元 B 轮融资。2021 年 5 月已经开始筹备 IPO(Initial Public Offering,首次公开募股),最新一轮融资估值已经由约 960 亿元涨至超 3 000 亿元。

一、供应链:日上新 200 款,七天出货

2008 年 SHEIN 还叫 Sheinside,主营婚纱这个跨境电商领域的起家行业。经营了近三年之后,创始人决定放弃这个"同质低价"的竞争市场,转而瞄准北美的快时尚女装市场。转型之后,前端的设计要变,后端供应链也要变,原先制作婚纱的供应链必须进化成一条能够跟上快时尚生产速度的柔性供应链。

跟大多数着手做时尚服饰的商家类似,起初 SHEIN 也会在服装批发市场中挑选中意的款式,卖得好的款再委托工厂补货。但是批发了一段时间的货,团队便发现,国内工厂反应太慢,并且款式以爆款为主,完全跟不上国外的潮流,要做快时尚电商,光靠服装市场的货是远远不够的。有了这段经历,SHEIN 移动总经理认为,行业里最简单的方式就是拿货和卖货,但这不叫供应链,叫批发商;当某个款式卖得比较好的时候,商家找工厂下大货,这是比拿货更进一步的方式,但这也算不上供应链。

于是,SHEIN 开始布局一条能够快速打版、制作、生产的柔性供应链,同时雇用了一大批外包工厂。据 SHEIN 移动总经理介绍,目前 SHEIN 拥有一支 800 人的柔性供应链团队。这条供应链拥有强大的服装设计和生产能力,每天能产生 200 个新款,最快七天能出货。尽管在体量上,SHEIN 还远远不能跟国外其他快时尚企业相比,但在日上新数量和出货速度上,SHEIN 已经超越了国外其他快时尚企业。

除此之外,这条供应链还能够处理刺绣、印刷、水洗等较为复杂的工艺。SHEIN 不做简单的款式,SHEIN 的衣服从设计到上架一共要经过 13 个流程,基本上要经过 4~6 家工厂。

复杂的流程也意味着存在各工厂起订量不统一的问题,比如刺绣要 20 件起做。遇到这种问题,SHEIN 会平衡自有供应链和外包工厂的能力,外包承接不了的部分,SHEIN 会安排自己的工厂生产。这也是现在 SHEIN 主要的生产分配方式,能够最大限度地利用自有和周边工厂的生产能力,跟上快速变化的潮流。

不过,SHEIN 移动总经理也坦言,现在 SHEIN 的供应链能力跟国外其他快时尚企业相比还存在不足,在选款、生产质量管控上还有一些差距。下一步,SHEIN 计划建立自己的尺码体系,以便适应不同国家、不同身材的消费者。

二、营销:广告方式从细而小转变到大而全

从卖家到快时尚品牌,SHEIN 认为必须经过四个阶段:首先,要有足够的时尚度,不是跟风卖爆款;其次,质量、布料、缝纫等都很重要;再次,是把产品的展示做得更好;最后,外部展示和产品本身调性一致了,才能称之为品牌。

不同于线下起家的其他快时尚企业,SHEIN 没有实体店,也暂时没有往线下发展的计划。不过,利用线上渠道做营销、推品牌,SHEIN 却有天然的优势。早在 2011 年,SHEIN 就开始利用达人在社交网站上做推广,为站点引流。当时,SHEIN 站内几乎 100% 的流量都来自达

人推荐，ROI(Return On Investment，投资回报率)高达 1∶3。不过，后来达人的流量和效率双双下跌，SHEIN 便减少了这方面的投入。

因此，SHEIN 开始尝试新的广告营销方式，如尝试在自己的网站和 APP 上做直播。SHEIN 也在关注欧美流行的社交软件，研究怎么跟产品结合起来做营销。除了在外部渠道打造品牌，在 SHEIN 的官网上，还潜藏着一批堪比时尚杂志内页的买家秀，这些买家秀可以为站点带来大量的点击。SHEIN 单独在网站上开辟了一个"买家秀"专栏，每周由用户自主投票评选出前 50 名优胜者，并送上能作为抵扣用的 1 000 个积分，而这种站内的日常互动活动也提高了复购率。

除了网络营销之外，SHEIN 也开始尝试投放诸如电视广告、网站首屏等比较传统的广告方式。事实上，当营业额达到一定程度时，传统广告的成本其实要比社交网站更低。同时，SHEIN 希望把营销更多地跟品牌挂钩，而非销量。

SHEIN 之前营销的目的主要是引流，基本上依靠打折来吸引消费者。现在的宣传片会侧重生活方式，虽然费用很高，但是对品牌来说效果不错。SHEIN 移动总经理认为，没有一个企业是靠发传单发到上市的，广告方式必须要从细而小转变成大而全。

当许多人第一次听说 SHEIN 时，这家中国服装巨头的估值已经超过了 3 000 亿元。SHEIN 快速崛起的背后，是中国经济两大特点的充分结合：强大的制造业（尤其是服装产业）基础和发达的移动互联网营销生态。

> 思考：什么是"独立站"公司？"独立站"公司有什么优势？SHEIN 成功的因素有哪些？结合 SHEIN 的成功，谈谈跨境电商企业如何打造自己的品牌。

嵌入知识

一、跨境电子商务的概念

跨境电子商务是指分属不同国家的交易主体，通过电子商务手段将传统进出口贸易中的展示、洽谈和成交环节电子化，并通过跨境物流及异地仓储送达商品、完成交易的一种国际商业活动。

我国跨境电子商务主要分为跨境零售和跨境 B2B 贸易两种模式。

跨境零售包括 B2C 和 C2C 两种模式。跨境 B2C 电子商务是指分属不同关境的企业直接面向消费者个人开展在线销售产品和服务，通过电商平台达成交易、进行支付结算，并通过跨境物流送达商品、完成交易的一种国际商业活动。跨境 C2C 电子商务是指分属不同关境的个人卖家对个人买家开展在线销售产品和服务，由个人卖家通过第三方电商平台发布产品和服务售卖信息、价格等，个人买家进行筛选，最终通过电商平台达成交易、进行支付结算，并通过跨境物流送达商品、完成交易的一种国际商业活动。在跨境 B2C 模式下，我国企业直接面对国外消费者，以销售个人消费品为主，物流方面主要采用邮政物流、商业快递、专业及海外仓储等方式，其报关主体是邮政或快递公司。

跨境 B2B 贸易是指分属不同关境的企业，通过电商平台达成交易、进行支付结算，并通过跨境物流送达商品、完成交易的一种国际商业活动。

二、跨境电子商务的流程

从跨境电子商务出口的流程看，生产商或制造商将生产的商品在跨境电商企业的平台上

电子商务案例分析

上线展示,在商品被选购、下单并完成支付后,跨境电商企业将商品交付给物流企业进行投递,经过两次(出口国和进口国)海关通关、商检后,最终送达消费者或企业手中。也有的跨境电商企业直接与第三方综合服务平台合作,让第三方综合服务平台代办物流、通关、商检等一系列环节,从而完成整个跨境电商交易的过程。跨境电子商务进口的流程除了与出口的流程方向相反外,其他内容基本相同。跨境电子商务的流程如图7-1所示。

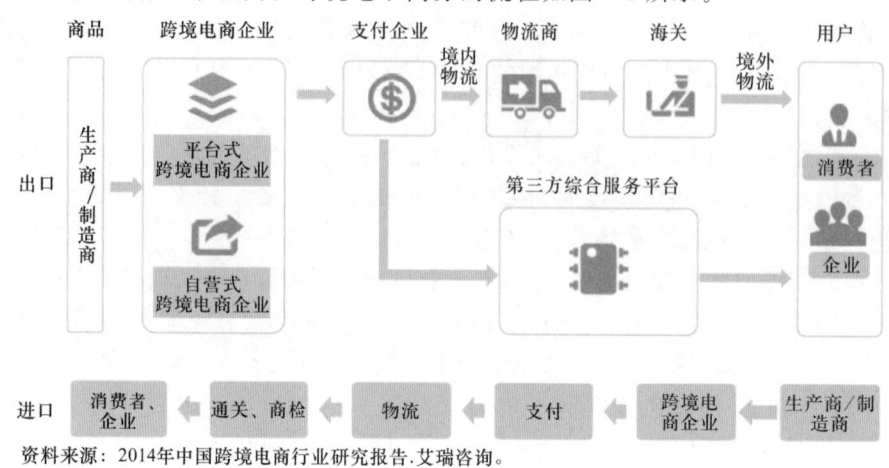

资料来源:2014年中国跨境电商行业研究报告.艾瑞咨询。

图7-1 跨境电子商务的流程

三、跨境电子商务规范管理

为做好跨境电子商务零售进出口商品监管工作,促进跨境电子商务健康有序发展,商务部等部门发布了《关于完善跨境电子商务零售进口监管有关工作的通知》(商财发〔2018〕486号)等国家有关跨境电子商务零售进出口相关政策文件,对跨境电子商务企业、消费者(订购人)通过跨境电子商务交易平台实现零售进出口商品交易进行规范管理。

1.跨境电子商务企业管理

跨境电子商务平台企业、物流企业、支付企业等参与跨境电子商务零售进口业务的企业,应当依据海关报关单位注册登记管理相关规定,向所在地海关办理注册登记;境外跨境电子商务企业应委托境内代理人(以下称跨境电子商务企业境内代理人)向该代理人所在地海关办理注册登记。跨境电子商务企业、物流企业等参与跨境电子商务零售出口业务的企业,应当向所在地海关办理信息登记;如需办理报关业务,向所在地海关办理注册登记。物流企业应获得国家邮政管理部门颁发的"快递业务经营许可证"。直购进口模式下,物流企业应为邮政企业或者已向海关办理代理报关登记手续的进出境快件运营人。

支付企业为银行机构的,应具备银保监会或者原银监会颁发的"金融许可证";支付企业为非银行支付机构的,应具备中国人民银行颁发的"支付业务许可证",支付业务范围应当包括"互联网支付"。

参与跨境电子商务零售进出口业务并在海关注册登记的企业,纳入海关信用管理,海关根据信用等级实施差异化的通关管理措施。

2.跨境电子商务交易通关管理

对跨境电子商务直购进口商品及适用"网购保税进口"(监管方式代码1210)进口政策的商品,按照个人自用进境物品监管,不执行有关商品首次进口许可批件、注册或备案要求。海关对跨境电子商务零售进出口商品及其装载容器、包装物按照相关法律法规实施检疫,并根据相关规定实施必要的监管措施。跨境电子商务零售进口商品申报前,跨境电子商务平台企业或跨境电子商务企业境内代理人、支付企业、物流企业应当分别通过国际贸易"单一窗口"或跨境电子商务通关服务平台向海关传输交易、支付、物流等电子信息,并对数据真实性承担相应责任。

直购进口模式下,邮政企业、进出境快件运营人可以接受跨境电子商务平台企业或跨境电子商务企业境内代理人、支付企业的委托,在承诺承担相应法律责任的前提下,向海关传输交易、支付等电子信息。

跨境电子商务零售出口商品申报前,跨境电子商务企业或其代理人、物流企业应当分别通过国际贸易"单一窗口"或跨境电子商务通关服务平台向海关传输交易、收款、物流等电子信息,并对数据真实性承担相应法律责任。跨境电子商务零售商品进口时,跨境电子商务企业境内代理人或其委托的报关企业应提交《中华人民共和国海关跨境电子商务零售进出口商品申报清单》(以下简称《申报清单》),采取"清单核放"方式办理报关手续。跨境电子商务零售商品出口时,跨境电子商务企业或其代理人应提交《申报清单》,采取"清单核放、汇总申报"方式办理报关手续;跨境电子商务综合试验区内符合条件的跨境电子商务零售商品出口,可采取"清单核放、汇总统计"方式办理报关手续。《申报清单》《中华人民共和国海关进(出)口货物报关单》具有同等法律效力,并按照要求传输、提交的电子信息应施加电子签名。

开展跨境电子商务零售进口业务的跨境电子商务平台企业、跨境电子商务企业境内代理人应对交易真实性和消费者(订购人)身份信息真实性进行审核,并承担相应责任;身份信息未经国家主管部门或其授权的机构认证的,订购人与支付人应当为同一人。

跨境电子商务零售商品出口后,跨境电子商务企业或其代理人应当于每月15日前(当月15日是法定节假日或者法定休息日的,顺延至其后的第一个工作日),将上月结关的《申报清单》依据清单表头同一收发货人、同一运输方式、同一生产销售单位、同一运抵国、同一出境关别,以及清单表体同一最终目的国、同一10位海关商品编码、同一币制的规则进行归并,汇总形成《中华人民共和国海关出口货物报关单》向海关申报。

允许以"清单核放、汇总统计"方式办理报关手续的,不再汇总形成《中华人民共和国海关出口货物报关单》。《申报清单》的修改或者撤销,参照海关《中华人民共和国海关进(出)口货物报关单》修改或者撤销有关规定办理。除特殊情况外,《申报清单》《中华人民共和国海关进(出)口货物报关单》应当采取通关无纸化作业方式进行申报。

3. 跨境电子商务税收征管

对跨境电子商务零售进口商品,海关按照国家关于跨境电子商务零售进口税收政策征收关税和进口环节增值税、消费税,完税价格为实际交易价格,包括商品零售价格、运费和保险费。跨境电子商务零售进口商品消费者(订购人)为纳税义务人。在海关注册登记的跨境电子商务平台企业、物流企业或申报企业作为税款的代收代缴义务人,代为履行纳税义务,并承担相应的补税义务及相关法律责任。代收代缴义务人应当如实、准确向海关申报跨境电子商务零售进口商品的商品名称、规格型号、税则号列、实际交易价格及相关费用等税收征管要素。

为审核确定跨境电子商务零售进口商品的归类、完税价格等,海关可以要求代收代缴义务人按照有关规定进行补充申报。海关对符合监管规定的跨境电子商务零售进口商品按时段汇总计征税款,代收代缴义务人应当依法向海关提交足额有效的税款担保。海关放行后30日内未发生退货或修撤单的,代收代缴义务人在放行后第31至第45日内向海关办理纳税手续。

4.跨境电子商务场所管理

跨境电子商务零售进出口商品监管作业场所必须符合海关相关规定。跨境电子商务监管作业场所经营人、仓储企业应当建立符合海关监管要求的计算机管理系统,并按照海关要求交换电子数据。其中开展跨境电子商务直购进口或一般出口业务的监管作业场所应按照快递类或者邮递类海关监管作业场所规范设置。跨境电子商务网购保税进口业务应当在海关特殊监管区域或保税物流中心(B型)内开展。

5.跨境电子商务检疫、查验和物流管理

对需在进境口岸实施的检疫及检疫处理工作,应在完成后方可运至跨境电子商务监管作业场所。网购保税进口业务:一线入区时以报关单方式进行申报,海关可以采取视频监控、联网核查、实地巡查、库存核对等方式加强对网购保税进口商品的实货监管。

海关实施查验时,跨境电子商务企业或其代理人、跨境电子商务监管作业场所经营人、仓储企业应当按照有关规定提供便利,配合海关查验。跨境电子商务零售进出口商品可采用"跨境电商"模式进行转关。其中,跨境电子商务综合试验区所在地海关可将转关商品品名以总运单形式录入"跨境电子商务商品一批",并需随附转关商品详细电子清单。

网购保税进口商品可在海关特殊监管区域或保税物流中心(B型)间流转,按有关规定办理流转手续。以"网购保税进口"(监管方式代码1210)海关监管方式进境的商品,不得转入适用"网购保税进口A"(监管方式代码1239)的城市继续开展跨境电子商务零售进口业务。网购保税进口商品可在同一区域(中心)内的企业间进行流转。

6.跨境电子商务退货管理

在跨境电子商务零售进口模式下,允许跨境电子商务企业境内代理人或其委托的报关企业申请退货,退回的商品应当符合二次销售要求并在海关放行之日起30日内以原状运抵原监管作业场所,相应税款不予征收,并调整个人年度交易累计金额。在跨境电子商务零售出口模式下,退回的商品按照有关规定办理有关手续。

对超过保质期或有效期、商品或包装损毁、不符合我国有关监管政策等不适合境内销售的跨境电子商务零售进口商品,以及海关责令退运的跨境电子商务零售进口商品,按照有关规定退运出境或销毁。

四、跨境电子商务的发展历程

1999年,阿里巴巴实现用互联网连接中国供应商与海外买家后,中国对外出口贸易就实现了互联网化。在此之后,共经历了三个阶段,实现了从信息服务到在线交易、全产业链服务的跨境电商产业转型。

1.跨境电商1.0阶段(1999—2003年)

跨境电商1.0阶段的主要商业模式是网上展示、线下交易的外贸信息服务模式。跨境电商1.0阶段第三方平台主要的功能是为企业信息以及产品提供网络展示平台,并不在网络上开展任何的交易环节。此时的营利模式主要是向进行信息展示的企业收取会员费(如年服务费)。在跨境电商1.0阶段发展过程中,也逐渐衍生出了竞价推广、咨询服务等,从而为供应商提供一条龙的信息流增值服务。

2.跨境电商2.0阶段(2004—2012年)

2004年,随着敦煌网的上线,进入了跨境电商2.0阶段。在这个阶段,跨境电商平台开始摆脱纯信息黄页的展示行为,将线下交易、支付、物流等流程电子化,逐步实现在线交易平台。相较1.0阶段,跨境电商2.0阶段更能体现电子商务的本质,借助于电子商务平台,通过服务、

资源整合，有效地打通了上、下游供应链，包括 B2B 平台和 B2C 平台两种模式。

3. 跨境电商 3.0 阶段（2013 年至今）

2013 年成为跨境电商重要的转型年，跨境电商全产业链都出现了商业模式的变化。随着跨境电商的转型，跨境电商 3.0 的"大时代"随之到来。

首先，跨境电商 3.0 阶段具有大型工厂上线、B 类买家成规模、中大额订单比例提升、大型服务商加入和移动用户量爆发五方面的特征。与此同时，跨境电商 3.0 阶段服务全面升级，平台承载能力更强，全产业链服务在线化也是跨境电商 3.0 阶段的重要特征。

其次，在跨境电商 3.0 阶段，用户群体由草根创业公司向工厂、外贸公司转变，且具有极强的生产设计和管理能力。平台销售产品由网商、二手货源向一手货源转变。

再次，跨境电商 3.0 阶段的主要卖家群体正处于从传统外贸业务向跨境电商业务的艰难转型期，生产模式由大生产线向柔性制造转变，对代运营和产业链配套服务的需求较高。

最后，跨境电商 3.0 阶段的主要平台模式也由 C2C、B2C 向 B2B、M2B 模式转变，批发商买家的中大额交易成为平台的主要订单。

案例分析

SHEIN 案例分析

SHEIN（案例分析）

在跨境电商领域，"独立站"公司比较知名。所谓"独立站"公司，指的是一个独立的网站，包括有独立的服务器、独立的网站程序及独立的网站域名，比如一个企业有自己独立的官网、自己独立的网店。在跨境电商领域，由于没有流量，早期的大部分企业卖家其实都是选择入驻一些大的电商平台。就好比企业在国内想在网上卖东西，进驻淘宝、京东等一样。

但是，入驻平台的企业在发展的过程中会不可避免地遇到三大问题：一是站内的流量与运营费用越来越高；二是难以从平台方获得用户的核心数据，进行精准营销与用户深耕；三是缺乏一定的自主性，不利于品牌营销。在这样的背景下，一些有实力的企业就开始慢慢选择离开平台，建立自己的"独立站"，以销售自家的商品。"独立站"可提升品牌运营的独立自主性，与消费者建立更为直接、持续的联系，更有利于打造自主品牌与消费者价值的实现。目前"独立站"公司已成为跨境电商主流销售渠道之一，SHEIN 已经发展成为这种"独立站"公司模式的领军企业。

SHEIN 取得成功主要有产品、顾客、基础管理和财务管理四个层面的因素，具体如下：

（1）产品层面。商业模式的核心要素是其价值主张，包括 5 个环节：价值创造、价值购买、价值使用、价值更新和价值转移。对于消费者而言，服装的价值通常源自消费或使用的体验；而 SHEIN 的价值主张在于价值创造和延长价值使用，从而为顾客带来新的感受。

（2）顾客层面。SHEIN 将时尚和可持续相结合，因其独特的价值主张，既要向现有的市场提供可持续价值，又要引导新的顾客进行可持续消费。通过拓展顾客群，顾客成为价值创造的一部分。同时，SHEIN 借助分销渠道拓展销售。除了官网外，还在 Amazon、Aliexpress 等平台上进行分销，体现可持续商业模式中社会价值和生态价值是核心，但经济价值是前提的理念。

电子商务案例分析

（3）基础管理层面。SHEIN 实行可持续供应链管理，在组织层面注重可持续方向及远景战略规划，保持开放和不断创新，同时和上、下游企业建立了良好的合作关系。

（4）财务管理层面。SHEIN 通过新、老顾客的不断重复购买形成主要的收入模式，并且对于分销及推广成本进行良好的控制，因此，品牌总体处于稳中有升的经营状态。

SHEIN 的成功也在于其品牌的打造，一个跨境电商企业打造品牌应注重以下几点：

（1）专注。SHEIN 瞄准跨境快时尚服装的市场，整合了供应链的资源。所有在网站上架的商品，都是其自主设计、生产和销售的女装。尽管发展迅猛，也取得了不小的成功，但 SHEIN 还是专注于"女装"这一品类。直到 2021 年，SHEIN 才把品类向童装、男装扩展。

（2）起步早。实际上，SHEIN 算是国内最早一批做跨境电商"独立站"的企业。2008 年，SHEIN 的前身 Sheinside 成立伊始，就建立了独立运营站点。四年之后，Sheinside 升级为自主品牌 SHEIN，聚焦快时尚女装领域，建立"达人推荐"的营销模式。同年，销售额达到 4 000 万元人民币；次年，SHEIN 获得集富亚洲（JAFCO）500 万美元 A 轮融资。

（3）注重口碑营销。SHEIN 的工作人员表示，SHEIN 的企业文化是"弱宣传，强口碑"，企业的大部分资金用于提升服装质量、优化用户体验，而不怎么进行传统的广告推广。但对社交媒体，SHEIN 是驾轻就熟。它的某社交平台主页有一千多万名关注者，有大量合作的时尚博客。

（4）注重优化供应链。目前 SHEIN 自主的"柔性供应链"能够快速打版、制作、生产，拥有强大的设计和生产能力。每天 SHEIN 的供应链能产生 200 个新款，最快 7 天能出货。

（5）强化移动端布局。早在 2015 年，SHEIN 就收购了深圳库尚信息技术有限公司，完善了移动互联网领域的布局，为这几年的爆发打下了坚实基础。

（6）注重新媒体营销实效。SHEIN 入驻社交平台，同时也做广告投放，但不同于其他品牌的是，SHEIN 在社交上不使用 KOL（Key Opinion Leader，关键意见领袖），而是选择了 KOC（Key Opinion Consumer，关键意见消费者）。

项目 2　跨境电子商务自品牌案例

项目任务　了解传统企业通过现有的跨境电子商务平台创业的思路、流程和所需要的能力。通过对森帛跨境电子商务案例的分析，开阔个人开展电子商务业务走向全球的视野。

项目案例　森　帛

森帛是一家在全球速卖通上成长了仅仅几年的跨境企业，它是一家草根企业，1990 年出生、祖籍绍兴的小陶是个连续创业者。2015 年 1 月 1 日，小陶和另三位合伙人凑齐了 30 万元的起始资金，创立了森帛，四个人都是"90 后"，也都毕业于浙江理工大学。森帛，即英文 Simple 的谐音。森帛在全球速卖通的店铺首页如图 7-2 所示。

森帛的成长速度惊人。据小陶介绍，仅 85 天，公司就做到了全球速卖通行业前 100 名。105 天，做到了全球速卖通行业前 40 名。森帛 2015 年的跨境销售额突破 1 000 万元，目前稳

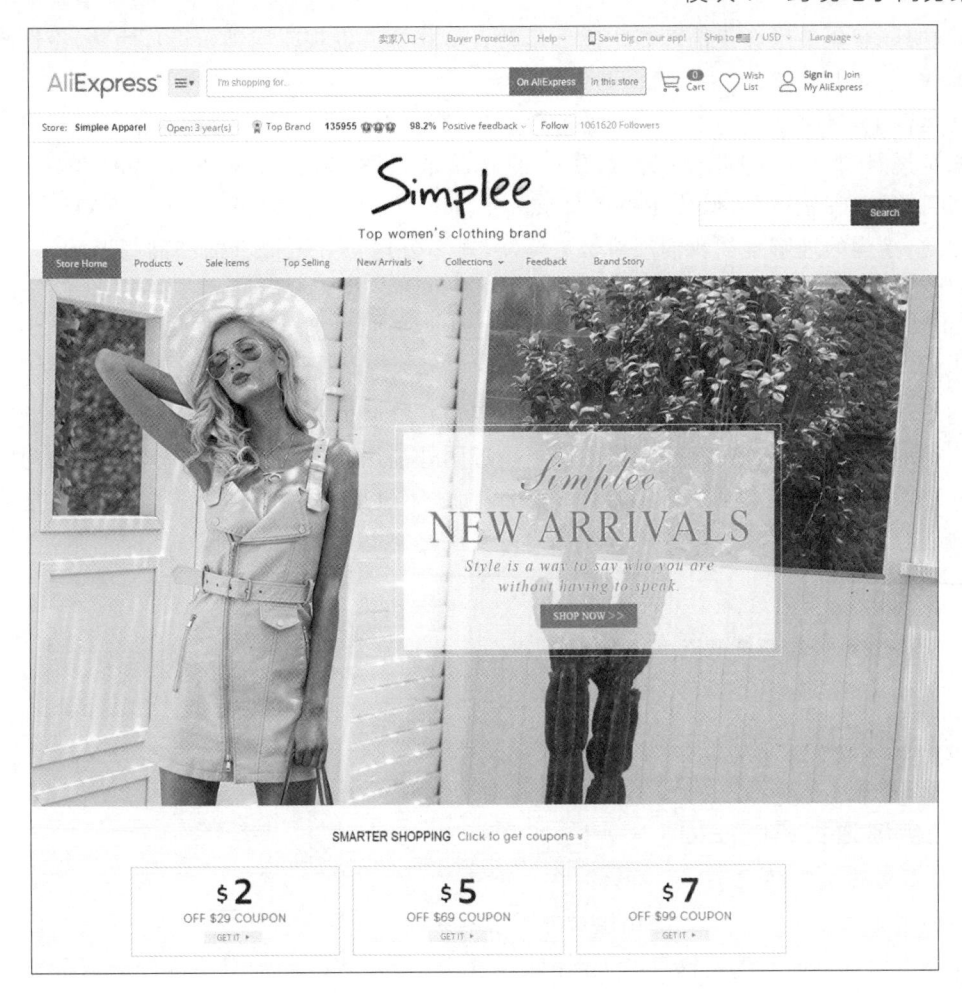

图 7-2 森帛在全球速卖通的店铺首页

居全球速卖通服饰类卖家前列。

"来我们店里就是做一件事情——挑选款式。"小陶说,"我们的口号是 fashion to more,用中文来讲是,时尚惠及更多人,定位是 18 岁到 35 岁的欧美年轻女性,并以这个群体最易接受的在线销售方式面向她们。"

2015 年 3 月 24 日,森帛从下沙搬到了临平办公,搬迁的重要原因,小陶解释为是"离工厂更近"。一个客观的事实是,靠近临平的乔司地区是杭派女装的重要生产基地,这里是很多中高端女装供应链的集中地。

目前,与森帛合作的供应商有 40 多家,其中有数家达成了固定合作。在生产端,森帛希望达到这样的效果:订单下达后,工厂能直接开工,这样可以达到实际成本和品控上的优化。此外,森帛还会优选工厂,逐步淘汰不符合要求的企业,由此达到正向循环。

森帛在经营中特别注重数据分析与应用。小陶说,希望通过收集每周、每天、每款、每色、每码的销售数据,形成一个庞大的数据库。通过实时监控、分析销售数据,以此来制定未来的生产量,调整营销方案。"我们的价格比别人要高一点,但也卖得比别人好,在同类企业里,可以说是难得的高售价又能跑量的企业了。"小陶说。

比如经过实时销售积累,森帛运营人员发现,在亚马逊平台上,往往 L 码的服装会卖得好,说明顾客年龄偏大;全球速卖通是 S 码卖得好,说明顾客较年轻;eBay 平台是 M 码卖得比较好,说明顾客年龄层介于前两者之间。运营人员将这一发现又反馈给设计团队,设计师再因此改款式。

在运营上,有别于其他服装品牌的海量上新,森帛会把每一步尽可能做精、做细。目前,森帛有六个设计师,一周上新两次,每次上的新品数量不多,这意味着森帛的 SKU 量并不高——目前其产品页面数保持在 400 到 500 个,而一个产品页面大概有 15 个 SKU。

对此,小陶的理解是:"我们反对暴力开发,很多公司都是把能上的产品都上了,上了没有销量,那是浪费公司的资源。产品不在于多,在于协调一致。在同样的条件下,我们宁可减少上新,也要保证上架的每一个产品都有能力激发客户的购买欲。"

小陶说:"俄罗斯人的审美、英国人的审美和西班牙人的审美都是不一样的,比如,我们针对上述不同国家的产品图片能不能不一样,我们要在哪些方面做得更本地化,我们的营销方式能否更本地化,我们能否在海外组建团队更亲近国外消费者,这些是我目前在思考的问题。"

2016 年,森帛的跨境收入突破 5 000 万元,而这不过用了两年时间。未来只要能把品牌做大、做强,有了知名度和影响力,所有环节均衡发展之下,公司会自然而然地向前走,会实现更多的盈利。

> 思考:森帛转型开展跨境电子商务业务成功的原因有哪些?

嵌入知识

一、全球速卖通的成因

1. 外国人逛淘宝的启示

促使阿里巴巴将淘宝模式应用于对外零售贸易的一个重要原因是许多外国人在淘宝上购物。中国电子商务的发展不仅带动了国内消费者参与电子交易,而且将国外的消费者吸引了进来。最初的境外淘宝客户来源于华人,许多国外的华人懂中文,在淘宝上购物自然不成问题,他们的购物行动引起了身边人的注意,一些外国人开始利用翻译软件在淘宝上选购物品。特别是中国的奥运会期间,大量的外国人来到中国,淘宝被许多外国人认识。一些在中国购物的外国人还会用淘宝来查询价格。

外国人瞄上淘宝时,淘宝的卖家也在寻找商路,淘宝自 2003 年创立,经过多年发展卖家越来越多,导致卖家之间的竞争压力凸显出来。商品的售价不断被压低,利润也越来越小,有些卖家开始寻找出路。一些卖家在国外的电商网站上看到国内产品与国外产品的差价较大,如果能将国内的产品卖给他们,利润比在国内销售大得多。有些人还特意为对外零售建立起外文平台,但能存活下来的却很少。

外国人在淘宝上的订单虽然不是很多,但对于做电子商务的阿里巴巴来说却是一种商机启示,是一种跨境零售商业模式创新的契机。外国人上淘宝购物自然有许多障碍,首先面临语言文字障碍;其次是跨境支付问题;再次是交易中的信用保障问题,也就是放心购物的问题;最后一个是物流问题。不过跨境物流早在跨境电商出现前就已出现,所以做电商平台只需解决前三个问题即可。解决了前三个问题,电子商务模式的跨国零售贸易平台就可以搭建起来,通过这个平台,国内的卖家与国外的买家就可以畅通无阻地进行交易。

淘宝网的建成已经给阿里巴巴提供了跨境零售平台的搭建模板,这样一来,就只需将中文版的淘宝变成外文版的淘宝,将国内支付宝变成国际支付宝即可。外文淘宝网站加国际支付宝拼合成"国际版淘宝"。

2. 全球速卖通试运营

顺应市场发展的需要，阿里巴巴在2009年9月9日推出了全球速卖通，但当时只是试运营，其间仅限于帮助中国中小企业接触终端批发零售商，也就是商家对商家、商家对消费者的混合模式（B2B、B2C），这时的全球速卖通要求：入驻的供应商缴纳19 800元年费，平台不对供应商以外的卖家开放。试运营期间阿里巴巴还邀请了一些外国买家参与其中，测试全球速卖通的运营状况。试运营期间的全球速卖通还只是阿里巴巴国际站的一个子频道，并没有完全从阿里巴巴国际站脱离出来。

二、全球速卖通简易架构

试运营期间的全球速卖通本质上是一个国内供应商对国外采购商的小型批发平台（其简易架构如图7-3所示），卖家主要是由阿里巴巴国际站、敦煌网转移过来的，还有一部分卖家来自淘宝网；而买家主要来源于阿里巴巴国际站的批发商。阿里巴巴这样做的目的是想寻求一种过渡方式，也就是借助自己在阿里巴巴国际站上获得的卖家与买家资源来开发国内零售商对国外消费者的商务模式。所以试运营期间的全球速卖通，是正式版全球速卖通与阿里巴巴国际站之间的过渡桥梁。阿里巴巴的这种做法是非常明智的，要想一项新事物被人们广泛且快速地接受，必须嵌入人们已熟知的旧事物中。

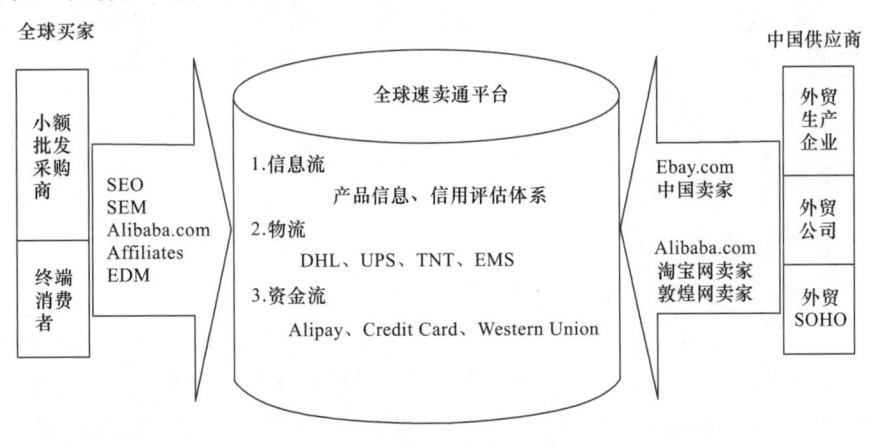

图7-3　早期全球速卖通简易架构

三、全球速卖通的诞生

阿里巴巴的目的是建立一个"国际版淘宝"，所以它不会在一个批发类型的全球速卖通平台上停留很长时间，经过短暂的试运营，阿里巴巴积极投入正式版全球速卖通的推出。要想推出淘宝模式的全球速卖通，从阿里巴巴国际站脱离出来是必需的，因此阿里巴巴集团在2009年底为小订单在线批发平台的"全球速卖通"开设了独立域名，为www.aliexpress.com。这个英文域名充分考虑了外国人的用词习惯。Express在英文中的意义为速递，这切合外国人对快捷购物的追求，而且在国外已有一个知名的购物网站express.com，阿里巴巴在Express前添加自己的拼音名称Ali构成AliExpress，这种命名方式切合了国际主流文化的特征，同时做到了本土化和国际化，对全球速卖通打入国际市场十分有利。为了吸引更多的卖家入驻，阿里巴巴取消了1.98万元的会员门槛收费，实行免费注册，2010年1月1日启动引进卖家活动。全球速卖通首页如图7-4所示。

电子商务案例分析

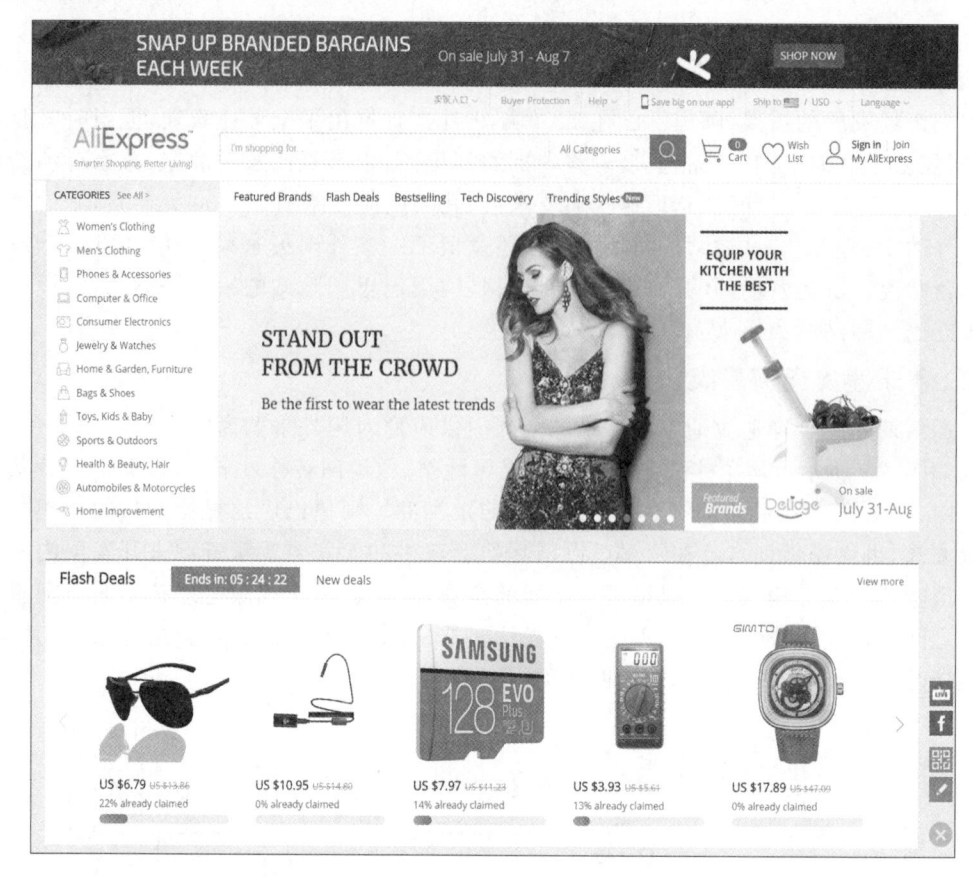

图 7-4　全球速卖通首页

四、全球速卖通的定位

全球速卖通正式上线于2010年4月，是阿里巴巴旗下唯一面向全球市场打造的在线交易平台。全球速卖通面向海外买家，通过支付宝国际账户进行担保交易，并使用国际快递发货，是全球较大英文在线购物网站。全球速卖通是阿里巴巴帮助中小企业接触终端批发、零售商，小批量多批次快速销售，拓展利润空间而全力打造的融合订单、支付、物流于一体的外贸在线交易平台。2017年4月，阿里巴巴宣布旗下全球速卖通平台海外买家数突破一亿，正式开启亿级消费群体新时代。平台商品目前已覆盖全球220个国家和地区，品类涵盖时尚珠宝、服装、家具和电子产品等。

案例分析

森帛案例分析

森帛于2015年1月创立潮流女装品牌Simplee，快速畅销于美国、法国、西班牙等全球多个国家，目前在全球范围内拥有超过100万粉丝。森帛服饰的运营中心有500余平方米，物流中心有1 000余平方米，建有产品、运营、客服、储运、生产五大部门，是一家集设计、生产、销售于一体的工贸企业。森帛业务范围辐射美洲、欧洲、亚洲、大洋洲和非洲等英语、葡萄牙语、俄语和西班牙语市场，业务渠道扩展涉及AliExpress、eBay、Amazon和Alibaba等多个第三方国

际电子商务平台,目前已成为 AliExpress 金牌卖家、标杆客户。究其成功的原因,主要有以下几个方面:

一、创立 Simplee 品牌,精准锁定目标客户群

按照森帛的解释,Simple 是简单的意思,加一个 e,是简单中带有特点,Simplee 是基础的,但同时又有亮点,是符合现代年轻人审美的。在设计上,Simplee 的两个"E"做得像两个眼睛,品牌的特点是简单,价格、尺码都可以预期。企业高层观察发现,欧美女性在穿衣搭配上并不一致,比如美国顾客喜欢连体裤,而俄罗斯顾客特别喜欢连衣裙。除 Simplee 外,森帛又推出一个新品牌,主要迎合北美深肤色的女性。可以看出,森帛的策略就是以品牌精准覆盖人群,实现差异化竞争。

二、优选供应链,打通"小单快跑"模式

对森帛而言,做跨境电商,摆在面前的首要难题是供应链,团队初期到处寻找货源,一方面在杭州附近的工厂寻找品质过硬的供应商,另一方面,团队也去周边的各个产业聚集地看货、看厂。在传统服装加工厂,一件衣服的生成由若干生产线组成,包括打版、裁剪、缝制等工序。而作为一家像森帛这样以快时尚为标签的跨境服装品牌而言,其运营模式面临着传统行业大订单与电商小订单的巨大矛盾。

传统的外贸订单和跨境电商订单完全是两种不同的模式。前者批量大、交货期长、利润稳定;后者呈现多批次小批量、快速返单、交货期短的特点,森帛正是如此,去货快,每次下单货量很少,只有几百件,首单过一周后往往便有返单。

森帛清楚认识到,跨境电商的发展趋势是订单将被进一步微分——批量更小、批次更多。因此,森帛目前遇到的较大挑战依然来自供应链——由于切分供应链、微分订单量,供应商要在有限时间内迅速制造出新品,这对供应商来说是挑战。由此,森帛只跟质量和速度兼具的工厂合作,只有控制好前端的品质,后端的运营、服务才有存在的意义。

三、实时分析数据,调整销售方案

一直以来,服装企业为追逐时尚的潮流风向,无不重视款式和设计。一般做法是将市场细分后,从中定位自己的目标市场,据此来设计风格,以建立差异化竞争优势。而第一时间掌握线上发生的事情,在快时尚行业尤为重要,季节更迭和时尚潮流的变化导致服装需求变化非常快,对一线销售做出快速决断,往往能把握住转瞬即逝的商机。森帛清楚看到个性化的服务模式是跨境电商服装行业越来越明显的趋势,传统服装生产将面临一次从硬生产模式到柔性生产模式转变的挑战。随着流行趋势的热点更迭速度越来越快,服装潮流也正在变得越来越多元和小众化。这就需要将实时销售过程中出现的问题收集上来之后,在内部专门探讨,比如销售好的商品是哪些、销售不好的商品是哪些。

四、精耕细作,反对暴力开发

要做好产品,就一定要懂产品。但是对产品的把握比任何环节都困难。服装的细节不一定人人都懂,但一定有人会懂,只是需要时间。精耕细作才是森帛的门道,森帛不会盲目去追求卖所谓的"爆款",不会跟风市面上现有的款式。正是依靠精细的目标受众群细分,森帛才在跨境电商服装市场里走出了一条属于自己的路。

五、先人一步,做好本地化营销

在企业高层的思考中,森帛不仅是跨境电商公司,同时是一家服饰公司,产品和服务是未

电子商务案例分析

来公司做大、做强的核心竞争力。跨境电商购物体验中，一直存在的痛点是，客户觉得购物有很多的不确定性，比如产品、售后和价格等，"我们希望把购物变得简单，是和去实体店购物一样的选择。"森帛一直在努力改进的是优化产品和服务的本地化，他们希望森帛能有植入国外本地文化的营销方案，也正因为如此，他们很看重国外客户的反馈，其全球速卖通店铺里有大量的客户的评价，"每一条差评我们都会去学习，每天都会去看国外客户的评价，以此改进我们的产品和服务。"

森帛服饰采用精细化运营模式，在市场调研、服装设计、品牌运作、生产加工等方面都进行精细化运作，闯出了一片新的天地。

项目 3 国外跨境电子商务平台案例

项目任务 了解国外跨境电子商务的发展现状和互联网企业与战略资本结合发展思路、流程和所需要的能力。通过对 Lazada 跨境电子商务的成功案例进行分析，开阔个人开展电子商务业务走向全球的视野。

项目案例 Lazada

Lazada 成立于 2012 年 3 月，是东南亚首屈一指的网上购物平台，在印度尼西亚、马来西亚、菲律宾、新加坡、泰国以及越南设有分支机构。Lazada 同时在韩国、英国以及俄罗斯等设有办事处。在 Lazada 上，卖家可以通过一个零售渠道接触到 6 个国家中约 5.5 亿的顾客。Lazada 实际上是由资本驱动孵化成功的跨境电子商务企业。

在德国有个知名互联网创业孵化器——火箭网。Lazada 的前 CEO 麦斯米兰·毕特纳于 1997 年进入伦敦大学政治经济学院就读。2001 年毕业后，他成为投行摩根大通的分析师，工作三年后又进入美国西北大学商学院攻读 MBA。之后，他就职于麦肯锡等名企，并于 2012 年进入火箭网。

进入火箭网后，毕特纳将目光投向了东南亚。他发现，当时的东南亚并没有大型的电商企业，亚马逊和阿里巴巴两大巨头也并未在当地建立团队。原因显而易见：东南亚地处印度洋和太平洋之间，人口总数虽达到将近六亿，但大部分国家都临海或是岛国，在印度尼西亚和菲律宾群岛甚至有上千个岛屿，文化、语言、人口和 GDP 都有极大差异，再加上互联网在这个地区方兴未艾，因此，亚马逊、eBay、阿里巴巴等国际巨头都未曾进入这个市场。

综合种种情况分析，毕特纳得出结论：接下来五年，东南亚的中产阶级会快速成长，会变得富有，正在往消费经济的方向移动，很像中国在 2008—2009 年的状况，每月都会新增几百万网民，如果做电商，机会非常大，也面临挑战。

一、模仿淘宝开展"双十一""双十二"活动

2012 年 3 月，Lazada 正式成立。不像其他电商先立足单一市场，再规模化扩张，Lazada 正好相反，第一年就同时进入马来西亚、泰国、越南、菲律宾、印度尼西亚市场，快速布局抢下市场主导地位。2014 年，Lazada 进入新加坡。

Lazada 的创始人之一米勒提到，Lazada 能够在东南亚立足较重要的原因是接地气。他评价，跟阿里巴巴的全球速卖通相比，Lazada 的客服都使用英文，支付方式是电子钱包和信用卡，物流也只是邮政的配送网络。

为了引爆市场，Lazada 在 2012 年末也发起了"双十一""双十二"的活动，并邀请谷歌等当地知名的互联网平台，通过打折等方式，让用户参与其中。2015 年"双十一"期间，Lazada 在整个东南亚的订单比 2014 年增长了 3 倍，活动第一天吸引了超过 1 300 万人访问网站，跨境卖家销量获得了 4 倍增长，订单数量达到 12.8 万单，是 2014 年"双十一"的 35 倍。

二、吸引中国卖家入驻平台

2015 年 2 月，Lazada 开始在中国招商，截至 2016 年底，已经有 6 000 个中国卖家入驻，主要来自深圳、广州、上海、义乌，还有一小部分来自北京，主要卖价格比较低的时装、电子产品及其配套产品、手表、居家产品、花园装饰以及体育户外用品、照相机等，价位多在 200 美元上下，还有各种鱼竿、浮标、游泳等装备。这些产品以前在东南亚不好找，但在中国却轻而易举能够拿到货。中国的产品品类非常丰富，在东南亚市场可以弥补空白，让消费者得到更多的惊喜。

来自深圳的小布是 Lazada 的跨境卖家。买家下单后，他就可以将商品寄到 Lazada 设在深圳的转运中心，接下来的拣货、包装、支付、配送，甚至客服等，都由 Lazada 一手包办，卖家可在后台自行管理价格、存货、订单及促销。小布介绍，东南亚有不同的语言、习惯、种族，但他的产品上线 Lazada 之后，Lazada 运营中心的团队会把信息翻译成多国语言，上传到不同的站点，也会针对标题、关键词、图片进行充分优化。在物流方面，以前在印度尼西亚、菲律宾的进关速度很慢，丢包率也很高，但现在交给 Lazada 的分发中心，效率可以提高很多。深圳是转运中心，通过转运，在东南亚电商平台购物的物流配送体验，就跟深圳到广州一样的感受。

三、东南亚市场的跨境机遇

2015 年，国内消费者激增；消费者在主要城市之外很难买到想要的商品；互联网普及率快速提高；送货和物流基础设施快速发展；大量资本进入电子商务领域。在 2015 年，中国电子商务营销额增长了 317%，而印度尼西亚是 578%。

虽然东南亚物流基础设施薄弱，但这个地区拥有十分庞大的人口，电子商务发展无疑拥有非常大的潜力，故东南亚市场成为互联网巨头拓展海外市场的重要战略据点。这个市场目前的电子商务并不发达，相关数据显示，目前线上购物交易额仅占东南亚零售营业额的 1%。尽管 Lazada 已经是东南亚电商市场的龙头企业，但其年度交易额也仅仅为 13 亿美元（约 84 亿元人民币），东南亚市场的潜力显然还没有被彻底激发出来。

这对中国商家来说是一个巨大的机遇，而 Lazada 也可以算作是一个进行跨境电商很好的跳板。而在跨境业务方面，Lazada 将中国视为要害之地，因为很多东南亚商品来源地都是中国。Lazada 跨境业务 CEO 早前表示，"Lazada 在中国的接受度比想象中高很多"。自进入中国以来，已有近 5 000 个中国商家入驻 Lazada，且卖家数量呈现高速增长态势。

2016 年，阿里巴巴宣布以 10 亿美元投资 Lazada，一年后追加第二次投资，基本完成对这家 2012 年创立于新加坡，后来扩展到东南亚六国的电商平台的收购。2017 年 9 月，阿里巴巴启动 Voyager 项目，并明确表示：6 个月内将淘宝系统无条件复制到 Lazada。2018 年 3 月中旬，阿里巴巴再次投资 20 亿美元，取得 Lazada 83% 以上的控股权。

阿里巴巴发布的报告显示，截至 2020 年 6 月 30 日，Lazada 季度订单量同比增长超过 100%。

电子商务案例分析

> 思考：Lazada 的跨境电子商务为什么会快速取得成功？中国与东南亚跨境电商合作面临的挑战有哪些？

嵌入知识

"一带一路"是"丝绸之路经济带"和"21世纪海上丝绸之路"的简称。2013年9月和10月由我国国家主席习近平提出建设"丝绸之路经济带"和"21世纪海上丝绸之路"的构想。"一带一路"倡议提出以来，从愿景转变为现实，取得了众多建设成果。实践证明，加强"一带一路"国际合作，为维护世界和平、促进共同发展提供了新平台、注入了新动力。

2017年以来，我国不断开拓电子商务国际发展空间，扩大国际影响力，积极参与并推动建立多、双边合作机制，寻求共同发展。跨境电子商务不仅已经纳入"一带一路"重要议题，而且大力推进了"丝路电商"的发展，已经成为"一带一路"建设的新亮点。我国逐步与沿线国家建立了双边电子商务合作机制，并签署了相应的谅解备忘录。我国将在政策沟通、公私对话、行业互动、人员培训、能力建设、联合研究等方面与七个国家展开电子商务领域的深入合作。截至2021年2月，我国已经与22个国家签署了"丝路电商"合作备忘录并建立了双边合作机制，与伙伴国共同应对新冠肺炎疫情挑战，丰富合作内涵，拓展合作领域，增强合作信心。我国与部分"一带一路"沿线国家双边电子商务合作备忘录签署情况见表7-1。

表7-1　我国与部分"一带一路"沿线国家双边电子商务合作备忘录签署情况

时间	合作签署国	签署文件名称
2017年11月28日	匈牙利	《中华人民共和国商务部和匈牙利外交与对外经济部关于电子商务合作的谅解备忘录》
2017年11月27日	爱沙尼亚	《中华人民共和国商务部和爱沙尼亚共和国经济事务和通信部关于电子商务合作的谅解备忘录》
2017年11月12日	越南	《中华人民共和国商务部和越南社会主义共和国工贸部关于成立电子商务合作工作组的谅解备忘录》
2017年11月10日	柬埔寨	《中华人民共和国商务部和柬埔寨商业部关于电子商务合作的谅解备忘录》
2017年9月15日	澳大利亚	《中华人民共和国商务部和澳大利亚外交与贸易部关于电子商务合作的谅解备忘录》
2017年9月1日	巴西	《中华人民共和国商务部和巴西联邦共和国工业外贸和服务部关于电子商务合作的谅解备忘录》
2018年6月8日	俄罗斯	《中华人民共和国商务部和俄罗斯联邦经济发展部关于电子商务合作的谅解备忘录》
2018年12月1日	阿根廷	《中华人民共和国商务部和阿根廷共和国生产和劳工部关于电子商务合作的谅解备忘录》
2019年3月23日	意大利	《中华人民共和国商务部和意大利共和国经济发展部关于电子商务合作的谅解备忘录》
2019年10月9日	萨摩亚	《中华人民共和国商务部和萨摩亚独立国工商劳工部关于电子商务合作的谅解备忘录》

"丝路电商"合作呈现以下几个特点:

1. 共同打造合作亮点

在"丝路电商"合作框架下,我国通过举办工作组会、政企对话会等方式,与伙伴国加强政策交流,促进地方对接和企业合作。比如,支持意大利、俄罗斯、智利等国在国内大型电商平台开设国家馆,帮助其企业和产品直接进入中国市场;在第二届"双品网购节"期间设置伙伴国专题,奥地利、新西兰、柬埔寨、卢旺达等国特色优质产品销量大幅增加。这既为国内消费者提供了更多选择,也为贸易畅通创造了新机遇。

2. 创新开展能力建设

我国与伙伴国共同创办"丝路电商"云上大讲堂,组织国内专家为伙伴国政府官员和电子商务从业者直播授课,内容涵盖政策法规、发展趋势、创新实践和实操技能等内容。针对伙伴国特色产品,特别邀请农特产社群电商、直播电商等领域专家,围绕拓展中国和国际市场进行研讨和交流。自 2020 年第四季度启动以来,"丝路电商"云上大讲堂已举办 27 场,在线精品课程观看人次超过了 10 万。

3. 加强电商抗疫合作

推动电商企业利用采购渠道和物流网络优势,为相关国家提供抗疫物资保障。同时,积极提供政策指导,持续更新 192 个国家和地区防疫管控措施,为企业复工复产和开展跨境电商业务做好服务保障。

我国将继续深化"丝路电商"合作,与更多有意愿、有条件的国家建立合作机制,一方面帮助伙伴国积极拓展中国市场,丰富国内消费供给,另一方面鼓励电商企业积极走出去,在发展自身的同时,拓展合作模式,推动所在国电子商务的发展壮大,提升电商合作水平,共同培育经贸合作新的增长点。

案例分析

Lazada 案例分析

一、Lazada 跨境电子商务取得成功的原因

Lazada 跨境电子商务业务的快速成功得益于所采用的资本驱动战略。资本驱动战略是指对企业资产进行聚集、组合和优化配置和有效运营,以最大限度实现资本增值,提升企业竞争实力的发展战略。在互联网时代,互联网技术和知识经济改变了国际、业际、人际交往形态和知识的生产传播形态,社会资本、知识资本、技术资本和人才资本等"新型资本体系"成为驱动互联网企业走出去的重要动力。

二、中国与东南亚跨境电商合作面临的挑战

中国与东南亚跨境电商合作面临的挑战主要表现在以下几个方面:

1. 跨境电商支付方式不匹配

跨境电子支付是中国与东南亚跨境电商合作的关键环节,但目前中国与东南亚现有跨境支付方式不相匹配,为双方跨境电商企业支付、结算带来诸多问题,不利于双方跨境电商的进一步合作。当前,中国跨境电商支付方式主要采用第三方移动电子支付方式,包括支付宝、微信、信用卡等。而东南亚跨境电商消费者在支付过程中更倾向于 COD(Cash On Delivery,货

电子商务案例分析

到付款),个人银行卡普及率较低。

2. 跨境电商物流耗时长,成本较高

在中国与东南亚跨境电商合作中,物流问题一直是跨境电商企业发展面临的痛点,跨境电商物流企业不仅面临物流慢的难题,还承受成本不断上升的压力。例如,某年,由印度尼西亚本土运送到爪哇岛之外的电商产品原本需要 5 天配送时间,但实际运送时间已经达到 10 天以上,严重影响了时效性较强的电商产品质量。与此同时,跨境电商企业的成本也在不断增加,如商品包装成本从原来占物流成本 10% 上涨到 15%,使跨境电商企业利润空间逐步被压缩。

3. 跨境电商缺乏先进技术支撑

虽然中国与东南亚跨境电商逐渐转向智能化发展,但是东南亚多数跨境电商企业还缺乏技术支撑,导致中国与东南亚跨境电商合作水平一直停滞不前。白鲸出海网发布的数据显示,菲律宾由于缺乏先进的互联网技术支撑,导致本国网络渗透率仅维持在 46%,其网络运行速度在亚太地区排名倒数第二,不利于中国发展与其的跨境电商。根据新华网的报道,阿里巴巴在包括东南亚在内的全球 14 个国家与地区建立了数十个飞天数据中心,为东南亚跨境电商技术提供支持。但由于东南亚缺乏先进的技术,导致 RFID 技术、激光技术、非接触式供电技术以及红外探测技术无法在东南亚各国投入使用,阻滞了中国与东南亚各国跨境电商的合作。

4. 跨境电商合作存在安全隐患

中国与东南亚跨境电商合作过程中,存在一些安全隐患。某国食品制造商为了延长食品保质期,食品添加剂的剂量已经明显超出限制标准,市场上有超过 30% 的食品存在安全问题。除了产品安全问题以外,信息安全也是中国与东南亚跨境电商合作面临的一大棘手问题。中国互联网协会发布的《中国网民权益保护调查报告 2020》显示,在中国 9.89 亿包括跨境网购用户在内的网民中,有超过 70% 的消费者个人信息在网购中遭到泄露。这为中国与东南亚跨境电商合作埋下了较大的安全隐患,对双边跨境电商合作带来了较大的安全风险。

面对上述挑战,可借助区块链技术,创建跨境电商新模式,有效解决跨境电商合作中产品溯源、物流追踪、虚拟支付等信任痛点,提高跨境电商合作中交易的真实性,促进跨境电商的全面发展。有关区块链技术及创新应用在模块 10 有详细介绍。

实操案例

蜜芽

蜜芽是中国首家进口母婴品牌限时特卖商城,由全职妈妈刘女士于 2011 年创立,希望创造简单、放心、有趣的母婴用品购物体验。蜜芽总部位于北京,团队核心成员来自百度、京东商城、当当网等成熟互联网公司,拥有一支 60 人的技术研发团队,70% 的员工是 0~3 岁宝宝的家长,现在已拥有逾 50 万名妈妈会员,销售渠道包括官方网站、WAP 网页和手机客户端。蜜芽主仓库位于北京大兴,面积超过 6 000 平方米,并拥有德国、荷兰、澳大利亚三大海外仓,以及宁波、广州两个保税仓,在母婴电商中率先步入"跨境购"领域。

2016 年 10 月,刘女士在公司内部信中宣布已经完成新一轮融资,她还称,目前蜜芽自有现金储备超过 10 亿元人民币,并已实现正向现金流。2013 年蜜芽获真格基金和险峰华兴天使轮千万元级别投资;2014 年 6 月完成红杉资本领投、真格基金和险峰华兴跟投的 B 轮融资;

2014年12月完成H Capital领投、红杉资本和真格基金跟投的6 000万美元C轮融资;2015年,蜜芽完成由百度领投的1.5亿美元D轮融资。

2014年7月23日,海关总署公告2014年56号文《关于跨境贸易电子商务进出境货物、物品有关监管事宜的公告》,将跨境电子商务交易平台纳入海关监管,备案、仓储、物流、交易、支付等各个环节都有法可依。作为国内第一家进口母婴限时特卖的电商平台,蜜芽在2014年8月与宁波保税区海关、宁波国际物流发展公司在宁波签署了三方协议,在宁波保税区开展跨境电商业务。2014年9月,蜜芽在广州保税仓的跨境业务也正式开始。

一、蜜芽成长

伴随着刘女士的成长,蜜芽也在不断发展,从淘宝店铺开始,蜜芽稳步前行,如今正在围绕母婴人群需求建立生态圈。2014年3月上线的蜜芽,已于短短两年多时间里成功借势多个资本和产业风口,跃居国内母婴业态第一阵营,并登顶2015年《福布斯》杂志"独角兽企业"排行榜。而光鲜成绩的背后,是蜜芽稳扎稳打的三阶段发展步骤:

第一阶段:电商模式。作为全职妈妈的刘女士在淘宝上线母婴店铺,是纯粹的垂直电商,服务母婴人群,提供标准的母婴产品。几年过去,蜜芽的主流服务人群依然是母婴群体,主流产品依然是母婴产品。现在,蜜芽已与全球2 500个品牌合作。蜜芽已经跟七大奶粉供应商建立了跨境直供的关系,跟多家纸尿裤品牌巨头进行直接的战略合作,在非标品领域构建了领先的供应链布局。

第二阶段:社交电商模式。蜜芽通过内容的阅读、评论、分享,建立用户社交关系,增强用户黏性,刺激商品的销售转化,巩固推出畅销品的能力,并且从图文、视频到直播,不断生产和分发独特的优质内容,打造大流量的母婴人群入口。

第三阶段:围绕母婴人群需求建立生态圈。始于电商的蜜芽走出了电商,始于线上的蜜芽走到了线下,并且围绕目标人群带来了更多的服务。除了垂直电商及社区外,还有线下渠道、自有品牌以及线下服务,蜜芽的多点布局已经在进行中。未来蜜芽的定位不仅仅是垂直电商,更希望成为覆盖母婴人群线上和线下需求的生态型公司,线上或线下不是商业模式的边界。

二、经营战略——专注母婴电商

细数蜜芽的各个步骤,清晰可见"母婴人群"一直都是其关注的唯一目标。

并非是不能够向一个综合电商发展,而是蜜芽选择了以匠心去将这个品类做得更深、更好。"做综合电商是一条路,但更重要的是,我们做了婴童这个行业,要把婴童这个行业用互联网去改造成一个超高效率、超好体验,让消费者都很快乐、满足的行业,并且提供他们所需要的各种服务。所以我们提出,蜜芽是要做一家价值链为王的公司,而不是去把它做成一个扩张为王的公司。"

母婴电商到一定规模后有两条路可以走:可以选择从母婴一个品类扩张到全品类,变成一家综合电商;或是选择将母婴这个品类吃透,成为一家孕婴童公司。

随着消费升级、育儿成本上升、"全面三孩"政策的释放、产业链完善,中国母婴市场规模呈现出稳定扩张的局面。艾媒网发布的数据显示,2018年中国母婴行业市场规模为30 000亿元,预计2024年中国母婴行业市场规模将超过70 000亿元。

在刘女士的考量之中,去扩品类成为综合电商,天花板和压力是很大的。当你想扩任何品类的时候,该品类的巨头并不会无动于衷,更大的市场意味着更激烈的竞争。而母婴市场体量巨大,必将产生大体量的胜出者。未来的母婴电商,应当是以生态发展为主,线上线下双向同

电子商务案例分析

步建设,通过线上线下渠道、资源的整合,数据的打通,为用户提供更多的消费场景和更完善的体验服务,开拓更多消费场景。而现在,并没有母婴电商完成了这样的布局。

在 2016 年,怀揣着专注之心的蜜芽布局自有生态的脚步已然清晰可见。蜜芽并没有将眼光拘泥于电商平台本身,而是聚焦目标人群,真正关心母婴人群、亲子家庭的实际需求,并敏锐地捕捉到,随着孩子的成长,包括亲子游乐、早教等线下服务将成为亲子家庭的重要需求。

三、经营策略——打造蜜芽生态

事实上,早从 2014 年初,蜜芽便着手布局 O2O 全渠道,打通线上线下,试图引领母婴零售变革:2014 年 5 月,蜜芽与早教机构联手成立合资公司;2014 年 10 月,首家线下实体店在海南天域酒店开业;2016 年 2 月,蜜芽战略投资儿童室内游乐品牌,进驻医疗机构,一举打通了孕产、电商、亲子娱乐、教育全渠道。

同时,前迪士尼中国区高管 Daniel Wei 正式加入蜜芽,担任蜜芽线下业务总经理,她设计开发完全崭新的儿童乐园体验,顺应孩子能够在玩中成长的天性,让每一个玩具都能唤起不同年龄段孩子的感官系统和运动交流能力。目前,线下蜜芽已经从北京体验店拓展到了全国,并且已实现全面营利。

2016 年母婴电商市场回归理性,寻求差异化竞争。蜜芽的目标不再是一家母婴电商平台,而是成为一家婴童公司。对于蜜芽而言,线上是优势,线下是创新。

蜜芽已然初步构建了独有的大母婴生态圈,而刘女士是如此解释生态二字的:"围绕服务的人群带来更多他们所需的服务。"

2016 年六一儿童节,蜜芽携手央视一套、金鹰卡通推出了两台不一样的六一晚会。由蜜芽独家冠名的 2016 年央视六一晚会是仅次于春晚规模的央视大型晚会,而金鹰卡通蜜芽六一惊奇夜以"亲子"为纽带的晚会尝试各种新做法,将更多的欢乐传递给包括孩子在内的全年龄层观众。在刘女士看来,母婴行业承载的是家庭连接的功能,而两场晚会则是蜜芽的一次尝试,希望给每个参与的家庭带来更加亲密的体验,为用户带来更多的价值。

2019 年 10 月,蜜芽过完第八个生日,八年间,蜜芽始终以服务用户的需求为根本,不断重塑和升级,构建了一张让所有人紧密且高效协同的价值网络。在这个价值网络中,每个人都在扮演着不同的角色,而"年轻妈妈品质生活"这个共同目标让大家凝聚在一起。

工作任务: 蜜芽建立了哪些交易平台?蜜芽成功的核心思维是什么?现代电子商务业务高速发展除了营利能力外,另外一个普遍的因素是什么?

项目考核评价

知识(0.3)			技能(0.4)			态度(0.3)		
个人评价(0.3)	小组评价(0.3)	教师评价(0.4)	个人评价(0.3)	小组评价(0.3)	教师评价(0.4)	个人评价(0.3)	小组评价(0.3)	教师评价(0.4)

总分＝知识＋技能＋态度＝_____

本模块参考资料来源：

1. 卖家网

2. 新华网

3. 赛迪网

4. 和讯网

5. 畅享网

6. 亿邦动力网

7. 中国经济新闻网

8. 曹磊,莫岱青.互联网+:海外案例.北京:机械工业出版社,2015

9. 阿里巴巴商学院.跨境电商基础、策略与实践.北京:电子工业出版社,2016

模块 8

电子商务法律案例

学习目标

了解《中华人民共和国电子商务法》的主要内容，掌握网络知识产权保护措施、电子商务消费者权益保障义务和电子商务广告基本要求，理解电子商务合同的成立与生效。通过提炼电子商务的核心法律问题，以案说法，提升对电子商务法律的精准理解，培养学习者的法律意识和解决法律问题的能力，为规范经营电子商务企业做好准备，促进社会公正、法治等方面的进步。

项目 1　网络知识产权保护案例

项目任务　了解《中华人民共和国电子商务法》关于知识产权的创新点，熟悉各大电商平台对知识产权的保护措施，能够在开展电子商务业务时进行知识产权保护。具有遵守互联网法律法规的意识，有商标、品牌、计算机软件著作权、专利等知识产权保护观念，树立正确的法治观。

项目案例　甲贸易公司诉张某、乙网络公司侵害商标权纠纷案

甲贸易公司自 1978 年成立以来，已经成长为一个全球性的公司，其商标有着独特的公司

品牌意义,代表公司形象。甲贸易公司从2004年7月开始进入中国市场,很快成为深受中国消费者信任和喜爱的品牌,2006年8月,在第四届中国市场品牌用户满意度调查家居用品保鲜产品领域,荣获"中国××市场用户满意度第一品牌"称号。经过多年发展,甲贸易公司系列品牌得到公众的高度认可,其品牌在市场上具有极高的知名度和美誉度。

原告作为品牌持有人甲株式会社在国内的全资子公司,并获得甲株式会社的授权,有权对侵权和仿冒行为提起诉讼和索赔。第6510034号、第15814003号、第6434479号注册商标在有效期内且被持续使用,法律状态稳定。上述商标的核定使用商品为"第21类"商品,包括水壶、瓶、家用器皿等。

原告甲贸易公司从2012年起在被告乙网络公司提供的平台上发现大量的涉嫌侵权商品,原告为此多次向被告乙网络公司投诉,并明确告知被告乙网络公司,原告从未在被告的网上商城开设店铺。原告屡次向被告乙网络公司提出要求关闭涉案店铺,均未收到实质性效果,对原告的投诉店家(张某)的涉案产品,被告乙网络公司仅仅做了下架处理,但过了几天后涉案店铺恢复故态。为此,原告授权律师采取司法措施,于2016年8月底通过公证处购买被告张某的涉案产品,为了彻底弄清是谁幕后操作,全过程予以网页公证和到货公证,原告注意到,被告张某涉案侵权的产品销售额巨大,同时原告注意到,在被告乙网络公司提供的平台上,至起诉日被告张某的网站店铺仍然有大量的原告商标宣传资料。被告乙网络公司作为国内较大的网络交易平台服务提供商,完全有能力对网络用户的违规行为进行管理。被告乙网络公司也实际制定并发布了一系列的网络用户行为规则,也曾对一些网络用户违规行为进行处罚。乙网络公司若能够严格根据其制定的规则对违规行为进行处理,虽不能完全杜绝网络用户的侵权行为,但可增加网络用户侵权的难度,从而达到减少侵权的目的。纵观本案,原告认为被告乙网络公司有条件、有能力针对特定侵权人被告张某采取措施,但其故意为被告张某销售侵权商品提供便利条件。此外,乙网络公司在能够提供交易数据的情况下拒不提供交易数据,且在接到原告投诉后,乙网络公司并未告知原告对涉案店铺做出何种处罚,原告只知道涉案产品下架,乙网络公司构成帮助侵权,具有主观过错,应承担连带赔偿责任。

原告甲贸易公司向本院提出诉讼请求:

1.被告张某立即停止侵犯原告对第15814003号、第6434479号商标享有的注册商标专用权行为,即被告张某在被告乙网络公司提供的平台上停止销售有甲贸易公司商标的保温杯产品,停止在被告乙网络公司提供的平台上开设的店铺网页中使用甲贸易公司商标图文字样的宣传资料。

2.销毁被告张某库存使用甲贸易公司商标图文的保温杯产品。

3.被告张某在涉案店铺首页向原告公开赔礼道歉、消除影响。

4.被告张某、乙网络公司共同赔偿原告经济损失50 000元。

5.被告张某、乙网络公司承担原告制止侵权的合理支出14 000元。

6.二被告共同承担诉讼费。

被告乙网络公司答辩称:

1.乙网络公司仅是提供信息发布平台的服务提供商,并非涉诉商品信息的发布者,也不以买家或卖家的身份参与买卖行为,故未实施侵权行为。

2.即使被告张某在乙网络公司的平台上发布涉诉商品信息的行为构成侵权,被告乙网络公司因没有过错也不构成侵权。乙网络公司在收到起诉材料后,对涉诉信息进行检查,确认信息已不存在,尽到了注意义务,涉案店铺中已无甲贸易公司商标字样。针对投诉,原告并未针对本案的卖家进行过投诉,而是针对其他店铺的投诉。针对交易数据,原告起诉后,如向法院

电子商务案例分析

申请调取证据,乙网络公司可以配合法院调取相关数据。因此,乙网络公司对于被告张某侵权不存在明知的故意,也没有主观上的过错,无须承担侵权责任。

3.无论涉案行为是否构成侵权,乙网络公司均未实施侵权行为,原告针对乙网络公司提出的诉讼请求都不应当得到支持。请求法院依法驳回原告对乙网络公司的全部诉请。

> 思考:甲贸易公司的知识产权是否受到侵害?各大电商平台对知识产权的保护措施有哪些?商家如何采取应对措施进行知识产权保护?

嵌入知识

一、电子商务领域知识产权侵权的主要形式

随着电子商务交易规模的不断扩大,知识产权的法律保护越来越成为人们关注的焦点。从2018年8月起,国家知识产权局开展了为期4个月的电子商务领域专项整治,加大重点区域整治力度,加大重点案件打击和曝光力度,加大线下源头追溯和打击力度,全面深化电子商务领域知识产权保护工作,主要涉及商标权、域名、网络著作权、网络数据、网络游戏等方面的法律保护等问题。

电子商务领域知识产权侵权的形式主要有以下5种:

1.商标侵权

商标侵权是指行为人未经商标权人许可,在相同或类似商品上使用与其注册商标相同或近似的商标,或者其他干涉、妨碍商标权人使用其注册商标,损害商标权人合法权益的其他行为。

商标侵权是电子商务领域知识产权侵权的主要形式,包括未经商标注册人的许可,在同一种商品或者类似商品上使用与其注册商标相同或者近似的商标的;销售侵犯注册商标专用权的商品的;伪造、擅自制造他人注册商标标识或者销售伪造、擅自制造的注册商标标识的;未经商标注册人同意,更换其注册商标并将该更换商标的商品又投入市场的。

2.品牌侵权

品牌是给拥有者带来溢价、产生增值的一种无形的资产,它的载体是用于和其他竞争者的产品或劳务相区分的名称、术语、象征、记号或者设计及其组合,增值的源泉来自消费者心智中形成的关于其载体的印象。品牌侵权突出表现在仿冒、损害品牌形象等方面。2017年5月,我国建立了13省(区、市)打击侵权假冒区域联动机制,依托电商平台的网络交易大数据,发现了一大批品牌侵权案件,相关品牌权利人的合法权益受到侵害。

3.著作权侵权

著作权侵权是指一切违反著作权法侵害著作权人享有的著作人身权、著作财产权的行为。在电子商务中,著作权侵权表现为多种形式。例如,未经许可将他人作品上传到互联网上,供互联网用户下载或浏览;冒用作者姓名或篡改作品许可使用的条件;擅自使用未经许可授权的广告图片和广告语;电商平台销售盗版图书;为互联网上非法复制、发行作品提供辅助性服务的行为。

4.版权侵权

版权侵权主要是侵犯版权人的财产权利,比如未经版权人同意,擅自以发行、复制、出租、展览、广播、表演等形式利用版权人的作品或传播作品,或者使用作品而不支付版权费等。网络版权侵权有多种表现形式。例如,未经允许网站间相互转载版权作品是电子商务中一种普

遍的侵权现象;非法破解技术措施的解密行为,使得保护版权的技术屏障失去了作用。企业从不同商务网站间的链接标志、链接行为、链接内容中获取经济利益也是版权侵权行为,会使相关企业产生经济损失。

5. 专利侵权

专利权是专利人利用其发明创造的独占权利。专利侵权是指未经专利权人许可,以生产经营为目的,实施了依法受保护的有效专利的违法行为。专利侵权在电子商务中突出表现为企业未经权利人准许或授权,以电子商务方式销售其他企业的实用新型、外观设计产品,销售冒充专利技术、专利设计的产品。

二、电子商务领域知识产权相关法律条文

《中华人民共和国电子商务法》(以下简称《电子商务法》)第四十一条至第四十五条专门规定电子商务的知识产权保护,创设了全新的电子商务平台知识产权保护制度,对我国原有知识产权法律及国际电子商务法律都有极大的突破。

《电子商务法》第四十一条规定:"电子商务平台经营者应当建立知识产权保护规则,与知识产权权利人加强合作,依法保护知识产权。"该条款强调了电子商务平台的知识产权保护义务,与我国强调知识产权保护总的趋势相一致。

《电子商务法》第四十二条规定:"知识产权权利人认为其知识产权受到侵害的,有权通知电子商务平台经营者采取删除、屏蔽、断开链接、终止交易和服务等必要措施。通知应当包括构成侵权的初步证据。电子商务平台经营者接到通知后,应当及时采取必要措施,并将该通知转送平台内经营者;未及时采取必要措施的,对损害的扩大部分与平台内经营者承担连带责任。因通知错误造成平台内经营者损害的,依法承担民事责任。恶意发出错误通知,造成平台内经营者损失的,加倍承担赔偿责任。"该条款对投诉程序和虚假投诉进行了明文规定。

《电子商务法》第四十三条规定:"平台内经营者接到转送的通知后,可以向电子商务平台经营者提交不存在侵权行为的声明。声明应当包括不存在侵权行为的初步证据。电子商务平台经营者接到声明后,应当将该声明转送发出通知的知识产权权利人,并告知其可以向有关主管部门投诉或者向人民法院起诉。电子商务平台经营者在转送声明到达知识产权权利人后十五日内,未收到权利人已经投诉或者起诉通知的,应当及时终止所采取的措施。"该条款使知识产权权利人投诉维权具有可操作性,投诉流程有据可依。

《电子商务法》第四十五条规定:"电子商务平台经营者知道或者应当知道平台内经营者侵犯知识产权的,应当采取删除、屏蔽、断开链接、终止交易和服务等必要措施;未采取必要措施的,与侵权人承担连带责任。"该条款明确了"红旗原则"和平台的连带责任。"红旗原则"是指如果侵犯信息网络传播权的事实是显而易见的,就像是红旗一样飘扬,网络服务商就不能装作看不见,或以不知道侵权的理由来推脱责任。

三、电子商务领域知识产权的创新发展

1. 关于《信息网络传播权保护条例》中的知识产权"避风港原则"

为何互联网平台企业没有因商户的侵权而承担法律责任呢?这是因为互联网平台企业有一个法律赋予它们的知识产权"避风港原则",即只要互联网平台企业按照法律规定及时驶入"避风港",就无须承担平台上因商户的侵权信息而带来的侵权责任。

"避风港原则"是处理平台上各类知识产权侵权行为的关键制度,在《电子商务法》出台前,我国关于"避风港原则"的规定主要体现在《信息网络传播权保护条例》中,确立了"通知—删除—反通知—恢复"的操作流程。

但随着互联网占据人们社会活动的比例越来越高,侵权信息通过电商平台传播使得更多

电子商务案例分析

的权利人遭受损失,原有的"避风港原则"已经在权利人维权和被恶意投诉这两方面后继乏力,无法很好地保护各方利益。

2.关于《电子商务法》中对知识产权的创新解读

自2019年1月1日开始实施的《电子商务法》,对原有的"避风港原则"进行了创新和补充,呈现出"新避风港原则"。《电子商务法》第四十二条至第四十五条四个条文,将电子商务领域的"避风港原则"变成"通知＋及时删除＋转通知＋声明＋转声明＋十五日内采取措施"的完整操作流程,通过简易证据和程序性的判断来替代原有的仅对证据的判断。

(1)平台更加中立,对投诉双方更加公平

在以往的投诉中,平台方需要对投诉的内容是否侵权做出判断,而决定是否采取必要措施,这很容易导致平台对投诉人或被投诉人的举证有所偏袒,双方损失进一步扩大。《电子商务法》构建的"新避风港原则"使得平台更多地做程序判断,而非证据判断。

(2)流程更加完整

原有的"避风港原则"只规定了"通知＋删除",被投诉人有时若无法及时获取投诉内容,便无处着手;同时,投诉人有时也无法及时获取被投诉人的举证,亦无法判断下一步行动。《电子商务法》规定了平台需要"转侵权人的通知"和"转被投诉人的声明",使得投诉人和被投诉人可以判断彼此的证据;同时,在起诉期间平台需要采取必要的维持措施,防止损失的扩大。

(3)权责更加明晰

在原有的"避风港原则"下,如果被认定为错误投诉,被投诉人只能通过证明其因为错误遭受的损失而获得赔偿,《电子商务法》规定了"恶意投诉"的加倍赔偿标准,使得投诉人发起投诉时需要谨慎,防止恶意的投诉扰乱平台上的交易秩序。

(4)投诉流转方向明晰

原有的"避风港原则"只规定了平台方应该进行证据的判断,然后对侵权内容断开链接。如果投诉人和被投诉人都进行了举证,最终以平台判断为准;不服平台的判断可向法院提起诉讼。这将导致很多投诉人在平台方上纠缠,从而产生一次又一次的投诉。《电子商务法》规定了如果被投诉人进行了有效声明,投诉人可以在十五日内起诉或者行政投诉,采取措施后投诉结果维持现状直至法院或者行政机关认定。这将导致投诉无法在平台上获得处理时,可以流转到更为专业的法院或行政机关。

平台作为信息的流转方,使得投诉人和被投诉人可以充分了解彼此的信息并做下一步的判断,来进行纠纷的处置,而非平台方单方面来判断,体现了权利人之间的公平对抗性和平台方的中立性。除了在投诉程序上有变化,该原则在责任承担上也有变化,《电子商务法》第四十二条要求平台方在收到投诉后"及时采取必要措施",如不及时采取必要措施,需要"对损害的扩大部分与平台内经营者承担连带责任",同时规定恶意投诉方需要加倍承担赔偿责任。

案例分析

甲贸易公司诉张某、乙网络公司侵害商标权纠纷案案例分析

一、法院审理结果

法院认为,甲贸易公司经甲株式会社授权获得第6434479号商标(以下简称涉案商标)使

用权,并有权以自己的名义提起诉讼,上述商标尚在有效期内,法律状态稳定,甲贸易公司权利受法律保护。甲贸易公司主张被告张某销售侵犯涉案商标专用权的商品侵犯其涉案商标专用权。根据《中华人民共和国商标法》第五十七条之规定,未经商标注册人的许可,在同一种商品上使用与其注册商标相同的商标的,或未经商标注册人的许可,在同一种商品上使用与其注册商标近似的商标,或者在类似商品上使用与其注册商标相同或者近似的商标,容易导致混淆的行为以及销售侵犯注册商标专用权的商品的行为均属侵犯注册商标专用权的行为。本案中,被控侵权的保温杯的包装盒上印制的标识及保温杯杯盖胶圈和杯身上印制的标识清晰显著,明显起到识别商品来源的作用,属于商标性使用。其中,保温杯包装盒上的标识与涉案商标标识基本相同,构成相同商标;保温杯杯盖胶圈和杯身上的标识与涉案商标的显著识别部分相同,与涉案商标构成近似商标,且涉案商标核定使用范围包括保温瓶,甲贸易公司确认涉案商品非其生产或授权生产,因此,涉案商品为未经甲贸易公司许可在相同商品上使用相同及近似商标的商品,容易导致相关公众对其来源产生混淆,属于侵犯甲贸易公司第6434479号注册商标专用权的商品。被告张某销售上述侵权产品亦属于商标侵权行为。

原告甲贸易公司同时主张被告张某侵害其第15814003号注册商标专用权。由于甲株式会社出具的《知识产权使用授权书》时间为2014年10月20日,根据授权书中"使用期限为自本授权书授权之日起至所使用知识产权在中华人民共和国失效为止"等表述,该授权书的授权范围应为该授权书出具前(2014年10月20日前)甲株式会社在中华人民共和国境内有效的知识产权,而该商标注册时间为2016年1月21日,晚于该授权书出具的时间,原告亦未提供其他证据证明甲株式会社将该商标授权其使用,故原告主张该商标权利缺乏依据,本院不予支持。

甲贸易公司同时主张乙网络公司构成帮助侵权,因甲贸易公司并未提供证据证明就本案被控侵权行为向乙网络公司投诉,而张某发布在乙网络公司平台上的涉诉信息也不存在明显违法或侵权的情形,且涉案商品链接已经删除,涉案店铺中亦不存在相关侵权信息,故乙网络公司已尽其应尽义务,不存在明知或应知侵权行为存在而不及时采取措施的情形,因此,乙网络公司不构成帮助侵权。乙网络公司关于其不构成侵权的抗辩,理由成立,本院予以采信。

综上,被告张某销售涉案侵权商品,且未能举证证明涉案商品系其合法取得并说明提供者,应承担赔偿损失的民事责任。关于赔偿损失的数额,甲贸易公司主张适用法定赔偿,本院将综合考虑涉案商标的知名度、被告侵权行为的性质、主观过错程度、甲贸易公司为制止侵权所支出的合理费用等因素确定赔偿数额。同时,本院注意到如下事实:1.涉案商品售价39.9元,累计评论142条,已售74件,交易成功59件,正品售价78~86元;2.甲贸易公司庭审中明确合理费用仅主张律师费。故本院酌定赔偿额为10 000元(含合理费用)。由于涉案商品链接已经删除,原告甲贸易公司要求被告张某在乙网络公司平台上停止销售涉案侵权商品及停止使用相关宣传资料的诉请,已无实际必要,本院不予支持;甲贸易公司未举证证明张某处尚有库存,亦未提供其商誉受损的相关证据,且赔偿损失已足以弥补涉案侵权行为对其造成的损害,故对甲贸易公司诉请要求张某销毁库存及公开赔礼道歉、消除影响的诉请,本院不予支持。

二、各大电商平台对知识产权的保护措施

当发现某个电商平台出现自己的产品被其他未授权的人销售时,商家的第一反应是找平台了解情况并要求平台将侵权商品下架。平台会告诉其知识产权投诉路径,要求权利人按照平台的知识产权保护规则进行投诉。目前主流的电商平台均建立了知识产权投诉处理机制,并组建相关的团队进行相关问题的处理。

实践中，知识产权保护机制的实施要复杂很多，一方面，投诉人提供的投诉材料能否有力地证明平台上的商品构成侵权，这是投诉处理的关键，但平台无法做调查取证，只对投诉链接审核，不对证明材料做二次审核；另一方面，投诉材料和流程如果不规范，就会造成较高的运营成本。为此各大平台都会在网站首页位置做一个知识产权的投诉入口，权利人点击进去之后可以看到投诉规则、投诉流程、需要提交的材料、处理时间等。平台的处理规则可以指导权利人进行高效合法的维权，同时可以提升平台的处理效率。各大平台通过规则的制定和公示，很好地解决了如何达到证明力度的问题及处罚结果的预期，同时让在平台上经营的商家也知道了知识产权侵权处罚的尺度和罚则，也符合《电子商务法》要求的建立知识产权保护规则。

三、商家进行知识产权保护的应对措施

1.按照平台公示的规则进行知识产权维权

如果平台上有侵犯商家知识产权的行为，商家应该先研究平台的知识产权规则，按照平台要求的投诉路径和举证材料进行提交。如果不按照平台上的规则进行投诉，将被视为无效投诉，平台可以不处理该笔投诉。商家在投诉时要尽力争取一次性投诉成功，以免在来回沟通中使侵权的损失扩大。如果你是被投诉的商家，可以先研究平台的申诉机制，按照平台的申诉规则和所需举证材料来进行申诉，争取一次性申诉成功，以免来回沟通而耽误商品的正常销售。

2.固定好侵权证据用于追责

如果商家是投诉人，通常平台认定为侵权成立，将下架销售的商品并给予平台规定的处罚。但商家的损失已经造成，侵权行为的赔偿责任只能由法院来执行，所以商家在向平台进行投诉前，可以将平台的侵权行为进行证据的固定，主要固定销售主体信息、侵权链接和网页、销售数量等。因为知识产权投诉成功后，平台会下架侵权商品，商家要再拿到侵权的证据会比较麻烦。如果商家是被投诉方，接到投诉后，应先核实自己销售商品的来源，并向供货方索要相关知识产权证明，拿到知识产权证明材料后，依据平台规则进行及时申诉。如果商家短期内拿不到知识产权证明材料，可以通过国家知识产权局网站等主动查找和联系知识产权权利人，并进行沟通。

3.销售商品时应注意知识产权保护和拿到知识产权许可

如果商家是品牌方，在网络上销售商品前，最好对自己的商品申请商标、专利等，进行知识产权保护，以免遭受投诉打击或自己经营的品牌帮助别人创造收益。如果商家是经销商，在网络上销售商品前，最好拿到品牌方的知识产权许可，尤其是境外供应商或大集团的知识产权许可材料，在被投诉时就可以快速地申诉。如果商家在被投诉时再向品牌方申请知识产权证明材料，有可能因时间来不及而遭受损失和处罚。同时，商家拿到知识产权后，如果平台上有人冒充你销售商品，你就可以拿着知识产权材料去投诉。

4.通知有效期内进行有效声明

商家要确保自己留给平台的联系方式（包括手机号码、邮箱、站内信等）是可以随时收到信息的，不然平台的投诉处理结果和"转通知"的内容是无法收到的。

在通知有效期内，被投诉商家要尽快准备声明材料，通过平台指定的声明路径将声明材料提供给平台，声明材料需要包含初步的证据材料。如果未及时进行有效声明，商家可能会遭受不利的处罚结果，并影响店铺信誉。

项目 2　网络消费者权益保护案例

项目任务　了解网络消费者权利的分类,熟悉《电子商务法》关于消费者人身权、财产权的保障要求,掌握平台、商家和消费者的权益保护措施。具有遵守互联网法律法规的意识,有对消费者人身权和财产权的保护观念,树立正确的法治观。

项目案例：主播失手坠亡,H 直播网络侵权责任纠纷案

某年 11 月,吴某在直播表演攀爬高空建筑物时失误,坠楼身亡。其母何某以网络侵权责任为由,将 H 直播平台所属公司 H 科技有限公司诉至法院。

吴某出生于 1991 年,曾在某影视城当过演员。他自 2017 年 8 月开始涉足高空极限运动,并完成了一大批惊险动作。吴某曾在多个网络平台上传了自己的极限挑战视频。他在 H 直播平台发布的徒手攀高楼视频总浏览量超过 3 亿人次,其微博账号发布的视频浏览量超过 1 亿人次。

吴某继父冯某称,吴某出事前接了一个"总值 8 万元"的合作。而根据冯某事后的了解,这个合作对应的就是导致吴某殒命的那次极限运动。11 月 8 日,吴某在攀爬某国际中心失手坠亡后,其母何某将 H 直播诉至法院,何某称吴某坠亡时,正处于和 H 直播的签约期内,被告对其死亡有直接的推动和因果关系。

H 直播辩称,直播平台提供信息存储空间的行为并不具有在现实空间侵犯吴某人身权的可能性,不是侵权行为;其次,吴某上传的视频内容非法律法规禁止内容,被告没有应当处理的法定义务,不做处理不具违法性。此外,被告与吴某之间就 H 直播软件新版本的推广合作不是加害行为,被告未指令其做超出其挑战能力或不擅长的挑战项目。被告前述行为与吴某坠亡不具法律意义上的因果关系。

> **思考**：H 直播平台是否应该履行安全保障义务?平台应如何落实自身的法定义务?电商消费者应采取哪些保障措施?

嵌入知识

电子商务消费行为发生在线上,买卖双方彼此之间并不见面,对于商品和服务的考察也没有线下那么完整全面,消费者在交易过程中需要法律给予更有针对性的支持和保护。与现有的《中华人民共和国消费者权益保护法》(以下简称《消费者权益保护法》)相比,《电子商务法》对消费者权益的保护主要是通过对商家和平台提出各项要求来实现的。

一、网络消费者权利分类

网络消费者权利主要包括安全保障权、知情权、自主选择权、公平交易权等。

1. 安全保障权

安全保障权是消费者的核心权利,是消费者享有其他权利的前提和基础。根据《消费者权

益保护法》的规定,消费者的安全保障权包括两方面的内容:消费者享有人身、财产安全不受损害的权利;消费者有权要求经营者提供的商品和服务符合保障人身、财产安全的要求。《电子商务法》尤其把对消费者人身权、财产权的保障提升到重要的地位,第十三条规定了电子商务经营者销售的商品或者提供的服务应当符合保障人身、财产安全的要求和环境保护要求。

2.知情权

知情权是消费者购买商品或者接受服务的基础。知情权也称为知悉真情权,是消费者享有的知悉其购买、使用的商品或者接受的服务的真实、充分、准确、适当信息的权利。知情权是消费者了解经营者销售的商品或者提供的服务的真实情况,做出正确购买商品或者接受服务决定的前提,也是避免因购买、使用商品和接受服务而遭受损害的法律保障。《消费者权益保护法》第八条规定:"消费者享有知悉其购买、使用的商品或者接受的服务的真实情况的权利。"在电子商务环境中,网络消费者的知情权应增加知悉网络经营者真实身份的内容。

3.自主选择权

消费者的自主选择权是指消费者有权根据自己的需求、意向和兴趣,自主选择商品或者服务以及经营者的权利。根据《消费者权益保护法》第九条的规定,消费者的自主选择权包括以下几个方面:

(1)消费者有权自主选择提供商品或者服务的经营者。

(2)消费者有权自主选择商品品种或者服务方式。

(3)消费者有权自主决定购买或者不购买任何一种商品、接受或者不接受任何一项服务。

(4)消费者在自主选择商品或者服务时,有权进行比较、鉴别和挑选。

大量的商业信息在互联网上广泛传播,其中可能有违法信息,这些违法的商业信息误导了网络用户的消费决定,同时也损害了网络消费者的人身权利和财产权利。

4.公平交易权

消费者的公平交易权是消费者的基本权利,是指消费者在与经营者进行的消费交易中所享有的获得公平的交易条件的权利,这种公平交易条件包括商品质量保障和合理价格。《消费者权益保护法》第十条规定:"消费者享有公平交易的权利。消费者在购买商品或者接受服务时,有权获得质量保障、价格合理、计量正确等公平交易条件,有权拒绝经营者的强制交易行为。"消费者的公平交易权是商品经济中买卖双方自愿、平等、公平、诚实信用以及等价有偿原则的具体体现。电子商务环境中网络的虚拟性使消费者的弱势地位变得更加严重,消费者无法获得与经营者协商的平台,因而极易造成侵害网络消费者公平交易权的情况。

网络消费者的知情权、自主选择权和公平交易权之间存在密切的联系。对网络消费者来说,只有知悉网络经营者及其所提供的商品或服务的真实情况才能进行自由选择,而只有进行自由选择才能保证其公平交易权的实现。此外,网络消费者以上三项权利在内容上存在一定的交叉,如网络经营者的强制交易行为既侵犯了消费者的自主选择权,又侵犯了消费者的公平交易权。

二、电子商务领域消费者权益相关法律条文

《电子商务法》第十七条规定:"电子商务经营者应当全面、真实、准确、及时地披露商品或者服务信息,保障消费者的知情权和选择权。电子商务经营者不得以虚构交易、编造用户评价等方式进行虚假或者引人误解的商业宣传,欺骗、误导消费者。"该条款保护了消费者权益,并维护市场秩序。

《电子商务法》第二十一条规定:"电子商务经营者按照约定向消费者收取押金的,应当明

示押金退还的方式、程序,不得对押金退还设置不合理条件。消费者申请退还押金,符合押金退还条件的,电子商务经营者应当及时退还。"该条款规范了押金的使用。

《电子商务法》第三十八条规定:"电子商务平台经营者知道或者应当知道平台内经营者销售的商品或者提供的服务不符合保障人身、财产安全的要求,或者有其他侵害消费者合法权益行为,未采取必要措施的,依法与该平台内经营者承担连带责任。对关系消费者生命健康的商品或者服务,电子商务平台经营者对平台内经营者的资质资格未尽到审核业务,或者对消费者未尽到安全保障义务,造成消费者损害的,依法承担相应的责任。"该条款规定了电商平台的安全保障义务和先行赔付制度。

三、电子商务领域消费者权益保护的解读

1.关于"刷单炒信"的法律责任

"刷单炒信"就是电商活动中用假的交易或者好评来提升自己店铺商品信誉度的一种做法,这种方式可以使很多不明真相的消费者误以为这家店铺的商品很受欢迎而跟风购买。而事实上,商家的商品质量或者服务等方面往往与刷出来的数据并不相符。

为了保护消费者权益和维持市场秩序,《电子商务法》明令禁止"刷单"行为,"刷单"商家将因此承担赔偿或罚款等责任,严重情况下构成犯罪的甚至还会被追究刑事责任。《电子商务法》对于从事"炒信"行为没有做出直接的处罚规定,而是规定依照有关法律的规定处罚,可以依据的有关法律主要包括《中华人民共和国反不正当竞争法》《消费者权益保护法》《中华人民共和国广告法》(以下简称《广告法》)等,所以司法和执法实践中,电商商家(包括"炒信"平台)的"炒信"行为基于其多样化的表现,会被从多个角度追究法律责任。

2.关于押金的使用规范

让用户使用押金的消费场景可以归纳为"暂时让渡使用权"的情况,其实质就是提供商品或服务的一方会暂时失去对交易商品的控制权,为了避免商品损坏等原因而要求用户提供押金进行担保。电子商务领域也有大量的使用押金的情况。现在,共享经济的商业模式得到广泛应用,有些运营共享单车的公司就是因为收取了用户的押金不能退还给用户,而发生用户挤兑或被用户起诉至法院。

《电子商务法》关于消费端押金的使用主要是从以下三个方面来进行规范的:一是商家要明确押金退还的方式和程序;二是商家不得设置不合理的退还条件;三是在用户申请退还时,商家应及时退还。

除了在消费端,还有很多商业模式是针对平台端的商家收取押金的。例如,当商家或某品牌要入驻天猫、拼多多等大型网络交易平台时,这些平台往往会要求商家在入驻时缴纳一笔押金,在商家违反平台规则售假、侵犯消费者权益或有其他违法行为时,这笔押金会成为对商家的制约,让商家因自己的行为而受到惩罚。类似于共享经济模式下的商家较之于用户,平台较之于商家也处于优势地位,两者有一些共通性,商家在此种情况下也就是"用户"。

《电子商务法》要求平台对保证金的提取数额、管理、使用和退还办法等做出明确约定,所以在平台设立保障金的情况下,商家仍然应当注意阅读并理解平台的保证金规则,特别是保证金的用途是仅针对消费维权,还是平台有可能将保证金或押金也用到了平台处罚金中去,还包括平台押金会在何时发生扣除,商家是不是有权提出申诉,平台是否会以"存在虚假发货、订单缺货问题和平台售假"等虚假理由扣除押金等。

3.电商平台的安全保障义务和先行赔付制度

(1)电商平台的安全保障义务

电子商务的迅猛发展,使得越来越多的商品和服务出现在网络交易中,而电商平台作为一个撮合线上交易的场所,也应该承担相应的安全保障责任。尤其是对于涉及生命健康方面的产品和服务,保障安全应是第一要务。《电子商务法》与《中华人民共和国民法典》(以下简称《民法典》)、《消费者权益保护法》等一脉相承,对平台应提供的安全保障义务提出了具体要求。

《电子商务法》第三十八条的规定对消费者能够在一个安全可靠的网络环境下进行交易提供了有效的保障,更强调电商平台的连带责任而非补充责任。平台主观上明知有安全隐患,但不采取措施,要与商家一起承担连带责任;平台主观不知道有安全隐患,但对商家资质审核不严,或者未尽到安全保障义务,要视具体情况承担相应责任。考虑到电商平台对平台内经营者的资质未尽到审核义务,或者对消费者未尽到安全保障义务的情况比较复杂,所以《电子商务法》规定平台"依法承担相应的责任",而非"承担连带责任"。

(2)电商平台的先行赔付制度

在电商领域,除了淘宝网、京东商城等综合性的购物平台,还出现了许多基于细分领域的垂直平台,如专门销售母婴用品的平台、专门销售女装的平台等。电商平台数量的快速增加使得网购消费者有了更大的选择空间,但与此同时,很多平台由于运营时间短、片面追求高增长率等,放松了对入驻商家的审查,导致一旦消费者与商家发生纠纷,平台往往无法提供商家的真实身份和有效联系方式,进而给消费者维权造成阻碍。在这种情况下,《电子商务法》援引了《消费者权益保护法》中已经规定的"平台先行赔付"制度,在平台无法提供商家身份的情况下,消费者可以向平台主张先行获得赔偿。

案例分析

主播失手坠亡,H直播网络侵权责任纠纷案案例分析

一、法院审理结果

本案一审的争议焦点为:

1.被告是否承担网络空间安全保障义务?

2.被告与吴某之间就H直播软件新版本的推广合作是否存在加害行为?

3.被告前述行为与吴某坠亡是否存在法律意义上的因果关系?

北京互联网法院一审认定被告应该对吴某的坠亡承担相应的网络侵权责任,但吴某本人应对其死亡承担最主要的责任,被告对吴某的死亡所承担的责任是次要且轻微的,被告应赔偿原告各项损失共计3万元。之后被告提起上诉。

本案二审在北京市第四中级人民法院公开宣判,维持一审判决结果,H科技有限公司赔偿何某3万元。

法院认为,网络空间作为虚拟公共空间,与现实物理公共空间还是存在着明显差异,能否将有形物理空间的安全保障义务扩张到无形网络空间,适用网络侵权责任的内容来确定网络服务提供者的安全保障义务,尚存争议。但是,网络空间不是法外之地,作为一个开放的虚拟空间,网络空间治理是社会治理的重要组成部分,应当进行必要的规制,可以直接适用《中华人民共和国侵权责任法》第六条第一款规定的过错责任原则进行归责。

法院结合吴某的坠亡与H科技有限公司之间是否存在过错和因果关系来认定,H科技有限公司作为网络服务提供者,应当对吴某上传的视频是否违反社会公德进行规制,但H科技有限公司却未进行处理,甚至在死者坠亡的两个多月前,借助其知名度为H直播平台进行宣传并支付酬劳,对吴某持续进行该危险活动起到了一定的诱导作用,因此其对吴某的坠亡存在过错。

《电子商务法》对平台安全保障方面的义务要求越来越严格,平台应从多个维度认真落实自身的法定义务,不能因为其他合法权益冲突而降低保障措施要求。

二、电商平台安全保障措施

《电子商务法》等对平台安全保障方面的义务涉及多方面,包括:严格审核与生命健康安全相关类(例如灭火器、婴童玩具等)的商家资质资格;出现了与安全有关的问题应当及时处置,下架有关商品,并且向主管单位汇报,及时止损;提升安全事件处置的优先级,如果为了保障安全需要对外披露隐私、个人信息等,也仍然应该以安全保障为优先选择。

三、电商消费者的权益保障措施

1. 提前对电商平台的安全保障措施进行了解

网购或者使用网络服务的消费者应当查看商家在平台上披露的经营资质,并且进一步到主管机关官网上进行查询比对。

2. 把消费者人身权和财产权放在第一位

消费者不要因为经济诉求、利益引诱等外部原因将自己和财产随意置于危险境地,前文提到的主播坠亡案就是典型的例子,法院认为涉事的主播应当对自己的生命安全负责,不能在不采取任何安全措施的情况下随意冒险,否则主要责任应该由自己承担。

3. 多了解主管单位、法院、电商平台等提供的投诉、维权方式

消费者一方面在接受在线商业服务、在线购物过程中要明确哪些权益应当受到保护;另一方面要了解如何通过网络在线的方式使交易纠纷或争端得到合理、快捷的解决。主管单位、法院、电商平台借助互联网提供了越来越便利的维权渠道,如互联网法院、平台在线仲裁等,消费者如果发现了安全隐患或者权益受到了侵害,可以第一时间有效维权,并且让维权行动控制在可以接受的成本范围内。这也是理性消费者在互联网时代的重要技能之一。

项目3 电子商务广告促销案例

项目任务 掌握网络广告的特点与分类,了解促销活动广告的基本要求和合规要点,熟悉网络广告的规范,能在电商广告中合规使用绝对化用语和商务数据。具有遵守互联网法律法规的意识,树立正确的法治观。

电子商务案例分析

项目案例　A 公司起诉 B 公司虚假宣传纠纷案

某年 11 月，A 公司因 B 公司在各大网络平台广告中使用"遥遥领先""全国领先"等宣传用语，一纸诉状将 B 公司告上法庭并索赔 1 亿元。

A 公司诉称，A 公司与 B 公司均是二手车交易平台，二者具有直接竞争关系。B 公司在其官网、微信、手机 APP 以及其他网站平台广告中，通过信息网络宣传其"遥遥领先""全国领先"等大量的虚假广告内容误导二手车买家和卖家，使得不明真相的交易者真以为 B 公司是市场第一、一家独大，其他平台都远远不如该公司。A 公司认为，上述虚假内容严重损害了 A 公司的竞争优势，给 A 公司造成了巨大的、比较严重的经济损失。此外，C 公司也因在其所经营的网站上播放涉案广告而被起诉。A 公司认为，C 公司在其所经营的网站上播放涉案不正当竞争广告，具有不可推卸的责任。同时，被告 B 公司还在其他知名网站媒体大量投放上述虚假宣传的广告内容；利用代言人的影响力和号召力，进一步扩大了其虚假宣传内容，损害了 A 公司的利益，违反了法律法规，误导了二手车买卖交易者，同时也严重降低了原告在二手车买卖者心中的地位，严重削弱了 A 公司的竞争优势，B 公司的行为属于严重的不正当竞争行为，而 C 公司应该尽快停止播放相关广告，承担不利后果。

B 公司辩称，A 公司指称 B 公司在网站投放涉案广告，不是事实，被告没有实施 A 公司所指称的侵权行为，不应承担责任。而针对此次涉案的广告语，B 公司称，"遥遥领先""全国领先"等宣传用语系对其二手车交易成交情况的客观描述，B 公司提供了 50 余份证据用于证明该宣传用语具有真实来源。因此 B 公司的宣传用语并非虚假或毫无根据的虚假宣传，也不会造成欺骗、误导消费者的结果。此外，B 公司还表示，B 公司主观上不具有通过虚假宣传贬低同业经营者的意图，不应承担赔礼道歉及消除影响的法律责任。综合多个理由，B 公司的行为不构成不正当竞争，A 公司主张 1 亿元的索赔，不应获得支持。

> 思考：B 公司是否涉嫌广告语侵权？在电商广告中如何规范使用绝对化用语和引用商务数据？

嵌入知识

随着互联网技术的飞速发展，新的网络广告形式不断出现，网络广告的规格也体现出多样性，如视频广告、路演广告、巨幅连播广告、翻页广告、祝贺广告等。网络广告需要不断创新，但同时也需要有一个规范的约束。

一、网络广告的特点

广告是为了某种特定的需要，通过一定形式的媒体，公开而广泛地向公众传递信息的宣传手段。网络广告是利用互联网发布的广告，与传统广告相比，网络广告具有以下一些特点：

1. 跨时空性

传统的广告媒体包括报纸、广播和电视。这些传统媒体在很大程度上受到版面、时间和空间的限制，容易错过目标受众，从而影响对产品的宣传。

网络媒体则突破了时间与空间的限制，拥有极大的灵活性。由于网络广告的存在形式是数字代码，因此可以说网络广告的空间是无限的，企业可以充分利用这一空间宣传和展示自己的产品。比如,消费者可以详细了解某款手机的重量、待机时间、尺寸大小等各种信息。而这在传统广告中是无法实现的。

2.个性化

传统广告媒体受时间、空间和成本的限制,通常是大面积播送的方式,期望用画面、音乐等在广告受众的头脑中创建某种印象,由这种印象引发相应的购买行为。这种广告方式的信息传送和客户反馈是单向的、有时差的,它无法将信息送到细分的目标市场,消费者无法了解个性化的信息。比如,我们因为看到某可乐的广告而去购买该可乐,但是广告并没有说明该可乐的成分,以及糖尿病患者是否可以饮用等。

网络广告因为不受时间和空间限制,所以它可以把所有的产品信息发布在互联网上。由于网络广告传播采用的是一对一的方式,即广告信息一次只能涉及一个广告对象,因此企业通过网络广告可以为客户提供个性化的广告服务,最终促进理性的消费决策。

3.一定的可测试性

企业利用网络广告管理软件,通过对服务器上 Log 文件的分析,可以十分便利地统计出其网络广告的访问情况。比如,用户是在什么时候,通过什么浏览器来访问相关广告的,他们浏览了多长时间等。尽管利用网络广告这种方法仍然很难十分准确地统计其中有多少用户是因为看了网络广告才最终购买的,但是定量化的分析对于广告主和广告发布者评价网络广告的营销效果而言仍然是十分重要的。广告主和广告发布者可以依此不断对网络广告进行改进。

4.交互性

互联网的交互性决定了网络广告的交互性。消费者在交互中占据了主动。利用交互性,用户可对广告信息进行主动取舍,对有关的或感兴趣的广告信息,可以调出更详细的资料。消费者还可以向企业的有关部门提出要求提供更多所需要的信息。对于企业来说,它可以及时地根据接受者需求的变化而调整所发送的信息,使之能更好地满足受众的需求。

5.广告费用相对较低

由于网络空间是无限的,所以网络广告的供给通常大于需求,这就导致网络广告的价格与传统媒体相比较低。但是网络广告费用的低廉只是相对的。在知名的门户网站上做广告,由于主页的空间有限,供给仍然是比较紧张的,所以价格也并不一定特别便宜。

二、网络广告的分类

网络广告根据具体的表现形式可分为以下几大类:

1.主页广告

通过主页对企业进行宣传已经是所有网上企业的共识。Web 技术为企业提供了一个树立企业数字形象,宣传企业产品和服务的良好工具。企业需要把自己的地址、名称、标志、电话、传真等发布在互联网上。当然,企业在互联网上的形象应当与它实际上的形象保持一致。比如说 IBM 公司,它在网上和网下的形象都是以蓝色为基调,这就与它"蓝色巨人"的形象相统一了。

2.旗帜广告

旗帜广告是常见的网络广告形式。其宽度一般为 400~600 像素(8.44~12.66 厘米),高度为 80~100 像素(1.69~2.11 厘米),以 GIF、JPG 等格式建立图像文件,放置在网页中。目前,旗帜广告有多种形式,主要包括:

(1)按钮广告。它以按钮的形式在网页上存在。

电子商务案例分析

(2)文本广告。文本广告以文本形式放置在网页显眼的地方,长度通常为10～20个汉字,内容多为一些吸引人的标题,然后链接到指定页面。

(3)插页广告。插页广告又称弹出式广告,广告主选择在某一网站或栏目之前插入一个新窗口显示广告内容。广告内容可能是文字、图片链接等各种形式。网络用户在登录网站的时候,网站通常会插入一个广告页面或弹出广告窗口。它有点类似电视广告,都是打断正常节目的播放,强迫观看。插页广告尺寸大小不一,互动程度也不同。浏览者可以通过关闭窗口或者安装相应的软件来拒绝这些广告。

3.分类广告(名录广告)

网络中的分类广告类似于传统报纸中的分类广告。众多的门户网站都提供此类服务。这些门户网站按照自己认为合理的方式进行类别划分。企业可以到自己所属的类别中进行注册。这种广告方式的好处在于针对性强,用户容易准确找到自己所需的内容。

4.通栏广告

通栏广告是占据主要页面宽度的图片广告,具有极强的视觉效果。通栏广告视觉冲击力强,能吸引浏览者的注意力,通常出现在首页以及各频道的中间显著位置,大多以Flash形式出现,广告面积较大,能够较好地展示广告信息,规格一般相当于两条横幅广告的大小。

5.文本链接广告

文本链接广告是以一排文字作为一个广告,点击就可以进入相应的广告页面。这是一种对浏览者干扰较少,但却较为有效的网络广告形式。这种广告形式成本较低,但通过精心设计,也能达到良好的广告效果。文本链接广告长度一般不超过10个汉字,发布在首页、重点频道首页的推荐位置。

6.电子邮件广告

企业利用网站电子刊物服务中的电子邮件列表,将广告加在读者所订阅的刊物中发放给相应的邮箱所属人。电子报纸和杂志的成本很低,它可以发送给任何一个互联网用户。由于电子报纸和杂志是由上网用户自己选择订阅的,因此此类广告更能准确有效地面向潜在客户。

7.关键字广告

关键字广告与搜索引擎的使用密切相关。关键字广告是指用户在搜索引擎中键入特定的关键字之后,除了搜索结果外,在页面的广告版位会出现预设的旗帜广告,这种广告形式充分利用了网络的互动特性,因此也被称为关联式广告。

尽管在互联网初期,公告栏和新闻组也是做广告的好地方,但是目前,在公告栏、新闻组中做广告已经不再流行,也不为消费者所接受。公告栏、新闻组以及各种论坛主要用于客户服务。

8.其他网络广告形式

(1)悬停按钮广告:在页面滚动中始终可以看到广告,可以根据客户的要求并结合网页本身特点设计移动轨迹,有助于提高广告的曝光率。

(2)全屏广告:页面开始下载时出现,广告先把整个页面全部遮住,占据整个浏览器的幅面,并持续3秒以上,随后窗口逐渐缩小,最后收缩为按钮广告。这种广告方式拥有很强大的视觉冲击力,但也可能遭到网络用户的反感。

(3)巨幅广告:新闻内容页面中出现的大尺寸图片广告。用户认真阅读新闻的同时也可能会对广告投以更多的关注。

(4)摩天楼广告:出现在文章页面的两侧,是竖型的广告幅面。摩天楼广告较为醒目,能够承载比按钮广告更多的创意表现,大小通常为148×480像素。

(5)流媒体广告:在频道首页下载后出现的数秒钟的大尺寸图片广告,可以在第一时间吸引用户的注意力。流媒体改变了互联网广告只能采用文字和图片的问题,而可集音频、视频及图文于一体。在媒体表现方面,其信息传递更直接,表达内容更丰富。与传统的多媒体播放形式相比,流媒体可以实现边下载边播放,从而大大节约了时间。

三、网络广告相关法律条文的解读

1.关于"绝对化"广告用语的法律责任

《广告法》第九条第三项规定,广告不得使用"国家级""最高级""最佳"等用语。

这一法条的立法本意:商家提供的商品和服务各有特点,很难通过比较找出谁是最好的,而且国家也没有明确的标准能界定商品的最佳、最好、最高级、国家级等的水平。如果在广告中使用这些词汇,不仅可能对消费者产生误导,而且对于其他商家来说也是不公平的,容易引发不正当竞争。

2.关于广告引证的规定

《广告法》第十一条规定,广告内容涉及的事项需要取得行政许可的,应当与许可的内容相符合。

广告涉及"三百六十行",每个行业都需要用数据、引证内容以增加广告内容的说服力,商家也希望通过这些广告内容赢得消费者的信任。广告使用数据、统计资料、调查结果、文摘、引用语等引证内容的,应当真实、准确,并标明出处。引证内容有适用范围和有效期限的,应当明确表示。

3.关于促销活动广告的规范

《广告法》第八条规定,广告中对商品的性能、功能、产地、用途、质量、成分、价格、生产者、有效期限、允诺等或者对服务的内容、提供者、形式、质量、允诺等有表示的,应当准确、清楚、明白。广告中表明推销的商品或者服务附带赠送的,应当明示所附带赠送商品或者服务的品种、规格、数量、期限和方式。

促销活动是电商平台或者商家的常规经营活动,除了"双十一""6·18"等大型的集中促销活动外,还有针对各种节日的专题促销活动,如春节年货促销等,以及各个品牌举办的促销活动、平台某品类商品的专题促销活动等。促销活动广告内容是否符合规范是《广告法》相关的常规问题,促销活动规则要明确时间、参与资格和促销内容。提供给商家的建议如下:

(1)奖项设置要明确奖品品牌、型号等具体内容,避免引起消费者误会。

(2)明确奖项数量,不能使用"纪念奖若干"这种表达方式。

(3)明确开奖的时间及获奖名单公布方式,还要明确奖品的发放方式。

(4)促销活动不能虚假打折,不能虚构清仓、拆迁、停业、歇业、转行等事由开展促销活动。

(5)商家在促销规则中需要明确:使用辅助程序等非人为操作方式或利用平台技术漏洞等方式参与促销活动的,取消其中奖资格。

4.电商平台使用竞价排名广告业务的要求

《电子商务法》第四十条规定,电子商务平台经营者应当根据商品或者服务的价格、销量、信用等以多种方式向消费者显示商品或者服务的搜索结果;对于竞价排名的商品或者服务,应当显著标明"广告"。

这条规则要求电子商务平台经营者使用竞价排名方式展示搜索商品或者服务的结果时,具有必须显著标明"广告"的提示义务。目前大型电子商务平台都会在首页设置站内搜索引擎,消费者可以利用它通过关键词搜索站内的目标商品或者服务等内容。这时,展示出来的商品或者服务的排序,不仅会对消费者的选择产生影响,而且会对商家的商品销量产生影响。排在前面的商品或者服务会受到更多消费者的关注,进而可能产生更多的购买转化。电子商务平台也采取类似百度等搜索引擎的做法,用竞价排名的方式让平台内的网店对搜索"关键词"进行竞价,并将"中标"结果排名前置,此举起到了推荐的作用。这种行为完全具备广告行为的特征,所以,《电子商务法》会对其加以明确和规范。这样不仅保护消费者的知情权,而且是对平台内公平交易环境的规范。

显著标明"广告"应该如何理解?"显著"是确保消费者能够辨明其为广告。在一般人的视角下,"广告"标识清晰可见,字体大小和字体颜色需要根据具体情况进行确定。另外,"广告"标识不可以使用"AD"代替。因为广告是否具有可识别性,是通过"消费者能够辨明其为广告"这个标准来判断的,如果使用"AD"标识,那么不懂英文缩写的消费者可能就不能判别出标注"AD"的是广告内容,这就没有达到让消费者辨明"广告"的目的。

案例分析

A 公司起诉 B 公司虚假宣传纠纷案案例分析

一、法院审理结果

法院经审理认为,在具体表述(指出了统计数据来源依据与相应统计时段)的"遥遥领先"广告语中,至少应包含两层含义:一是位次的事实描述,即处于相对范围内排名第一的位次;二是幅度的事实描述,即在排位领先的基础上,还处于大幅度超过的状态。但从电子商务协会出具的回复及法院前往电子商务协会调查的情况来看,该协会并未以自己名义或授权其他机构对外发布过关于二手车网站成交量、排名以及其他相关二手车网站的信息,从未授予二手车网站有关成交量排名的奖项,亦从未发布过二手车网站成交量及排名的数据。也即,诉争广告语并无电子商务协会在前述统计时段的相应统计数据支持。

针对笼统表述(未指出统计数据来源依据与相应统计时段)的涉案广告语,法院认为,其背后的争议事实系是否有权威可靠数据支持 B 公司做出这一表述状态的广告宣传。事物存在的相对静止状态总是在一定时空中呈现的,交易量数据也是如此,在行业运营正常的状态下交易量数据也应当是动态变化的。即使存在"全国领先""全国遥遥领先""遥遥领先"的成交量状态,也是在一定时段的特定地域或领域空间范围内的特定存在,因此在缺乏特定统计时段的特定统计地域或领域的统计数据支持的情况下,对动态变化的交易量情况笼统地使用绝对性、静态性或持续状态性表述是缺乏事实依据的。

综上,法院判定涉案广告语构成侵权,并判决 B 公司立即停止涉案不正当竞争行为;赔偿 A 公司经济损失及维权合理开支共 300 万元并道歉、消除影响。

二、电商广告中规范使用绝对化用语

在经济社会里,事物总是在不断发展变化的。在商品广告中使用最高级、国家级等绝对化用语,其实也是违背经济社会的客观规律的。因为即使某个商品现在使用了最好的技术,但是在该商品广告发布期间就可能有新的技术超越它,所以《广告法》才明确禁止在广告中使用"国家级""最高级""最佳"等词语。《广告法》中使用不完全列举的例示性方式进行了表述,在实际

执行中,需要根据个案具体使用的词语以及使用情形来进行判定。另外,国家市场监督管理总局个案批复(《关于"极品"两字在广告语中是否属于"最高级""最佳"等用语问题的答复》)中,还明确认定过"极品""顶级""第一品牌"属于禁止使用的词语。

《广告法》规定,不得在广告中使用"国家级""最高级""最佳"等用语,但是这并不等同于全面禁止绝对化用语。要做到广告用语不违法,就需要商家深入了解法条内涵,精准把握合规要领。下面为大家介绍常见的绝对化用语合规例外情况。

(1)用广告表达企业的理念、目标、追求时,用来描述企业的愿景或者将来的语句中可以含有绝对化用语,如"追求极致安全""力争行业领先"等。

(2)广告语用于对同一产品、同一企业的内部描述时,如某产品系列或者某企业最新产品、某顶配机型、最大尺码、最小户型等,在限定范围明确且客观真实的情况下可以合法使用绝对化用语。

(3)仅用于通过广告来宣传本产品使用的最佳方法、最佳时间时,不属于使用绝对化用语的违法广告。

(4)真实且有限定条件的表述不属于绝对化用语广告,如全网首发、某个产品在某个时间段销量第一、独家代理、唯一授权等。

三、电商广告中规范引用商务数据

广告中商务数据的引用属于引证内容的一种。总体要求是真实、准确并标明出处。如果数据有适用范围或者有效时间范围,需要明确说明。

数据、统计、调查结果应真实准确,不能出现虚假内容。如果使用数据是通过实验而来或者测量而来,应该具体说明测量机构的名称,且这些测量机构或者实验机构应当具有一定的可信度。引用的商务数据要在同一广告页中标明出处,做到有据可查,不能歪曲或者修改。

如果涉及时间、平台、地域等限定范围,例如,"某个时间段在某个平台销量前三名",不能隐去"某个时间段"和"某个平台"的限制。例如,"经过淘宝平台统计2020年'双十一'促销期间饮料行业销量第三",如果广告主简化为淘宝平台销售前三名,将限定范围隐去,实际上就是扩大了广告数据的支撑作用,属于违法行为。另外,对于测试类数据,有些在某些限定条件下才能实现,这时商家必须明确实现条件,不能隐瞒。因为如果隐瞒限定条件,受众会误认为它是普遍适用的。

有些广告页面中,将数据用脚注的方式注释在广告中,最后在这个网页底栏依次注明这些数据的来源和依据,是一种非常好的方式,既保持了页面的整体统一,又不违反《广告法》。

项目 4　电子商务合同案例

项目任务　了解电子商务合同与传统合同的区别,掌握电子商务合同成立与生效的要件,熟悉多样化的电子商务合同,能维护合同双方的合法权益。具有遵守互联网法律法规的意识,有对电子商务合同双方平等权的保护观念,树立正确的法治观。

项目案例　吴某与北京 H 科技有限公司网络服务合同纠纷案

原告吴某与被告北京 H 科技有限公司(以下简称 H 公司)网络服务合同纠纷一案,北京互联网法院于 2020 年 1 月 22 日立案后,依法适用普通程序,公开开庭进行了审理。原告吴某、被告 H 公司的委托诉讼代理人通过北京互联网法院电子诉讼平台在线参加了诉讼。

2019 年 6 月 19 日,原告在 H 公司所属的 H 平台 APP 上激活开通了黄金 VIP 会员年会员资格,即"黄金 VIP 会员 365 天"。原告在本案起诉前使用该黄金 VIP 会员观看 H 公司某自制热播剧时,发现剧前仍然需要观看"会员专属广告",须点击"跳过"方可继续观影,并非 H 公司所承诺的"免广告、自动跳过片头广告"的会员特权;同时,原告所享有的、H 公司承诺的"热剧抢先看"的特权也被重大调整:H 公司在 VIP 会员享有的"热剧抢先看"权利的基础上,以单集支付 3 元的方式,为愿意缴费的 VIP 会员,提供了在 VIP 会员原有观影权之上,得以提前观看该影视剧剧集的机会。为此,原告特地查看 H 公司提供的《H 平台 VIP 会员服务协议》,发现电子协议内容已经被 H 公司单方面更改。原告认为,H 公司所运营的 H 平台在提供服务过程中,单方变更合同约定,违背其所承诺的合同义务。因认为"付费超前点播"服务模式违约,原告拒绝付费,而其他会员因付费而得以提前看剧,就是变相侵害了原告的"热剧抢先看"VIP 会员权益。另外,《H 平台 VIP 会员服务协议》存在多处违反原《中华人民共和国合同法》第四十条规定内容的格式条款,比如第 3.1 条约定"H 公司有权基于自身运营策略变更全部或部分会员权益、适用的用户设备终端",很明显违反了公平原则,严重侵害了消费者的合法权益,应属无效。庭审中,吴某将第 7 项诉讼请求中"提前供应包括涉案电视剧在内的所有卫视热播电视剧、自制剧"的含义明确为"享有 H 平台卫视热播电视剧、H 公司自制剧已经更新的剧集的观看权利",同时要求延长一段时间会员权益。

吴某向北京互联网法院提出诉讼请求:

1.请求确认涉案《H 平台 VIP 会员服务协议》(更新时间为 2019 年 12 月 18 日,以下简称"涉案 VIP 会员协议")导言第二款中"双方同意前述免责、限制责任条款不属于《中华人民共和国合同法》第四十条规定的'免除其责任、加重对方责任、排除对方主要权利'的条款,即您与 H 公司均认可前述条款的合法性及有效性,您不会以 H 公司未尽到合理提示义务为由而声称协议中条款非法或无效"约定无效。

2.请求确认"涉案 VIP 会员协议"第 3.1 条中"H 公司有权基于自身运营策略变更全部或部分会员权益、适用的用户设备终端"约定无效。

3.请求确认"涉案 VIP 会员协议"第 3.3 条中"且您理解并同意部分视频出于版权方等原因,视频的片头仍会有其他形式的广告呈现,上述呈现不视为 H 公司侵权或违约"约定无效。

4.请求确认"涉案 VIP 会员协议"第 3.5 条第(3)项中"超前点播剧集,根据 H 公司实际运营需要,就 H 平台上部分定期更新的视频内容,H 公司将提供剧集超前点播的服务模式,会员在进行额外付费后,可提前观看该部分视频内容的更多剧集,具体的点播规则以 H 平台实际说明或提供为准"约定未生效。

5.请求确认"涉案 VIP 会员协议"第 10.2 条中"双方同意,解决争议时,应以您同意的最新《H 平台 VIP 会员服务协议》为准"约定无效。

6.请求判令 H 公司所运营的 H 平台在播放观影内容时自动跳过包括前贴片广告在内的

所有广告内容。

7.请求判令 H 公司所运营的 H 平台取消超前点播功能,向吴某提前供应包括涉案电视剧在内的所有卫视热播电视剧、H 公司自制剧。

8.请求判令 H 公司赔偿吴某公证费损失 1 500 元。

H 公司辩称,吴某所提的八项诉讼请求,我公司均不认可,请求法院依法驳回吴某的全部诉讼请求。具体分述如下:

一、吴某诉讼请求第 1、2、3、5 项不成立,所涉及条款均有效。具体如下:(一)诉讼请求 1 所涉及的合同条款应当结合上下文进行整体解释为"H 公司已通过合理方式提示用户要注意免除或限制责任的条款,在此前提之下,双方认可协议的有效性",此内容未偏离公平原则,也不违反法律规定。(二)诉讼请求 2 涉及的合同条款属于格式条款。单方制定及不可协商性是格式条款的法律特性,而且视频服务平台的经营模式客观上决定了以逐个通知和逐个协商的方式进行合同条款变更,不具有现实可操作性。此外,合同当事人通过合同条款约定单方面变更合同甚至是解除合同,属于当事人合同自由。(三)诉讼请求 3 涉及的合同条款是我方为避免歧义而对会员广告特权进行的特别说明。这有利于用户全面理解权益内容,不属于限制用户可享有的特权内容,所以不违反法律的禁止性规定。(四)诉讼请求 5 载明的合同条款应理解为"经用户同意的协议应当具有效力",该内容符合合同对协议变更的相关要求。综上,上述四条协议条款没有违反法律的强制性规定,未排除用户主要权利,也不存在显失公平的情况,且符合网络服务行业的现实特点、通行做法,也符合协议双方之间的交易习惯。另外,我公司也以合法、合理方式对协议及必要条款进行了提示,尽到了合理的提示义务。

二、吴某诉讼请求第 4、7 项不成立。具体如下:(一)吴某诉讼请求第 4 项涉及的超前点播条款已经对其生效。1.《H 平台 VIP 会员服务协议》在此之前已约定有关额外付费的特别说明,约定"其他需要额外付费后方可享受的服务内容,H 平台会以显著标注向您做出提示",超前点播与额外付费观影等服务在业务模式上无本质区别。2.2019 年 12 月 8 日,《H 平台 VIP 会员服务协议》更新第 3.5(3)条,在《H 平台服务协议》中进行了版本更新提示,并且提示本次更新内容涉及会员权益。3.自 2019 年 12 月 8 日起,我公司陆续向用户说明和告知涉案电视剧的超前点播活动规则。(二)"付费超前点播"服务并未违反"热剧抢先看"权益。1.我公司主要是以具体作品的剧集海报、文字介绍、剧集 VIP 标识等多种方式向会员用户说明其权益内容。2.会员原可享受"热剧抢先看"权益并未改变,"付费超前点播"服务模式是基于用户需求,提供的包括吴某在内的针对不特定会员用户的观影追剧心理而推出的创新服务模式,有利于包括用户会员在内的利益的最大化,是对用户权益与网站利益的有效实现,因此,具有实质意义上的妥当性。上述妥当性可以通过同类网站也在推行类似模式得以佐证,如果过度地利用"付费超前点播"服务,导致会员权益显著减损,用户会选择用脚投票。

三、吴某诉讼请求第 6 项不成立。在协议已经明确约定"广告特权"内容,权益介绍页面亦通过文字和图片示例的方式进行解释和说明的情况之下,我公司在实际提供服务过程中设置的广告符合协议约定的内容,符合视频网站的行业惯例以及双方之间的交易习惯。

四、吴某诉讼请求第 8 项不成立,我公司无须承担吴某的公证费用,该项诉讼请求并无事实依据、合同依据及法律依据,且吴某主张的公证费远远超过其支付的会员费用。

电子商务案例分析

> 思考：H公司所运营的H平台在提供服务过程中，是否存在单方变更合同约定，变相侵害了吴某的"热剧抢先看"VIP会员权益的情况？什么是格式条款？如何解读《电子商务法》对格式条款的规定？

嵌入知识

在电子商务领域，我们看到的合同并不是可以保存到抽屉或保险柜中的纸质合同，而是电子合同。比如，商家入驻大型电子商务平台时要求其在线签署的入驻协议，商家将商品或服务销售给买家时双方签订的合同，甚至在特定的业务场景下，通过自动售货机购买果汁时，看不到任何具体的条款内容。

一、电子合同的特征

电子合同是指平等民事主体之间以数据电文方式所形成的设立、变更、终止民事权利和义务关系的协议。当事人可应用电子签名等电子核证技术签署合同，以增强电子合同的证据效力。互联网时代的电子合同相对于传统线下合同重要的变化是交易对象的虚拟化、交易数量的海量化、意思表示的多样化。

电子合同的主要特征如下：

1. 出现合同的成立、变更和解除的新形式

传统合同一般是通过面对面的谈判或通过信件、电报、电话、电传和传真等方式订立的。而电子合同的当事人均是通过电子数据的传递来完成合同的，一方电子数据的发出即可视为要约，另一方电子数据的回送即视为承诺。

2. 交易主体的扩大化和虚拟化

订立电子合同的各方当事人是通过网络运作的，可以互不谋面。电子合同的交易主体没有地域上的局限性，可以是世界上的任何自然人、法人或其他组织。

3. 出现合同的新媒介形式

电子合同是采用电子数据交换的方法来签订合同的，电子合同的内容可以完全储存在计算机内存、磁盘或者其他接收者选择的非纸质中介物（如磁盘、激光盘等）上，无须采用纸质形式。

4. 出现电子签名形式

电子合同生效的方式、时间和地点与传统合同不同，无须经过传统的签字、盖章方式。传统合同一般以当事人签字或者盖章的方式表示合同生效；而在电子合同中，传统的签字、盖章方式已被电子签名所代替。

二、电子合同成立与生效的要件

1. 电子合同成立的核心要件

（1）要约

要约又称为发盘、出盘、发价、出价或报价等。要约是希望和他人订立合同的意思表示。发出要约的当事人称为要约人，而要约所指向的对方当事人则称为受要约人。

一个有效的要约必须具备以下条件：

第一，要约必须是特定的人所为的意思表示。一项要约，可以由任何一方当事人提出，不管他是自然人还是法人。但是,发出要约的人必须是特定的,即人们能够确定发出要约的是谁。一般情况下,要约的相对人(受要约人)也是特定的,即要约是向特定人提出的。但也有一些情况,要约可以向不特定人提出。如网店中明码标价的商品销售,就是商家(要约人)向不特定的顾客(受要约人)发出的要约。电子商务中的要约在绝大多数情况下是向不特定人发出的,这是其独特之处。

第二,要约内容必须明确、具体、肯定。要约是订立合同的提议,必须包括合同主要条款,以使受要约人确切知道要约的内容,从而决定是否接受要约。

(2)承诺

承诺是受要约人同意要约的意思表示。承诺一经做出,并送达要约人,合同即告成立。

一个有效的承诺必须具备以下条件才具有法律效力:

第一,承诺必须由受要约人本人或其法定代理人、委托代理人做出。如果要约是向特定人发出的,则承诺必须由该特定人或其授权的代理人做出;如果要约是向一定范围内的人做出的,承诺可以由该范围内的任何人做出。

第二,承诺不附带任何条件,承诺的内容必须和要约的内容一致。承诺必须是无条件的接受,承诺对要约的内容做出实质性变更的,为新要约。

第三,承诺必须在合理期限内向要约人做出。如果要约规定了承诺期限,则应该在规定的承诺期限内做出;如果没有规定承诺期限,则应当在合理期限内做出,超过了要约有效期(承诺期限)或合理期限的承诺,视为一项新要约。如果要约中没有规定要约有效期,承诺应该在合理期限内向要约人做出,合理期限一般指要约的送达时间、受要约方考虑是否接受要约的时间、接受要约的承诺送达要约方的时间的总和。承诺是对要约的全部接受,只对要约人和受要约人有拘束力。所以,承诺必须向要约人本人或其授权代理人做出,对要约人以外的人做出的承诺,合同不能成立。

第四,承诺必须明确表示受要约人同意与要约人订立合同,即必须清楚明确,不能含糊。

电子合同的成立,同样遵从《民法典》上的要约和承诺规则,其核心是意思表示。一般而言,无论是通过点击"同意"还是电子签名,只要意思表示真实且一致,都能通过要约、承诺规则订立合同并且合同具有法律效力。

所以,对于商家而言,采用哪种形式订立合同并不重要,重要的是能够有证据证明双方做出过意思表示,并有相应的内容。在目前的电子商务飞速发展的背景下,面对频繁、海量交易,商家可以尽量采取成本较低的缔约方式,同时在后台保留签约的日志及内容,并建立安全的后台数据保管系统和完善的保管制度。只有这样,才能在降低交易成本的同时,在对缔约与否以及缔约内容双方发生争议的情况下,拿出相应证据证明订立过合约,并提供相应的合约内容。

2.电子合同成立的形式要件

《民法典》第四百六十九条规定:"当事人订立合同,可以采用书面形式、口头形式或者其他形式。书面形式是合同书、信件、电报、电传、传真等可以有形地表现所载内容的形式。以电子数据交换、电子邮件等方式能够有形地表现所载内容,并可以随时调取查用的数据电文,视为书面形式。"

《电子商务法》第四十八条规定:"电子商务当事人使用自动信息系统订立或者履行合同的行为对使用该系统的当事人具有法律效力。在电子商务中推定当事人具有相应的民事行为能力。但是,有相反证据足以推翻的除外。"

电子合同本质上仍是合同。商家使用电子合同作为双方缔约的一种形式,不能存在侥幸心理,应依据传统合同的法律规定明确电子合同的要约、承诺的计算机语义下的表现形式,仔细查看相应的合同内容,明确权利和义务的归属,明确合同的成立、生效及其他明显不利的要件,不可颠覆以上表现形式,致使交易存在不公。

3.电子合同生效及例外情况

电子合同与其他合同一样,正常情况下成立并生效。但是如果存在以下特殊情况,可能面临不生效或者可撤销、可变更的问题:

(1)合同当事人为限制民事行为能力人。例如,未成年人的明显超出其认知范围的巨额网络借贷行为。

(2)合同的意思表示不真实。例如,电商平台商品明显标错价格问题。

(3)存在法定无效的情形。例如,商家和用户恶意串通损害平台利益的事件。

(4)附生效条件或生效期限的合同,仅在生效条件已经成立或期限已经届满时才会生效。例如,平台规定与用户签订的电子合同需要经平台确认后才生效。

(5)依法需经法定程序后才能生效的合同,合同成立后并不立即生效,只有完成了应当办理的批准程序或其他程序后才能生效;如果未能完成法定程序,成立的合同也无法生效。

(6)效力待定合同,是指合同虽然已经成立,但因存在不足以认定合同无效的瑕疵,致使合同不能产生法律效力,在一段合理的时间内合同效力暂不确定,由有追认权的当事人进行补正或有撤销权的当事人进行撤销,再视具体情况确定合同是否有效。

(7)不得约定消费者支付价款后电子合同不成立。《电子商务法》第四十九条规定:"电子商务经营者发布的商品或者服务信息符合要约条件的,用户选择该商品或者服务并提交订单成功,合同成立。当事人另有约定的,从其约定。电子商务经营者不得以格式条款等方式约定消费者支付价款后合同不成立;格式条款等含有该内容的,其内容无效。"

排除了以上特殊情况,通过适当形式做出意思表示订立的电子合同,成立且有效。

案例分析

吴某与北京H科技有限公司网络服务合同纠纷案案例分析

一、法院审理结果

根据当事人陈述和经审查确认的证据,北京互联网法院认定事实如下:

第一,"涉案VIP会员协议"属于格式条款。"涉案VIP会员协议"导言第二款部分,该内容无效。"涉案VIP会员协议"第3.1条部分,H公司可以设立单方变更权,但是该项合同权利的解释受到原《中华人民共和国合同法》公平原则的制约,即H公司在享有单方变更权的同时,也有不损害合同相对方利益的当然法律义务。应当明确,H公司在依据该条款行使单方变更权时,如果损害了合同相对方的权益,其单方变更行为不发生法律效力。"涉案VIP会员协议"第3.3条部分和"涉案VIP会员协议"第10.2条部分,既未违反法律、行政法规中的强制性规定,又未违背公序良俗,属于当事人享有的合同自由的范畴,应属有效。

第二,H公司在卫视热播电视剧、H公司优质自制剧范围内,推出"付费超前点播"服务违反了其与吴某之间"热剧抢先看"的约定,H公司构成违约,应当承担继续履行、赔偿损失的违约责任。

第三,H平台在影视剧中播放的"专属推荐内容"符合合同约定,H公司并未违约。

需要特别指出的是,H公司在继续推出新的服务模式时,其平台效益的最大化实现,应当建立在遵循法律规定的基础之上。

依照原《中华人民共和国合同法》第八条、第三十九条、第四十条、第四十一条、第七十七条、第一百零七条、第一百一十三条、第一百二十五条规定,本院判决如下:

1. 确认《H平台VIP会员服务协议》(更新时间为2019年12月18日)导言第二款中"双方同意前述免责、限制责任条款不属于《中华人民共和国合同法》第四十条规定的'免除其责任、加重对方责任、排除对方主要权利'的条款,即您和H公司均认可前述条款的合法性及有效性,您不会以H公司未尽到合理提示义务为由而声称协议中条款非法或无效"内容无效。

2. 确认《H平台VIP会员服务协议》(更新时间为2019年12月18日)第3.5条中"超前点播剧集,根据H公司实际运营需要,就H平台上部分定期更新的视频内容,H公司将提供剧集超前点播的服务模式,会员在进行额外付费后,可提前观看该部分视频内容的更多剧集,具体的点播规则以H平台实际说明或提供为准"对原告吴某不发生效力。

3. 于本判决生效之日起十日内,被告北京H科技有限公司向原告吴某连续十五日提供H平台吴某原享有的"黄金VIP会员"权益,使其享有H平台卫视热播电视剧、H公司优质自制剧已经更新的剧集的观看权利。

4. 于本判决生效之日起十日内,被告北京H科技有限公司赔偿原告吴某公证费损失1 500元。

5. 驳回原告吴某的其他诉讼请求。

二、格式条款及《电子商务法》对格式条款规定的解读

人们在日常生活中或多或少接触过格式条款。例如,在银行办卡时签署的开户协议、购买保险时填写的投保协议,都属于格式条款。平台类电子商务经营者和银行、保险公司一样,其消费者数量成千上万,不可能也无法一一与平台内的消费者磋商具体条款内容,这就要求平台事先准备好通行的协议版本,并以简单、便利的方式与消费者完成签约。这些当事人为了重复使用而预先拟定,并在订立合同时使用的未与对方协商的条款就称为格式条款。

格式条款的提供方往往更占据主导地位,而被动签署方几乎没什么话语权,因此平台方不可避免地倾向于制定更有利于己方的条款,例如,约定"只有商家确认发货后,合同才算成立"或者"只有在销售商将商品从仓库实际发出时,方视为双方建立了合同关系"。这些规定保证了平台方牢牢掌握缔结合同的决定权。

虽然《民法典》对格式条款的使用进行了严格限制,例如,对免除或者限制其责任的条款要求采取合理方式进行提示、提供说明等,实践中平台方也常常以字体加粗、改变颜色等方式提请用户注意此类条款,但这仍有悖于普通消费者的认知。从保护消费者合理的信赖利益的角度看,商家通过在线购物自动化系统,向消费者提供商品的价格、产品或服务的描述、交付时间、库存量等信息,并允许消费者成功提交订单,就应该承担相应的后果。否则将导致处于弱势一方的消费者根本无法预见合同后果,也难以进行维权。

在这样的背景之下,《电子商务法》以一种直截了当的方式彻底否定了消费者支付价款后合同不成立的格式条款,要求商家不得在格式条款中约定消费者支付价款后合同不成立的类似条款。即便有此约定的,也将被视为无效条款,对消费者没有约束力。

商家在经营中需适当调整商业模式,在无法保证有货的情况下应避免消费者拍下。如不得不"砍单",也应提前制定相应的预案,为消费者提供其他合理选择,做好对消费者的安抚工

电子商务案例分析

作。在店铺进行商品预售时,商家应通过店铺公告或者商品详情页明确告知消费者该商品系预售商品及其相应的发货周期,在预先收集消费者订单和满足发货时效之间寻求一个平衡点。需要注意的是,该条款也没有完全排除商家与消费者另行约定、否定订单约束力的可能性,在货到付款或者约定另行支付的情形下,商家仍可以约定保留取消订单的权利。

实操案例

甲信息科技有限公司与乙软件有限公司纠纷案

乙软件有限公司(以下简称乙公司)系××网运营商。乙公司开发的某数据产品(以下称涉案数据产品)能够为××网店铺商家提供大数据分析参考,帮助商家实时掌握相关类目商品的市场行情变化,改善经营水平。涉案数据产品的数据内容是乙公司在收集网络用户浏览、搜索、收藏、加购、交易等行为痕迹信息所产生的巨量原始数据基础上,通过特定算法深度分析过滤、提炼整合而成的,以趋势图、排行榜、占比图等图形呈现的指数型、统计型、预测型衍生数据。

甲信息科技有限公司(以下简称甲公司)系某互助平台的运营商,其以提供远程登录已订购涉案数据产品用户电脑技术服务的方式,招揽、组织、帮助他人获取涉案数据产品中的数据内容,从中牟利。乙公司认为,其对数据产品中的原始数据与衍生数据享有财产权,被诉行为恶意破坏其商业模式,构成不正当竞争,遂诉至法院,请求判令:甲公司立即停止涉案不正当竞争行为,赔偿其经济损失及合理费用500万元。

杭州铁路运输法院经审理认为:

1.关于乙公司收集并使用网络用户信息的行为是否正当

涉案数据产品所涉网络用户信息主要表现为网络用户浏览、搜索、收藏、加购、交易等行为痕迹信息以及由行为痕迹信息推测所得出的行为人的性别、职业、所在区域、个人偏好等标签信息。这些行为痕迹信息与标签信息并不具备能够单独或者与其他信息结合识别自然人个人身份的可能性,故不属于《中华人民共和国网络安全法》规定的网络用户个人信息,而属于网络用户非个人信息。但是,由于网络用户行为痕迹信息包含涉及用户个人偏好或商户经营秘密等敏感信息,因部分网络用户在网络上留有个人身份信息,其敏感信息容易与特定主体发生对应联系,会暴露其个人隐私或经营秘密,因此,对于网络运营者收集、使用网络用户行为痕迹信息,除未留有个人信息的网络用户所提供的以及网络用户已自行公开披露的信息之外,应比照《中华人民共和国网络安全法》关于网络用户个人信息保护的相应规定予以规制。经审查,乙公司隐私权政策所宣示的用户信息收集、使用规则在形式上符合"合法、正当、必要"的原则要求,涉案数据产品中可能涉及的用户信息种类均在乙公司隐私权政策已宣示的信息收集、使用范围之内。故乙公司收集、使用网络用户信息,开发涉案数据产品的行为符合网络用户信息安全保护的要求,具有正当性。

2.关于乙公司对于涉案数据产品是否享有法定权益

单个网上行为痕迹信息的经济价值十分有限,在无法律规定或合同特别约定的情况下,网络用户对此尚无独立的财产权或财产性权益可言。网络原始数据的内容未脱离原网络用户信息范围,故网络运营者对于此类数据应受制于网络用户对其所提供的用户信息的控制,不能享有独立的权利,网络运营者只能依其与网络用户的约定享有对网络原始数据的使用权。但网络数据产品不同于网络原始数据,数据内容经过网络运营者大量的智力劳动成果投入,通过深度开发与系统整合,最终呈现给消费者的是与网络用户信息、网络原始数据无直接对应关系的独立的衍生数据,可以为运营者所实际控制和使用,并带来经济利益。网络运营者对于其开发的数据产品享有独立的财产性权益。

3.关于被诉行为是否构成不正当竞争

甲公司未经授权亦未付出新的劳动创造,直接将涉案数据产品作为自己获取商业利益的工具,明显有悖公认的商业道德,如不加禁止将挫伤数据产品开发者的创造积极性,阻碍数据产业的发展。被诉行为实质性替代了涉案数据产品,破坏了乙公司的商业模式与竞争优势,已构成不正当竞争。根据甲公司公布的相关统计数据估算,其在本案中的侵权获利已超过200万元。

综上,该院判决:甲公司立即停止涉案不正当竞争行为并赔偿乙公司经济损失(含合理费用)200万元。一审宣判后,甲公司不服,向杭州市中级人民法院提起上诉。杭州市中级人民法院经审理认为,一审判决认定事实清楚,适用法律正确。遂判决:驳回上诉,维持原判。

工作任务:该纠纷案属于什么类型的纠纷?产生此类纠纷的关键何在?本案审理涉及我国的哪些法律?

项目考核评价

知识(0.3)			技能(0.4)			态度(0.3)		
个人评价(0.3)	小组评价(0.3)	教师评价(0.4)	个人评价(0.3)	小组评价(0.3)	教师评价(0.4)	个人评价(0.3)	小组评价(0.3)	教师评价(0.4)

总分=知识+技能+态度=_____

本模块参考资料来源:

1.法制网

2.中国法院网

3.找法网

4.中华人民共和国最高人民法院官网

5.北京互联网法院官网

6.中华人民共和国电子商务法.北京:法律出版社,2018

7.垦丁·网络法·学院.白话电商法律法规.北京:人民邮电出版社,2020

8.杨立钒,万以娴.电子商务法与案例分析.北京:人民邮电出版社,2019

模块 9

电子商务创业案例

学习目标

掌握电商单品创业突破点和短视频直播创业的相关知识,了解互联网创业思维,能够从他人成功创业的经历中获得经验教训,把握当下国家对创业的激励政策和支持,通过不断的学习提升社会责任感和创业能力,并尝试寻找自己的创业机会。

项目 1　电子商务单品创业案例

项目任务　了解电子商务产品研发流程,分析运营电商极致单品的突破点。运用市场调研、产品定位、网络营销等相关方法与技巧,打造单品爆款中的经典。具备互联网创业思维,学习坚持不懈、追求极致的精神。

项目案例　**手工辣椒酱:老倪的电商单品创业**

手工辣椒酱:老倪的电商单品创业

过了50岁应该干些什么?通常人们的选择是在之前的事业上再努力一下,或者停下脚步计划自己的退休生活。在这时候开始一番新事业,似乎是有点晚了。但老倪并不这样认为,2013年50岁的他决定创业做电商,和许多年轻人一样从零开始,学习互联网电子商务。

"迎接变化,拥抱创新"这句话,在老倪身上得到了充分的体现。

一、用自己爱好创业,瞄准空白市场

老倪生性喜欢追求新鲜事物,有着永不停歇的冲劲。他养过甲鱼,当过船长,还开过茶馆等。做电商是他的第七次创业,他将自己的爱好融入其中。

老倪喜欢到处寻找美食,尤其爱吃辣椒酱。他经常自制不同的辣椒酱,除了自己享用,也会赠送给亲朋好友品尝,收到了良好的反馈。老倪发现了商机,决定选择辣椒酱作为电商创业的产品品类,创立了"倪××"品牌。

当时市场上只有腌制辣椒酱和干辣椒酱两类产品,老倪将新鲜手工制作的辣椒酱搬上了淘宝。淘宝上的辣椒酱价格普遍在20元/瓶以下,"倪××"的手工辣椒酱每瓶定价40多元,瞄准的是追求产品品质、怀恋乡土风味的人群。

老倪喜欢骑摩托车,他骑着摩托车走遍了丽水各个乡村,亲自收购本地农户家应时的辣椒、黄姜、大蒜,确保了产品源头上绿色生态的好质量。

老倪也喜欢摄影,他将他这些年拍下的记录丽水美好山水的照片放到了网店里,展现了"倪××"新鲜地道的品牌调性,迅速吸引了目标人群的眼球。

老倪成功将互联网的极致思维应用到产品和品牌的打造上。网店短短十个月从零信誉飙升到两个皇冠。在口碑效应下,"倪××"迅速成了细分市场的领导者,仅用3年时间就将年销售额做到1 000多万元。

二、用"小而美"的匠心精神打造品牌价值

"倪××"品牌坚持只做辣椒酱单一品类,专注产品研发,深耕市场需求。

• 互联网时代,颜值很重要。摒弃了传统辣椒酱一味突出红色的视觉感受,"倪××"用三种辣椒搭配,开创了彩色辣椒酱的先河;坚持手工剁辣椒,确保辣椒成段,生姜和蒜头充满颗粒感;采用热油现烫,在提香保鲜的同时,使辣椒酱色彩更加亮丽;再配合网店精美的图片与文案,给消费者强烈的视觉冲击。

• 脚踏实地,精益求精。"倪××"始终坚持古法的传统手工制作,不添加防腐剂和化学品;当天做当天发,全程冷链运输,保证产品终端的新鲜度,并搭配精美小礼品以及完善的售后体验。老倪将自己追求完美的性格渗透到产品的每一个细节上。

• 提升品牌内涵和溢价能力。"倪××"的生产基地坐落在四面环山、风景秀丽的"古堰画乡",老倪租下了两栋几百平方米的古宅,让当地的农民参与到产品制作中。从食材的收集分拣,到制作装瓶,再到展示销售,"倪××"成功将传统文化和乡土情结承载于辣椒酱之中,这成为其他品牌无法复制的差异化竞争力。

• 不因销量增加而盲目扩大规模。"倪××"的制作和销售规模控制在每天200单,精细化是它的发展主线。建立"以辣交友"的圈子经济,为老客提供个性化的定制服务,根据用户反馈不断改进产品,打造良好的口碑,这让"倪××"在2014年荣获天下网商"最佳小而美"大奖,更被阿里巴巴作为"小而美"经典案例在线上线下推广。

三、新农商模式先行者,农村致富带头人

农业、农村、农民问题是关系国计民生的根本性问题。如何将中国几千年的乡土文化和新兴的电商行业接轨,如何在这片有深厚积淀的"老"土地上绽放出新时代的花朵,"倪××"给了我们很好的回答。

找到农产品的差异化和独特性,进行农产品深加工和工艺创新,将原生态和乡土精神融入

电子商务案例分析

产品之中,打造品牌价值,借助线上线下联动的自媒体、直播等多种互动营销方式,这些都是"倪××"一直践行的商业路径,也是值得我们学习的成功经验。

"倪××"不仅带动了丽水当地从辣椒种植、加工、旅游及线上线下销售的一整套"辣椒"经济,还将这一新农商模式推广到全国。老倪和云南辣椒之乡丘北县达成电商扶贫项目,定点进行技术输出和品牌输出,希望帮助丘北县实现"辣椒"致富。老倪也荣获了"农村致富带头人"的称号。

2017年6月21日,老倪荣登中央电视台CCTV-7频道《致富经》栏目。在新农商模式蓬勃发展的现在,面对新兴的直播模式,老倪顺应潮流,从借助名人直播到逐步培养自己的主播。

未来,精细化依旧是发展主线,大批农村卖家将渐渐涌现,这种专注于某一品类特色农产品的"小而美"模式,通过产品细分和精细化运营打造出极具个性化的产品,才能实现单品制胜!

> 思考:"倪××"如何成为淘宝同类产品中较贵的辣椒酱?试分析"倪××"电商运营的突破点有哪些。

嵌入知识

一、电子商务产品研发流程

1.精准产品发展战略

产品战略是企业对其所生产与经营的产品进行的全局性谋划。它与市场战略密切相关,也是企业经营战略的重要基础。企业要依靠物美价廉、适销对路、具有竞争实力的产品,去赢得顾客,占领与开拓市场,获取经济效益。产品战略是否正确,直接关系企业的胜败兴衰和生死存亡。

企业为了寻求持久的获利增长,往往与其对手针锋相对地竞争。然而企业陷于竞争之中,将越来越难以创造未来的获利性增长。因此,产品发展战略不仅要把握市场全局,还要进一步细分市场。企业要把视线从市场的供给一方移向需求一方,从关注并比超竞争对手,转向为买方提供价值的飞跃。

2.研发产品核心功能

核心功能就是产品最根本、最重要的功能模块。像屋梁一样,核心功能确定了产品的根本走向,是产品成败的根本。核心功能决定了产品的命脉,所以必须有足够完善合理的商业模式,满足用户的关键需求,并且逻辑合理,系统内部形成无冲突的闭环。

为什么不直接根据用户需求来设计产品核心功能呢?因为事实上,用户需求是根本无法直接获知的。用户其实不明确自己的需求,或者了解一些,但是没办法清晰表达。个别思想敏锐的用户,也会提出一些意见,但是,用户不会系统、完整、深入地考虑问题。所有的用户意见,必须经过产品经理的提炼、整理,并放到整个系统和商业需求中进行取舍和系统化,最终设计出产品的核心功能。

3.严密产品开发设计

产品设计是从制定出新产品设计任务书起到设计出产品样品为止的一系列技术工作。其工作内容是制定新产品设计任务书及实施新产品设计任务书中的项目要求(包括产品的性能、结构、规格、样式、材质、内在和外观质量、寿命、可靠性、使用条件、应达到的技术经济指标等)。

严密的产品设计应该做到:

(1)设计的产品应是先进的、高质量的,能满足用户使用需求。

(2)使产品的制造者和使用者都能取得较好的经济效益。

(3)从实际出发,充分注意资源条件及生产、生活水平,进行适宜的设计。

(4)注意提高产品的系列化、通用化、标准化水平。

产品设计必须满足用户核心需求,且不与用户需求产生根本冲突;产品设计必须符合商业逻辑,且与商业目标一致;产品设计不能跟其他设计模块或细节冲突,系统完整、自相一致。

4.线上五层交互设计

交互设计定义了两个或多个互动的个体之间交流的内容和结构,使之互相配合,共同达成某种目的。交互设计努力去创造和建立的是人与产品及服务之间有意义的关系,以"在充满社会复杂性的物质世界中嵌入信息技术"为中心。交互设计的目标可以从"可用性"和"用户体验"两个层面上进行分析,关注以人为本的用户需求。

产品上线之前,需要建立五层级交互设计:用户、技术、视觉、文案和运营。随着网络和新技术的发展,各种新产品和交互方式越来越多,人们也越来越重视对交互的体验。五层交互设计能使产品更快、更准地到达消费者,产品的反馈、认同和分享也能迅速完成。

二、运营电商极致单品的突破点

极致单品是指满足某一群有相同需求消费者的产品。相同需求的消费者是指经过需求细分到极致后,能够让企业生存并能实现企业的利润目标的最小细分市场的一类消费者。

互联网环境下,呈现了消费需求的裂变和消费者的聚合两个特点。消费需求的裂变是指需求的分散,许多具有不同需求的消费者都在互联网环境下。消费者的聚合是指许多具有同类消费需求的人群很容易聚合在一起,形成同类消费需求的社会。再加上互联网易传播的特点,极致单品能够脱颖而出。

1.极致单品的单点切入

极致单品模式的关键是单品一定要满足目标消费群的需求,这个群体不能过小,也不能过大,所以最好细分市场要合适。极致单品的细分消费者需求一定要是和大企业的消费者需求有区别的,且细分市场消费者需求未能被满足,而极致单品能满足细分市场内的消费者需求。

2.极致单品的无限用户体验

极致单品并不是性能要做到极致,而是满足细分市场消费者的需求到极致,一举击中消费者诸多的消费痛点,超出消费者的预期。比如,选择人们日常生活中经常需要又存在的痛点,并且可以改善的项目。

创业初期,要把有限的精力放在无限的用户体验上。产品做得再好也有不满意的用户,虽然无法满足所有人的需求,但可以不断缩小不满意的用户群体。做极致单品存在的风险就是只有一个产品。只要把这个产品做到有门槛,做到这个品类第一,对该群消费者来说,它就能够提供很好的使用价值。

3.极致单品的价值突破

互联网和移动互联网的出现改变了信息不对称,消费者在消费领域内占据着主导权。好的单品是非常容易传播的。互联网是优秀单品的助推器,它能加速优秀单品的传播,这解决了没有互联网之前信息沟通不畅、消费者难以聚集的问题。架构在互联网上的电商创业者如果推出一款优秀的单品，利用互联网的优势，非常容易呈现几何级数的销量增长。所以，一些企业就选择"先做线上，再做线下"的运营模式。极致单品能让电商创业企业迅速成长。

案例分析

手工辣椒酱：老倪的电商单品创业案例分析

老倪是"倪××"辣椒酱品牌的创始人，他爱吃辣椒酱，自制辣椒酱已经有10多年。自2013年12月上线，在短短5个月之内，"倪××"淘宝店就从零信誉飙升到皇冠，上线之后，"倪××"坚持专注与单一的产品类型——手工辣椒酱。成立至今全店只有9种风味、2种包装，却实现了日均销量200瓶，同时也成为淘宝同类产品中较贵的辣椒酱，客单价102元。那么"倪××"是如何做到的呢？

一、"倪××"成为淘宝较贵辣椒酱原因分析

1. 差异化

老倪在做辣椒酱之前花了大量时间研究目前电商平台在售的辣椒酱产品，通过调研发现，大部分产品都是机器批量生产、腌制，并且含有防腐剂。从用户角度出发，近年来大家都在追求绿色、健康、安全的原生态饮食文化，那么农家手工自制是不是更加符号顾客的需求？于是老倪为了让用户从外观上产生购买欲望，创新地将线椒、美人椒、朝天椒、土蒜、生姜等优质原料混合在一起，经手工剁制而成，这种五颜六色的剁辣椒形成了自己的独特性，在市场中就很容易让顾客辨认出这种辣椒酱。

2. 极致化

食材上，"倪××"的每种食材都经过精心挑选，不管是朝天椒、美人椒还是土蒜、生姜，全部选用有机种植。

制作工艺上，"倪××"共有11道工序：选、洗、剁、晾、揉、摘、拌、酱、腌、浇、成。为确保辣椒成段，不添加防腐剂，不添加化学品，只能用独家工艺人工制作。采用油炒方式，让辣椒酱色泽亮丽，以增强食欲。辣椒酱装瓶的温度也一丝不苟，因为这也决定了辣椒酱保存时间的长短。装瓶后再倒置三小时观察是否漏油。

包装上，为了让"倪××"外观与众不同，包装上的印泥、纸扎、麻绳捆扎简约而不简单。同时，"倪××"还推出礼盒包装，配置一款精美小木勺，把手工编制的吊坠串在木勺末端，搭配龙泉青瓷小杯，让"倪××"更添了饮食情怀。

运输上，为避免顾客对实物与照片有反差的感觉，"倪××"全程采用顺丰冷链运输，以确保每一位客户都可以收到新鲜的辣椒酱。

二、"倪××"电商运营的突破点

1. 专注单品，匠心打造

电子商务业内公认单品网店的成功率很低，但是老倪的"倪××"重视产品品质与客户体验，成功地坚持了下来。

众所周知，市场对于天然生态农产品有明显的偏好，这也正是农产品电子商务的发展方向之一，"倪××"的亮点就在于它是纯手工、现做现卖，每日销售量控制在200单左右。在"倪××"

的网店首页，页面设计相当有视觉冲击力，很吸引人，其中有一行醒目的大字：我们只做辣椒酱，立志做互联网辣椒酱第一品牌。事实上，"倪××"用实际行动践行着"小而美"的匠心精神。"倪××"背靠丽水生态原材料产地，用上等的农家有机线椒、美人椒、朝天椒以及土蒜、生姜、花生油等原料，纯手工剁椒。其中，线椒调颜色，美人椒调口感，朝天椒调辣味，这样做出的五彩辣椒酱，不仅有着很好的辨识度，而且保证了产品的唯一性和独特性。

老倪认为："一定要把产品做好，因为客户收到的产品好不好，一吃肯定心里有数。"多年以来，"倪××"始终坚持"好产品才是王道"的理念，一直用优质产品来维持客户群。老倪认为，在流量稀缺的时代，去开发一个新客户远不如去维护一个老客户来得划算。

2. 保鲜物流，确保品质

对于农产品而言，消费者较关注的就是安全卫生。为此，"倪××"打出了不添加任何防腐剂的口号，这种做法在淘宝还是首创。传统的辣椒酱不但要添加防腐剂，而且大多腌制而成。为了确保安全，老倪取而代之用烧开的油来浇制，这样做不仅让辣椒酱色泽更鲜亮，而且能增强生姜、大蒜的香味，但同时也给保鲜物流带来了一定的难度。为了让如此优质的产品不打折扣地被消费者体验到，"倪××"抱着对客户负责的态度，针对线下的保鲜物流可谓是做足了功课。"倪××"在夏季快递时采用冰袋冷链运输，以确保每一位消费者都可以收到新鲜的辣椒酱。辣椒酱的保鲜物流成本比一般的农产品要高，与其他类别的农产品相比，物流成本起码要高出一倍，"倪××"的物流和包装成本约占总成本的一半。

下一步，老倪还希望攻克"植物防腐"的难题，让"倪××"从生产到物流更加平稳发展。

3. 极致体验，口碑传播

目前，我国农产品电子商务同质化竞争比较激烈，"倪××"能在互联网上众多辣椒酱品牌中脱颖而出，必有其独特之处。"倪××"从视觉元素和客户体验角度出发，在选材、制作和包装等各方面的细节上都力求做到极致。以其中一个细节举例，辣椒酱制作完毕，装好瓶，盖上盖子，最后还要扎上一个漂亮的蝴蝶结。每一瓶辣椒酱上的标志和系上的蝴蝶结都必须朝向前面。

有人说，为什么一瓶小小的辣椒酱能做到这么细致？一方面源于"倪××"始终相信口碑传播的力量，另一方面则是因为注入了本地乡土文化因子。"倪××"为自己画了一个"以辣交友"的友情圈，绝不会因销量的增加而盲目扩大规模。用户评价一直是"倪××"持续改善的源泉。不仅如此，针对这群小伙伴，"倪××"注入了更多的情感因子，如大家交流烹饪技巧，共同讨论如何吃辣等。

4. 线上线下，同步推广

"倪××"精心拍摄微电影，通过寻找辣椒酱秘方等碎片式的素材让消费者了解"倪××"辣椒酱的用心。"倪××"的制作车间位于浙江丽水著名景点"古堰画乡"一幢几百平方米的古宅里面，从食材的收集分拣到制作装瓶都聘用当地农民参与并对游客开放。游客可以参观"倪××"的手工加工制作过程，品尝辣椒酱，并参与到某些制作环节中，还可以通过手机扫码支付完成线下购买自己亲手制作的辣椒酱。

通过线上品牌的传播和线下景点的体验，线上线下同步推广，"倪××"逐步扩大品牌知名度和影响力，促进产品销售。

项目 2　电子商务直播领域创业案例

项目任务　通过分析典型直播创业案例,了解淘宝主播快速成长的深层次原因。学会多种直播变现模式,为在电商直播领域创业打下基础。具备互联网创业思维,学习团结奋斗、诚实守信的精神。

项目案例　直播带货:子军的成功之路

子军(化名)是大学首届信息部部长,也是助力脱贫攻坚大学生"直播带货"首秀的带队人,为四川、贵州、新疆和云南贫困县优质土特产公益直播带货。这支团队用支教背后的故事,配合宣传当地土特产,吸引了不少粉丝加入,助力公益。也许这对于很多同龄人来说,就像天方夜谭一般,但对于他来说,这些都是他的创业初期经验积累。

一、家境贫寒,饱尝心酸,铸就坚韧品格

子军出生于一个小山村,家里是建档立卡的贫困户,大学时享受过国家针对贫困生发放的助学金。子军 4 岁时父亲突患重病,手术后丧失了劳动能力,视力也严重受损,母亲独自支撑风雨飘摇的家。虽然乡镇将他们纳为扶贫对象,但是生活的困难依然需要他们节衣缩食。从小在这样环境下长大的子军从不抱怨,一直是旁人眼里勤俭好学的好孩子。

上大学后他利用课余时间去酒店当过保安,也去饭馆做过服务员,还推销过银行的 pose 机,吃苦耐劳的子军在大学第二年,便能独自负担自己的学费和生活费,甚至还能寄些钱回家补贴家用。俗话说,"穷人的孩子早当家",子军不仅不怕吃苦、能吃苦,而且铸就了坚韧的品格,成为能够独当一面的男子汉。

勤工俭学期间,他接触到一个做电商的朋友,听说做电商年收入有 100 多万元时,震惊之余,他在心里悄悄埋下了一颗电商的种子。

二、自力更生,寻求出路,展露电商天赋

大二期间,结合所学专业知识,子军首次主动向学校提出现场直播方案,一开始是想沿用 PPLIVE,不敢自己做视频、音频直播,只是建议再加上一个现场互动的功能。但后来觉得与 PPLIVE 合作,总是别人的技术,不如自己做有趣。最终选择的方案是利用亚马逊的 AWS 服务。凭借着过硬的技术,子军成为大学首届信息部部长。

三年蛰卧,信息部的直播一直在成长,等待着破茧之时。

又是一个毕业季,子军有机会参加了一项由省委教育工委、省教育厅、省精神文明办、省委网信办、省文化和旅游厅、团省委主办,大学承办的"助力振兴青春 GO"大学生巩固脱贫攻坚网络"带货主播"大赛。经过前期初赛、复赛角逐,最终 12 所高校主播通过直播带货现场实战、"我为脱贫攻坚代言"主题演讲和即兴模拟直播带货环节进行决赛,为脱贫攻坚"9+3"县(区)农产品助力代言。他们以亲身经历讲述着山乡巨变和脱贫攻坚的精彩故事,感受着习近平新时代中国特色社会主义思想的伟大实践,积极引领广大青年大学生关心、关注农村产业革命,以实际行动积极投身脱贫攻坚和乡村振兴。

越来越多的人发现了他的与众不同,他在全校成了远近闻名的风云人物。

三、创业路上,遭遇瓶颈,探寻主播成长

凭借着脱贫攻坚网络"带货主播"大赛的成功经验,子军决定带领自己的比赛团队去创业,立足正在大力发展的电子商务直播。注册开通了自己的第一家电商店铺后,很快困难就接踵而至,出现直播观看人气低、直播收益低、粉丝不稳定的诸多问题,眼看网店已经开起来一月有余,订单却寥寥无几。问题到底出在哪里?

比赛和实战总是存在现实性的差异,对于新平台开播,应快速熟悉平台的方法和用户的不同,适应新的平台,在方法以及直播内容、直播时长上做适当的调整和增加,以便快速进入粉丝累计阶段。子军迅速调整好自己的心态,避免懒惰散漫、心浮气躁,稳定开播、增加时长,找到自己直播间的"卖点",这些都是此阶段的重中之重和任务目标。

子军团队充分利用平台针对新人的热门、人气等官方扶持,并完成小视频和直播有效天的各项要求。此外,大力度地去持续做推广卡、绿叶粉丝、红包等辅助性支撑活动,争取每次开播的利益最大化。团队成员相互鼓励,只有坚持下去才能真正地渡过这个阶段,一旦渡过这个阶段,收益和未来发展都不可限量。

四、紧跟平台,快速成长,加速直播布局

2020年9月,平台新主播成长体系开始运行,开通了主播账号的主播和商家都适用于这套体系。主播成长体系是一套反映主播在平台上综合直播能力的数字指标体系。通过计算主播的"成长值",对应得到主播等级。主播"成长值"综合考虑3个新维度:"开播活跃"、"直播间粉丝观看"和"直播引导成交金额"。提升直播间对应的表现,有助于提升主播等级。"成长值"每天更新,主播等级每周一更新。主播等级每周一更新前,会取更新前一天的"成长值"计算主播对应的等级。主播等级更新后,主播提升到对应的等级可以享受对应等级的权益。高等级自动享受低等级的权益。等级下降后,不再享受原先等级对应的权益。

子军团队努力提升主播等级,在不到一年的时间,从V1等级做到V5等级,获得超级推荐资格、直播间高清流量体验、直播达人主播专属活动、直播达人主播专属官方货品选池、直播达人主播头部品牌年框合作推荐。

五、直播带货,培养主播,领跑直播电商

工作中的他,拥有敏锐洞察力和长远战略眼光,总是能审时度势,谋篇布局。

2021年初,子军团队将创立企业更名为用心选(化名),这意味着公司定位从相对个人化的IP转变为一个成熟的企业IP。这一年,用心选的直播营业额指数级倍增,子军个人在6月和11月,分别获得单场最佳战绩,直播频率低、单场销售额高,使他区别于其他系主播。

子军的更多精力放在了背后的供应链体系建设和潜力主播培养等方面,也就是直播镜头相对的背面,甚至一个月直播两场,其余时间都出现在徒弟艺人的直播间,以及奔赴选品大会、供应商见面会。

2021年用心选打造了一批高专业性、有情怀的头部主播,为直播电商行业贡献核心主力军。年轻的主播们飞速成长,成为服饰、美妆、食品等多领域赛道的佼佼者。

用心选主播的出现首先得益于主播垂直领域分化,深耕某一赛道,对业务能力精进的追求;其次,创新C2M模式的供应链体系为主播带货提供了强大支撑,深入源头厂商、基地,追求性价比,让高性价比商品可以直面广大消费者。这二者相辅相成,缺一不可。用心选强大的前端销售能力,实现了产品快速销售,资金快速回流,员工上岗生产,推动企业回归生产、流通、

消费正常轨道。

品牌方的产品进入用心选直播间,需要经过多道严苛的审核程序,其产品定价需有相关部门的直接参与,计算商品的生产、仓储等成本以及商家合理利润后将价格降至最低,之后则进入选品环节,由主播进一步筛选产品。到如今,凭借强大而稳定的销量,用心选已与数千家品牌达成深度合作,并合作推出了联名款。

用心选已在主播培养模式、供应链打造等多方面引领行业发展,为直播带货行业打造了一份亮眼的样本。

思考:子军和用心选旗下带货主播是如何在电商平台实现较强带货的?

嵌入知识

直播电商是一个广义的概念。直播者通过网络的直播平台或直播软件来推销相关产品,使受众了解产品各项性能,从而购买产品的交易行为,可以统称为直播电商。直播电商是以高互动性、娱乐性、真实性和可视性为特点,以提高消费者购物体验为目的的营销模式。

一、直播电商不同阶段的发展特点

1. 秀场模式

秀场直播最初于2005年在国内出现,原型为网络视频聊天室,2009年后逐渐转变为以主播为核心的秀场模式。秀场直播参与门槛较低,内容同质化程度较高,其变现形式单一,主要以用户打赏为主,这限制了秀场模式的发展。但秀场模式发展到今天,依然有一定的活跃度,并且随着移动通信设备的普及,秀场模式打破了原来空间上的界限,直播地点不单单局限于一个房间,可搬到户外任何一个地方,这增加了直播的趣味性,内容也更加多元化。

2. 互动模式

互动模式是基于强社交信任关系驱动的直播模式。主播通过粉丝的关注、信任和互动来推荐产品,这种模式对粉丝质量与"私域流量"控制力要求较高。

3. 卖货模式

卖货模式指的是主播以关键意见领袖(KOL)的身份,通过直播形式推荐商品并最终达成交易的电商形式。与传统电商相比,直播电商卖货模式具有去中心化、强标签化、强互动性等特点。

二、直播电商的商业价值

目前直播电商已成为众人关注的焦点。在各类型平台纷纷开启直播电商模式,各MCN机构和主播纷至沓来之时,直播电商能为创业企业带来什么样的独特商业价值呢?

1. 直播已成为企业建设品牌的有效路径

通过直播可以提高品牌曝光率,建设品牌形象,提高品牌影响力,并为线上店铺引流。直播之后的视频剪辑、内容输出可形成二次传播,从而进一步提高顾客的品牌忠诚度,形成企业品牌的新赛道。

2. 直播可帮助企业高效获取精准用户

消费者会受主播影响在平台进行消费,主播可以加强与消费者沟通,经营与消费者之间的关系。企业可通过关键意见领袖获取精准客群,同时进行直播独立访客的打造和积累。

3.直播可以有效提高企业销售效率

在直播电商产业链中,品牌商作为供应方位于上游。品牌商入驻直播电商平台,基于平台的大流量,通过与MCN机构、主播的合作,可以提高其渠道效率和销售转化效率。

三、直播变现的模式

历经多年的发展,直播的变现模式逐渐清晰、多元化。在初创期,直播平台的内容以及变现模式都较为单一,变现依靠用户打赏分成。在成长期,以导购分成为代表的增值业务、广告业务等也逐渐壮大。当下直播变现的模式多种多样,大致分为以下五种:

1.卖货

主播通过视频直播展示和介绍商品,使卖货可以不受时间和空间的限制,并且可以让用户更直观地看到和体验产品。用户看直播时可直接挑选并购买商品,直播间以此获得盈利。

2.企业宣传

由直播平台提供技术支持和营销服务支持,企业可通过直播平台进行如发布会直播、招商会直播、展会直播、新品发售直播等多元化直播业务,打造专属的品牌直播间,助力企业宣传,实现传统媒体无法实现的互动性、真实性和及时性。

3.打赏

观众可付费充值买礼物送给主播,平台将礼物转化成虚拟币,主播再对虚拟币进行提现。如果主播隶属于某个公司,则由公司和直播平台统一结算,主播与公司再结算。这是常见的直播类产品营利模式。

4.承接广告

当主播拥有一定的名气之后,商家会委托主播对他们的产品进行宣传,主播收取一定的推广费用。在直播中,主播可以通过卖货、产品体验、产品测评、工厂参观、实地探店等形式满足广告主的宣传需求。

5.内容付费

这是指一对一直播、在线教育等付费模式的直播,粉丝可通过购买"门票"等方式进入直播间观看。但是付费直播对内容质量要求较高,有好内容才可有效地留住粉丝,并且持续靠内容营利。

以上提到的直播间营利模式最为直接。除了以上五种变现模式外,还有联合举办线上线下活动、广告引流、版权发行等其他变现模式。

四、直播电商相关法律规范

1.《网络直播营销行为规范》

2020年6月24日,中国广告协会发布《网络直播营销行为规范》(以下简称《规范》),对直播电商中的各类角色、行为都做了全面的定义和规范。《规范》从2020年7月1日起施行,这是国内第一个关于网络视频营销活动的专门自律规范。《规范》侧重为从事网络直播营销活动的商家、主播、平台、主播服务机构(如MCN)和参与营销互动的用户等主体提供行为指南。

《规范》指出,主播入驻网络直播营销平台,应提供真实有效的个人身份、联系方式等信息。主播的直播账户名称、使用的头像和直播间封面不得含有违法及不良有害信息。主播的直播间及直播场所不得在涉及国家及公共安全的场所,同时不能影响社会正常生产、生活秩序,不能影响他人正常生活。

此外,主播在直播活动中,应当保证信息真实、合法,明确禁止刷单、炒信等流量造假以及篡改交易数据、用户评价等行为,商家不得发布产品、服务信息虚假宣传,欺骗、误导消费者。主播应当遵守法律、法规,遵循平台规则,配合网络直播营销平台做好参与互动用户的言论规范管理。主播在网络直播营销活动中不得损害商家、网络直播营销平台合法利益,不得以任何形式导流用户私下交易,或者从事其他谋取非法利益的行为。主播向商家、网络直播营销平台等提供的营销数据应当真实,不得采取任何形式进行流量等数据造假,不得采取虚假购买和事后退货等方式骗取商家的佣金。主播以机构名义进行直播活动的,主播机构应当对与自己签约的个人主播的网络直播营销行为负责。

《规范》还要求,网络直播营销平台应建立商家、主播信用评价奖惩等信用管理体系,完善商品和服务交易信息保存制度,依法保存网络直播营销交易相关内容。

2.《关于加强网络文明建设的意见》

2021年9月14日,中共中央办公厅、国务院办公厅印发了《关于加强网络文明建设的意见》(以下简称《意见》),并发出通知,要求各地区、各部门结合实际认真贯彻落实。

《意见》包括总体要求、加强网络空间思想引领、加强网络空间文化培育、加强网络空间道德建设、加强网络空间行为规范、加强网络空间生态治理、加强网络空间文明创建、组织实施八个部分。

《意见》指出,加强网络文明建设的工作目标包括推动青少年网民网络素养不断提升,网络平台主体责任和行业自律有效落实;治理效能实现新提升,网络生态日益向好,网络空间法治化深入推进,网络违法犯罪打击防范治理能力持续提升等。

《意见》还要求强化网络平台责任,加强网站平台社区规则、用户协议建设,引导网络平台增强国家安全意识。加强互联网行业自律,坚持经济效益和社会效益并重的价值导向,督促互联网企业积极履行社会责任。发挥行业组织引导督促作用,促进行业健康规范发展,鼓励支持各类网络社会组织参与网络文明建设。

《意见》同时强调将进一步规范网上内容生产、信息发布和传播流程,深入推进公众账号分级分类管理,构建以中国互联网联合辟谣平台为依托的全国网络辟谣联动机制,深入推进"清朗""净网"系列专项行动,深化打击网络违法犯罪,深化公众账号、直播带货、知识问答等领域不文明问题治理,开展互联网领域虚假信息治理。

案例分析

直播带货:子军的成功之路案例分析

子军直播带货能力一流,有什么诀窍?用心选的主播又为何能快速崛起?

一、把握新主流消费人群交互式需求

直播电商可以溯源到2005年,当时仅仅是为了娱乐。到了2016年,淘宝直播入局,开始"直播+内容+电商"模式的构建,潜心经营三年后顺利走上直播变现的道路。随后,越来越多的平台开始发力直播电商,如快手、抖音、京东、微博等,入局者不可谓不多。子军和用心选能够在此时快速崛起,绝非偶然。

从在互联网行业崭露头角到红透半边天,直播以其独有的实时互动、透明消费场景等独特优势,有效促进了电商转化、产品交付以及流量变现。有趣的"内容+及时双向互动+全网低价+信用保障",使得用户的消费需求不断被激发。同时,直播也帮助电商从"货—人"向"人—人"转变,主播、产品、消费者之间的关系也愈发紧密。这也正是直播电商逐渐成为各行业主要的销售手段的原因。

通过多次观看用心选主播的直播间,我们发现直播间多售卖服饰、鞋包、个护等多品类的商品,低至几十元、一两百元的服饰、箱包,高至三四千元的高端化妆品,均用一个个新的售空速度震撼行业的眼球。2020年受新冠肺炎疫情影响,直播电商广受关注,也将这批人群推到了电商的幕前。可以说,谁能掌握被忽略的新主流消费人群的真正需求,谁就掌握了接下来电商发展的方向。

用心选之所以能够迅速发展壮大,是因为其团队能够更好地和90%的新主流消费人群进行交互,把握电商未覆盖的大多数人群的真实消费需求。

二、引领主播矩阵式培养模式

直播电商已然成为当下的风口行业,直播带货模式兴起后,食品、美妆、服装等快消品和日用品成为最早一批进入直播电商的行业。数据显示,在2020—2021年,消费者进行直播购物时的偏好品类为食品饮料、洗护用品、家居用品、服饰箱包等,具有高频消费、客单价低、利润空间较大的特点,而这些特点使得该类商品在进行直播时具有较大的发展空间。在这些热门的带货类目中,不乏一些垂直性质的优秀带货主播,带货主播子军及用心选旗下主播就是较为鲜明的例子。

根据某平台电商年度报告显示,子军属于全品类类目主播,在全品类 GMV TOP5 排名中占据第一名;旗下主播1号同样属于全品类类目主播,在全品类 GMV TOP5 排名中占据第三名;旗下主播2号,属于食品酒水类目主播,在食品酒水类 GMV TOP5 排名中占据第一名;旗下主播3号,属于服饰类目主播,在服饰类 GMV TOP5 排名中占据第一名;旗下主播4号,属于美妆类目主播,在美妆类 GMV TOP5 排名中占据第一名;旗下主播5号,同样属于美妆类目主播,在美妆类 GMV TOP5 排名中占据第四名。除此之外,还培养了多名美妆类主播、服饰类主播和健身类主播等。

根据上述信息不难发现,用心选的主播矩阵细化十分明显,以热门的食品、美妆、服装三大类目为主,并且主播在自己所负责的领域成绩都很好。用心选通过不同主播、不同类目打造整合的主播矩阵,带领主播垂直化、专业化发展,深入各个产业带,为消费者带来更多领域、更多方面的产品。消费者也可以根据自身需求直接定位主播直播间,进行有针对性的消费。

闻道有先后,术业有专攻。面对消费者不断增长的需求,作为直播电商主体的主播在直播带货方面也需要新的引领方向,而子军和用心选将主播矩阵细化,垂直于不同的类目,满足更多消费者的需求,也给整个行业提供了很好的发展模板。在未来,直播电商领域的主播划分,以用心选为代表的主播矩阵或将引领直播带货新趋势。

三、创新 C2M 模式的供应链体系

直播电商的消费者注重商品性价比,并不太看重商品品牌,这能促使直播电商企业去挖掘更多高性价比的商品。而此类商品借助直播电商的流量优势,可以快速打开销路、提升知名度,甚至可以形成品牌。这在传统电商行业,比较难以实现,因为传统电商的流量分配机制与之不同。通过这种方式,直播电商实际上在为实体企业赋能。

但在目前,一些主播由于没有稳定合作的工厂,推荐的商品价格低廉但质量堪忧。而拥有供应链管理能力的 MCN 机构可以通过 KOL 直接了解客户的需求,从而反馈给品牌代工厂,

电子商务案例分析

工厂根据客户的实际需要来生产。

目前用心选拥有的粉丝数量和用户群体庞大,拥有C2M定制化的供应链体系。用心选可以在第一时间采集直播间用户需求,直接影响产业供应链,切掉所有中间环节,实现个性化定制,按订单生产,同时从原产地快速发货,形成传统电商无法企及的高效的C2M闭环。同时也能让用户享受到高品质产品、实惠的价格和更具体验感的服务。

这种C2M的生产方式确保了商品的质量,也使得商品更贴近消费者需求,从而利好拥有供应链管理能力的直播电商企业。C2M模式也会推动更多品牌商进入直播电商行业,以定制产品等方式与主播进行合作,提升产品性价比。

知识拓展 "互联网思维"创业相关知识

"互联网思维"是指在互联网、大数据、云计算等科技不断发展的背景下,对市场、对用户、对商品、对企业价值链,乃至对整个商业生态进行重新审视的思考方式。以"互联网思维"创业,简单地讲就是从以下几个方面进行突破:

一、以用户为中心

以用户为中心是"互联网思维"中非常重要的思维,要求创业者以用户为中心去考虑创业的一系列问题。那么创业者该如何运用以用户为中心思维呢?可以从以下四个方面进行考虑:

1.抓住大众化需求

抓住大众化需求是指贴合大部分普通用户需求。

2.提高用户参与度

提高用户参与度的方式不仅可以推广品牌形象、改善产品的缺陷,而且可以刺激新、老客户的活跃度。用户参与的方式很多,如参与分享、问题反馈、选款投票、创意征稿大赛以及一些推广活动(如活动抽奖、打折促销、送红包等),还有直播等一系列活动。

3.培养粉丝

粉丝是商品的爱好者,他们对品牌注入了感情因素,不仅单纯地购买或再次购买品牌商品,还会参与品牌传播。所以,商家需要利用各种渠道去培养粉丝。

4.注重用户体验

用户体验是用户在使用商品过程中所建立起来的一种纯主观感受,这种感受的好坏直接影响了对商品的评价。创业者注重用户体验,应该从细节开始,从为消费者解决使用商品过程中所有细小的问题开始,让用户使用起来舒适,给用户带来惊喜。如微信对公众账号的折叠处理,就是典型的注重用户体验的例子。

二、简约美

在当前具有海量信息的时代,用户的耐心是有限的,可能并不会花太多时间来解读商品或信息,因此创业者想在短时间内抓住用户,就需要做到精简,只保留那些重要的、贡献价值大的信息,省去烦琐的程序或复杂的文本。例如,在设计商品时,外观要简洁,内在的操作流程要简化。

三、专注

专注思维是指人集中注意力去认识、理解、记忆、解决问题时的思维模式。在这种模式下,人的注意力会高度集中。创业者除了要专注于创业,而且对创业的商品定位也要做到专注,给消费者一个选择的理由就足够了。例如,淘宝上的店面空间在理论上是无限大的,店铺可以选择销售的商品类型很多,可以同时卖多类商品,也可以只卖1~2类商品,但真正让人们记住的是那些专注于某一商品、专注于材质、专注于专利的店铺。

四、做到极致

极致思维就是优化细节,使商品、服务和用户体验达到"零瑕疵",让消费者无可挑剔。用极致思维打造极致的商品,使其受到消费者的喜爱,形成口碑传播,这是商品的核心竞争力。例如,海底捞"顾客至上、服务至上"的服务理念受到很多人推崇。

五、快速更新

消费者的需求随着市场的变化、科技的发展都是在不断变化的,创业者只有实时关注消费者需求,把握消费者需求的变化,并快速地对消费者需求做出反应,其产品才更容易贴近消费者需求,可以说更新是商品继续存活的根本,如小米MIUI系统坚持不断迭代。在更新过程中,创业者想抓住消费者的需求,除了在消费者参与和反馈中逐步改进,还可以通过分析消费者的细微行为,来挖掘消费者行为的动因和内在需求。

六、抓住流量

电商创业要想成功,仅靠商品过硬的质量是远远不够的,还需要流量。流量越大,自然店铺的销量也会相对增大。流量该如何获取呢?下面对抓住流量的方法分别进行介绍。

1. 使用免费策略

免费策略是争取用户、锁定用户有效的手段之一。例如,某安全软件用免费杀毒抢占市场,挤占了其他付费杀毒软件的市场。"免费是最昂贵的",当免费商品中的用户活跃数量达到一定程度时,就会开始产生质变,从而带来商机或价值。

2. 利用社交工具

可以利用社交工具来获取流量,如微信、QQ、微博、论坛、直播等。在社交渠道中,口碑营销相当重要,当然口碑营销不是自说自话,一定要站在用户的角度,以用户的方式和用户沟通。

3. 利用推广工具

电商平台中均提供了推广引流的工具,如淘宝的直通车、钻展、淘宝客等都是有效的引流手段。

七、大数据

在互联网和大数据时代下,企业的营销策略应该针对个性化用户做精准营销。得益于大数据技术的突破,通过大数据思维,企业可以在网络上获得个性化用户信息及其他企业的信息、行为、关系等数据。通过对这些数据的分析、总结,创业者可以获取知识和洞察的能力,从而有助于企业进行精准的预测和决策。

八、开放、共享、共赢平台

开放、共享、共赢是平台的思维模式。打造多方共赢的生态圈是平台模式的精髓。例如,百度、阿里巴巴、腾讯分别围绕搜索、电商、社交各自构筑了强大的产业生态,方使其更加稳固。当不具备构建生态型平台实力时,创业者就需要善用现有的平台。现在的电商创业平台很多,如在淘宝做直播、京东商城开店、抖音和快手做短视频等。

九、跨界思维

随着互联网和新科技的发展,很多产业的边界变得模糊,互联网企业开始涉足零售、图书、

电子商务案例分析

金融、电信、娱乐、交通、媒体等领域。跨界是一种创新,也是一种发展机遇,拥有用户数据且具备用户思维的电商可以尝试参与,乃至赢得跨界竞争。

实操案例

【案例1】

从直播到公益,抖音火山版主播小梁的成长之路

2020年,抖音向直播大步迈进,开放直播流量入口、优化直播广场、上线日结功能等,先后上线了"百万开麦"主播扶持计划、音乐主播扶持计划等。值得关注的是,2020年初,原火山与抖音合并,小梁(化名)在所有主播中排名靠前。

小梁是一位直播了4年的主播。小梁最开始的职业发展方向并不是做主播。虽然毕业于广播电视新闻专业,但她对服装设计充满着浓厚的兴趣,所以大学毕业后顺从内心,开了自己的服装店。服装行业竞争也很激烈,她想到了用直播的方式推广自己的服装店。

2016年4月,原火山小视频全网招募主播,小梁加入了原火山直播,成为原火山的第一批主播。随着不断推进,小梁爱上了直播,喜欢上了人与人互动分享快乐的过程。在这过程中,她收获了很多粉丝朋友。她对平台、粉丝也有了特殊的情感寄托。

2019年1月20日,原火山直播璀璨盛典小梁获得了最佳女主播冠军、最佳品类主播亚军、人气主播等几项大奖,同时个人单曲及手势舞全网上线一周便霸占各大音乐网站飙升榜,随后又连续登上2019年1月15日出刊的《嘉人》杂志和2019年1月20日的纽约时代广场大屏。

2019年4月13日晚,小梁举办了首个个人线下粉丝演唱会。事实上,小梁个人演唱会背后正是得益于原火山"璀璨音乐人计划"助力,落地演唱会正是该计划为活动优胜者准备的重磅奖励之一。与此同时,线上超百万人气热度成为彼时原火山平台上一大风景。从直播间里走到线下,让主播拥有了更多展示的可能性,也让直播的魅力直观地呈现出来。

在直播中,小梁进行了很多尝试,身为才艺主播的她变换着多种身份,直播内容也更加丰富。而每天不间断地直播,难免会让她缺乏灵感,除了勤加练习才艺,读书以及看相关综艺是她主要的素材补给来源。在她看来,每一场直播都是在输出自己,直播的真正目的在于将自己所见、所想分享给别人,与此同时,用乐观积极的心态感染更多人。

如果说主播小梁是小有名气,那么一直践行公益的小梁则让她被更多人铭记。

在成为主播之后,偶然得知天使之家有许多孤儿正在饱受病痛折磨,需要高昂的治疗费用,小梁开启了一场公益直播:将当场直播的全部所得(10万余元)悉数捐赠给天使之家,为孩子们送去温暖。正能量的传递不分远近,爱心的公益自暖人心。

其实,像小梁这样的正能量主播绝非少数,在抖音火山版对主播的大力扶持下,主播借助平台优势发挥自身价值,身体力行的同时影响并带动粉丝践行公益。主播的公益之举可以如"满天星"一样影响到更多人,平台将迎来越来越多的"小梁"加入公益的队伍,他们的出现将帮助更多人实现梦想。

> **思考**:从小梁的成长经历浅谈网络主播如何在直播中提高自身竞争力,并列举成为优秀主播的方法。

【案例 2】

高职院校电商综合创业平台——校区乐购

校区乐购是满足高职院校校内人员简单购物需要的综合电商平台。2018年的夏天,武汉职业技术学院商学院电子商务专业的刘老师团队,带领学生一起开创了校区乐购电商创业平台。

2017年的时候,电子商务专业的学生和老师反映,一部分学生为了赚取生活费,经常在课余时间从事兼职工作,但是出校兼职往往面临很多不可预知的风险。当时比较流行快递分拣的兼职工作,大部分都是搬货,异常辛苦,但是薪水相对较低,还存在安全风险。所以师生们开始思考,如果能够搭建一个校内就能兼职的平台,实现就近勤工俭学。校区乐购初创团队一开始就把配送业务和兼职学生对接上,这是一个双赢的创业模式。

校区乐购能给大家解决的痛点是什么?当你打开校区乐购公众号,你可以从小零食、饮料、日用品、奶茶等多个分类中寻找自己需要的东西,一键下单后,校内的工作人员就会在半小时内配送到寝室。

学生调研发现,大学生的晚饭时间集中在晚上6点左右,但是休息的时间很晚,一般是晚上11点以后,这中间5个小时的时间差,就为夜宵腾出了充分的市场,所以就形成了基本需求。校区乐购的选品要满足消费者的基本需求,并且超出消费者预期。针对消费者基本需求,团队认为,校区乐购的商品,目标不是对标食堂让人吃饱,也不是对标超市眼花缭乱的商品,而是一些小食品,比如瓜子、饮料、矿泉水、方便面、火腿肠……并且是学生经常会买的小食品。那么如何理解超出消费者预期呢?可以引入一个经典的公式:产品价值=新体验-旧体验-迁移成本,想要超出消费者预期,就需要不断地增加产品的价值,让同学觉得它很有用,所以"新体验"这个总值的大小,至关重要。校区乐购会给用户提供在校内不能快速买到的商品,希望能快速和超市的商品拉开距离,超市大而全,校区乐购就是小而精,所以开始引入一些流行产品,在降低价格的同时,保证了猎奇的心态。

校区乐购同时也是一个校内的综合性平台。在搭建商品交易平台的同时,也搭建了二手市场交易平台。学校每年都会组织跳蚤市场,其运行的模式是主办方先去同学寝室收集物品,并且一一登记,然后开展跳蚤市场,开始组织交易,最后将卖出去的商品资金给到物主,未销售出去的商品退回,这中间牵涉的人力成本是相当高的。校区乐购平台并不是认为它有利可图,反而是觉得,这块业务可以汇集流量。校区乐购的发展,一直秉持付出、诚信、感恩、激情、开创的价值观,所以开放平台,不收取任何的佣金,尽力促成交易,将校区乐购打造成一个开放包容的大平台。随着校区乐购的发展,衍生出了快递代取、淘宝优惠券等多个融合性的场景,为这个大家庭不断注入生机与活力。

校区乐购创立的初衷不仅服务于学生的生活,而且服务于学生的学习,在平台业务相对稳定之后,开始接纳包括电子商务、现代物流管理、大数据与会计等专业的同学进入实习,很好地帮助学生提高实操的能力,尤其是在仓储、配送、网络营销、电商平台管理等方面。

校区乐购是一个大学生校内的勤工助学平台,是大学电子商务专业的教学实训平台,是大学生零成本的创业起航平台,是校园师生开心购物的生活服务平台,是毕业大学生仍然怀念的情感链接平台。

思考:从校区乐购的发展浅谈如何在电商创业中提高自身竞争力。

电子商务案例分析

项目考核评价

知识(0.3)			技能(0.4)			态度(0.3)		
个人评价(0.3)	小组评价(0.3)	教师评价(0.4)	个人评价(0.3)	小组评价(0.3)	教师评价(0.4)	个人评价(0.3)	小组评价(0.3)	教师评价(0.4)

总分＝知识＋技能＋态度＝_____

本模块参考资料来源：

1.黄罡,曹志斌.电商创业——创业思维＋实战方法＋案例解析.北京:人民邮电出版社,2018

2.陈晓鸣,葛青龙,李温乐,柳文龙.电子商务案例分析与创新应用.北京:人民邮电出版社,2020

3.傅淏.无漏设计——优秀产品经理全套实战技巧.北京:人民邮电出版社,2018

4.邢涛.短视频创业.哈尔滨:黑龙江科学技术出版社,2020

模块 10

电子商务前沿案例

学习目标

掌握分享经济、人工智能、区块链、虚拟主播的基本概念,了解分享经济、人工智能、区块链、虚拟主播在电子商务领域的典型应用和前景,同时借助相关信息和资料为企业电子商务转型升级策划科学合理的方案。通过对电子商务前沿案例的分析,培养学习者创新思维能力,树立企业电子商务经营和个人职业生涯危机意识、创新意识和发展意识。

项目 1　分享经济案例

项目任务　了解分享经济的概念及分享经济为电子商务企业带来的影响。分析案例中阿姨来了的成功因素。

项目案例　阿姨来了

家政服务与外卖本质上都是"上门服务"的类型,需要直接与顾客建立联系。分享平台的作用就在于让更多的阿姨等家政人员,在依赖传统家政公司之外,还可以通过平台获得工作,成为自由职业者。而且随着我国社会老龄化进程的加快和计划生育政策的放开,家政服务市场的需求正在日益扩大。在2019年我国家政服务市场总规模就突破2万亿元。在此背景下,家政服务领域的创业公司不断涌现。

阿姨来了(隶属于北京嘉乐会家政服务有限公司)成立于2007年,致力于打造温暖的阿姨社群及家庭照料平台,是我国家政经纪服务的开创者。据官网信息显示,阿姨来了已在全国20个城市设立了超过60个分支机构和线下网点,拥有300多名家政经纪人、8万多名家政人员和超过15万名客户,建立了覆盖全国的"阿姨大学"培训体系。

作为民生服务的重要内容,家政服务类分享平台一直致力于解决许多社会问题。

第一,进一步解决了就业问题,提高了从业人员的收入。分享经济为家政服务业这一刚需市场提供了更透明、更高效的供需匹配平台,LBS技术和数据平台的支持,更充分地利用了家政从业人员的闲暇、待工时间,为阿姨们创收。例如,在社会经济整体增长较缓的2015年,在全社会的薪酬增幅仅为7%的背景下,阿姨来了平台上的阿姨平均薪资比2014年提升了12%。月嫂收入更是提升了18.5%。平台在帮助劳动者提高收入的同时,也提升了其职业认同感。

第二,分享模式下的家政服务业解决了新的人口形势下的新问题。随着人口老龄化的进程加快,以及"三胎"生育政策的全面开放,许多正值壮年需要坚守在工作岗位上的夫妇面临着照顾多个孩子和四位老人的重担。然而随着服务业薪金水平的上涨,对于大部分工薪家庭来说,雇用一个及以上全职保姆的负担较重,而且也并不是所有时段都需要,这也造成了人力资源的浪费。分享平台促成了家政行业的"分享经济",多个家庭共同雇用一个阿姨,或在需要的时间雇用小时工上门服务,不仅可以最大化利用更多的家庭服务资源,而且减轻了每个家庭的负担。

第三,分享平台促使家政行业这一"非标产品"不断标准化,提高服务水平和用户体验。平台不仅有效对接供需,也为市场建立了更加透明的良性机制,并且通过筛选和培训,为家政人员提供包括督导、培训、心理疏导等在内的各种服务保障和支持。阿姨来了聚焦长期固定用工,专注于月嫂、育儿嫂、老年护理等刚需品类的培训,以及高附加值的服务领域,为从业人员提供持续培训,保证服务质量。在该平台上,月嫂持专业证书比例达60%,育儿嫂持专业证书比例达48%。家政服务日益专业化、标准化,深入挖掘市场需求,提高了匹配用工需求的效率。

阿姨来了家政经纪平台是为解决找阿姨难的痛点而产生的。阿姨难找的原因:一是供需信息不对称,目前各家公司各自为政,很难形成家政服务人员的有效供给。二是家政人员流动性大,家政是网络经济,基本是客户资源带动阿姨资源的分享和流动,单店经营就会出现阿姨多、没有客户,或者有客户、没有阿姨的情况,阿姨不能及时上岗,就流失,客户不能及时匹配,也会流失,这就需要一个网络来进行互联互通,让资源流动起来,这就是阿姨来了平台建立的初衷。

家政跟房屋中介、人才中介的平台有一定相似的地方,房源、客源通过网络就能产生收益,离开了网络,生存也不是不可以,但是发展就受到了局限。因此,家政的本质是依赖网络来进行阿姨、客户的交互,实现资源的最大化利用。

但仅仅搭建一个互联网平台,并不能从根本上解决阿姨难找的问题。于是,依托阿姨来了平台出现了家政经纪人。阿姨来了目前有8万多个阿姨,每个阿姨的情况都不一样,背后又有十几万个雇主,每个雇主的需求又都不一样,如何让每个人都满意,这就需要家政经纪人去协调,平衡好雇主和阿姨之间的关系。也就是说,雇主提出自己对于阿姨的要求,再由家政经纪人筛选出符合条件的阿姨,而后安排雇主对阿姨的面试,雇主满意后即可确认签约。家政经纪人背后庞大的阿姨数据库,可以供其筛选出适合雇主需求的阿姨。

家政经纪人服务于雇主与阿姨签约的全过程,雇主与阿姨之间出现摩擦、人员变更等问题,家政经纪人都要去解决、调和,使服务顺利进行下去。

目前,多数家政公司和阿姨之间仅仅是委托关系,而阿姨的流动性较大,这给公司的人员管理带来了很大的难度。阿姨来了的家政经纪人制度则是采用经纪人管理阿姨,再由公司管理经纪人的方式,如此一来就很好地解决了管理上的难题。同时,家政经纪人制将家政经纪人和公司做了最大限度的利益捆绑,从而加强他们在服务上的监督和督促力度。由此,传统家政行业中的难题在阿姨来了上也得到了缓解。

阿姨来了的家政经纪人与家政平台签订合作协议,平台为家政经纪人提供发票、财务、风险管理、职业培训、法律事务服务、售后服务等一系列保障,而家政经纪人佣金提成比例也较高。家政行业是以人为主导的行业,发展的瓶颈在人,突破点也在人。高提成可以吸引高素质的人群加入,也可以对家政经纪人的个人信用进行考核管理,整个家政服务行业通过家政经纪人进行管理才有可能做大、做强。

阿姨来了也利用互联网手段提升客户体验,建立家政经纪平台,利用云计算来提供阿姨身份认证及100%自动购买保险,并对阿姨实行14项审核,对雇主承诺"偷一赔二"及"合同期内无限换人",确保服务安全,运作高效,让雇主放心用人。平台在线上线下都在努力靠近消费者,60个门店很多选址在社区、学校、地铁周边,方便消费者。阿姨来了从2007年开始坚持在线上投入技术研发,自主开发了网站、平台、APP、微信H5等,建立用户关系管理系统,记录与管理用户信息,利用信息技术协调企业与顾客间的关系,提升用户体验,吸引新客户,留住老客户,增加市场份额;建立与优化雇主端网络,方便雇主获取阿姨信息,便捷下单,开通点评系统,通过雇主对阿姨与经纪人的服务表现点评,逐步建立行业诚信机制;消费者足不出户也能随时通过互联网体验阿姨来了的专业服务。

截至2020年底,阿姨来了平台运营顺畅,提升了用户体验,增加了客户黏性,促进了业务量增长,显著降低了门店管理和运营成本,扩展了管理跨度,为线下六十多个门店提供了便捷的管理支撑平台。家政经纪人制的探索与家政服务云平台的建成,有利于打破传统家政行业的信息壁垒,促进市场资源优化配置,提升居民生活品质,加快生活性服务业的发展。

> 思考:分享经济有哪些优势?分享经济对人们的工作和生活产生了哪些影响?

嵌入知识

一、分享经济的定义

所谓分享经济,指的是将社会海量、分散、闲置的资源,进行平台化、协同化的集聚和复用,实现供需的匹配,经济与社会价值的创新。

分享经济的理念见表10-1。

当然,关于分享经济还有其他一些定义,比如有人认为,分享经济包括不同人或组织之间对生产资料、产品、分销渠道、处于交易或消费过程中的商品和服务的分享。此系统有多种存在形态,需要将信息技术赋予个人、法人、非营利性组织,实现冗余物品或服务的分享、分配和再使用。一旦物品信息被分享,就会极大地提高该物品对个人或组织的商业价值。

电子商务案例分析

表 10-1　　　　　　　　　　　　分享经济的理念

理　念	说　明
分享标的物	分享的主要对象是闲置资源,包括闲置物品、碎片时间、认知盈余和资金盈余、闲置空间与公共服务。其范围广泛、数据庞大、多数来自被整合协同的个人资源或信息不对称的沉没资源
实现方式	分享经济依托互联网、ICT(信息通信技术)、云计算、大数据等,构建平台,形成了规模与协同效用,成本更低、效率更高,有利于实现经济剩余资源智能化的供需匹配
实现结果	分享经济平台能够让前述闲置资源,实现经济价值与社会价值的创新。过去很多资源都没有进入价值创造的体系,而分享经济可以在可持续发展、生态、就业、协作、文化等方面产生积极的影响

仔细分析这些定义就可以发现,便利、参与感和信任是分享经济发展的主要原因;其本质就是以租代买,将资源的支配权和使用权分离。也就是说,分享经济是个人、组织或企业通过社会化平台分享闲置实物资源或认知盈余,用低于专业组织的边际成本提供服务,获得收入。

二、分享经济的特征

分享经济是信息技术发展到一定阶段后出现的一种新型经济形态,互联网(尤其是移动互联网)、宽带、云计算、大数据、物联网、移动支付、LBS 等现代信息技术的快速发展,让分享经济成为可能。

从分享经济发展的内在需要来看,闲置资源是前提,用户体验是核心,信任是基础,安全是保障,大众参与是条件,信息技术是支撑,资源利用效率最大化是目标。由此,就可以得到分享经济的六大核心特征:

1. 技术特征

分享经济的建立,以互联网平台为基础。互联网尤其是智能终端的迅速普及,让众多的供给方与需求方迅速建立联系。互联网平台不会直接提供产品或服务,而是将参与者连接起来,为他们提供即时、便捷、高效的技术支持、信息服务和信用保障。离开互联网,现代意义上的分享经济也就成了无源之水、无本之木。

2. 主体特征

分享经济的主体参与者是大众,众多的供方和需方参与是分享经济发展的前提条件。互联网平台具备一定的开放性,普通个体只要拥有一定的资源和一技之长,就可以便捷地参与到分享经济中。同时,分享经济属于典型的双边市场,即供需双方通过平台进行交易,一方参与者越多,另一方得到的收益就越大,两个群体相互吸引、相互促进,使网络效应得到进一步放大。在分享经济中,参与者既是生产者又是消费者,个体潜能与价值得到最大限度的发挥。

3. 客体特征

分享经济实现的是资源要素的快速流动与高效配置。现实世界的资源有限,但依然存在闲置与浪费现象,比如空闲的车座、房间、设备等。分享经济就是要将这些海量的、分散的资源通过网络整合起来,合理利用,发挥出最大效用,满足人们日益增长的多样化需求。

4. 行为特征

分享经济实现了权属关系的新变化,主要通过所有权与使用权的分离,采用以租代买、以租代售等方式让渡产品或服务的部分使用权,实现资源利用率的最大化。从实践发展的角度来看,分享经济已经渗透到更多的领域,比如股权众筹等业态的出现就已经涉及所有权的分享。

5.效果特征

采用分享经济,用户体验较佳。在信息技术的作用下,分享经济在很大程度上降低了交易成本,交易方式更加快速、便捷、低成本、多样化,可以满足消费者的个性化需求。用户评价能得到及时、公开、透明的反馈,会直接影响其他消费者的选择,会推动平台与供给方的服务改进,在最大限度上提升用户体验。

6.文化特征

分享经济不仅满足了人性中固有的社会化交往、分享和自我实现等需求,而且顺应了当代人类环保意识的觉醒。

三、分享经济的优势

分享经济具有很多优势,主要表现在以下几个方面:

1.极大提高资源的利用效率

数据显示,每年被人们扔掉的衣物、纺织品和鞋子等,只有少部分得到了重新利用,剩下的大多都被投进垃圾填埋场。虽然如今人们的环保理念日益增强,但由于缺少有效的再利用手段和分享平台,浪费现象仍然存在。

分享经济提倡的分享理念,可以节约资源、减少浪费,这也是分享经济能够快速发展的重要原因。MIT(麻省理工学院)的研究显示:一辆"分享"汽车可以发挥4~10辆私家车的效用;同时,通过拼车服务,还能减少55%的交通拥堵。2015年初Airbnb采用盘活存量住房的方式,拥有100多万间房,虽然没有投入巨资,但是依然将上百万的闲置房间投放到了市场且被有效利用。

2.加快资源的有效配置

分享经济以大数据为依托、以移动网络终端为平台、以人工智能为手段对资源进行合理分配,效率远高于通过人工、经验进行的配置方式,是一种更有效的生产力模式,比如打车服务。虽然在我们身边来来往往的出租车很多,但很多人都无法在短时间内打到车;使用"分享"汽车服务,从办公室下楼的短暂时间,只要掏出手机,就可以准确地将出租车叫来,其效率是传统方式所无法企及的。

3.大幅度降低配置资源的成本

信息技术能够大幅度降低租赁市场中的信息不对称,使分享平台低廉、有效地满足用户需求。对于需求方来说,不仅可以节约以租赁代替购买的费用,还能随着参与人数增多而降低交易成本。商业机构追求标准化的服务,而分享经济平台中的个体服务者却可以提供更个性和多元化的商品和服务,极大地丰富了可供配置的资源种类。在分享经济服务中,服务提供者不是商业组织的雇员,不用受限于商业组织,可以在服务中树立起自我品牌,比如具有糕点烘焙特长的人,完全可以依托现有平台,将风味独特的食品推广出去,通过周边人群逐步向整个网络扩展。

分享经济强调的核心理念就是"使用而不占有"和"不使用即浪费"。举个例子:农忙时,甲的牛上午犁地、下午不犁,而乙没牛,借甲的牛犁地,这里乙借用甲的牛犁地就是一种分享,如果给钱就是经济。可见,分享经济其实就是将物品的使用权和所有权分离,可以多次使用,但不占用的经济模式。

案例分析

阿姨来了案例分析

阿姨来了是互联网时代分享经济的一个典型。此时部分人群已经不再需要朝九晚五地工作,完全可以身兼数职,案例中的阿姨和家政经纪人就是其中的两个典型职位。

一、分享经济的优势

1. 分享经济改变了人们的工作和生活方式

通过互联网,只要能随时随地将自己的劳动、知识、技术、管理经验等转换成实际收益,也就不用将自己约束在朝九晚五的岗位协议里。按照传统的就业理论,没有雇用协议,就等同于失业。但是如今,即使失业了,也可以拥有众多新身份,比如家政阿姨或家政经纪人,不仅可以增加收入,而且能实现自身价值,为社会创造财富。

分享经济下,固定的工作岗位消失了,临时的工作身份崛起。个人闲置资源的分享,对传统的就业模式产生了重大冲击。伴随着分享经济的普及,大量的临时性工作需求实现了供需匹配,通过共享平台活跃在互联网上,比如家政阿姨、私人厨师、私人医生等,快速地吸引人们来到这个新领域。

2. 分享经济改变了专业化分工的大趋势

分享经济有时候也被称为"零工经济"。分享经济催生了一种新型的社会分工方式,改变了传统的雇佣模式和就业模式,人们可以完全按照自己的兴趣和技能,灵活选择工作机会,以自雇型劳动者的身份参与到经济活动中,并不需要依托于相关企业,出现了更多的职业自由人,就业机会的重要性越来越明显。

分享经济可以吸纳产业升级过程中的大量冗余人力资源,无论是脑力劳动者,还是体力劳动者,既不需要很高的就业门槛,也不需要烦琐的流程步骤。在网络分享平台上,只要动动手指,就可以将闲置资源进行全社会分享,并获得合理收入,也可以像案例中的阿姨一样在平台上出售自己的劳动和服务。同时,分享经济下,职业自由人、个人、个体商户等可通过各类平台进行兼职或服务外包。

二、分享经济对人们工作和生活的影响

分享经济给自己能够发挥作用的领域带来了巨大影响和深刻变革,不仅提高了消费者福利,而且推动了经济组织模式的调整,改变了许多耐用消费品的消费与销售方式,并对所有权观念带来冲击。具体表现如下:

1. 便利生活,提高效率和福利

分享经济思维模式在家政服务、交通、住宿、办公空间、闲置物品利用、宠物寄养等领域的合理运用,能减少不必要开支,提高消费者福利;同时还能为普通人就业提供大量灵活的选择,创造出更多全职和兼职就业机会。

2. 冲击出租车、酒店等行业

据统计,全球酒店行业规模约7 170亿美元,出租车行业规模约1 000亿美元。许多城市,行业投入逐渐减少,资源被配置到其他领域,行业经历重新分工和中介化。比如,在打车软件盛行的城市,出租车受到很大影响。

3. 改变了耐用消费品的消费与销售模式

分享经济会进一步改变为这些服务端提供资产的生产端。如果车辆分享与闲置物品利用成规模，汽车及许多长尾耐用消费品的购买量必然会减少，生产厂商也会受到冲击。为了应对销量的下滑，就要调整销售模式，直接发展租赁业务，以租代售。

4. 增进社会信任程度，淡化所有权观念

分享经济建立在信任的基础上，以信任为媒介，人与企业、人与人之间的关系会多一些温情，时间长了，必然进一步增进社会的信任度；同时，分享经济代表的是一种全新的交易方式，刷新了人们对所有权的认识，对私有制和所有权观念造成了巨大冲击。

项目 2　智能商务案例

项目任务　能说出人工智能的概念及人工智能对电子商务的作用，能够分析新时代电子商务与智能商务融合改变了哪些领域的经营战略。能够为典型的电子商务企业智能商务融合方案提供建议。

项目案例　云从科技的汽车销售行业人工智能赋能

云从科技集团股份有限公司（以下简称云从科技）为人工智能领域的领先企业，拥有世界领先的人工智能技术，在人脸识别、3D结构光、跨境追踪、语音识别、文字识别等领域打破多项世界纪录。其主要业务涵盖金融、安防、交通、商业等领域，其中汽车零售领域作为云从科技创新市场的重要举措，也是智慧商业中的关键战略布局。因此，如何将智慧商业更大范围地赋能汽车零售行业，是云从科技一直探索的新赛道。

一、为 4S 店提供精准客户画像

云从科技以人脸为线索，串起线上和线下的数据。从顾客进店开始，记录顾客逛店全流程，为汽车 4S 店销售策略提供精准的客户画像，快速制定和调整营销策略。基于人工智能技术的智能化购车场景，是利用技术的手段赋能零售。在实体 4S 店可以实现人流分析、热力图追踪。4S 店可通过 Web 端或 APP 查看店内视频，控制店内安防摄像机转向并进行基本标注；使用顾客在店内留下的结构化数据和第三方大数据，计算顾客成交意向；整合线下广告投放资源，为 4S 店提供精准广告或效果广告投放渠道。

人工智能技术只有通过不断实践，在复杂场景下优化升级算法、算力、核心应用平台等方面进行深度磨合，才能在场景化落地上走得更远。

二、创新数字化运营模式

据统计，2020 年上半年，中国汽车累计销量达 1 232.3 万辆，同比下降 12.4%，汽车 4S 店的平均顾客成交率也在逐年递减，因此，如何准确识别商机来源，提升销售线索的转化率，成为车企亟须解决的问题。

云从科技提出的汽车行业智慧营销解决方案，结合人脸识别与跨境追踪技术，可进行跨摄像头连续跟踪,增强数据的时空连续性;同时通过更加精准的客流系统手段,实现购车顾客人数统计,自动分析统计每日进店批次数据。云从科技精准的汽车行业解决方案将助力构建更智慧、高效、便捷的商业模式。

三、搭建智慧汽车零售云平台

出于将人工智能技术更大范围地赋能汽车领域的共同理念,2019年9月17日,云从科技与北京新意互动数字技术有限公司战略签约,共同推进人工智能智慧商业在汽车领域的广泛运用。

双方深度联动各自资源,整合和应用人工智能中的多项技术,在消费者零售体验和销售管理的提升上进行探索和创新,共同搭建智慧汽车零售云平台,包括店内行为分析系统、创新销售服务系统、店内智能内容推送系统等。通过平台赋能,帮助传统汽车零售门店朝感知、认知、决策的智慧型门店转型,在为消费者提供更好服务的同时,大幅提升销售转化效率。

今后,云从科技将紧随国家智能化发展的趋势,结合人工智能赋能汽车行业,为中国传统产业智能化提升献力。

> 思考:云从科技的汽车零售行业人工智能从哪几个方面为汽车新零售赋能?云从科技的汽车零售行业人工智能重定义人、货、场具有什么实际意义?

嵌入知识

人工智能目前运用越来越广泛。预计人工智能技术将被集成到商业活动的多数领域。人工智能技术在电子商务行业的大量涌入正在以许多方式彻底改变传统的购物方式。基于人工智能技术的机器学习、自然语言处理和其他人工智能工具使企业能够吸引和维护新客户。它还可以帮助企业提高用户参与度。

一、人工智能的概念

人工智能(Artificial Intelligence),简称AI,指由人制造出来的机器所表现出来的智能,一般表现为通过普通计算机程序来呈现人类智能。人工智能技术表现为人工智能主体,该主体是一个可以观察周遭环境并做出行动以达到目标的系统。人工智能系统能正确解释外部数据,从这些数据中学习并利用这些知识通过灵活适应实现特定目标和任务的能力。人工智能的研究是高度技术性和专业的,各分支领域都是深入且各不相通的,因而涉及范围极广。

人工智能的核心问题包括建构能够跟人类似甚至超卓的推理、知识、规划、学习、交流、感知、移物、使用工具和操控机械的能力等。当前有大量的工具应用了人工智能,其中包括搜索和数学优化、逻辑推演。而基于仿生学、认知心理学以及基于概率论和经济学的算法等也在逐步探索当中。思维来源于大脑,思维控制行为,行为需要意志去实现,而思维又是对所有数据采集的整理,相当于数据库,所以人工智能最后会演变为机器替换人类的部分行为。

二、人工智能的实现方法

人工智能有两种不同的实现方法:

1. 采用传统编程技术

采用传统编程技术使系统呈现智能的效果,而不考虑所用方法是否与人或动物机体所用的方法相同,这种方法已在一些领域内做出了成果,如文字识别、电脑下棋等。

2. 模拟法

模拟法不仅要看效果,而且要求实现方法和人类或生物机体所用的方法相同或相类似。

人工智能技术中的遗传算法和人工神经网络均属这一类型。遗传算法模拟人类或生物的遗传-进化机制，人工神经网络则是模拟人类或动物大脑中神经细胞的活动方式。

为了得到相同智能效果，上述两种方式通常都可使用。采用传统编程技术，需要人工详细规定程序逻辑。如果游戏简单，还是方便的；如果游戏复杂，角色数量和活动空间增加，相应的逻辑就会很复杂（按指数级增长），人工编程就非常烦琐，容易出错。而一旦出错，就必须修改原程序，重新编译、调试，最后为用户提供一个新的版本或提供一个新补丁，非常麻烦。采用模拟法时，编程者要为每一个角色设计一个智能系统（一个模块）来进行控制，这个智能系统（模块）开始什么也不懂，就像初生婴儿那样，但它能够学习，能渐渐地适应环境，应付各种复杂情况。这种系统开始也常犯错误，但它能吸取教训，下一次运行时就可能改正，至少不会永远错下去，用不到发布新版本或打补丁。利用这种方法来实现人工智能，要求编程者具有生物学的思考方法，入门难度大一点。但一旦入了门，就可得到广泛应用。由于这种方法编程时无须对角色的活动规律做详细规定，因此应用于复杂问题通常会比传统编程技术更省力。

三、人工智能助力电子商务发展

众所周知，电子商务的导购服务、仓储物流往往需要耗费大量的人力和物力，由此带来的成本不容忽视。要想对这部分成本进行压缩，就必须大量使用机器来替代人工，而时下如火如荼的人工智能或许会成为解决此问题的关键。当然，人工智能的应用不会局限于上述层面，它对电子商务行业的价值将是全方位的。

1. 有助于提升电子商务服务品质、降低人工成本

在行业日趋成熟的背景下，电子商务对服务体系的要求越来越高。举个简单的例子，用户在网购某些家电产品时，总希望能得到详尽、专业的解答，这一点正是传统实体店的优势，而如果人工智能足够强大，可以用智能客服替代人工客服完成相关问题的解答，那么这必然会优化用户体验，实现服务品质的提升，因为这种服务方式不受时间和空间的限制，当然，这也会降低相应的人工成本。

2. 电商仓储物流方面，人工智能大有用武之地

现如今，诸如阿里巴巴、京东等已经普及无人机、无人仓的应用，这一点也符合人工智能的理念。在过去，仓储物流主要靠人来做，而现在，无人机可以根据提前设置好的路线智能运输货物，无人仓可以科学、合理地对包裹进行管理、分拣。这不仅降低了错误率，而且节约了人力资源成本。

3. 人工智能有助于满足日益复杂的电商应用场景

当然，前面说的仓储物流属于相对单一的电商应用场景。实际上在电商运营的整个流程中，最后一公里的服务尤其重要，而且所面临的应用场景更为多元化。比如在小区、写字楼、商场等不同的区域，最后一公里的服务性质、内容也截然不同。而在人工智能的帮助下，电商企业通过科学合理的分析、计算，有望推出适应不同场景的解决方案，实现效率和成本的平衡。

4. 人工智能将"镜像"消费者喜好

人工智能对电子商务还有一个重要价值，就是"镜像"消费者喜好。简单来说，人工智能的相关技术就像是一面镜子，将海量消费者的喜好、反馈等信息进行汇总、统计，然后进行画像。和一般的大数据分析不同的是，人工智能具备一定的学习能力和思考能力，其分析出的结果往往更接近消费者的真实想法。那么这样一来，无论是商品的改进，还是服务的优化，都变得有迹可循。

案例分析

云从科技的汽车零售行业人工智能赋能案例分析

本案例是人工智能在电子商务行业的典型应用场景,也展示了人工智能技术在电子商务领域的发展趋势和广泛的发展前景。云从科技多年深耕行业,先后布局智慧金融、智慧治理、智慧出行及智慧商业等四大业务领域,为用户践行了智慧、便捷和人性化的 AI 体验(图 10-1)。

图 10-1 云从科技 AI 体验

云从科技的汽车零售行业人工智能从以下几个方面赋能汽车新零售:

1. 洞悉:以人为本的零售本质

新冠肺炎疫情之下,车企面临着顾客到店率持续下降等困境,传统汽车零售必须通过数字化转型以求新发展,包括顾客体验感、顾客决策准确度等,只有从"人"的需求出发,才能寻求新突破。

2. 落地:人机协同下的汽车零售

以人或场为中心,通过业务流程数据闭环,形成用户画像、辅助经营决策分析等十大功能体系,从感知、认知到决策,以展厅内顾客活动的整体的数据化解决方案,实现综合客流误差率<10%,客户误识率<8%,批次识别响应时间<5 s,抓拍响应时间<1 s。

3. 创新:人工智能赋能汽车数字化转型

通过包括人脸识别(FACE DNA)在内的计算机视觉技术的整体方案落地,实现对场内顾客信息进行收集、分析,并凭借实体卖场独有的优势——体验及互动——实现精准营销。智慧商业的功能包括场内客流量、性别比例、年龄层次、往来频率、店内热力分析等,加上后续的顾客爱好分析、消费水平分析等,形成可视化数据。

云从科技以人工智能技术重新定义人、货、场三者的价值。车、场数字化,为决策提供依据。精准地分析车型关注热度、区域热度,为门店规划等业务决策提供数据依据。顾客的数字化,实现精准营销。凭年龄、性别、驻店时长、车型关注等标识,以人为线索形成标签与营销系统,互动设备实时联动,缩短了精准营销的周期,增强互动体验。销售过程数字化,为管理提供参照。自动记录销售接待全过程的关键节点,为销售人员管理提供依据。

云从科技为 4S 门店提供智慧门店解决方案,通过对智能科技应用的全方位布局,提高了顾客身份识别准确度,为客户提供流畅的购车体验,树立高端的品牌服务形象,以及通过接口与 4S 店营销系统形成业务闭环。云从科技帮助传统 4S 店实现转型,通过数字化技术和开放的社交文化,驱动传统 4S 店创新,将以往"以产品为导向"转变为"以服务为导向"的营销模式,给顾客带来全新的线上线下购买体验。

项目 3　区块链+新零售案例

项目任务　能说出区块链的基本技术及其电子商务应用前景；能够分析案例中区块链+新零售的基本策略和思路；能够站在发展的视野预测区块链电子商务经营中的地位和应用前景。

项目案例　区块链为五常大米"验明正身"

黑龙江省五常市因地处偏北，水质清甜零污染，所以其出产的五常大米被纪录片《舌尖上的中国》评为"中国最好的稻米"。但因为五常大米名声大且产量不高，市场上出现了一些假冒伪劣产品，普通市民难以分辨，因此五常市政府积极寻求科技的力量为这张东北名片正名。

由于现代食品种植、生产等环节繁复，食品生产加工程序多、配料多，食品流通进销渠道复杂，食品生产、加工、包装、储运、销售等环节都可能引发问题，出现食品安全问题的概率大大增加，而相应的追溯和问责的难度也不断上升。传统的食品溯源体系尽管不断在发展，但由于缺少有效的管理和规划，并未能实现全面有效的食品追溯。

区块链技术不可篡改、去中心化的特征能够帮助解决食品行业的信任问题，它让往日沉寂的食品溯源有望成为保证食品质量、打击假冒伪劣的一个日常工具，在区块链食品溯源的普及下，相应溯源标志将成为商品质量保证的一个重要证明。区块链农产品溯源链上信息如图 10-2 所示。

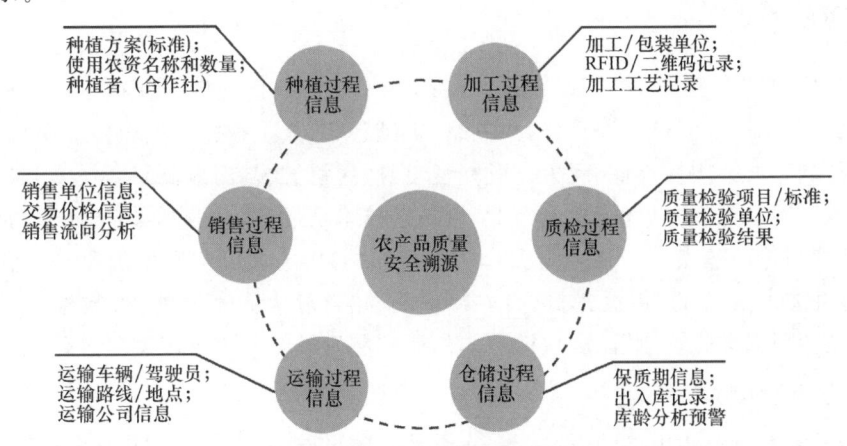

图 10-2　区块链农产品溯源链上信息

2018 年 8 月，五常市政府与阿里巴巴集团旗下天猫、菜鸟物流及蚂蚁金服展开全面合作，其中五常大米引入蚂蚁金服区块链溯源技术。从 2018 年 9 月 30 日开始，五常大米天猫旗舰店销售的每袋大米都有一张专属"身份证"。用户打开支付宝扫一扫，就可以看到这袋米从具体的"生产地"用什么种子、施什么肥，再到物流全过程的详细溯源记录。

这一张张"身份证"的背后是一个联盟链，链上的参与主体为五常大米生产商、五常质量技术监督局、菜鸟物流、天猫。你可以把它想象为一张完全透明的"身份证"，每个参与主体都会

电子商务案例分析

在"身份证"上盖一个"戳",所有"戳"都不可篡改、全程可追溯。参与主体之间的"戳"彼此都能看到,彼此能实时验证,假"戳"和其他"戳"的信息会被立即发现查处。大米链上的供应链追踪如图 10-3 所示。

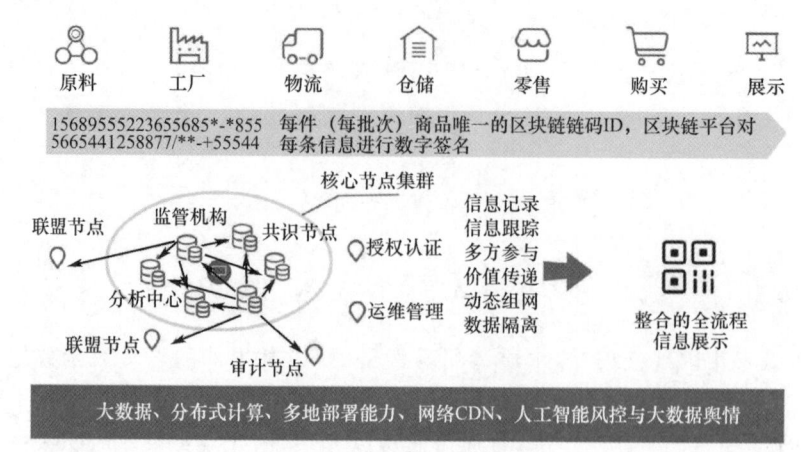

图 10-3 大米链上的供应链追踪

食品安全溯源只靠区块链是不行的,区块链和物联网技术的叠加是大势所趋。市面上的假五常大米,主要是在真米中掺杂假米。五常市政府为此已经在利用物联网技术,将大米种植地、种子和肥料信息实时录入系统,以严格把控和追查大米总产量。如今,这一系统成为该联盟链的一个节点,从而实现从种植到物流的全流程溯源。

> **思考**:从五常大米销售面临的信任问题入手,分析新零售行业在不断进化中的机遇与挑战。区块链的哪些特点可以为新零售赋能?

嵌入知识

近年来,区块链成为一个热门的议题。2016 年 12 月 15 日,国务院印发的《"十三五"国家信息化规划》中提到"加强量子通信、未来网络、类脑计算、人工智能、全息显示、虚拟现实、大数据认知分析、新型非易失性存储、无人驾驶交通工具、区块链、基因编辑等新技术基础研发和前沿布局,构筑新赛场先发主导优势"。自此,区块链技术从最初金融行业谨慎研究的课题,变成各个行业广泛讨论的热点。2021 年 3 月国务院发布的《中华人民共和国国民经济和社会发展第十四个五年规划和 2035 年远景目标纲要》提出"培育壮大人工智能、大数据、区块链、云计算、网络安全等新兴数字产业"。区块链技术的研究和发展上升到了国家信息化战略的高度。

一、区块链的概念

商业是一个具有悠久历史的行业。在人类社会的早期,几千年前物物交易的时代,就构建了商业的雏形。经历数千年的科技发展与社会演变,今天人们已经成功构建起了一个全球范围相互连通的庞大商业网络,但是这个进化千年的商业网络依然面临一个千年之前就已经存在的困扰:商业往来中的每个参与方都维护了一套自己专有的账本,在双方或者多方交易发生时,各参与方分别将交易记录记入自己专有的账本,为了协同各参与方的账本,不得不带来大量额外的工作并伴随出现中间方而增加了交易的附加成本,也影响了整体业务流程的效率。

在这样的情况下,区块链技术被提出来以解决上述问题。区块链,也称为分布式账本技术

(Distributed Ledger Technology)，该技术允许商业活动中的多个参与方通过计算机网络（可以是公开的国际互联网，也可以是私有专用网络，这取决于业务需要）共享同一个加密账本。虽然每个参与方都获得了分布式账本的一份完整拷贝，但是只能解密获得授权查看的账页，分布式记账工作也需要参与各方达成共识后进行。通过区块链技术，可以实现分布式账本的一致性、不可篡改性，从而进一步保证了账本的权威性。基于这样一个具有公信力的账本构建的商业网络，可以付出较低的信任成本，从而获得较低的交易成本，提升交易达成的效率。区块链技术是支持信息互联网向价值互联网（Internet of Value）转变的重要基石，以密码学为基础，通过基于数学的"共识"机制，可以完整、不可篡改地记录交易（也就是价值转移）的全过程。区块链涉及的底层技术包括密码学、共识算法、点对点（Peer to Peer，P2P）通信等，是多种已有技术的融合创新。

二、区块链的发展历程

区块链作为一个独立技术方向出现的历史并不长，有记载的最早的区块链应用就是现今备受争议的比特币（Bitcoin）。比特币的概念最初由一个从未在现实中露面的神秘人中本聪（Satoshi Nakamoto）在 2009 年提出，中本聪基于点对点通信网络构建出一个基于共享账本的虚拟货币体系，实现了一个基于工作量证明（Proof of Work）的共识算法。工作量证明机制是指通过大量密集的哈希计算寻找一个哈希值小于特定值的数字，这个特定值随着计算力的增大而变小，比特币程序代码动态控制寻找这个数字的难度，使得整个比特币网络中平均 10 分钟才会有一个满足上述条件的数字被发现。虽然寻找这个数字的代价高昂，但这个数字一经发现，验证是否满足条件的方法却很简单。在匿名的比特币网络中，一个参与方通过大量的密集计算寻找到满足条件的数字证明自己具有代表全体参与方进行记账的实力，而其他参与方简便地验证这个数字，相信它确实具有记账的实力。同时，记账方会获得一定数额的比特币作为记账奖励。这就是工作量证明共识机制背后的经济原理。

2014 年，具有智能合约（Smart Contract）的区块链概念被以太坊（Ethereum）创始人 Vitalik Buterin 首先提了出来，从此区块链进入了 2.0 时代。所谓智能合约，就是一套以数字形式定义的承诺，以及合约参与方可以在上面执行这些承诺的协议。具有智能合约的理念之后，合约中的商业规则可以内嵌在区块链系统中，在交易过程中自动按照事先的约定执行。智能合约使用编程语言实现，相关参与方使用电子签名签署后生效。

无论是比特币还是以太坊，都是基于匿名身份实现的区块链网络，对于互联网上的普通用户来说，这样的区块链并不妨碍使用。但是对于企业来说，这样的匿名网络无法保证交易的真实性，也不能保护交易中的隐私。虽然有很多开源软件的爱好者或者创业公司基于比特币或者以太坊做了一定程度的安全与隐私保护的扩展工作，但是终究缺少架构层面的支持。在 2015 年，世界知名的开源软件组织 Linux 基金会联合一些世界知名企业，发起了称为超级账本（Hyperledger）的企业级区块链合作项目，目的在于创造出领先的企业级区块链技术。超级账本支持基于 CA（认证中心）证书的实名认证体系，同时有针对性地进行了隐私保护，并支持监管与审计要求，对于企业间基于区块链智能合约的业务往来提供了强有力的支持。与比特币、以太坊原生具备虚拟货币的设计不同，超级账本并未在架构层面设计任何虚拟货币，而是专注于企业级智能合约的设计与实现，在各国越来越加强针对虚拟货币监管的当下，超级账本避免了这些并非技术的争议因素。由于实名制的多方参与，超级账本也规避了匿名网络中难以回避的记账权争夺，从而避免了因为工作量证明机制带来的大量能耗或其他资源消耗。使用三轮投票确认分布式记账的实用拜占庭容错算法（Practical Byzantine Fault Tolerance，

电子商务案例分析

PBFT)成为超级账本使用的共识算法。自此,大型企业与政府开始广泛开展区块链试点项目。

三、区块链带来的变革

区块链作为一种新兴的技术手段,要想带来真实的业务价值,合适的应用场景是不可或缺的。为什么要用区块链?通过使用区块链解决了什么问题?简言之,区块链通过加强信任机制解决了传统方式中普遍存在的互信问题。具体来说,区块链应用的特点主要有两个:

第一,跨组织协作。在区块链网络中,所有参与方都对链上信息进行记录和验证,密钥、哈希、键值等几乎所有的链上数据记录都被全体参与方复制和分发,实现进行全生命周期的数据协作保护,而且众多参与方可以广泛分布在世界各地,只需网络互通。

第二,集体的力量。区块链参与方之间具有动态同步机制,参与方之间通过技术手段两两互连,从而使得区块链上的信息可以快速分发到所有参与方,区块链网络不会受到少数几个参与方的控制,即使一些参与方退出区块链网络或者恶意攻击区块链网络,也不会影响整个网络的正常运转。

就目前的研究来看,至少在五个方面,区块链有着明显的业务价值:

第一,降低信任风险。区块链技术具有开源、透明的特性,众多参与方能够知晓区块链网络的运行规则。区块链技术通过数学和密码学的方法保证了每个参与方都可以验证账本内容和账本历史的真实性与完整性,确保了交易历史是可靠的、没有被篡改的,相当于系统性地提高了可追责性,降低了系统性的信任风险。

第二,交易过程扁平化,降低复杂度及成本。在区块链上,交易被确认的过程就是清算、结算和审计的过程,这相对于传统业务模式来说能够节省大量的人力和物力。这对优化业务流程、提高企业竞争力具有相当重要的意义。

第三,共同执行可信流程,是实现共享经济的有力工具。共享经济的本质是通过减少信息不对称,实现资源优化配置的目的,并通过严格的第三方认证和监督机制,保证交易双方权益的落实,促成交易达成。通过使用区块链技术,信息和价值能够得到更加严格的保护,能够实现更加高效、更低成本的流动,从而实现价值和信息的共享。

第四,驱动新型商业模式的诞生。区块链技术的特点使它能够实现一些在中心化模式下难以实现的商业模式。比如在物联网产业,已经有机构提出要使用区块链技术管理上百亿个物联网设备的身份、支付和维护任务。利用区块链技术,物联网设备生产商能够极大地延长产品的生命周期并降低物联网维护的成本。

第五,区块链技术的开放性鼓励创新和协作。通过源代码的开放和协作,区块链技术能够促进不同开发人员、研究人员以及机构间的协作,相互取长补短,从而实现更高效、更安全的解决方案。现在区块链技术已经被视为下一代全球信用认证和价值互联网的基础技术之一,区块链技术对我国产业升级的重要性同样不容忽视。

具体而言,到底哪些业务最适合应用区块链技术?简单地说,是那些多方参与,但由于缺乏共信机制,存在过程冗长、信息不透明、易产生摩擦或纠纷的业务,以及需要强可信度控制的资本、资产相关的业务交易。

当然,也必须要认识到区块链目前还处于早期发展阶段,应用区块链可以考虑下面一些指导原则:

(1)选对应用领域,需要多方参与但参与方不能过多,通过多方共识执行智能合约解决摩擦带来实质性效益,但必须与各方的主要风险一起统筹考虑。

(2) 充分保证技术的可行性,避免引入新的风险,如数学和密码学算法的完备性、安全性以及系统的可靠性等。

(3) 兼顾开放创新性与可监管性的平衡。

(4) 由于是多方参与,区块链的应用推广需要兼顾各参与方的利益及时间表。

四、区块链的创新应用

真正实现传统金融向互联网金融转型并不意味着仅仅开发几个 APP,而是看是否应用了区块链技术。这就表明,互联网金融是建立在区块链技术的基础上,通过利用互联网技术而改变传统金融机构的核心生产系统。

当前,很多传统金融企业还没有真正与互联网接轨。互联网不仅可以改变金融的本质,还可以帮助金融更好地、自主地发挥其价值。金融的本质就是需要通过降低成本、提高效率而为广大人民提供金融交易服务。如前所述,区块链能够通过智能合约降低成本、提高效率,进而帮助人类社会更好地从事智能化的价值交换。因此,区块链技术是金融本质的绝佳体现,只有区块链技术才能帮助金融更好地体现其本质和价值。

目前,我国对于区块链的应用还处于探索阶段,各大商业银行也开始通过自身实验及寻找合作伙伴的方式,把区块链技术作为继"互联网+"、大数据、云计算之后的又一全新工具来推动自身的发展,提升市场竞争力。

2016 年 1 月,中国知名区块链企业 BitSE 率先发布了首个基于区块链技术的真假校验平台,即 Ve Chain 平台。2016 年 3 月,阳光保险集团股份有限公司应用区块链技术作为底层技术架构推出"阳光贝"积分,成为国内第一家区块链积分的发行方和首家应用区块链技术的金融企业。

当前,金融机构对于区块链的应用前景非常看好,纷纷开始在区块链技术领域进行布局,并探讨区块链技术在银行、证券等领域的应用,其中应用板块包括支付结算、智能债券、财务审计等方面。

具体来讲,在区块链技术的创新性应用过程中,银行采取了以下 3 个方面的措施:

1. 形成新的混合型数字货币体系

2013 年,中国人民银行等五部委联合发文防范比特币风险,并明确"比特币不具备货币属性,是一种虚拟的商品,不具有法偿性"这一特点。货币的发展前景可能会出现多种情况,像比特币这类以区块链技术为基础的数字货币更可能是混合型数字货币。

2. 形成新的信用体制

区块链技术通过连接密码保证借款方信息数据的高度安全并且无法篡改,使每一笔交易都能够实现程序化记录、存储、传递、核实、公开等,银行可以基于区块链的这些特点随时获得借款方的信用状况,并且其可靠性远远大于大数据风控的可靠性,可以有效避免客户经理的主观因素在客户信用等级评价中产生的偏离,同时也可以加强道德风险防范。

3. 形成新的支付结算方式

区块链技术的点对点特征能够减少中间环节、降低交易成本,在很大程度上提升了交易效率。区块链在银行支付结算方面的应用使银行形成了一种全新的支付结算方式。区块链是一种分布式的数据存储模式,也可以说它是储存加密货币(如比特币)的交易记录的"公共账本",因此,区块链所提供加密的转账业务能够让所有人都能得到准确的资金、财产或其他资产账目记录,这样就可以有效地提升支付结算的安全性。

虽然当前对于区块链的应用还处于探索和研究阶段,但是在未来的人工智能时代,区块链在金融领域的应用将会产生更加惊人的改革和创新。

五、我国区块链经济重点产业

对于我国区块链经济重点产业的推进和发展,《中华人民共和国国民经济和社会发展第十四个五年规划和2035年远景目标纲要》明确指出:"推动智能合约、共识算法、加密算法、分布式系统等区块链技术创新,以联盟链为重点发展区块链服务平台和金融科技、供应链管理、政务服务等领域应用方案,完善监管机制。"

案例分析

区块链为五常大米"验明正身"案例分析

区块链为五常大米"验明正身"案例表明互联网时代,零售模式风云变化,稍有风吹草动,商业模式就会随之变动。每一个新的销售运营的理念或者概念的出现,都会在各界掀起一番浪潮,各界商户也会在新理念的引导下,进行自身的调整和升级,以适应新的形势变化。

一、新零售行业在不断进化中的机遇与挑战

在互联网大潮的冲击下,各行各业都产生不同程度的变化,而零售行业是受其影响最大的行业之一,五常大米新零售面临的问题就是其中一个典型案例。在这样一个时间节点上,S2B2C商业模式是最合适不过的,这是零售行业发展到一定阶段必然出现的结果,是时代的产物。

S2B2C即一个强大的、数据化的供应链平台(S),与千千万万个直接服务客户的商家(B),结合人的创造性和系统网络的创造力,以低成本与用户(C)进行更有效的互动。目前,新零售行业仍面临着以下挑战:

(1)商品溯源的问题还要往前去追溯,最好能够将该商品的生产环境记录下来。如果这些数据能够如实记录,对于增加商品的可信度会有很大帮助。

(2)录入多重信息记录都是在单一的系统中,而该信息系统是中心化系统,可能存在单一个体作恶的问题。市场经济下,篡改信息是不可避免的,这就容易导致消费者对商品产生信任危机。

(3)目前主流的系统在整个商品的供应链中,存在信息孤岛问题。通常情况下整个供应链存在多个信息系统,而信息系统之间很难交互,导致信息核对烦琐、数据交互不均衡,最后造成线下需要太多的核对及重复检查才能弥补多个系统交互的问题。

(4)当前信息存在泄露现象,消费者保护个人隐私较难,对商品购买的数据安全产生担忧。

二、区块链技术如何赋能新零售行业

五常大米通过引进阿里的区块链技术解决了大米零售中的信任和安全问题。现在,区块链的五个特性可以针对性地解决当前新零售所面临的问题。

(1)去中心化。区块链使用分布式核算和存储,不存在中心化的硬件或管理机构,任意节点的权利和义务都是均等的,系统中的数据块由整个系统中具有维护功能的节点来共同维护。去中心化的系统自身能够保证其真实性,避免了中心化系统中存在单一个体作恶的情况。

(2)开放性。区块链系统是开放的,除了交易各方的私有信息被加密外,区块链的数据对

所有人公开,任何人都可以通过公开的接口查询区块链数据和开发相关应用,因此整个系统信息高度透明。这一特性能够有效运用到商品溯源中,消费者能够时刻掌握商品处在哪个环节,进程更加清晰明了。

(3)自治性。区块链采用基于协商一致的规范和协议(比如一套公开透明的算法),使得整个系统中的所有节点能够在去信任的环境中自由安全地交换数据,对人的信任变成了对机器的信任,任何人为的干预不起作用。这个特性有效地解决了信任问题,减少了人为作假的可能性。

(4)信息不可篡改。一旦信息经过验证并添加至区块链,就会永久地存储起来,除非能够同时控制住系统中超过51%的节点,否则单个节点上对数据库的修改是无效的,因此区块链的数据稳定性和可靠性极高。这一特性保证了交易的公开透明和不可篡改,进一步降低了人为作假的可能性。

(5)匿名性。由于节点之间的交换遵循固定的算法,其数据交互是无须信任的(区块链中的程序规则会自行判断活动是否有效),因此交易对手无须通过公开身份的方式让对方对自己产生信任,对信用的累积非常有帮助。这就能有效解决消费者个人隐私泄露的问题,让消费者能够更加安心地享受服务。

同时,基于区块链营造的信息公开的环境,各服务商可以减少戒备,增加彼此合作的可能,实现"区块链+新零售"系统中的每一个个体都在为整体的发展做出贡献,用户享受消费同时提供消费数据,服务商提供优质服务的同时根据用户反馈的数据进行商品的优化、提供更好的服务,从而打造一个全新的商业生态系统。

项目 4　C2M 案例

项目任务　能说出 C2M 模式的含义;能够分析案例中 C2M 电子商务模式的发展前景;能够正确把握在巨变趋势下传统企业的应对策略。

项目案例　京东打造 C2M

2020 年 5 月 11 日,首款由京东消费者深度参与研发的 5G 手机 Redmi K30 5G 极速版正式亮相。这款手机由京东、小米和高通强强联手,深入探索消费者对 5G 手机的需求后共同打造。京东零售集团通信事业部总裁在接受采访时表示,京东与小米的合作,源于双方共同希望推出一款既保持强大性能,又能把价格压到更低的 5G 手机产品,Redmi K30 5G 极速版是一个新的起点,京东将与品牌商展开更紧密的合作,让更多用户体验 5G 生活。

如今,手机市场已进入存量时代,对用户需求的洞察愈发重要,品牌商不仅要追求性能,更需要满足用户个性化、多元化的消费需求。在此背景下,京东不断尝试与品牌商在 C2M(用户直连制造)反向定制领域展开深入合作,依据京东大数据使消费者需求直达工厂,加速手机新品开发上市。

此次亮相的 Redmi K30 5G 极速版是京东和 Redmi 首次联合定制的产品。利用大数据能力,京东深入了解用户群体特征,并在此基础上进行资源精细匹配。京东零售集团通信事业部

电子商务案例分析

总裁透露,通过大数据,京东与 Redmi 研发团队发现在 Redmi K30 5G 极速版定位的价格段中,女性用户偏多,同时用户受教育程度较高,多数为追求科技的理性消费者。

对此,双方决定升级 CPU,联手高通将骁龙 768 G 移动平台用到 Redmi K30 5G 极速版上,最大限度优化供应链效率,降低中间成本,将价格压缩到 2 000 元以下,令这款手机成为当下最值得购买的 5G 手机之一。与此同时,相比骁龙 730 G,768 G 移动平台的 CPU 性能提升近 30%,AI 算力提升 140%,与潜在用户的需求和心理预期更加吻合。

京东零售集团通信事业部总裁表示,京东一直以来致力于满足消费者需求,与小米不谋而合,双方从用户需求出发,对供应链进行优化,推出了符合用户期待的 Redmi K30 5G 极速版。根据大数据预测,京东有超过 120 万符合 Redmi K30 5G 极速版用户画像的消费者,新一轮换机高峰即将来临。

小米集团副总裁、中国区总裁、Redmi 品牌总经理则表示,"京东一直是 Redmi 非常重要的合作伙伴,Redmi 未来会继续加强双方的合作,以反向定制的模式推出更多贴合消费者需求的产品。"

此次发布的 Redmi K30 5G 极速版是京东布局 C2M 模式联合品牌商加速新品开发的又一典型案例。2013 年,京东推出聚焦消费者需求的"JDPhone 计划",打造了众多深受消费者认可的反向定制产品。特别是在手机领域,京东依托大数据优势和 C2M 核心能力,推出游戏手机、阅读手机、长辈智能手机等全新细分品类,不仅满足消费者的个性化需求,而且为手机行业的发展提供新的动能。未来,京东将继续探索 C2M 反向定制的更多可能,和品牌商一起,共同打造更加贴合用户需求的产品。

> 思考:京东为什么涉足 C2M 模式?它采取了怎样的措施?京东 C2M 战略有什么价值?

嵌入知识

一、C2M 概述

C2M 的英文全称为 Customer-to-Manufacturer,指的是用户直连制造,而其中文简称为"客对厂"。"客对厂"是一种新型的电子商务互联网商业模式,这种模式是基于 SNS 平台以及 B2C 平台模式的一种新的电子商务模式。也就是说直接砍掉了品牌商、代理商和商场等中间渠道环节,用工厂直接对接消费者。C2M 强调的是制造业与消费者的衔接,又被称为"短路经济"。这是基于互联网发展出现的一种电子商务商业模式。

传统商业模式是先产后销,主要流程为:生产商自行设计并生产商品──→发货给中间商(经销商或品牌商)──→消费者根据自己的喜好购买相应的成品。

而 C2M 模式是先销后产,主要流程为:利用互联网、大数据等分析消费者的需求,确定基本产品形态──→消费者确定基本产品和个性化需求──→制造商根据消费者的需求生产──→生产商直接送到消费者手中。

二、C2M 模式的优势

C2M 模式与传统商业模式相比的主要优势有:

(1)对于消费者而言,C2M 模式强调以用户为中心,根据用户的个性化需求组织生产,并吸引消费者加入产品设计环节,有效激发市场活力和社会创造力。

(2)对于制造企业而言,C2M模式提高了传统生产要素的生产率,推动企业生产线、供应链、内部管理制度乃至整个商业模式变革。

截至2020年,阿里巴巴、京东、拼多多、苏宁易购、网易严选、小米、宝宝树等已入局C2M商业模式。而且艾瑞咨询发布的数据显示,C2M模式2018年实现交易规模达175.2亿元,在整体性价比市场容量中的渗透率为4.1%,预计未来4年内将保持24.4%的复合增长。阿里巴巴开发的淘宝特价版,主打的超级工厂计划,开的淘工厂直营店,拼多多扶持的新品牌计划,其实都属于这个模式。

三、C2M模式的商业价值

去除了流通环节,生产周期变短,商品性价比提高,工厂也能够借此提升销量。因为没有了经销商的层层加价,工厂可以直接连接消费者,所以C2M模式下的商品价格较低。

"天下网商"提供的数据显示,做了13年美妆生意的某化妆品有限公司,在入驻淘工厂之后,短短两个月就将一款护手霜卖出了百万件。

电商平台还能够用它的数字化能力去反向定制,实现先订单后生产,帮助工厂调整生产计划,缓解库存压力。

四、C2M的核心及适应条件

作为一种组织生产和销售的模式,C2M具有两个重要的特点:一是根据消费者的需求来组织生产;二是尽可能砍掉从生产到最终消费的中间环节。

1. 应该对个性化有较高的要求

只有对那些消费者更重视其个性和品质的商品,例如服装、家具,C2M的优势才能很好地被发挥出来。反之,如果标品已经可以很好地满足大部分消费者的要求,那么制造商再推行定制化将会是无利可图的,C2M模式也就不会再有竞争力。

2. 在从制造到最终消费过程中应该会产生比较大的成本

从根本上讲,制造商是否选择C2M,其实是一个成本收益的权衡过程。通过C2M模式,制造商固然可以砍掉从产品出厂后到最终实现消费的巨大成本,但在这个过程中,也会同时产生很多额外的成本。

为平台提供的服务付费、根据消费者要求重新规划生产,这些都会产生不少的费用。因此,要让C2M模式在整体上是有利可图的,就必须要求通过C2M模式可以砍掉的成本足够高。举例来说,在传统的产销模式下,家具在生产出来之后将会产生巨大的仓储成本,而在C2M模式下,这笔巨大的成本就可以被有效地节约,C2M模式也就因此有了很强的竞争力。反之,如果一个产品从制造到销售并不需要太多的环节,产生的成本也不算高,那么企业选择C2M就可能是得不偿失的。

3. C2M的个性化必须是可行的

换言之,就是在根据消费者要求实施了定制后,不会影响产品的质量、安全、使用体验等属性。举例来说,现在有一些企业在倡导汽车行业的C2M,对此很多人是有一些疑虑的。一般来说,车企每推出一个车型,都需要对这个车型进行大量的测试,以保证其质量过关。如果其中的某一个因素发生了变化,整个车的性能就可能完全变了,车辆的安全性甚至都可能出现问题。从这个意义上讲,车辆可以实现的定制化其实是相当有限的。如果要说定制,那么最多也只能在外观等一些不重要的属性上实现这一点,要达到性能等根本属性的定制,需要不断迭代。

案例分析

京东打造 C2M 案例分析

新冠肺炎疫情大大改变了消费者与品牌互动和进行购买的方式。C2M 模式有助于零售商预测产品需求，并减少库存和供应链风险，此类产品也已在中国逐渐被广泛接受。

站在消费的前沿，零售企业的创新从来没有停止过。虽然 C2M 反向定制在 2013 年就被提出来了，但是在消费升级、个性化消费需求以及产业互联网时代下，C2M 在近两年才受到很多零售企业的追捧。正因看到了其存在的潜力，京东也成为最早布局 C2M 的企业之一，在 2013 年，京东发布了"JDPhone 计划"，通过挖掘用户数据、联合品牌商、整合产业资源，共同打造满足用户需求的新品，其实质就是今天被大家关注的反向定制产品。

1. 顺应 C2M 发展大潮

2019 年各大电商纷纷对外公开展示了自己的 C2M 模式，C2M 才迎来了爆发，2020 年才算起步。从各电商平台入局 C2M 来看，该模式必然是存在很大发展潜力的。通过 2019 年 6 月易观智库发布的《轻工制造业产业互联网实践分析 2019》和艾瑞咨询发布的《中国制造业产业互联网 C2M 电商行业研究报告》可以得知，C2M 模式拉近了消费端与制造端的距离，使制造业具备了消费者视角，可以更好地把控产品的设计和生产，同时在个性化需求的驱动下，工厂自动化和柔性化能力得到提升，通过直连去除流通环节中过剩的产能，将价值回归消费端。

作为最早涉足 C2M 的企业之一，京东也见证了 C2M 从缓慢到快速发展的整个过程。2013 年的"JDPhone 计划"对 C2M 的试水，到 2015 年对反向定制产品的进一步探索，再到 2018 年的初步成果、2019 年的全面规划，京东 C2M 也开始进入快速发展期。

尤其是在 2019 年的京东"6·18"期间，这种商业模式更是得到了凸显，京东大数据显示，京东通过 C2M 反向定制让消费者和制造商"心有灵犀"，独家销售的一加 7 Pro 开售 25 秒销量便突破 1 万台；手机狂欢日当天，京东独家的游戏手机销量同比增长 300%，红魔 3 获得游戏手机品类销量和成交额双冠军。

当然，C2M 所带来的销量增长也要依托大的消费环境与消费需求的转变。众所周知，消费升级已经成为主流，消费需求的个性化、多样性对传统的零售供应链提出了巨大的挑战。C2M 这种通过电商等互联网企业，利用用户数据反向驱动制造单位，生产出个性化产品的商业模式，犹如"异军突起"，正好迎合了消费的发展趋势。

早早布局 C2M 的京东显然是走在了前列，通过其开放赋能策略，打通了供应链的全链路，拥有超过 3 亿的活跃用户，并且具有强购买力，自建物流系统，可以提供优质的服务，可以说与其他平台相比，京东在布局 C2M 上更具有优势。

2. 注重深耕 C2M

可以说，外部条件（经济发展趋势）与内部条件（基础设施建设）所形成的强大体系已经完全可以支撑起 C2M 模式。

经过前几年的积累，京东开始在 2019 年深耕 C2M，并在以往的基础上对 C2M 模式进行升级。在 2019 年的"6·18"前夕，京东发布了反向定制工作五步法，包括需求报告、仿真试投、厂商研产、京东首发和精准营销。

在快速变化的市场中,锁定爆品特征后,借助京东的大数据和供应链优势,可以通过这套针对新品开发和上市的系统化解决方案,帮助品牌商大幅缩短新品研发周期,降低打造爆品的难度,并实现智能生产和精准备货。

例如,京东在业界首创的"游戏本"品类,其中30%都是通过C2M反向定制产生的。在2019年京东"6·18"购物节上,90%的核心品牌发布了新品。京东已经占据C2M与独家新品的"制高点"。

不过,其他电商平台的加入让竞争激烈起来。在2019年6月份,苏宁把C2M作为发展重点,推出C2M平台;拼多多推出C2M新品牌计划,要扶持1 000家各行业的中小微企业;阿里巴巴也推出了"天天工厂"和"C2M产区"计划。

各电商平台在C2M上的布局也带来了更多该商业模式业态上的复杂性。这其中产生的一个问题是有不少企业宣称根据消费者使用需求进行定制的产品推向市场后,其反响效果并不好,产品不符合大部分用户的需求,噱头明显大于实用性,乱象丛生。

所以,京东开始反向思考,探索C2M模式的相关标准。京东以京品家电作为切入点,将C2M反向定制从产品层面深化到标准层面,并联合中国标准化研究院及中国家用电器研究院、中国电器科学研究院等十家家电产品标准研究机构,共同发布了涉及13类产品的C2M定制家电产品"京品家电标准",不仅让家电行业的C2M反向定制有了参考标准,而且推动行业标准由生产型向消费型、服务型转变。

不仅仅是标准的制定,针对C2M模式,京东零售集团某轮值CEO也表示:"到2022年,京东反向定制商品及独家新品在京东平台的累计成交额将达到10 000亿元规模。"

这万亿规模的目标背后是京东多年积累的案例与经验,它已经形成了成熟的解决方案与工作体系,这势必会带动京东与品牌、厂商效益上跨越式的提高。

3. 重点布局C2M

以消费者为市场主导的时代已经来临,在消费升级以及更多个性化的需求环境下,传统供应链已经无法满足市场的需求,C2M模式将会成为新的发展趋势。

京东已经将C2M作为重点布局之一,通过从消费端需求反推产品设计、产能投放、产品流通等各个环节,可以让制造者精准对话消费者,从而为商品带来新的销售增长渠道,实现品牌商、厂家、消费者与平台的共赢。

实操案例

虚拟主播直播卖货

作为一种创新的直播品类,虚拟主播是通过定制软件进行面部捕捉,并以动画形象的方式角色扮演,进行游戏、杂谈、歌唱形式的直播。在虚拟的空间构造的形象,能以超越真人直播的形式为粉丝带来别样的秀场体验。如今,虚拟主播在日本发展多年后已经颇具规模,并朝着世界范围越走越远。

2020年2月11日,隶属于日本某会社的虚拟主播在收益化纪念直播中仅用一小时便收入共计1 200万日元(约合76万人民币)的打赏,创下了虚拟主播界的新纪录。

2020年5月27日晚上7点半,某虚拟主播准时出现在抖音直播间,与守候多时的粉丝展

电子商务案例分析

开了各种互动,期间她还在直播间和真人一起向粉丝介绍商品,收获了满满的人气。整场直播吸引了28万观众观看,获得7万音浪(抖音的虚拟货币)打赏,并增粉3.4万。

自2020年4月28日首次在抖音以直播形式与粉丝见面以来,在全网拥有1 216万粉丝的该虚拟主播已经在抖音进行了5场直播。通过与粉丝聊天互动、介绍商品、表演唱歌、游戏直播、赠送粉丝福利等多重内容形式,其在抖音共吸引了57.3万观众观看,收获了25.4万音浪打赏。

而在抖音直播之前,该虚拟主播已经在哔哩哔哩进行了16场直播,长期占据哔哩哔哩全站虚拟主播区排名前二。

虚拟主播靠着亲民形象、真实场景搭建下的陪伴式存在、黏性极强的用户互动等优势,满足了用户在现实场景中无法获得的情感需求,因此得以在国内获得了一批又一批稳定而忠诚的粉丝群体。而伴随着直播电商的火热,这些自带流量、有稳固受众的虚拟主播也将目光聚焦到了这门生意上。

2020年3月,淘宝某虚拟主播开启了自己的首场正式直播,除了与用户进行日常互动外,还在直播中推荐了与其形象相符的盲盒、手办等商品,整场直播收获了近15万的观看量。

2020年五一期间,某虚拟歌手亮相淘宝直播间"天猫青年实验室",与其他五位虚拟歌手一起,配合真人进行直播电商。当晚,这场直播观看人数突破了213万,除了在直播间上线了9款商品外,商品栏中还上架了三十几款云端动漫嘉年华的商品。

此外,还有众多虚拟主播正在筹备或已经入局,以虚拟主播为主体的虚拟直播正在掀起新一轮的直播电商潮流。

工作任务: 虚拟主播的直播电商潜力有多大?与真人主播相比,它们有哪些优势、劣势?直播电商行业会迎来新的机遇吗?

项目考核评价

知识(0.3)			技能(0.4)			态度(0.3)		
个人评价(0.3)	小组评价(0.3)	教师评价(0.4)	个人评价(0.3)	小组评价(0.3)	教师评价(0.4)	个人评价(0.3)	小组评价(0.3)	教师评价(0.4)

总分=知识+技能+态度=_____

本模块参考资料来源:

1. 李晓秋.电子商务法案例评析.2版.北京:对外经济贸易大学出版社,2015
2. 徐林海.电子商务案例分析.2版.南京:东南大学出版社,2021
3. 居上游.电子商务——创新模式案例分析.北京:中国工信出版集团,电子工业出版社,2017
4. 云从科技官网
5. 阿姨来了:阿姨资源最大化和谐化交互利用[J].互联网天地,2017(Z1):63-66
6. 五常大米将靠科技"验明正身".国际商报,2018-08-31
7. 阿里云官网
8. IT168网站